孤云崔致远的哲学思想

孤云崔致远的哲学思想

崔英成著　许宁、金英译

自 序

自一九九九年完成博士论文后,沿着论文方向继续潜心探索,至今已有二十年载。终在二零一九年出版了《孤云崔致远的哲学思想》一书。思及至此,心中不免感慨万千。关于本书的内容简要,之后的序文中会加以介绍,不复赘言。在此,谨向本书译者全北大学的许宁与金英女士致以诚挚的谢意。

与译者许宁相识于二零一四年。当时拜托她书籍翻译的相关事宜,之后她与金英女士共同翻译。费时五载,终得完工之果。余甚为喜悦,今年三月,遂赋诗一首赠予二位。

《欲寫孤雲眞面目》

注:许宁金英两士,好古之人也。年来费工,译出鄙著,则中译本"崔致远之哲学思想"是也。吾不胜激感,仍诗以志喜。

言語膜子孰能排　译出覆瓿喜無涯
兩士前身應象胥　飜辭得宜格又佳

粗读全书译文,语言精炼朴实。莫非两位前生亦为译官?《周礼》中之象胥也。再次向褪去语言外衣,令拙著绽放异彩的二位表示感谢!

中国中南民族大学赵辉教授向许宁女士寄来贺诗,其中有"鑿壁偷光译崔文,几经寒暑今付梓"之语。全北大学朴顺哲教授的贺诗中有"崔文研鑽終中譯,永使华人开眼驚"之语。诸位的关心,鄙人甚为感激。今在此将这些雅事公布于众,希望可以流芳千古。

今后,该书不仅走进中国,也将走进世界各大图书馆。再次向二位译者许宁和金英女士,以及清早出版社的金焕起先生表示感谢。

谨以此书献给我今年离世的母亲。

著者識　2019. 11. 11

前 言

我们时常能透过文字,感受到生活在某一限定时空里的先人深邃思考的痕迹。很多时候,我们心潮澎湃,感动不已。哲学思维与物质文明不同,人类社会越向前发展,物质文明就越发达,而哲学思维中却没有"古今之分"。并不会因为是古代,哲学思维就会缺乏周密性或者哲学思维能力低下。若说生活在一千多年前的古人,早就真切而又朴实地向生活在二十一世纪的现代人展示了生活的方法,大家会不会感到好奇呢?

在韩国思想史上留下浓重一笔的崔致远,曾入桂苑,留下了很多弥漫着书香的文章。并且这些遗香,流传至今。崔致远并不自满于成为一名文章家,他是一名气量恢弘的学者。不,他还是代表新罗末期时代精神的思想家、哲学家。在过去,我们只是一味地陶醉于他文章中弥漫的屡屡书香,甚至连他的真实面目都未曾看清。只有找出他文章中包孕着的思想世界,我们才能正确认识崔致远……

崔致远在〈真鉴禅师碑铭〉开头说"道不远人,人无异国",他毕生苦心孤诣思考的问题便可用这八字来概括。在这八字中,"道"和"人"可谓是崔致远哲学思维的根基。道,是通过人来实现的;人,应该把道视为标准。这两者的关系就如同性理学中理和气的关系。

东洋思想没有从超越的彼岸寻找真理,而认为人的内心深处,存在天,存在真理。人这一主体便是真理,这种认识从《中庸》中所谓的

"率性之谓道"可以看出。先儒们的"吾中之天"和"性中天"也是这种意识的流露。道的本源—性,是赋予每个人的普遍性存在,"我"之道即是万民之道,万民之道即是"我"之道。从最初开始,彼此间便没有距离,没有区别。

在人的本性、真理普遍性面前,没有古今内外之分。当然也不会有人种、国籍、宗教的差别。《大学》中的"明明德于天下"是指让天下所有人恢复天赋的本性,率性地生活。这才是精神层面上的"世界化"。崔致远呼吁应该从人的内在本质而非超越的彼岸去寻找真理、遇见上帝,他所呼吁的这些内容通过三教会通论得以系统化。他的三教会通论向我们很好地展示了如何减少当今宗教间的矛盾,以及由思想体系而导致的矛盾对立。

近代哲学家一夫金恒(1826~1898)在《正易》中说"天地无日月空壳,日月无至人虚影",一语道破"主体"的问题。崔致远的思想正是建立在东洋思想的核心,也就是"人的主体"问题为基础的。人的主体便是真理的这种思想,最终发展到了"人乃天"这样的地步。实际上,这可以说是达到了"人间学自觉"的顶峰。以人为本、重视人的东洋思想,是儒教思想的根本,同时与韩国思想也一脉相通。从崔致远透过人的主体问题,洞彻儒教思想和韩国思想的本质这点来看,在思想史上具有重大的意义。

如果说人的主体是从普遍性层面上可以接近的问题的话,"我"亦或是其他主体,则可以从特殊性层面上进行谈论。崔致远对"我"是谁,"我"的根在哪里,进行了不懈的思索。这种"自我"意识的自觉来自哲学性的思维态度。崔致远是韩国最早意识到"东"字中蕴含的象征体系、思想体系,展开了以"东人"、"东方"为标语的人间论和文化论的人物。崔致远想要挖掘韩民族精神和思想之根,他的这种"我们的意识"便称为"东人意识"。

崔致远在〈真鉴禅师碑〉开头便恳切讲述了新罗人的求学热情和进取心,他们为了追求人的普遍性、真理普遍性的自觉,为了求道,跨越国境,乘坐小船前往西国。崔致远追求真理、追求文明世界的坚定意志渗透在他的字里行间。崔致远追求的文明世界和先进文明是"挹彼注兹","自近及远"。这是极大发挥韩国的文化自豪感和文化创造力量,并将其提升至世界行列的隆平思想的一种体现。

笔者曾经把崔致远的文明指向意识称为"同文意识",其主体意识称为"东人意识"。象征着文化普遍性的"文"与包含着民族特殊性的"人",与分别修饰它们的"同"和"东"形成了很好的对照。在崔致远的思想中,两者并不是相互矛盾或对立的。两者虽然各自具有自己的意义,但又形成了互补关系。我们有必要重新思考崔致远的文明意识和主体意识与这个时代的命运性课题,也就是世界化与主体性的关系。

崔致远哲学思想的核心即人的主体的问题,以及从中衍生出的文化普遍性和独立性的问题,别说是在当时,也是现在应该探讨的话题。从这点来看,崔致远并不是存在于过去的历史人物,而是在今天仍与我们一同苦恼时代问题的知识分子。崔致远的哲学思想也不能单纯地视为历史上的精神遗产,而是一盏象征着时代精神的明灯,生生不息。

过去,我们认为崔致远的文章华而不实,晦涩难懂。在一味追求华丽修饰的文章中,企图寻找他思索的痕迹,根本是不可能的。但现在不同了。时代正在呼唤崔致远。不仅是韩国,中国也在为了解崔致远这一人物而不断努力。为什么呢?因为崔致远是代表新罗8~9世纪的最高知识分子,是一个国际通;是将当时东亚的共同语文学提升至最高水平的新罗人。《桂苑笔耕集》不仅是韩国最古老的文集，还被评价为是补充唐实录的重要资料。可以说崔致远是全球时代的领军人物。

但有一点非常遗憾，无论是在韩国还是在中国，对崔致远哲学思想都不甚关心。之前，韩国的先学们无论是儒家、佛家还是道仙家，都评价崔致远是个伟大的人物，但对于原因却没有进行有说服力的说明。还有部分人只是忙着把崔致远神秘化、偶像化。只有揭开神秘的面纱才能看清崔致远的真面目，而不是背道而驰。另外，虽然崇仰崔致远、继承其精神世界的后学者相继出现，但因为无法看透崔致远的哲学思想，不能将崔致远的思想脉络贯穿起来。

从80年代后半期开始的一系列研究工作先介绍到这里。向仰慕崔致远、继承崔致远精神的各位学者献上此书。如果没有开垦荒芜之地的意志，很难胜任这种孤独枯燥的作业。本书完成的过程中，受到了先师道原柳承国先生的诸多教诲。然先师已溘然长逝，无法再为我指正，真是令人痛心。愿逝者安详。

白马江边麟厚庄 崔英成

目 次

004　自 序
006　前 言

绪 论

016　1．写作缘由
022　2．研究现状综述
028　3．研究范围及方法

第1部 孤云思想的形成背景

036　第1章 孤云思想的形成过程及著述检讨
036　1．思想形成过程
061　2．著述概况与检讨

075　第2章 孤云思想形成的时代背景
075　1．隋、唐时期思想界动态及三教的地位
083　2．统一新罗时代的思想倾向及孤云的观点
092　3．中国式的思维方法与孤云思想之间的关系
103　4．孤云的文章与思想表现的问题

第2部 孤云的三教观

126	**第1章 孤云的儒教观**
126	1．作为儒者的观点及学问倾向
136	2．儒教理解的境地和思想史上的位置
145	3．儒教理想政治与复古改革
150	4．"时中"的含义及行道问题
154	5．春秋精神与垂训史观
161	**第2章 孤云的佛教观**
161	1．关于佛教的观点
166	2．对佛教的整体认识
173	3．对华严思想的理解
182	4．对禅思想的理解
192	**第3章 孤云的道仙观**
194	1．关于道仙思想的观点
198	2．老庄式的思维与人生观
206	3．对道教思想的理解与特征
218	4．对神仙思想的理解与批判

第3部 孤云思想的人的主体性基础

229　第1章 以人的本质为基础的主体意识
229　　1．"道不远人，人无异国"的主体性自觉
235　　2．人的主体宣言及其含义

238　第2章 三教会极与人的主体性基础
238　　1．重视"人的主体性"的韩国思想源流
252　　2．三教思想的人的主体性会通

第4部 孤云思想的现实性构现

261　第1章 三教思想的政治、社会性构现
261　　1．儒教的改革思想与救时精神
287　　2．华严、禅思想的政治社会性影射

298　第2章 作为民族自觉的东人意识
301　　1．新罗下代文运的昌盛与民族自觉
312　　2．东人意识与东方思想的展开
319　　3．通过固有思想的自我正体性的确认

337　第3章 文明世界的主体性倾向—同文意识
337　　1．同文意识的形成及其性质
346　　2．文明世界的希求与普遍向往的性质
359　　3．普遍性价值标准的适用与事大慕华问题

第5部 孤云思想的历史脉络和现代意义

- 372　第1章 孤云思想的影响与历史脉络
- 373　　1. 白云、牧隐、梅月堂的三教会通思想
- 380　　2. 清虚、铁面、莲潭的佛家学脉
- 384　　3. 主体性仙道与民族意识
- 390　　4. 北学与东学的思想渊源

- 393　第2章 孤云思想的现代意义
- 393　　1. 确立人的主体性层面
- 395　　2. 思想、宗教层面
- 401　　3. 文化、文明层面

- 406　**结　论**

- **附　录**

- 414　日文提要：崔致遠の哲学思想とその現代的意義

- 430　**作者・譯者简介**

绪 论

绪 论

1. 写作缘由

　　孤云崔致远(857~?)是新罗末期的大学者。他在学术研究上涉猎广泛，在哲学思想、宗教、文学、历史学等领域均有建树，堪称当时的学界泰斗。崔致远尤擅文章，在国际亦享有盛名，被誉为"东国文宗"、"东方文学的开山鼻祖"。正因如此，现如今关于崔致远文学方面的研究相对取得了较大进展。

　　但崔致远并不只是一名文学家，而是一名思想家，对思想和哲学有着深入的探究。在历史学领域也发挥着连接传统史学与儒教史学的纽带作用。纵观韩国思想史，像崔致远这般学识广博、思想高深的学者并不多见。纵然如此，截止20世纪80年代，对崔致远的学术和思想的全盘性研究还尚未进行。暂且不提综合性研究，就连最基本的"哲学与思想"的研究也被疏忽搁置，几乎处于荒芜之地。其原因为何？依笔者所见，最大的原因莫过于"崔致远能有什么哲学性思维？"这种先入为主的成见。再者，崔致远的文章多为追求典故、对偶、声律的骈俪文，不仅古奥难涩，[1]还极具含蓄性，语句中蕴藏着深奥的思想，甚至不同的人解释的方向和深度也各不相同。还有一点

---

[1] 1972年，在崔致远后人崔濬玉的主导下，成乐熏、闵泰植、洪震杓等著名汉学者翻译出版了《孤云先生文集》(上、下卷，学艺社)。这在崔致远研究中无疑起到了先导作用。虽然存在不少考证不实和误译，但这在当时是不可避免的。

就是崔致远的文章大多篇幅短小。目前所保留下来的文章绝大多数为应邀之作，或以传记、碑文、愿文、赞文等为主，这又为掌握、理解崔致远的哲学思想增添了一定难度。[2]

有人持上述观点认为崔致远并不是一位有意识、有条理地展开自己思维逻辑的学者，而只不过是一名追求文章对偶、斟酌文字力度、奉王命或受人之托以写作为荣的文人。从某一韩国国文学者的如下评价中，我们可以象征性地看出现当代世人是如何认识崔致远这样的历史人物的、崔致远又获得了怎样的评价。

> 崔致远在思想上立场模糊，倡导儒学却不够明确，对佛教亦存有好感，在文章中却又流露出对佛教模糊的态度。因此，在对待思想问题时，便展开了模棱两可的儒佛两役论，暴露出自己的局限性。……
> 正如崔致远自己所言，他在中国见多识广，阅历丰富。应知之事，无所不通。他在文章中过于炫耀自己的博学多识，导致文章令人费解。但仅凭阅历丰富、博学多识并不能形成自己的思想。元晓在前往中国的途中半路折回，强首一生为守护新罗尽心竭力。但元晓拥有明确的思想，强首对自己要走的路也十分坚定。与元晓和强首相比，崔致远的思想极度匮乏，但他甚至连克服的决心都没有。[3]

---

[2] 崔致远留下的文章并没有朝鲜时代学者文集中常见的杂著类论说。一方面缘于他的写作风格，一方面也与当时词苑的风气有关。

[3] 赵东一，《韩国文学思想史试论》，知识产业社，1995，52~53页。

上述观点是否妥当，在正文自然会进行辩论，但用一句话来总结上述观点可谓是过于草率。我们在研究崔致远时，为了克服研究中的难点、弱点，就不能只看文章的表面，应致力于探究文章内蕴含的深意。

从崔致远的学风来看，他在建立理论时，并不能全力以赴或系统地梳理自己的思想，他分明不是一位以求彻底的学者。但他却对社会时事有着坚定的问题意识，具备思想家应有的气质。乍看他留下的"文简义丰"四个字，很难看出这一事实，但若潜心精读，相信一定可以找出不少线索或痕迹，蕴含着崔致远缜密的思维。

圣贤之语，有的虽只是短短的一句话却体用兼备，有的累言赘语却只谈及了某一部分。[4] 找出崔致远文章中类似于前者那样的内容，鲜明地展示出他的思想世界，探究其内在的深层含义，这是非常重要的。但我们不能仅停留在整理、罗列材料的层面，而是要努力把握其思想脉搏。

截至目前，孤云思想的研究停滞不前，也不存在值得考察的研究成果。其原因或是因为有不少学者认为崔致远在韩国哲学思想史中的地位、分量无足轻重，或是因为无法克服基础研究材料之匮乏、无法灵活使用材料等。崔致远的研究成果如此微乎其微，这也暴露出韩国学界在研究韩国古代思想及文化方面，基础薄弱。从这种意义上来看，下引文中金哲埈（1923~1989）提出的观点，目前也具有适用性。

---

4)《栗谷全书》卷19, 12b,〈圣学辑要〉"圣贤之说，或横或竖，有一言而该尽体用者，有累言而只论一端者。"

《三国遗事》的研究尚未完结,《魏志·东夷传》的译注及研究、还有元晓和崔致远的研究也尚未完成,虽说存在种种原因,但这也暴露出韩国学界理解韩国古代文化的基础过于薄弱,尚未建立理解古代文化的标准。[5]

韩国仅新罗时代就出现了很多著名的思想家、宗教家。像元晓、义湘、崔致远等便是这其中的代表者。但这些向我们展现出韩国哲学思想史一代伟观的优秀著作,如今大多已经泯灭,我们无法探求他们哲学思想的本来面目。得以保留下来的几乎也全是元晓等僧侣的文章,没有文人学者之作。在这种形势下,崔致远的著述能保留至千余年后的今天,不得不说是万幸。

崔致远的《桂苑笔耕集》与《孤云文集》是现如今唯一保留下来的,截止新罗末期的文人学者文集。正因如此,我们在谈论其文章具有局限性之前,首先应该知道崔致远的文章是研究韩国古代文化史,或是哲学思想、历史学、汉文学等诸多领域的宝贵材料。[6]通过这些文集,不仅可以把握代表着崔致远思想体系的"东人意识"与"同文意识"两大高峰,也为我们探究韩国的固有思想和古代思想提供了众多线索。[7]所以,哪怕仅仅是崔致远留下的一个文字碎片,也值得重

---

[5] 金哲埈,《韩国古代社会研究》,知识产业社,1975,30页。

[6] 虽未完整保留下来,但通过前人的引用文,我们可以窥其一端,而且这种情况是相当多的。(例如:《三国史记》中收录了〈鸾郎碑序〉等。)还有通过《桂苑笔耕集》我们不仅可以了解黄巢之乱前后唐朝的形势情况,这更是研究新罗对唐交涉史中不可或缺的材料。近代中国研究者高度评价其为"当代实录"。

[7] 从思想史的角度来看,在目前保留下来的文献记录中,崔致远是韩国最早关注固有思想、为固有思想作出定义的思想家,因此我们需要对崔致远进行更多的研究。例如〈鸾郎碑序〉虽然保留下来的只有只言片语,但通过这些文字不仅可以推断出韩国固有思想的存在,就连固有思想的原型轮廓也可猜测一二。

视的缘由便在于此。无论是从著述自身的价值,还是从思想体系或内容来看,在新罗时期的思想家中,若元晓代表着宗教界,那么崔致远则作为学界、思想界及文坛的代表,可与元晓并称。

对崔致远的研究不能只停留在对其个人进行研究的层面上。也就是说,崔致远的研究可与新罗后期文化史的全盘研究联系在一起,这并非夸大其词。若掌握了孤云思想的精髓,就可知晓韩国固有思想的本质;若可以正确把握韩国固有思想的本质,便可以了解韩国思想的特征以及在历史中是以何种面貌展现的、发挥着怎样的作用。因此,对孤云的思想进行研究是非常重要的。

对孤云思想的研究,事实上是收集包含着崔致远哲学性思维的只字片语,将其串联起来,这个工作是难题的延续。因为在这个过程中难免会出现失误,所以这样的工作伴随着非常大的危险负担。在此,切实要求的一点是:一定要熟读崔致远的文章,准确把握文章的主旨及整体内容,在充分理解后才能串联这些只字片言。

在近年的研究中,很多研究者未能将崔致远遗文的整体脉络联系在一起,只是一味的牵强附会,断章取义之举屡见不鲜,还有研究者肆意地展开论旨,得出荒诞的结论,遭到有识之士的嘲笑,这种事情比比皆是。这是今后崔致远研究者们应时刻谨记、需要克服的问题。

从现如今韩国史的研究动态来看,正在有意识地对历史长河中的重要人物进行重新挖掘和再照明,正朝着将韩国历史生动形象地演绎为"人物的历史"这一方向努力进行。笔者作为研究韩国哲学思想史的专业学者,对与元晓、义湘一起列入哲学思想史序章的崔致远,有着莫大的关心。并将研究焦点放在崔致远是如何同时领悟相互异质的思想、宗教论理,将其纵横汇通,融合在一起的。笔者认为崔致远并不是一位单纯的文学家，而是一名思想家、宗教家。

现代人生活在多元化的时代，在因思想、宗教、意识形态而导致的矛盾与对立中，精神彷徨。实际上说现代人生活在"分裂的时代"、"异质化时代"也不为过。这样的先例在历史中很难探寻，达到了非常严峻的程度。造成这种危机及矛盾的根本原因之一便是因为思想与宗教不合而导致很多对立与矛盾的加深。因为在指明人的意识和价值观方向的文化母体中，最重要的就是思想与宗教。从当今宗教的实际情况来看，大多数的宗教将心思放在通过竞争展开传教上，对通过对话展开的对话几乎是冷眼旁观。以自我为中心的极端性竞争意识炽热，否定别人、排斥异己、偏狭的异己主义主宰着宗教，以致于犯下了自己背弃"追求和平"这一宗教原始使命及功能的愚蠢错误。到底宗教和思想是为了什么，他们所说的真理又是什么呢？是为了人类的宗教，还是为了宗教的人类？这个问题值得我们反复思索。

现如今迫切需要各宗教间的对话与交流，比以往任何时代都迫切需要。如何才能促使各宗教间的和睦融洽也成为了迫在眉睫的问题。在这种情形下，我们有必要想到崔致远，他曾以三教观来解释韩国固有思想，也就是风流道的本质，并为缓和各宗教间的对立和矛盾发挥了重要作用。崔致远立足于"和"的三教一体观，即便在现代也有着非常重要的意义。

本书将以此作为论议的开端，集中深入探究以"人的主体性"为基础，朝着民族主体意识与文明意识两大方向展开的孤云思想。然后阐明现代对孤云思想进行再照明的必要性及孤云思想在现代的价值和意义。将着重论究孤云思想在韩国思想史中所占据的地位及对后世产生的影响，以此来确立崔致远的思想地位。总之，崔致远的哲学思想在①思想特性，②历史机能，③现代意义三个层面，有着充分的探究价值。期待今后会有更积极、更充实的研究成果。

2. 研究现状综述

虽然专门研究崔致远并获得学位的学者[8]不是很多，但发表崔致远研究论著的学者却不在少数。这仅从综合先前的研究成果时，出现了"回顾与展望"这样的字眼便可猜想出来。[9]但从内容来看，对崔致远哲学思想或历史意识等进行深入探求的学者或著述甚为罕见，研究文学的学者占绝大多数。虽然有必要对其原因进行分析，或多角度进行探讨，但本章的主题是"研究现况综述"，因此，对该原因暂且推迟研究。本章将按照时期来考察崔致远的哲学思想研究成果，并分别指出其中的问题点及未来的发展方向。

若说1970年初《国译孤云先生文集》上下卷的问世，为崔致远的哲学思想研究奠定了基础的话，那么直到1980年才可以说展开了正式研究。首次将崔致远的思想以一篇独立论文的形式进行发表的是历史学者金福顺的〈孤云崔致远的思想研究〉(1980)[10]。该论文将研究

---

[8] 截至2005年8月博士学位获得者共10名。其中文学专业5名，历史专业3名，哲学专业1名，除此之外还有李锡海的《崔致远相关遗迹的文化景观特征研究》(祥明大学大学院，2005)。

[9] 参照孤云学会(编)，《孤云崔致远研究的回顾与展望》，第1届孤云学会学术会的发表论文集，1997。
崔柄宪，〈孤云崔致远研究的问题点与课题〉，《圆佛教思想》第21集，圆光大学，1997。
严元大，〈关于崔致远研究史的分析〉，《孤云的思想与文学》，坡田韩国学堂，1997。

[10] 该论文系高丽大学大学院的硕士学位论文，之后在《史丛》第24辑中重新刊载。

焦点集中在崔致远的思想层面上，极具开拓性意义。但仅以崔致远的三教观为中心展开了概括性的叙述，没有对孤云思想进行多角度的、有机性的梳理。

1980年成校珍也发表了〈崔致远的道学思想〉。该文以伪书之说众说纷纭的《经学队仗》为基础材料。故免不了遭受指责，没有"对基础材料进行彻底检讨"。特别是"道学"这一名称是在中国宋代才出现的，而作者却将这二字置于标题上，令人无法理解。

之后历史学者崔根泳发表了〈孤云崔致远的社会改革思想〉(1981)与〈孤云崔致远的思想研究—诗中体现的孤云的士人精神〉(1982)。前者以崔致远学问经纶中的社会改革思想的性质和三教观中蕴含的改革精神为焦点。对先前一直认为崔致远是失败的政治家、隐遁的学者的这种学界观念，提出了批判性逻辑，具有一定的意义。而后者的主要内容则是通过诗文来考察崔致远的人间形象及思想倾向。若说该文切合题意，内容新颖，是有一定难度的。

1981年柳承国(1923~2011)发表了〈崔致远东人意识的相关研究〉。即便是在当时，对崔致远的否定认识还普遍存在，提到崔致远，脑海中就会浮现出"四大慕华主义者"这样的字样。在这样的情形下，确认崔致远思想体系核心之一——"东人意识"的存在，并在学界发表，这在一定程度上改变了对崔致远的认识，是一个重要的转折点。这在崔致远的研究史上也是特别值得记载的。柳承国对崔致远的学问境界及哲学思想作出了以下积极的评论。

崔致远的思想与学术深奥难懂，极为丰富，且富有深度。不同的评论者对其作出的评价也不尽相同。崔致远在诗文及书法方面造诣颇深，达到了出神入化的境地，这已是众所周知的事实，但崔

> 致远作为思想家、哲学家更是开拓出一片独一无二的新天地。他不仅精通儒教、佛教、道教等当时的全部思想，更是集各派性质相异的教理和逻辑于一身，纵横汇通，融合在一起。一般来说，佛教学者站在佛教的立场上评价自派思想较为容易，儒教学派站在儒家的立场上评价自己的思想较为容易，但崔致远却是站在第三者的立场上对所有的思想及学术进行了分析与综合。

上文中"崔致远作为思想家、哲学家更是开拓出一片独一无二的新天地"这一评价，在此之前是很难看到的。这样的评价在当时虽难免有些言之过甚，但却为后来研究崔致远的哲学思想提供了一定的方向。

1982年宋恒龙发表了〈崔致远思想研究〉。该文篇幅庞大，是最早正式从哲学角度研究崔致远思想的论文，具有一定的意义。该文中，作者先是阐明了该论文的目的："从崔致远的著述中寻找崔致远能够具有哲学性推论的蛛丝马迹"，在这样一个前提下最后得出了"崔致远并不能成为一名哲学家"这样的结论。该文只是停留在对先前关于崔致远的普遍性论议和评价进行再确认的层面上，作为一名期待开拓崔致远学问及思想新天地的有志者来说，难免有些遗憾。但是值得注意的是，该文首次提出了孤云思想的哲学性质及研究方法论上的问题。

1983年崔一凡发表了〈孤云崔致远的思想研究〉一文。本文作为研究孤云思想的基础性作业，从儒释道三教的交涉史及三教融合的角度，对崔致远的三教观进行了重点考察。"和合的哲学"这一副标题也象征性地喻示了在崔致远身上有三教合一的可能性。该文作为考察崔致远三教观的论文，获得了具有前瞻性和富有洞察力的评价。

之后出现的柳圣泰的〈崔致远的宗教观〉(1985)及〈崔致远的汉民族观〉(1987)在先前的研究成果上，对崔致远三教观及东人意识进行了重新阐述。此外，还有吴宗根的〈崔致远的思想研究〉(1988)，以《四山碑铭》及〈鸾郎碑序〉为中心寻找孤云思想的零星片语，其观点亦是遵循了宋恒龙论文中的观点，内容上相似之处也较多。

接着1989年韩钟万等圆光大学的在职教授6人合著了《孤云崔致远》一书，开启了对崔致远综合性研究的先河。该书对崔致远的三教观及文学思想等进行了探讨，在突出崔致远思想家地位的同时，以试图确立他在韩国思想史中的地位为研究的主要目标。按照不同的领域，各执笔者充分发挥各自的专业优势，进行周密地叙述，创作出丰富的内容。另外，还附加了执笔者们共同讨论内容的概要，其煞费苦心可见一斑。但该书亦不能避免共同研究所带来的局限性。本书的不足之处是执笔者们的视角及观点不一致，研究方法及对材料的解释也不尽统一。

接下来1990年，崔英成出版了《崔致远的思想研究》一书。该书是以崔致远的"思想"为研究主旨的最早著述，具有一定的意义。此外，该书反驳了宋恒龙论文中所提到的"崔致远绝对不是哲学家"这个结论，将崔致远从文学家的行列提升到思想家行列，在论述崔致远思想所具有的系统性及综合性中，可看出崔致远具有问题意识。该书将柳承国论文中简单提到过的崔致远的"东人意识"具体化，并试图获得最接近学界通说的认可，在这点上是值得评价的。但是在问题意识及研究方法论等方面存在不足之处，亦是事实。

1997年，釜山坡田韩国学堂出版了研究论丛第1辑《孤云的思想与文学》(李源钧等人编写)，由生平、思想、文学、传承四部分组成。该书共收录10篇论文，是有关崔致远研究的第二大综合性研究书籍。但思想篇中刊载的3篇论文很难评价其内容笃实,与书名相符。从基本上来看,"思想篇"的内容匮乏,所刊载的论文也摆脱不了大致只是处在涉猎材料的水平上。免不了受到连之前的研究成果也未能如实反映的指责。

1999年崔一凡发表了〈崔致远的儒家思想〉[11]一文。在该文中,作者将崔致远的儒家思想与东人意识相结合进行了论议,得出了这样的结论:"崔致远在归国后,为了解决极度混乱的社会问题,肯定会切实感到儒家思想的必要性。他提高儒教的地位而不是为了儒教而提高儒教,就如同展现他的东人意识一样,是为了自己的祖国新罗,这源于人间是真理主体的这种信念和哲学中。"该文把先前的研究水平提升到更深一层,这点值得评价。同年,鲁平奎也发表了〈崔致远儒学思想特性的相关研究〉[12]。从整体上看,与前文介绍的宋恒龙的论文内容没有较大差异。但是一方面将崔致远的儒学思想包含于词章儒学的范畴内,同时得出其中还包含着道学,即新儒学性的倾向这个结论,具有一定的意义。

历史学者崔柄宪在检讨崔致远研究成果的文章中作出了如下评价:

> 1980年后,关于崔致远的研究倾向主要集中在崔致远的生平及思想,还有后人对崔致远的评价等问题上。大体内容无法完全从1970年前后所提出的理解的框架中摆脱出来,只停留在更微观更仔细地检讨材料的水平上。坦白地讲,对崔致远的思想及其历史

---

11)《东国十八贤》上卷,栗谷思想研究院,1999。

12)《汎韩文学》第20辑,汎韩哲学会,1999。

学上的地位的理解水平依然在1970年代的水平上停滞不前,没有较大的进展,尤其是问题意识的层面上反而被弱化了。[13]

由此来看,可得出这样的结论,关于崔致远哲学思想的研究至今亦尚未进入正常轨道。然而,评价随着视角与观点的不同而有所不同。更肯定一点评价的话,1990年后虽是罕见,但出现能克服基础材料的难解性、展开值得关注的论旨的文章也是事实。随着研究主题的细分化,崔致远哲学思想的本质从各个角度得以照明,与前期相比,进行深入研究的成果不在少数。从某些研究来看,设定一个主题进行相当精密的分析,由此可见崔致远研究的未来展望一片光明。现在对崔致远的认识不再停留在"只是一位儒释佛三教会通,对韩国固有思想有着强烈的关心,确认风流道存在的学者"这样认识的层面上。而是更进一步被评价为具有被称为"东人意识"的民族主体意识、以及鲜明的文明意识的思想家。这样看来,崔致远在韩国思想史中占据的地位也似乎比先前更加稳固了。

但是有一点很明确。那就是在崔致远的研究中最落后的便是"思想"领域。特别是与佛教相关的研究,需要付诸更多的努力。有人评价说在崔致远的著述中,虽然与佛教相关的资料相对而言占据了较大的比重,但后人的理解水平却很低。[14]若根本原因在于佛教思想的深奥性的话,那么研究者们应付出更多的努力。而金福顺则将崔致远的佛教著述结合新罗下代华严宗,进行了缜密检讨和分析,[15]这点

---

13) 崔柄宪,〈孤云崔致远研究的问题点及课题〉,《圆佛教思想》第21辑,圆光大学,1997, 515~516页。

14) 崔柄宪, 同上文, 516页。

15) 关于崔致远的佛教相关著述研究收录在金福顺,《新罗下代华严宗研究 - 与崔致远

值得我们评价。只是关于崔致远佛教观的研究,是以历史学专业者为中心进行的,这点多少令人有些遗憾。

综合目前的研究成果来看,主要以研究孤云思想的重要基础,即对"三教观"的研究为主。除此之外,主要的研究主题有对社会现实的参与意识及改革精神、心学的特性、以人道主义为根据的三教会通乃至三教合一思想、东人意识及民族主体性等。特别是对三教观的研究,可以说是达到了一定的标准。但不可以说"三教观"便是崔致远的思想。孤云思想的本质究竟是什么?对这一问题,应该有活跃的论议。基本上看,我们需要对问题意识的深化及研究方法论进行进一步思索。同时,需要重新对崔致远的思维体系进行精确地分析。

现在对崔致远哲学思想的研究已经到了摆脱先前的研究框架和研究方法的时候了。应从整体及总体性展望开始向分论转移,进行更深入的研究。用一句话斩钉截铁地概括崔致远的思想观点及倾向是非常困难的。即便能一句话概括,也不能从历时性进行论述。而应通过他的整个生平,按照思想倾向分为不同的时期进行周密分析,否则就可能犯下歪曲孤云思想本质的错误。为此,我们在对基础材料进行重新分析的同时,还应坚持发掘新材料。

3. 研究范围及方法

截止目前,对崔致远哲学思想的总体性、系统性研究十分罕见,因此有必要对崔致远思想全盘进行重新探究。首先,熟读基本材料,然后进行正确的理解与细致的分析,深入思考后再寻找孤云思

的佛教相关著述相关》(高丽大学博士论文, 1989)中。

想的体系及脉络。

孤云思想用一句话来概括就是范围广，有深度。此外，由于是用骈俪文来表现的，想理出头绪也是非常复杂，相当难的事情。其主要原因是崔致远广泛涉猎包括儒释道三教思想在内的众多思想，使人难以理解。在研究崔致远思想的过程中，儒释道三教思想的专业学者应充分发挥自己的专业优势进行深化研究，接着对其进行综合，可以期待得到比较充实的研究成果。

本书将以崔致远的思想乃至哲学为研究范围。"思想"这个概念不仅包括"带逻辑性、综合性的判断体系"这层意思，还扩大范围，论及至"原理上对社会及人生的统一见解、观点或态度"这一层面上。在先行研究中，从哲学角度接近研究孤云思想的论文便是宋恒龙的论文，这也是学界众所周知的。宋恒龙将"思想"的概念主要限定在前者的意义层面上，并称在崔致远的著作中没能找到此种倾向，因此得出了"在思想层面上，崔致远不是一个伟大的人物，哪怕是一点点都没有"[16]这样的结论。但对此，笔者的见解有些不同。因为存在这样一个疑问，"思想"这个概念为什么要限定在那样的意义中？即便是限定在那样的意义中，崔致远的文章中果真无法找到那样的思维体系和判断体系吗？恐怕要对崔致远的遗文进行彻底的阅读分析后，才能知晓。从这种意义上来看，下文的反论有必要参考一下。

> 人受自己所生活集团的社会文化性质的影响，在自身都未察觉的情况下，形成思想并发生思想变化，这还直接或间接地显现在语

---

16) 宋恒龙，〈崔致远思想研究〉，《韩国哲学思想研究》，韩国精神文化研究院研究论丛 82-2，1982，309页。

言、行动、文学等方面上。从这一事实来看,即使显现出的并不是系统的思想或理论,在没有深入探索研究与唐代社会文化条件等相关情况的前提下,得出崔致远没有自己一贯的哲学、是没有思想的人物这样一个结论,这是非常值得怀疑的。特别是文学能够表现人的思想和情感,这是事实,在唐代那样认为文章是载道之器或贯道之器的时期,更是如此。[17]

  本书的研究方法建立在文献实证法的基础上,并对《桂苑笔耕集》和《孤云文集》等一手材料着重进行检讨分析。以著述为中心,不采用口述及传承等资料。特别以被称作"孤云文之精髓"的《四山碑铭》及自唐归国后所作的文章为主要材料,重点置于提炼出孤云哲学思想的脉络及条理性。

  《四山碑铭》在很久之前就一直被认为是考察崔致远哲学思想与宗教思想的重要材料。如果说崔致远在唐代留学时完成的代表著述是《桂苑笔耕集》的话,那么《四山碑铭》就是他回国之后所留下著述中的佼佼者。当然,从文章形式上来看,这四个碑铭并不是能系统体现撰者哲学思想或宗教思想的文章。但与普通的碑铭不同,该碑文含有不少能体现撰者崔致远的思想性和宗教性的零星片段,儒释道三教思想相互浑融无碍。若以该书为基础,挖掘一致性倾向的话,想必最终可以接近崔致远的哲学思想、宗教思想的本质。

  本书由五部分构成。第一部分"孤云思想的形成背景",首先通过崔致远的生平,考察其思想的形成过程。其意图是,在引出"孤云思想"这样一个结晶体之前,考察崔致远是通过何种经历形成了这样的

---

17) 成乐喜,《崔致远的诗精神研究》,关东出版社,1986,65~66页。

思想。同时，花费了一些篇章来论证先前被歪曲或被误传的生平[18]及带有伪书是非争论的著述。截至目前，学者们对崔致远的认识或称誉或贬斥，态度不一，主要以"一边倒"这种畸形的评价为主，生平违背事实被误传的部分也很多，笔者注意到这一点，故对崔致远的生平进行较为精密的考察，以明确其为人的风格形象，展现其学者风范的生活，阐明崔致远思想的基本观点。另外，孤云思想与当时的时代背景、思想背景存在密切的关系，所以其思想形成背景主要以韩·中两国的思想趋势及动向为中心进行考察。与此同时，通过考察风靡当时思想界的中国式思维方式的特性，对"崔致远在哲学研究方法论上没有苦思冥想的痕迹"这一批判进行相关的解释，同时也作为一个基石来理解"哲学性直观"特性以及被认为是孤云思想弊病——即缺乏逻辑性、分析性的问题。此外，还考察了崔致远对既是构成哲学思维必不可少的媒介、又局限着思维的语言及文字的观点。首先考察了崔致远是如何理解"道"的，对论道及作为承载思想工具的语言和文字又有着怎样的认识，通过考察崔致远的骈俪文与思想表现的关系性、写文章的态度等，全面分析了将其留下的文章活用为基本材料时的问题点。

第二部分"孤云的三教观"，对作为孤云思想基础的三教观，即儒释道三教思想，崔致远是如何理解的，以"各论性"的方式进行了分段考察。虽然三教观本身不能说是孤云思想的本质，但明显是其思想

---

18) 事实上崔致远至目前为止一直作为神话般的人物被世人误传。并且被世人误解为反新罗知识分子和事大慕华表象的存在。在度过"闲云野鹤"般的隐遁生活后结束人生，这样的晚年轨迹恰巧被错误地认为是一个懦弱的知识分子形象。能如实阐明崔致远生平及学术的很少。若说绝大部分均与事实不符，被广泛误传也不为过。在这种情况下，不禁令人提出质疑，是否能对崔致远哲学思想进行研究，是否能够如实进行下去呢？

的重要基础,所以不得不先对崔致远是如何分别理解三教思想这一点进行考察。如果说第二部分的研究方法是"分而言之"的话,那第三部分就可以说是"总而言之"。

第三部分"孤云思想的人间主体性基础",首先阐明了"人间主体"这一命题在孤云思想中起着"点睛"的作用。接着在人间主体性观点上对可以说是孤云思想核心的"道不远人,人无异国"进行了分析。还从"人间主体"的角度探究了三教思想各自的特性及异同、三教思想如何在极点会通合一及其可能的根据。与此同时,还指出了孤云思想中的两大特点,即普遍性与特殊性,这两者的基本性质合为一体的共同基础则是"以人间本质为基础的主体意识"。另外,为了特别突出孤云思想的主体性性质,对〈鸾郎碑序〉中出现的"包含三教"的意义通过历史性实证予以证明。在先行研究的基础上,对"君子国及仁思想"、"青丘国及柔樸思想"的问题着重进行了阐明。

第四部分"孤云思想的现实性构现",考察了崔致远的三教观及人间主体意识在现实中是如何被应用及体现的。若说第三部分考察的"人间主体性"性质相当于"体"的话,那么第四部分中考察的则是相当于"用"的层面内容。在此论述了以下三个问题:①三教思想的政治、社会性体现 ②作为民族自觉的"东人意识"③先前在事大慕华层面上被谈及的"文明指向意识"。其中,可称得上是孤云思想结晶体的"东人意识"及"同文意识",也就是普遍性与特殊性的问题着重进行了考察,强调了崔致远是韩国思想家中罕见的、从很早开始就对普遍性与特殊性的问题有着莫大的关心,并一直倾注思想力量。此外,通过阐明东人意识与同文意识并不是相互对立的意识世界,而是"人的主体"这一相同根基上长出的两条枝干,揭示了孤云思想具有一定的体系性及统一性。并对先前普遍认为的"崔致远是彻底的事大、慕华主义者,因此应该受到责难"这一问题,以崔致远的东人意识和东人思想为中心进行了考察。还对至目前为止被认定为事大、慕华例子的几个事件,在"同文意识与文明世界的指向"的观点上再检讨、再分析,提出了一定的反论。

  第五部分"孤云思想的历史性脉络及现代化照明",孤云思想并不只是过去的精神遗产,在当今还一直不断地发挥着本身的机能,今后也将发挥巨大的作用,在这种期待与展望中,从"价值论性"的层面考察了在赋予孤云思想"历史性性质"的同时,对现代社会产生了怎样的意义。即从思想史的层面上考察了孤云思想的脉络在历史上是如何传承至今,又具有何种性质,对后世产生了怎样的影响。对生活在现代的我们产生了怎样的意义,将结合现在面临的现实问题进行再照明。尤其强调了民族主体意识与文明意识的问题,在追求信息化、世界化的地球村时代的今天,更是发挥着及其重要的作用与价值。最后还强调了在历史和现代都具有重要意义的孤云思想,在今天更是有必要进行重新探究。

  本书使用的基本文本是笔者校勘译注的《译注崔致远全集》第1~2卷(亚细亚文化社,1998~1999)和枫石徐有榘(1764~1845)在纯祖34年(1834)校刊的《桂苑笔耕集》20卷。被证明是伪书的《类说经学队仗》及其它不确定是否是崔致远作品的诗篇,概不使用。

第1部
孤云思想的形成背景

第1章 孤云思想的形成过程及著述检讨

1. 思想形成过程

研究崔致远的哲学思想,首先应该考察其思想的形成过程及背景,然后再探究崔致远的哲学思想是如何展开的。对于前者来说,考察个人生平可谓是一大捷径。本章将对孤云思想研究中的基础部分,即个人生平进行探讨,并将重点放在考察其思想形成的过程上。

截止目前,关于崔致远生平的研究成果与其名气相比,难免有些不振。在此,先回顾一下之前的研究成果,1918年日本学者今西龙(1875~1932)发表〈新罗崔致远传〉[1]后,虽然出现了不少关于崔致远研究的论文及著述,但关于崔致远的生平部分,相对而言几乎没有令人满意的详尽周密之作。[2]大部分论文都忠实地照搬了《三国史记、崔致远列传》中记载的内容,几乎没有探明新史实之作。[3]

---

1) 参照《历史与地理》第2卷6号,1918;《新罗史研究》,东京:图书刊行会,1933。

2) 研究崔致远生平的代表性论文如下:
崔敬淑,〈崔致远研究〉,《釜山史学》第5辑,釜山史学会,1981。
许捲洙,〈崔致远在唐生涯小考〉,《中国语文学》第10辑,岭南中国语文学会,1985。
金仁宗,〈孤云的生涯〉,《孤云崔致远》,民音社,1989。
李在云,〈崔致远的生涯研究〉,《全州史学》第3辑,全州史学研究所,1995。
李源钧,〈孤云崔致远的生涯〉,《孤云的思想与文学》,釜山:坡田韩国学堂,1997。

3) 依笔者愚见,研究崔致远的生平并试图摆脱《三国史记、崔致远列传》束缚的先驱者是五洲李圭景(1788~1856)。他曾经在徐有榘刊行出版《桂苑笔耕集》时,担任校阅工当然，关于崔致远的生平研究具有较大的局限性，这也是事实。他在唐朝苦心求学一事已无法具体得知，尤其是在新罗历任各种官职后又入山隐居，隐居之后的事情几乎找不到可作为证据的记录。然而透彻分析崔致远留下的文章，除了晚年隐居之事，也并非没有可能进行重新阐述。但问题首先出在大多学者只是忠实于《三国史记·崔致远列传》中的内容进行研究，似乎认为不可能再对除此之外的其它内容进行探究。再者，崔致远留下的文章全都是难涩的骈俪文，十分令人费解，这亦是问题所在。但是，针对后者这一情况，现已出版了《国译孤云先生文集》、《译注崔致远全集》等著作，在某种程度上可以缓解这一问题。只是《桂苑笔耕集》中收录的文章大部分是代替高骈(821~887)所作，仍具有一定的局限性。[4]

笔者认为研究孤云思想首先应该对生平进行先行研究。但只靠自身的探索研究，撰写了本章内容，受到很多限制与局限，所以还需要进行更多的补充完善。本章论述崔致远生平的根本意图是考察其思想形成的历程，所以限于篇幅，不再对其出生、家系及著述等进行详细的考察。只限定在崔致远思想形成的过程及背景层面上进行叙述，结构严谨的个人传记考察将在今后的研究中进行。使用材料时，为确保相对的客观性，对口传或传承等资料不加采用。

作，《五洲衍文长笺散稿》卷49，〈崔文昌侯事迹辨证说〉中，对之前学者们很少参考的《桂苑笔耕集》进行了重要论述，并对崔致远在唐生活的相当一部分内容都进行了阐明。

[4] 若忽略了《桂苑笔耕集》中收录的是代撰之作这点，随时会出现失误。这样的例子太多，虽无法进行一一列举，但从某研究者将高骈的徒弟锦州刺史高祝及从弟高琼、高济、高勋、高勋等人全部看作是崔致远的徒弟与从侄(泛指姑从、姨从、外从)，并解释说他们曾涉唐朝并进出官场来看，这种失误有可能会重复出现。参照李源钧，〈孤云崔致远的生平〉，《孤云的思想与文学》，坡田韩国学堂，1997，7~8页。

1) 西游与东还

崔致远被奉为庆州崔氏的始祖。身份上属于六头品。[5] 进入新罗下代后,六头品阶层中儒教知识人辈出,"致远"[6]这一名字就具有儒教色彩。崔致远的父亲名肩逸,已无从知晓其具体的生平事迹。崔致远的胞兄[7]贤俊[8]是华严僧人。从他堂弟栖远的名字也出现在《桂苑笔耕集》中来看,其家族应该是人丁兴旺。

那么,崔致远的家风又是什么样的呢?这点恐怕很难详细得知了。然而,崔致远的胞兄贤俊是新罗后期有名的华严僧,崔致远本人又是当时有名的儒学者,同一家庭中同时出现了佛弟子和儒学者。从这点可猜测,崔致远的家门重视治学的自律性。

崔致远虽总是以儒学者的身份自居,但佛教上的造诣也别具一格。崔致远与佛教结缘也是源自家庭的。其父肩逸曾参与创建华严宗派的愿刹大崇福寺,[9]其兄贤俊是精通华严的僧侣,与当时著名的华严僧人决言、定玄、希朗等一起安住在海印寺。据《海东传道録》记载,贤俊曾在中国留学,并研习过还反法、尸解法等,学成归来后传授于弟弟崔致远。

---

5) 参照李基白,《新罗政治社会史研究》,一潮阁, 1974, 46~49页。

6) 《论语·子张》"虽小道,必有可观者焉,致远恐泥。";《周易·系辞(上)》"探赜索隐,钩深致远。";《周易·系辞(下)》"致远以利天下。"

7) 《海东传道録》中称贤俊为崔致远的舅舅。笔者认为这是将《三国史记·崔致远列传》中的"母兄"错看为"母之兄"而导致的。

8) 据文献记载"贤儁"又称"玄准"。这出自《华严经·普贤行愿品》中的"普贤门准"(普贤门下的俊杰)一语。俊、儁、准相互通用。

9) 《译注崔致远全集(1)》217页,〈大崇福寺碑铭〉"先朝缔构之初,发大誓愿,金纯行与若父肩逸,尝从事於斯矣。"

崔致远也称贤俊为"师兄"。[10]"师兄"是师出同门的弟子,用来称呼在法阶上作为兄弟的人。由此推断他们二人随同一师父学习佛教是合乎情理的。如此一来,他们兄弟二人不仅有道友的缘分,还有同窗的缘分。崔致远与贤俊并不是在崔致远隐居海印寺后成为道友的,而是自出生时起便结下了道友的缘分。

　　另外,崔致远在12岁时乘船远赴唐朝留学。[11]当时入唐留学分为官费与私费,像崔致远的情况,从众多事实推断来看,是私费留学生的可能性最大。[12]能证明崔致远是国学学生的相关记录,在《桂苑笔耕集》、《孤云文集》及《三国史记、崔致远列传》中都找不到。假如崔

---

[10] 《译注崔致远全集(2)》356页,〈法藏和尚传〉"恭以师兄大德,玄准(贤俊)为名,仍以大乘远为别号。"

[11] 李重焕在《择里志》中的记载与《三国史记》一致,说崔致远是乘商船入唐的。他指出当时主要的入唐路线之一的是全罗道灵岩后,称崔致远从灵岩前海出发的可能性最大。

[12] 有部分学者依据〈大朗慧和尚碑铭〉"上曰:「故圣住大师,真一佛出世。……余以有大行者授大名,故追谥曰大朗慧,塔曰白月葆光。乃尝西宦,丝染锦归。顾文考选国子命学之,康王视国士礼待之,若宜铭国师以报之!」"这段的记载,认为崔致远是官费留学生。在此,产生分歧部分的各种翻译如下:
▶ 洪震杓:"文考选拔崔致远为国子让其治学,康王以国士礼接待崔致远"(《韩国的思想大全集》第3卷,34页)
▶ 李佑成:"景文王选拔崔致远为国学学生,并命其治学,宪康王将崔致远视为国士,郑重接待"(《校译新罗西山碑铭》,318页)
▶ 李智冠:"已驾崩的父王选拔崔致远为国子并命其治学,宪康王以国士礼遇"(《校勘译注历代高僧碑文-新罗篇》,171~172页)
以上见解一致认为碑文的撰写者崔致远是国学学生。特别是李智冠以崔致远是国学学生为根据,提出了与一直以来认为崔致远是私费留学生的相反观点,认为崔致远是官费留学生的可能性较大(同上书,171页注49)。当然,先前的很多注释本也指出崔致远是国学生。但是笔者对上述解释持有不同的见解。"国子"一词并不是后代所说的国子学(国学)的意思。茶山丁若镛在《雅言觉非》中曾辨证说是"公卿大夫的子弟"。上述语句的意思其实是说景文王选拔公卿大夫的子弟,鼓励他们治学,宪康王关照国士并以礼待之,所以嘱咐学者出身的崔致运用文章来报答鼓励治学、优待学士的两位君王的恩德。联系《真鑑禅师碑》中的"申命下臣曰:「师以行显,汝以文进,宜为铭!」"这段话来理解的话会更好。

致远作为国学的学生,是官费留学生的话,《三国史记》不会遗漏这点,会进行详细的记载,然而书中却没有只言片语。另外,文集中也对其它事项进行了阐明,唯独关于此点,寥寥无几,有点出人意料。这正是因为崔致远并不是国学的学生或官费留学生。从崔致远乘坐商船去中国留学这点也可看出是私费留学生的可能性较大。

崔致远赴唐留学一事,正如从其父之语"若十年不第进士,则勿谓吾儿,往矣勤哉"!"中所见,是为了在中国唐朝及第宾贡进士。[13]还有,就如同在〈智证大师碑文〉中"有国民媒儒道,嫁帝乡"[14]的自述一样,赴唐的目的是及第宾贡进士的同时,也为了学习儒术。这可能是因为当时的科举考试科目以儒教经典和诗文学为中心,并且只有精通儒术才能以有教养的人、知识分子的身份处世,所以无论从哪方面来看都是必然的。

那么,崔致远又为何执意选择如此艰辛的赴唐留学之路呢?还有,他的父亲为何那么迫切希望他能及第宾贡进士呢?这虽然可以认为是因为当时新罗知识阶层的学问风气和时代氛围,但比较迫切的理由是用学问的力量和在唐朝科举及第的权威,来试图挽回或克服六头品这一身份上的劣势。[15]这几乎也是当时六头品阶层的普遍认识。

据《三国史记、崔致远列传》记载,赴唐后的崔致远在拜师求学上没有丝毫的懈怠。其师是何许人,我们虽已无从知晓,但他在学问上的精进程度,我们可通过下面引文揣度一二。

---

13) 在此可认为其中掺杂着不少儒教的扬名意识成分。

14) 《译注崔致远全集(1)》290页,〈智证大师碑文〉"至乙巳岁,有国民媒儒道,嫁帝乡,而名挂轮中,职攀柱下者,曰崔致远。"

15) 参照李基白,《新罗政治社会史研究》,同上书,57~63页。

臣佩服严训，不敢弭忘悬刺，无遑冀谐养志，实得人百之己千之，观光六年，金名榜尾。[16]

崔致远在18岁，即僖宗乾符元年(874)及第宾贡进士。20岁时被任命为江南道宣州的溧水县尉。担任县尉期间，他利用闲暇之余所作的诗赋均收录在《中山覆篑集》[17]中。"中山"是溧水的别称。

然而，宾贡进士对于外国留学生来说可能是一件了不起的事，但在中国人看来却是落魄、不起眼的事情。即便及第宾贡进士，授予的官职也是非常低等的，并非要职。这从崔致远的仍孙崔瀣(1287~1340)的文章中可以看出：

进士取人，本盛于唐长庆初，有金雲卿者，始以新罗宾贡，题名杜师礼榜。由此，以至天祐终，凡等宾贡科者，五十有八人。……然所谓宾贡科者，每自别试，附名榜尾，不得与诸人齿。所除多卑冗，或便放归。[18]

从九品县尉这样的微官末职无法满足崔致远的雄心壮志。因此，他卸任县尉一职，想通过博学宏词科[19]再次立身扬名，便入山修学。因为若无法通过博学宏词科的门槛，就不能成为高级官僚。下文便反映了他入山修学当时的情形与心境：

---

16) 《桂苑笔耕集》〈自序〉。
17) "覆篑"源自《论语·子罕》中的"子曰，譬如为山，未成一篑，止，吾止也。譬如平地，虽覆一篑，进，吾往也"。
18) 崔瀣，《拙藁千百》卷2, 4b~5a,〈送奉使李中父还朝序〉。
19) 唐代玄宗时所设，在尚书吏部通过试文三篇来选拔诗博能文人才的官吏制度。

前年冬，罢离末尉，望应宏词，计决居山，暂为隐退，学期至海，更自琢磨。俱缘禄俸无余，书粮不济，辄携勃箒，来扫鹰门，岂料太尉相公，迥垂奖怜，便署职秩。[20]

由此可知，崔致远抱着"学期至海"的决心入山，却在入山后不久便放弃了。因为没有充足的经济后盾支持求学，并且宏词科最后一次选拔是在乾符6年(879)，此后近20年都没有实施。[21]

接着崔致远便投靠了高骈，高骈当时收留了许多门客，乐于与门客交往，喜欢作文章。[22]崔致远与高骈结下这一层特别的渊源后，由高骈推荐担任馆驿巡官、都统巡官[23]。后来在黄巢之乱时，崔致远因写文章立下大功，授承务郎殿中侍御史内供奉官衔，并赐绯银鱼袋。[24]由此可见，高骈可以说是崔致远在唐时唯一给予他较多恩惠的恩人。

崔致远在上任都统巡官后上呈给高骈的书信中，表达了深切的感恩之情。

....

20) 《桂苑笔耕集》卷18,〈长启〉。

21) 依据松本明的论文〈唐选举制诸问题-吏部科目选拔为中心〉中所考证的，博学宏词科最后一次是在879年实施的，之后又于897年重新实施。参照《铃木俊先生古稀纪念东洋史论丛》, 1975, 409页〈唐代宏词-拔萃两科科第表〉。

22) 参照《桂苑笔耕集》卷17,〈再献启〉。

23) 这些官职是依据辟召制度而设，在《唐书、职官志》中也不曾见到。辟召制度大致是在贵族制度瓦解的中唐开始实施的。

24) 《桂苑笔耕集》卷20,〈祭巉山神文〉是崔致远自唐归国途中在巉山祭祀时所作。文中崔致远表明了自己的正式官衔为"前都统巡官承务郎殿中侍御史内供奉赐绯鱼袋"。此外，《三国史记、崔致远列传》中记载说崔致远任职溧水县尉时颇有治绩，迁升为"承务郎侍御史内供奉"赐紫金鱼袋。这与〈祭巉山神文〉一文对比来看，明显是误记。比绯鱼袋高一等级的紫金鱼袋应该是回到新罗后赐予的。

今忝职居莲府, 始觉荣身。恩既厚于稻粱, 跡能安於萍梗, 日增学殖, 月赡书粮。[25)]

某志虽求己, 艺不及人。伏蒙太尉相公仁慈, 肉被摧骸, 翼成鷇卵。难饰片言只字, 粗伸感德怀恩。[26)]

崔致远成为高骈的门客后, 受高骈推荐, 担任笔砚一事。高骈在黄巢之乱时出任诸道行营兵马都统一职前去讨伐叛贼, 崔致远作为从事官(都统巡官)担当书记的重任。因此, 崔致远在高骈麾下时, 主要从事代撰表、状、书、启等事情。

此时, 崔致远担任从事官负责笔砚之事, 由于身在总司令部而非讨伐现场, 所以在相对闲暇安定的生活中, 得以继续治学。他在学问上毫无懈怠, 日积月累, 取得了很大的进步。

伏以某自趋龙斾, 免泣牛衣, 职奉非轻, 书粮颇赡。尝读鲁论语, 曰:「学而优则仕, 仕而优则学」是以, 望东开之阁[27)], 永誓依仁, 坐北面之窗, 唯期肄业。[28)]

由此可见, 崔致远在锤炼文章的同时, 丝毫没有松懈儒学的学

---

25) 《桂苑笔耕集》卷17,〈出师后告辞状〉。

26) 《桂苑笔耕集》卷18,〈谢职状〉。

27) 向东开的小门。源自汉代公孙弘任宰相时, 开东阁招待贤士的故事。宰相招待贤士的位置称为"东閤"或"东阁"。《汉书》卷58,〈公孙弘传〉"于是, 起客馆, 开东阁以延贤士。"

28) 《桂苑笔耕集》卷17,〈谢借宅状〉。

习。并且从他所写的"与客将书"来看,文中有客将鼓励崔致远"来自异乡,勤于儒道"[29]的一席话。这可以作为崔致远虽绊于军门之中仍下苦心努力学习儒学的证据。

另外,崔致远于28岁(884)离开唐朝,第二年3月回到新罗。他归国的理由又是什么呢?根据《三国史记、崔致远列传》的记载,他离开父母膝下已久,故而请求归省。但这只不过是表面上的借口。下文,我们将考察一下比较直接的动机。

崔致远16年的在唐生涯,其活动期(874~884)与僖宗(乾符帝)的在位年间(873~888)相当。僖宗在14岁年幼的年纪受到宦官的拥护即位,品性荒肆,乐于游戏。[30]他在位期间,就像梅溪曺伟(1454~1503)所说的,"宦寺擅于内,藩镇横于外,朱梁篡弑之兆已萌"[31]。特别由于10年的黄巢之乱(875~884),首都长安沦陷,受到逃往西蜀避难等无法言语的耻辱,还不断遭受节度使的横暴。像这样,由于宦官与藩镇的跋扈导致政治陷入巨大的混乱,皇帝的权威尽扫,一落千丈,律令也无法正常施行,民生极度荒废,已经出现了唐朝灭亡的征兆。

再者,连崔致远数年以来信任依靠的高骈也在晚年也失去聪睿。高骈受其幕僚兼方士吕用之、诸葛殷等人的迷惑,对朝廷多次的出征命令,也表现出找借口推拖或不应等傲慢的一面。并且还专心于求仙一事,以致于陷入神仙术中无法自拔。当时高骈虽然十分关心方术及炼丹术(外丹),但在遇见吕用之后关心程度也愈演愈烈。吕用之是导致高骈走上歧路的罪魁祸首。他利用高骈的政治地位只是

-----

29)《桂苑笔耕集》卷19,〈与客将书〉"伏蒙将军念以来自异乡,勤于儒道。"

30) 刘伯骥,《唐代政治史》,台湾:中华书局,1973,47页。

31)《梅溪集》卷4,30b,〈题崔文昌传后〉"由其欲仕唐也,则宦寺擅于内,藩镇横于外,朱梁篡弑之兆已萌。"

为了来强化自己的世俗权利。

崔致远预感到唐朝的混乱局势以及高骈不久将面临祸端,最终下决心回国。关于这点,徐有榘(1764~1845)的见解恰如其分:

若其居幕数载,知高骈之不足有为,吕用之诸葛殷等之诪妄必败,超然引去。去三年而淮南乱作,则又有似乎知几明哲之君子。[32]

通过下文的引用诗文也可探出除此之外的其它动机。

年年荆棘侵儒苑
处处烟尘满战场
……
乱时无事不悲伤
鸾凤惊飞出帝乡[33]

当时唐朝由于经历多年的黄巢之乱,国情动荡不安,文教与学术也变得荒废,所以很多文人才子隐居避世,并且来自藩邦的留学秀才们也纷纷回国。崔致远的归国也与这样的情况不无关系。加上唐人对异邦人有着根深蒂固的差别意识,在国外日复一日深受思乡之苦的寂寞处境,对父母和故乡刻骨铭心的思念等等都成为催促崔致远回国的动机之一。

---

32)徐有榘,〈桂苑笔耕集序〉。
33)《桂苑笔耕集》卷20,〈奉和座主尚书避难过维阳宠示绝句三首〉。

崔致远对归国的基本意识似乎非常明确。即在国外留学结束的话，一定要回到自己祖国的这种意识。这与他的东人意识也有着密切的关系。关于崔致远的基本意识，虽然没有直接提及，但通过关于高僧大德的碑文、赞文、愿文等中出现的富含寓意的表现，可以推测一二。崔致远在〈智证大师碑文〉中称在唐朝留学过的禅僧们为"西华者"和"东归者"，区分为在中国迁化乃至归化的人和回归故国的人。若细心留意他在〈真鉴禅师碑文〉中所说的"虽曰观空，岂能忘本"，这不仅仅是与真鉴禅师有关的，而应该看作是其中夹杂着崔致远自身的想法，在不知不觉中流露出来的。[34]这与当时新罗留学生有不少留在唐朝归化的情况相对比来看，崔致远的这种想法即便说是源于与众不同的自我意识、主体意识也不为过。

2) 归国后的政治不遇

　　崔致远归国后，被宪康王任命为翰林学士兼守兵部侍郎知瑞书鉴。归国后的两年内，宪康王与定康王相继离世，因此，崔致远的活动期主要是在真圣女王时期。在此期间，他蒙受皇帝厚遇，从事文翰职。并似乎想把在唐留学期间积累的才能，尽情施展在故国新罗上。崔致远此时的心中感想，从下文可探知一二。

　　今则崔致远，奉使言归，怀才待用，粗有可取，无辱所知。[35]

---

34) 在此可以联想到法国科学家 Pasteur, Louis(1822~1895)所说的"科学中虽无国境，但对科学家而言，存在国境"。将其换作哲学思想或意识形态来说的话，在哲学思想或意识形态中虽然没有国境，但对学习哲学思想或意识形态的学者来说，存在国境。

35)《译注崔致远文集(2)》176~177页，〈与礼部裴尚书瓒状〉。

像这样期待新罗朝廷对自己的学问及经纶作出高度评价的心态,从《桂苑笔耕集》里的〈杜鹃〉诗中也可以看出。

石罅根危叶已乾
风霜偏觉见摧残
已饶野菊夸秋艳
应羡严松保岁寒
可惜含芳临碧海
谁能移植到朱栏
与凡草木还殊品
只恐樵夫一倒看[36]

含苞待放的杜鹃花渴望被移种到名门大户家的庭院中,这正是崔致远"怀才待用"心情的写照。

崔致远自唐归来后积极从事各种活动。但想要实现自己的理想与抱负却十分困难。此外,他还对只将自己视为文豪的皇帝也颇有不满。[37]此时,新罗已呈现出末期景象,正走向衰退之路。接连不断的凶年与战乱,使国情日益紊乱,崔致远无法施展自己的理想与抱负。特别是进入后期以来,按照骨品任用人才的制度开始稳定,六

---

36)《桂苑笔耕集》,卷20 所收。
37)《译注崔致远全集(1)》166页,〈真鉴禅师碑铭〉"申命下臣曰:'师以行显,汝以文进,宜为铭!'致远拜手,曰:'唯!唯!'"
《译注崔致远全集(1)》60页,〈大朗慧和尚碑铭〉"复惟之,西学也,彼此俱为之,而为师者何人,为役者何人?岂心学者高,口学者劳耶?故古之君子慎所学。抑心学者立德,口学者立言;则彼德也或凭言而可称,是言也或倚德而不朽;可称则心能远示乎来者,不朽则口亦无惭乎昔人。"

头品出身的崔致远无法得到重用。随着文籍出身者与赴唐留学派之间的矛盾深化, 在这种势力斗争中, 崔致远受尽嫉妒与疑心, 无法融入其中。动辄就受到刁难与排挤。他在社会现实与自己政治理想的矛盾中, 经过深思熟虑后, 自请外放做地方官。崔致远在担任富城郡(现在忠清南道瑞山)太守时, 即真圣女王7年(893), 被任命为贺正史, 第二次前往唐朝, 次年返回。为试图挽救走向衰落的新罗国运, 呈上了时务策10余条。[38]

虽然崔致远上呈的时务策被暂时接受, 并被任命为阿飡, 但决不会不遭受真骨贵族层的抵抗而顺利实行。孝恭王2年(898)由于'鸡林黄叶, 鹄岭青松'的诗句相关事件, 被免除阿飡一职。[39]此后, 他对官职失去了欲望, 并开始隐居生活。

《三国史记、崔致远列传》中说:

> 我太祖作兴, 致远知非常人, 必受命开国, 因致书问, 有"鷄林黄叶, 鹄岭靑松"之句。其门人等至国初来朝, 仕至达官者非一。显宗在位, 爲"致远密赞祖业, 功不可忘"。下敎赠内史令, 赠諡文昌侯。[40]

据此可知, 崔致远与被称为"一代三崔"的崔仁渷(崔彦撝)、崔承祐一样, 采取反新罗的态度, 由此, 可解释日后崔致远受到高丽朝廷追崇恩典一事。但是崔致远寄书函给王建一事颇具疑点。崔致远秘

---

38) 关于崔致远作为贺正使入唐的时期与上呈时务十余条两者间的联关性, 在本书第4部第1章中有详细的考证。

39) 安鼎福, 《东史纲目》, 第五(下), 〈孝恭王二年〉条"阿飡崔致远有罪免。"

40) 《三国史记》卷46, 〈崔致远传〉。

密协助高丽朝廷一说应该是后世误传或伪造的。

稍晚于《三国史记》之后出现的崔滋(1188~1260)《补闲集》一书中所述如下：

> 我太祖作兴, 新罗崔致远, 知必受命, 上书有鸡林黄叶, 鹄岭青松之语。罗王闻而恶之, 即带家隐居, 伽倻山海印寺终焉。其鉴识之明。见于上书中, 罗人深服之, 乃以公昔所居, 名为上书庄。[41]

这也与《三国史记》列传的内容相一致。只是追加了崔致远因寄信函给王建而被免职, 紧接着开始了隐居生活这一点。[42]
《三国史记》中关于崔致远隐居一事是这样叙述的。

> 致远自西事大唐, 东归故国, 皆遭乱世, 屯邅蹇连, 动辄得咎, 自伤不遇, 无复仕进意。逍遥自放, 山林之下, 江海之滨, 营台榭植松竹, 枕藉书史, ……最后带家隐伽耶山海印寺……[43]

....

41) 《补闲集》卷上, 第4则〈成宗十五年八月〉夹注。

42) 此外, 崔滋在《东文选》卷2收录的〈三都赋〉中说"先有崔孤云者, 尝曰：'圣人之气, 酝酿山阳, 鹄岭青松, 鸡林叶黄', 紫云未起, 预识兴亡"。这是能让我们站在地理图谶思想的角度上进行思考的部分。但是这里的'尝曰'像是直接引用崔致远的话进行叙述的, 这点值得注意。但从'阳'与'黄'都是下平声阳韵来看, 虽然不是没有这种可能性, 但'圣人之气'之类的话, 怎么看都像是后人粉饰添加的。

43) 《三国史记》卷46, 〈崔致远传〉"致远自西事大唐, 东归故国, 皆遭乱世, 屯邅蹇连, 动辄得咎, 自伤不遇, 无复仕进意。逍遥自放, 山林之下, 江海之滨, 营台榭植松竹, 枕藉书史, 啸咏风月。若庆州南山, 刚州冰山, 陕州清凉寺, 智异山双溪寺, 合浦县别墅, 此皆游焉之所。最后带家隐伽耶山海印寺, 与母兄浮图贤俊, 及定玄师, 结为道友, 栖迟偃仰, 以终老焉。"

根据该引用文的内容，很难找到崔致远是因何种政治事件而开始隐居生活的线索。那么，安鼎福在《东史纲目》中明确指出的"隐居动机"和"隐居时期"又是以何为根据的呢？对此，安鼎福并没有指明该根据，因此很难确切知道。若考虑到安鼎福作为史学家的地位及面对历史论述时的态度及性向等的话，《东史纲目》中所明确记载的孝恭王2年（898：42岁）一说应该是值得相信的。那么，此时王建的情形又是怎样的呢？王建（877~943）在真圣女王9年（895）即19岁时跟随担任金城太守的父亲王隆进入弓裔的麾下。孝恭王2年成为精骑大监。他正式建立战功开始于孝恭王4年（900）治理国原（忠州）、唐城（南阳）、广州等地。由此可见，898年时王建的存在微不足道，名声也尚未被人知晓。即便如此，难道崔致远还是已经提前得知王建的存在，向他寄出书函，含而不露地提示王建将鸿运当头？这是在利用崔致远的人品学识及国家观、人生观、处世观等来分析辨论之前，在常识范围中即可弄清的问题。在这里想必是夹杂着高丽朝廷故意捏造史事，以讹传讹。笔者认为这里的'鹄岭'并不是指王建的势力，而应该看作是弓裔的势力。如果新罗王知道崔致远致书一事，此次事件恐怕不能仅以厌恶、免职来解决。崔致远秘密协助王建建国一事不得不怀疑后世歪曲作假的可能性。[44]

那么，"鸡林黄叶，鹄岭青松"这些话应该如何理解呢？这些句子是否也应该看作是捏造的呢？笔者认为这些字句并非捏造而成的。也有人认为这是从秘记或从谶纬的层面来进行把握的。[45]李丙焘博士

---

44) 与此同时，王建向甄萱所寄的国书乃崔致远代撰一说，应该也是上述致书一事演化而出的。参照《三国遗事》卷2，〈后百济，甄萱〉条。

45) 韩硕洙认为"鸡林黄叶"等句很难认定为是崔致远所作，还说到"高丽史学家说崔致远等人也预言高丽建国，并写出这样的诗句，密赞王业。这是将高丽建国前后民间

认为以上句子乃谶句，并说到：

> 从《三国史记》崔致远列传中的"其门人等，至国初来朝，仕至达官者非一"来看，高丽初期崔致远的门人来丽京为官者甚多，而上述谶句会不会是其门人们求仕媒进的一种策略，假托崔致远的名字而献出的呢？事实上，食新罗俸禄的崔致远向王建寄送那种意义的诗谶，是怎么也想不通的。[46]

然而，与将其看作诗谶相比，将其视为崔致远看到新罗走向衰退的形势，向皇帝上疏并将新罗与新兴泰封的形势分别比喻为"黄叶"与"青松"进行讽谏的说法貌似具有一定的说服力。换言之应该理解为，崔致远看到皇帝治世昏乱后，上疏或呈递时务策，因"鸡林黄叶"等部分使得皇帝震怒，被罢免官职，继而得知自己的进言已与时势不一致，故寄身于山水之间，这样比较符合逻辑。[47] 在此，我们有必要回味一下《论语》中的"君子信而后谏，未信则以为谤己也"[48] 这句话。

流传的谶谣性质的字句故意与崔致远联系在一起来美化高丽建国，也是为了使其合理化。"(韩硕洙，《崔致远传承研究》，启明文化社，1989，26页)从王朝末期图谶说或谶谣等在民间广泛流传这一点来推断，具有相当大的说服力与可能性。上文中介绍的崔滋《三都赋》中的"圣人之气，酝酿山阳，鹄岭青松，鸡林叶黄"等也都可以从谶谣的角度理解。

46) 李丙焘，《高丽时代的研究》，亚细亚文化社，1980，37~38页。

47) 对此，自山安廓所言值得我们深思。"此时，知女主政治昏乱，上疏时务策，'鸡林黄叶，鹄岭青松'等语使得女主震怒，孤云知与时世不合，为官弊履，不如弃之，寻风景寄身于山水之乐。"即使弄错了崔致远上呈时务策的时间与隐退时期，但这只是小小的瑕疵。安廓，《朝鲜文学史》，京城：韩一书店，1922，22~23页。

48) 《论语》，〈子张〉。

此外，李佑成(1925~2017)有如下的叙述：

之前便对王建存有好感的崔致远与希朗(王建的福田)过往甚密，甚至还有选取高丽建国时的年号"天授"二字为希朗作的诗。[49]

这句话并没有经过严密的考证，而只是简单推断的。可即使如此，研究者们还将其作为确切的史事加以引用，这是不对的。

上文中出现的'天授'二字源自崔致远寄赠希朗和尚的六首诗中，其原诗如下：

天言秘教从天授
海印真诠出海来
好是海隅与海义
只应天意委天才[50]

崔致远在六首诗篇的最后写下了作诗的缘由。据此可知，希朗夏天在海印寺讲座《华严经》时，因自己正担任天岭郡太守兼防虏太监，所以不能前往参加听讲，故作诗六首，以歌吟唱希朗的讲经。末尾注明了"防虏太监天岭郡太守遏粲崔致远"[51]。当时由崔致远担任

---

49) 李佑成，《韩国的历史像》，创作与批评社，1983，159~160页。
50) 《译注崔致远全集(2)》，84页。
51) 《伽倻山海印寺古籍》"希朗大德君，夏日于伽倻山海印寺，讲华严经。仆以捍虏所拘，莫能就听。一吟一咏，五侧五平，十绝成章，歌颂其事。防虏太监天岭郡太守遏粲崔致远。"(《译注崔致远全集》第2卷，81~82页)
《东国舆地胜览》卷31，咸阳郡，〈名宦〉"致远寄海印僧希朗诗下，题防虏太监天岭郡太守遏粲崔致远。"

太守的天岭郡(今咸阳)是与后百济相接壤的军事要塞,频繁受到甄萱的入侵。因此,此时估计正担任相当于防御使职务的防庶太监,受到甄萱的入侵,为捍庶所拘,所以未能参加希朗举行的《华严经》讲座。

安鼎福的《东史纲目》中指出崔致远于孝恭王2年(898)获罪免职,并暗示从此时起开始入山隐居。还有燕岩朴趾源(1737~1805)推断说"伽倻之于天岭,不百里而近,则其超然遐举者,岂非在郡时耶?"[52] 综上所述,崔致远担任天岭郡太守时,因上疏"鸡林黄叶"等,898年开始隐居,这是符合情理的。

不管怎样,崔致远担任太守时赠诗给希朗一事是非常明确的,而赠诗的时间最晚也是在898年之前,这是准确无误的。尽管如此,在20多年前便已预知王建建立高丽的918年所使用的年号为"天授",并在诗中有所体现,这不仅是不合情理,也是有悖常识的。

"天授"一词是指历代帝王称自己的即位并非靠人力,而是依照天意实现的,这是为了极大提高神圣性与神秘性而常用的词语之一。[53] 中国历史上"天授"这一年号经常出现也是因为这个缘由。

不仅如此,出现优秀人才时,也作为"天赐英才"的意思使用。崔致远寄赠希朗的诗中使用"天授"一词,在强调《华严经》神秘性的同时,也是为了强调华严宗的法匠希朗乃是上天赐予的人才,这句话于礼并无不妥。

从以上论述的众多情况推断来看,将崔致远视为心怀二意的失节

---

52)《燕岩集》卷1, 25a,〈咸阳郡学士楼记〉。

53)《史记》卷92,〈淮阴侯传〉"陛下所谓天授, 非人力也。"
《论衡》,〈命禄〉"陛下所谓天授, 非智力所得。"

学者的看法是错误的。特别是崔致远在隐居两年后(900)作〈海印寺善安住院壁记〉,在表达了作为"东人"、"东方人"自信心的同时,还流露出对新罗深深的热爱之情。此外,之后所作的〈新罗寿昌郡护国城八角灯楼记〉(908)等也显现出坚定的"护国"意志。假如他是追随王建或甄萱势力的反新罗人物的话,护国义营将的异才也不会拜托崔致远作楼记。而崔致远也不敢答应这个请求。尤其是从他在文章中说异才"遐絜真是在家大士。蔚为奉国忠臣"等等来看,似乎也是借异才来表现自己的处境。

从上述前后的史实推断来看,可以猜测出崔致远是直到生命的最后时刻也坚持"护国"意志的人物。他秘密协助王建建国一事是后世拘儒曲士或心术不正的历史学家造假或歪曲的。连安鼎福这样优秀的史眼也对崔致远寄赠书函一事毫不怀疑,写出如下史评,这是否是贻累于正见:

> 士不幸面处衰乱之世,若位高任重,势不可去,则国存与存,国亡与亡。同其休戚。不然则高飞远引晦迹林泉无与于人事,惟是二者而已。……虽其龙姿凤质,雄图远猷,有帝王之像,开创之兆於我心益复戚戚,何忍献书纳交矜其先知之明乎。
> 噫!扬雄咨首窮经,而终为莽室大夫,孤云文章动世而竟作丽朝功臣,士之读书贵知义理,义理到此果安在哉?……古人云,文士寡守其孤云之谓乎?然崔承祐尝为贼萱草檄,崔彦撝亦未丽祖宠臣,而孤云不见则是终於隐遁其可责也。[54]

---

54) 参照《东史纲目》第五(下),孝恭王2年(898)条。

朝鲜仁祖时期的学者郑克后(1577~1658)对新罗时期明贤薛聪、金生、崔致远等人的事迹逐渐泯灭感到焦虑,故作《西岳志》。他在书中关于崔致远作了如下叙述:

生乎东国,而其文章事业,至于驰驾中原,暎耀后世者,千古一人而已。此其可以从祀圣庙也。以青松黄叶之句,为密赞丽业,则必史传之陋耳。见机高蹈,终于隐晦迹,不染丽代之世,其时立独行之义,又可谓百世之师。[55]

不得不说,这是十分正确的见解。

3) 隐居后的学术、宗教活动

普遍观点认为崔致远隐居伽倻山后,陷入失意与绝望中,开始了逃避现实的生活,最终离开人世。还有些研究者苛刻评价说"崔致远是参与现实的失败者,他所表现出来的逃避现实的行为也成为后世很多懦弱知识分子的典型。"[56]然而,细细探寻崔致远隐居后的生活轨迹,我们发现事实上并非如此。相反,隐居期间,崔致远加深学问深度,丰富学问,使其更加精炼,还坚定了宗教信仰。

知识分子身处乱世的方法大致分为以下三种。第一,用真实去推翻充满虚假和伪善的世界,在现实中有所行动。第二,抛下虚伪的世界,寄身于另一个超凡的世界。最后一种就是完全接受现实。崔致远在这三种方法中最先选择的是第一种,然而只凭借自身的力量无法

---

55)《西岳志》首尔大学奎章阁收藏本。
56) 梁光锡,〈崔致远的思想与文化〉,《韩国文学论》,日月书阁,1981,27页。

承担现实，无奈之下选择了第二种方法。[57]

在现实与理想中苦苦挣扎的崔致远，最终带着家人隐居伽倻山。入山后对世间的厌恶之情更深了。乍一看像是产生了厌世倾向。从民间流传的其〈入山诗（又称赠山僧）〉来看，流露出不愿再下山的意志。

僧乎莫道青山好
山好何事更出山
试看他日吾踪迹
一入青山更不还[58]

该诗是否算得上是预言崔致远晚年的诗谶呢？不仅如此，在〈题伽倻山读书堂诗〉中也能充分感受到同样的倾向。

狂奔叠石吼重峦
人语难分咫尺间
常恐是非声到耳
故教流水尽笼山[59]

崔致远在起句中通过"狂奔叠石"表现了当时封闭的统治阶层间的腐败与政党之争，承句中通过"人语难分"指出自己的改革构想实际

---

57) 李九义，《崔致远的人生与文学》，国学资料院，1995，81页。
58) 《译注崔致远全集(2)》，62页。
59) 《译注崔致远全集(2)》，61页。

上已搁浅触礁。从转句与结句可窥探出他渴望"与世隔绝"的心情。虽然水是自然而然流动的，但却用水环绕了整个山。通过这种'人为性的隔绝'可猜测出他对世间的失意程度。同时，也可以看出崔致远无法忽然与现实世界隔绝而作出的挣扎。

实际上，他遁世远离尘嚣，一面化解自己内心无法宣泄的郁愤，一面靠每天写字吟诗来消磨时光。[60] 回想之前他尚在唐朝时，即881年赠给进士吴瞻的诗中似乎是预见未来，吟咏了身处乱世的知识分子在无奈之时所应采取的态度。

危时端坐恨非夫
争奈生逢恶世途
⋯⋯
壮志起来何处说
俗人相对不如无[61]

然而，崔致远并没有变成厌世主义者。他的遁世源自对现有体制的不满及抵抗。这样的遁世生活在试图人为地避世绝俗的同时，却总是"未忘斯世"，即无法抛下对世间之事的迷恋。所谓隐者只是指不干涉世俗时事，不求闻达于天下的人。用一句话说就是"想忘记世间之人"，像巢父、许由，或是长沮、桀溺等人，是典型的隐者。但不能说崔致远是隐者。他的隐遁与《周易》中的"遁世无闷"或《中庸》中的

---

60) 参照《译注崔致远全集(2)》，72页，〈寄灏源上人〉等。
61) 《译注崔致远全集(2)》，76页，〈辛丑年寄进士吴瞻〉。

"遁世不见知而不悔"的性质截然不同。

崔致远在进入海印寺的第三年(900)就已经强调自己的隐遁并非因政治原因而导致的消极逃避，相反是对自己行为或主观进行黑白辨别的积极行为。这与《论语、季氏》篇中的"隐居以求志"如出一辙。

《易、蛊卦》大易之不事王侯，高尚其事。幽人贞吉，其履道乎。幽人何谓梵子。仅是援儒譬释。视古犹今。[62]

即自己的理想最终是"兼善天下"。因不为世间所接受，所以只能"独善其身"，然而"独善其身"也是士人应行之道。[63]那么在这里隐居之人，可以作为是崇尚儒道的遗逸之士，也可喻指僧侣。

然而，崔致远的这种意识再次说明他曾经面临过很大的困难。从他在《法藏和尚传》的最后发出"身处乱世又有何事可为？只不过是七不堪[64]而已"这样的感叹进行收尾来看，说明他已经抛下了对世间的迷恋。崔致远在入住海印寺与胞兄贤俊及包括定玄法师在内的华严僧侣们结为挚交，沉醉于佛教的同时，还撰写了《浮石尊者传》、《法藏和尚传》及《释顺应传》、《释利贞传》等华严高僧们的传记，并对俗世中因弓裔及甄萱攻取新罗各地而造成百姓流离漂泊感到忧心。

904年，崔致远在山中过着居士生活，受兄长贤俊所托，开始起草

---

62)《译注崔致远全集(2)》，278页，〈新罗海印寺善安住院壁记〉。

63) 程子对《周易》蛊卦中的"高尚其事"进行解释说士人让自己变得高尚的方法不尽相同，分为以下四种类型：①有抱怀道德，不偶于时，而高洁自守者②有知止足之道，退而自保者③有量能度分，安于不求知者④有清介自守，不屑天下之事，独洁其身者。而崔致远也应该是第①种类型。

64) 嵇康说过的'七不堪'中的第七件事。即心不耐烦，而官事鞅掌，机务缠其心，世故繁其虑，七不堪也。

法藏和尚贤首的传记,[65)]同时也避开了兵荒马乱的纷扰,调理自己的身体。

> 于时天复四春,枝干俱首,於尸罗国伽耶山海印寺华严院,避寇养疴,两偷其便。虽生下界,幸拢高斋,平揖群峰,夐抛世路。而所居丈室,密迩蒙泉,韶光煦然,润气蒸兵,衣如游雾露,座若近陂池。加复病躬目劳烧炙,是使楼栖閩华水,窊菲艾烟,厌生而或欲焚躯志。问疾者多皆掩鼻,有谁逐臭,空惭海畔一狁,无所窃香,莫遂山中三嗅。及修斯传,自责增怀,伤手足虞,含毫不快。[66)]

从上文可以推测出,崔致远在入山隐居后的数年间,十分痛苦地与肿胀及关节炎等病魔作斗争。有时竟产生了厌倦生活,欲焚身(烧身)的想法。"焚躯"一词可联想到佛教中的"烧身供养"。暂且不论其原因如何,但很明确当时崔致远沉醉于佛教之中。尽管他收回想要抛弃生活的想法,重新回到学者的本来姿态,将完成法藏和尚传记作为自己的最后任务,以极其不便的身体开始执笔并宣告完成,但佛教一刻也未曾离开他的意识边缘。

人在现实世界的生活遇到极限状况时,无论是谁总是想要依靠超越人间极限的某种东西。这可能也是对现在疲倦的生活及无法预测的未来,心中感到压抑。似乎也是想通过依靠宗教的力量,消除忧愁,获取慰藉。崔致远虽是遵循不语"怪力乱神"的孔子教诲的儒者,

---

65)《译注崔致远全集(2)》356页,〈法藏和尚传〉"恭以师兄大德,玄准为名,仍以大乘远为别号。体叶偈之旅,首华严之座……以致远尝宦玉京,滥名金膀,聊翻缺语,或类象胥。遂命直书,难从曲让。"

66)《译注崔致远全集(2)》,358~360页。

但在《法藏和尚传》中对贤首的神异行为大多都进行了介绍,这点可以从这样的角度上进行理解。特别是在《法藏和尚传》的末尾暗示了自己非常重视梦感,这也许是作为一个懦弱的普通人对自己现在怀才不遇的处境进行自我安慰,迫切希望梦与现实能够一体化的另一种表现。

崔致远在隐居后深受胞兄贤俊的影响,似乎深深地沉浸于华严之中。西浦金万重(1637~1692)评价崔致远为"丈室之维摩居士(维摩居士:释尊的俗弟子)"。[67]在崔致远一生中,对佛教进行学术性地接近并达到一定的境界也是在隐居海印寺期间完成的,并且达到了最高境界。

崔致远按照他人意志隐居后,致力于学术及宗教活动,重新体会"生活"的意义,开始关注世俗之事,内心焦急地怀念即将倾覆的新罗,言语间也呐喊"护国"与"尊王"。虽然离开了俗世,但想要扶正昏乱社会的满腔呐喊越来越强烈了。最终他结束了因政治上的挫折而导致的一时隐居与徘徊,回到儒者的位置结束了人生。此前称崔致远羽化登仙或是怀着对世间的迷恋忧愤自尽的说法,只不过是众说纷纭的臆测罢了。

---

67)《西浦漫笔》卷下,第4则"新罗之盛,薛弘儒(聪),以释门之罗睺,首阐文风,崔文昌(致远),以丈室之维摩,大鸣中华。"(文林社,影印本,49~50页)

2. 著述概况与检讨

1) 孤云文集、四山碑铭、桂苑笔耕集

崔致远的著述在历经了千年漫长岁月后，大多已亡佚，已无法确切掌握种类及数量。但他自唐归国后，编写了《桂苑笔耕集》20卷进献于宪康王，同时还列记了《中山覆篑集》等4种8卷的书目。除此之外，还有《四六集》1卷、《孤云文集》30卷、《帝王年代历》1卷被保留下来，显然少说也有超过60卷的巨著。然而，目前只有《桂苑笔耕集》20卷完整无缺地保留下来，还有文集若干卷、金石文数篇，其余大部分均已亡佚。

《孤云文集》自高丽时代后，历朝经过多次刊行，所以版刻本也不尽相同。当今市面上流传的《孤云文集》均出现在1926年以后。里面所记载的不过是将分散于《桂苑笔耕集》、《东文选》及佛教相关的资料集等中的内容同金石文汇集在一起编写的。

到目前为止，在崔致远的研究中，一直作为基础文本的可以说是1972年成均馆大学大东文化研究院影印刊行的"崔文昌侯全集"。该文集几乎收录了崔致远所有的遗文，其内容大致分为诗文集、《四山碑铭》、《法藏和尚传》及《桂苑笔耕集》。《崔文昌侯全集》的发行给崔致远的研究带来了新的转机，其功不少。

但由于《孤云文集》自身所具有的局限性，作为文本来讲，具有不少问题。具有肃宗善本的《桂苑笔耕集》问题虽少，但文集中，尤其是佛教相关内容，在从众多资料集转抄的过程中，未经校勘，有很多误字、漏字。另外，1926年后人崔国述(崔坤述)等影印了刊行的《孤云文集》，但文集中的误字漏字及任意篡改的内容没有进行及时纠正，原封不动地进行了收录，难免有些遗憾。

在崔致远的著作《崔文昌侯文集》刊行的相同时期内，在后人崔濬玉的主导下其翻译本也同时问世。《国译孤云先生文集》（上、下卷）为学界作出了巨大贡献。然而初译本距今已有40年，以现在的视角来看，不仅考证及注释上存在不实之处，误译之处也较多。有必要从原文的审定开始到译注，重新进行全面的修正。自1998年开始，由笔者译注并陆续出刊的"译注崔致远全集"正是为满足此种需求的作业。[68]

崔致远的著作中被评为价值最高的《四山碑铭》是从崔致远编纂的碑文中，选取了包括新罗佛教史在内，在汉文学史、思想史等各个方面，最具资料性价值的四篇碑铭编辑成书的。这四篇碑铭指的是①崇严山圣住寺大朗慧和尚白月葆光塔碑铭②智异山双溪寺真鉴禅师大空灵塔碑铭③初月山大崇福寺碑铭④曦阳山凤岩寺智证大师寂照塔碑铭。以上述四山为名，概称"四山碑铭"。作为记录了屹立于新罗佛教历史长河的三位禅师的生平事迹，及华严宗派皇室愿刹大崇福寺创建因由的碑文，均是奉皇命所作，完成时期是从崔致远自唐归国后至隐居之前。

《四山碑铭》作为开启韩国金石文新纪元的雄文巨篇，不仅修辞华

---

[68] 2009年韩国古典翻译院李相铉翻译出版了《孤云集》与《桂苑笔耕集》中的部分内容。从中可以看出译者煞费苦心，兼顾先前的翻译，力求全译。但是，仅作为古典国译丛书之一翻译出刊，十分令人遗憾。尤其是将原文拖延至韩国文集丛刊中，只刊载了翻译文，这点非常遗憾。《孤云集》、《桂苑笔耕集》与原文存在较大的出入，需要进行校勘。此外，《孤云集》由于以1926年崔国述等人所编纂的版本作为底本，与佛教相关的内容大部分被遗漏了，最终以未完的状态收尾。我们无法得知为何不以收录了崔致远所有遗文的《崔文昌侯文集》作为底本的原因。因为国译丛书的出刊与文集丛刊的编撰直接相关，所以先前围绕选定底本的方式，引发了很大的争议。与文集的内容相比，最先考虑书志学价值的编辑方针理应受到批判。

丽,还温文典雅,含而不露。不仅如此,更是神乎其神,能使读者感受到其中所蕴含的灵韵。若说《桂苑笔耕集》是崔致远在唐时期完成的代表性著述,那么《四山碑铭》可以说是归国后完成的著述中的佼佼者。

其资料价值及重要性体现在它一直作为课外读物在佛教学者之间广泛传颂,与此同时,随着注解本的不断出现,也逐渐受到知识阶层的关心。自朝鲜宣祖、光海君时期,高僧海眼(又称铁面老人、中观)第一次从《孤云集》中选取四篇碑文编纂成书添加注释后,莲潭有一、蒙庵箕颖、居士洪景谟,梵海觉岸等人的注解也相继出现。至现代已有数十种注解本。其中精注、精校本有《文昌集》《桂苑遗香》《精注四山碑铭》等。

《四山碑铭》不仅在年代上远远早于《三国史记》、《三国遗事》,更是记录当时生动史实的首份资料,具有很高的资料价值。是研究韩国古代史,特别是包括新罗禅宗史在内的佛教史的优秀资料。李德懋、丁若镛、成海应等著名的实学者均将《四山碑铭》作为新罗时代的重要史料。[69]

还有,这四篇碑铭不同于普通的碑文,因其中蕴含着很多纂者的思想性、哲学性片鳞,尽管有限,但由此也可以推论出崔致远的哲学思想。特别是考察当时学者们对三教观的广泛理解,及可谓是崔致远哲学思想核心的东人意识和东方思想,是非常重要的资料。

《孤云文集》收录了崔致远著述中除了《桂苑笔耕集》和《四山碑

---

[69] 李德懋在《青庄馆全书》多处引用四山碑铭。丁若镛编撰《大东禅教考》,评价说"崔孤云四山碑铭,其于新罗名德,最为宝迹。"(《韩国佛教全书》第10册,511页中间部分)成海应也在《研经斋集》本集卷54〈草榭谈献(一)〉"大朗慧、智证、慧昭"标题下引用了四山碑铭的内容。

铭》以外的其它所有诗文。实际上具有"拾遗"的性质。崔致远一生中创作了大量诗文,但留传至今的难免有些凄凉。诗在《桂苑笔耕集》中有60首,除此之外很多文献中还有56首。他虽然在韩国汉文学史上对近体诗和七言诗的确立作出了巨大的贡献,但因活动在晚唐时期,所以与盛唐时期的诗风有着明显的差距。诗格也未能获得很高的评价。此外,因为当时若想以文人身份进行活动,需要善于作"赋",因此崔致远也作了不少"赋"的作品,但留传至今的只有一篇,难免有些遗憾。

崔致远把"文章辅国"作为学者、文人的重要任务之一。他对拟写事大文书和公用文格外留心。与此有关的文章目前保留下来的有表7篇,状6篇,启1篇。均被评价为达到了骈俪文的巅峰,将实用文升华为艺术。崔致远一直非常在意自己的文章能在中国广为人知,还引入普遍性的价值标准和概念,希望韩国的历史和文化能在当时的国际舞台-中国广泛流传。与对外关系的相关文章用一句话概括就是以"国际化"为目标作为根本。

崔致远完成了《浮石尊者传》(义湘传)、《法藏和尚传》、《释顺应传》、《释利贞传》、《普德和尚传》等数种僧传,赞誉了致力于弘扬佛教的高僧们的崇高品行。并将其提升到传记文学乃至历史叙述上。在上述僧传中《法藏和尚传》是正式描写中国华严宗第三祖法藏和尚贤首生平的最早传记资料。独特的构思、详细的内容自不必说,在生动地刻画了贤首个人形象这点上,或是突出贤首在佛教活动中的灵验性与神奇性,树立新的贤首观方面,都可以说是空前绝后的。

《法藏和尚传》对于考察崔致远的历史叙述方式乃至历史意识都是十分重要的。特别是将贤首的生平分为十科进行叙述,立足于华严思想,富有洞察力地对贤首的整个生平进行回顾,并且明确各部分相互间的区分、因果关系及连贯性进行叙述,将佛教理论浑然地展现在历史叙述中。对此后高丽时期赫连挺的《均如传》也产生了很大的影响。

《桂苑笔耕集》一部二十卷是韩国艺苑中最悠久的文集,在韩国汉文学史中占据着"开山始祖"的地位。该书是崔致远自唐归国后的第二年,即宪康王11年(886)自己编著的,同《私试今体赋》、《五言七言今体诗》、《杂诗赋》、《中山覆櫃集》一起呈献于君主。书中所收录的文章大多是崔致远在唐时期所作。尤其是担任诸道行营兵马都统高骈的从事官时,负责笔砚之事,奉命代撰的文章较多。可能是因为大部分乃奉命代撰的文章或公用文,完整蕴含着自己思想和感情的文章较少,这是最大的局限。

《桂苑笔耕集》在《唐书》〈艺文志〉中也有介绍,可谓驰名中外。近代道光27年(1847)清人潘仕成在其编纂的鸿篇巨制"海仙馆丛书"第29篇中也收录了该书。该书经过千余年的流传多次进行刊印。至今传下来的或为人所知的版本就达数十种,并且一直在重刊出版。

《桂苑笔耕集》共收录文305篇,诗60首。无一篇不是得意之作,其中卷11的"讨黄巢檄文"被称作是使叛贼黄巢亡魂丧胆的名文,至今仍富有名气。还有卷15中的多篇斋词不仅对考察唐代道教,还对考察崔致远的道教观也很有帮助。卷20中收录的诗文是归国前后所作,归国前夕崔致远的情怀为何转向了文学,亦可从中窥探一二。

《桂苑笔耕集》为当时风靡一时的四六骈俪体。每篇文章都典故丰富,对偶恰当,押韵谐和,甚至可以与中国人的四六文相媲美。高丽之后,古文盛行,崔致远的文章成为科文及公用文的典范,在士子间广泛传颂,其渊源也在于此。此外,还可以说在韩国汉文学的文学样式到了《桂苑笔耕集》才得以确立。这1部20卷中呈现了众多文体,还有各种综合化的文学表现方法,不得不说《桂苑笔耕集》是新罗汉文学研究的重要资料。

2)"类说经学队仗"的真伪问题

《类说经学队仗》(简称经学队仗)共3卷1册,保管于庆州崔氏家族祖传的旧匣子中,据说是崔致远的著述,呈现于世不知不觉已有80余年。1976年被翻译后以文库本小册子的形式出版。[70]然而关于撰者究竟是谁,依旧是众说纷纭,意见未能统一。虽然目前学界也大致不认可撰者为崔致远一说,研究也几乎没有展开,[71]即便如此,这也并不是撰者并非崔致远的确凿证据,所以目前处于模棱两可的境地亦是事实。对此,庆州崔氏一门的宗人不仅坚信《经学队仗》乃是崔致远的著述,更是将其当做弘扬先祖事业的一环,倾尽全力宣传《经学队仗》。

笔者认为,为了对崔致远进行正确的研究,这一真伪问题上应该彻底画上句号。虽在下文本论部分将通过论证辨明"撰者崔致远说"的真实与否,但需要阐明的是,在此得到的结论不偏袒学界或庆州崔氏家族的任何一方。此外,因为本文的目的是分辨"撰者崔致远说"的真伪,故省略关于《经学队仗》书志学的内容介绍。

首先,先介绍一下目前学界关于撰者问题的代表性观点。

---

70) 参照金喆熙(译),《经学队仗》,乙酉文化社,1976。

71) 但并不是没有以《经学队仗》乃崔致远的著述为前提发表的论文。成校珍的〈崔孤云的道学思想〉(《东洋哲学研究》第1辑,东洋哲学研究会,1981)便是这样的论文。但该论文没有从根本上对文献进行探讨作业,而是直接展开研究,免不了受到过于草率的评价。除此之外,成乐喜也在《崔致远的诗精神研究》(中央大博士学位论文,1986,78~79页)中论述崔致远的文学观时,引用了《经学队仗》的内容。

(a) 《经学队仗》中有著者后代子孙崔致德、崔铉弼、崔让海等人的跋文，故此书是伪书。新罗文人崔致远没有理由谈论宋儒的道学，文章也更不是崔致远的文体。[72]

(b) 《经学队仗》由于被称作是先生的著述，故出现在《孤云先生文集》目录的卷外书中，最近与《桂苑笔耕集》合本出版。但其内容是朱子以后的著作，所以已经证实不能是先生所著。[73]

对于上述学界的这种见解，存在明确的反对意见。汉学者元老龙田金喆熙(1915~2008)便是其中的代表。

呜呼！有人主张《经学队仗》非先生所著，而是明代某一学者的著作，故译者将用以下三种理由来立证，证明的的确确是崔致远所著。第一，文体与崔致远所有著作一致，是独特的骈俪文。第二，如果说是明代的著作，在关于性理说的论理中，不可能没有一句宋儒的学说。第三，目前还没看过是明代学者所撰的。即使是因为译者固陋迂腐而没有看到过，要是真的存在这样的书，也无法知晓是不是只是题目相同，而内容不一样呢？此外，还有出版的册子，即使说命题与内容相符，也只能认为是明代学者抄袭所作。如果是明代的著作，怎么会没有一句是关于宋儒学说的呢？[74]

....

72) 高丽大学民族文化研究所(编)，《韩国图书解题》，1971，31页。
73) 李基白，〈崔文昌侯全集解题〉，《崔文昌侯全集》，成均馆大学大东文化研究员，1972，5~6页。
74) 金喆熙，〈经学队仗解题〉，同上，5页。

上述的反论虽然不是站在严格的学术角度上提出来的, 但却是至今为止最早正式展开的反论, 具有一定的意义。然而, 虽然以三种论据展开反论, 却没有获得学界的认同。

下文笔者将在《经学队仗》并非崔致远的著述这一结论下, 展开论旨。为方便起见, 将以金喆熙的 反论为根据, 展开再反论。

首先, 对于著者并非中国人这一主张展开论议。以笔者愚见,《经学队仗》的作者是中国人这一说法并不是没有根据。"撰者中国人一说"最能确切地证明《经学队仗》并非崔致远所作。[75] 从可作为根据的《四库全书总目提要》、《四库大辞典》等中可以看出,《类说经学队仗》是中国人"永嘉朱景元"所著。首先, 根据《四库全书总目提要》:

> 旧本题朱景元之撰。景元不知何时人。考晁公武读书志, 有唐太子谕德朱景元集。然此书以道德心性等字, 分类标目, 而杂引经语, 以疏其义。因词皆对偶, 故以对仗为名, 实宋元时科举策科, 决非唐人之书。盖姓名偶同也。[76]

还有在《四库大辞典》中说:

> 旧本题朱景元之撰, 实宋元时科举策科, 决非唐人之书。盖姓名偶同也。[77]

---

75) 以下大多参照李圣爱的〈经学队仗考〉(《国会图书馆报》第17卷3号, 通卷147号, 1980)。
76)《四库全书总目提要》卷26〈子部类书类存目〉。
77)《四库大辞典》。

也就是说《经学队仗》的作者是中国人朱景元，这点是确定的。但朱景元是哪个朝代的人已无从得知，只是偶然与唐代担任过翰林学士的朱景元同名而已。朱景元所著的《类说经学队仗》目前收藏在成均馆大学的图书馆内，[78]关于撰者是朱景元这点几乎没有什么值得怀疑的，但对于朱景元的详细考证成为日后待解决的课题。

那么，《四库全书总目提要》等中收录的《类说经学队仗》与崔致远后人刊行的《类说经学队仗》的目录，按顺序介绍如下：

(A)中国本(朱景元本)

卷上：道、德、心、性、仁、义、礼、智、信、孝、悌、忠、诚、敬、明、勤、谦、俭、勇、敏、文、武、宽、中、一、学、问、辨、教、性命、仁义、忠恕、聪明、刚柔、志气、修身、齐家、睦族、天民、赞民、法天、保天、敬天、得天、君民、敬民、得民、化民、爱民、安民(50篇)

卷中：用贤、得贤、求贤、治本、保治、为治、君臣、君道、臣道、正百官、待诸侯、古法、用旧、用人、知人、资人、创业、守成、中兴、传世、建极、谨始、保终、察微、应变、守常、取友、改过、好善、成材、通民情、赞君德、进谏、听谏、大臣、将帅、近臣、史臣、同列、出、处、言行、名实、文质、隐显、内外、文武(47篇)

卷下：王伯、政学、威权、告谕、谋议、报功、荐贤、至公、迟速、难易、天地、万物、人物、神人、风俗、经济、义节、名分、

---

78) 世宗庚子字版(3卷1册)。成大图书编号"贵C15-54"。除此之外，还有国立中央图书馆本、釜山大本。

富教、制贡、训兵、兵器、车制、马政、刑德、谨刑、刑赏、赏赉、礼乐、境土、服饰、射礼、燕礼、田猎、器用、酒礼、作乐、奉祀、天时、农事、都邑、治水、封建、疆理、宫室、五行、卜筮、祸福、灾祥、四夷、文章(51篇)

总148篇

(B)韩国本

卷1：天地、万物、人物、神人、 道、德、心、性、仁、义、礼、智、信、孝、悌、忠、诚、敬、明、勤、谦、俭、勇、敏、文、武、宽、中、一、学、问、辨、教、性命、仁义、忠恕、聪明、刚柔、志气、修身、齐家、睦族、天民、 法天、敬天、得民、化民、爱民(48篇)

卷2：用贤、得贤、求贤、治本、保治、为治、君臣、君道、臣道、正百官、待诸侯、古法、用旧、用人、知人、资人、创业、守成、中兴、传世、建极、谨始、保终、察微、应变、守常、取友、改过、好善、成材、通民情、赞君德、进谏、听谏、大臣、将帅、近臣、史臣、同列、出、处、言行、名实、文质、隐显、内外、文武(47篇)

卷3：王伯、政学、威权、告谕、谋议、报功、荐贤、至公、迟速、风俗、经济、义节、名分、富教、制贡、训兵、兵器、车制、马政、刑德、谨刑、刑赏、赏赉、礼乐、境土、服饰、射礼、燕礼、器用、酒礼、作乐、奉祀、天时、农事、都邑、治水、封建、疆理、宫室、卜筮、灾祥、四夷、文章、安民(44篇)

总139篇

从以上两本的篇目来看，在编次上略有移动，篇目上也有略微不同的表现，只是中国本中没有的篇目在韩国本中略有补充，两本的篇目几乎是相同的。[79] 仅从篇目来看，"类说经学队仗"出自一人之手这点是毋庸置疑的。不存在著者是两个人的可能性这种说法也并非妄言。即使按照金喆熙所说，不能排除此后中国人抄袭了在年代上出现较早的崔致远著作的可能性，但从内容考证来看，书中与崔致远所生活的时代不相符的重要内容非常多。尤其是在书的〈四夷〉条中说：

夷狄不可以中国之治，治之也。……方其处我边陲，侵我封界，狃贪婪之习。[80]

文中使用了"我"这一表现，这里的"我"很明显指的是中国。由此可见，该书的作者的确是中国人。

第二，关于文体与崔致远相同这一问题。众所周知，骈俪文重视字数与对偶，善用典故，在声韵上颇费心思。用一句话来说就是重视美的价值的文体。像崔致远，他已能在自己的文章中娴熟地使用上述举例的三个要求，在骈俪文方面已达到了即便放到昭明太子萧统编纂的《文选》中，也不容易与中国文人区分开来的程度，几乎已达到了顶峰。

....

79) 例如1)韩国本中，天地、万物、人物、神人收录在卷1中，而中国本中却是收录于卷3之中。2)在中国本中没有谦、睦族、臣道等篇目，但却分别收录于韩国本卷1和卷2之中。3)韩国本卷2中收录的出处，分为出与处两个篇目，而在中国本中是一个篇目。4)韩国本卷3中收录的"农事"在中国本中是"农时"。

80)《类说经学队仗》卷3,〈四夷〉。

但是《经学队仗》的文体明显与崔致远的写作风格不同。在重视字数与对偶方面的确是骈俪文。这点可以很容易从书的名字"队仗"[81]中得知。即便如此，与善于使用典故、善于押韵的崔致远的骈俪文相比，相差悬殊。特别是用典乃崔致远文章最明显的特征，然而在《经学队仗》中几乎没有典故，[82]使用的典故也与崔致远经常使用的典故有着明显的区别，过于浅明通俗。即便归于骈俪文的范畴，也不能说是与崔致远相同的骈俪文。这本书的文体在宋、明代的科文中经常见到，可以说是在三场文选中收集的经疑。在《四库全书总目提要》等中也称该书的文体出自宋、元代科试的册文中。这是毋庸置疑的事实。

第三，关于宋儒学说一句都未曾出现的问题。这点对于撰者的考证是非常重要的问题。从结论上来讲，金喆熙的主张是错误的。从表面来看虽不明显，但经分析来看，其中融入着相当一部分宋儒学说。首先应该考察一下《经学队仗》作者的学问倾向。纵观中国或者韩国的学术史乃至思想史，若说宋代儒学(性理学)登场之前的儒学大致以仁和孝为中心，是周公、孔子并称的周孔之学的话，之后的儒学则是以仁和义为中心的孔孟之学。这种倾向不仅在中国十分明显，在韩国亦是如此。以崔致远当时的情况来讲，《论语》和《孝经》作为国学里的必修科目，几乎作为讲义，重视"仁"和"孝"的儒学风气一直持续。

从崔致远的所有著述来看，均反映着这种时代氛围。像宋代以后

---

81) 亦称作对仗。骈俪文就如同军队中兵士有秩序地列队一样，队仗一词便来源于此。

82) 笔者1998年译注"崔致远全集"的首次作业成果便是出版了《四山碑铭》，从参考的角度来讲，该书与原文和翻译文相比，注解几乎多出了两倍。由此可推测，崔致远是十分善于使用典故的。

才得以正式评价的《孟子》的情况来说，引用的话语十分少。还有，与"孟子"这种表现相比，"孟轲"这种表现的例子更为常见，与宋代之后的学风形成了强烈对比。不仅如此，在引用《大学》和《中庸》之语时，也几乎没有漏掉站在这是《礼记》某一篇名的角度上，以"礼记曰"这样的形式进行表现，这亦是特征。

但是，在《经学队仗》中却大相径庭。首先是重视四书这一点明显不同。此外，在该书中重视《孟子》的地位，频繁引用其中的话语，从中可以看出，孟子的地位是从宋代以后性理学的氛围中得以尊重的。例如下文中引自《经学队仗》的内容，很好地表现了孔孟儒学的特性。

孔子多言仁而鲜及于义，孟子以仁义并言者，以发明其体用之相须也。[83]

还有，该书中将《大学》与《中庸》看作是两本单独的书，而且绝大部分进行了引用，这也是值得注意的。由此可见，这不是重视五经的儒学学风，而是重视四书三经的宋学学风。

接着来看卷1的〈忠恕〉篇，出现了"一本而万殊"、"尽己之谓忠"、"推己之谓恕"等语句。"一本而万殊"与"理一分殊"相通，源自性理学的史库。而且"尽己之谓忠"是北宋程伊川之语，这也是该书乃宋代以后出现的非常明确的佐证。还有，在卷1的〈明〉中很容易看到"天理和人欲"、"本然和气质"等语句，卷1的〈性〉中也可以看到"本然之性"、"气禀之性"等话语。像这样明显可以看到宋儒的学说和经常

---

[83]《类说经学对仗》卷1，〈仁义〉。

使用的哲学性用语，怎么就断定说没有呢？仅通过上述几个例子也可证明该书乃是宋代以后才出现的。

正如上所见，金喆熙展开反论所引用的论证都是没有说服力的，很明显撰者并非崔致远。[84] 称《类说经学队仗》的撰者是崔致远的说法仅见于1927年崔致远的后人在庆州西岳书院刊行的木版书及1959年刊行的悬吐重刊本中。在除此之外的任何文献中都找不到与撰者相关的证据。像这样称《经学队仗》的撰者是崔致远并相继传开也是因为后人们过于强烈的崇祖意识。结果只能看作是假托崔致远的学者名声，冒用其名讳而已。虽然确凿无疑地说该书的作者是中国朱景元还需要一些考证，但其可能性是非常大的，这也是事实。

---

84) 这点在张炳汉的〈类说经学队仗撰者考〉(《孤云学报》第2辑，2004)中得以再次证明。

第2章 孤云思想形成的时代背景

1. 隋、唐时期思想界动态及三教的地位

纵观中国哲学史，哲学思想的轴心大致在儒、释、道三教之中。中国哲学思想史用一句话来概括，可谓是儒、释、道三教的对立、冲突与交涉。古语云"道乃三分理自然"，为何偏偏是分为三呢？其实"三"乃"数之极"，在这里并非只是指数字三。但不管怎样，儒、释、道三教名号各不相同，相互间存在不同点，这也是必然的。若没有差异，那就完全可以成为"一教"了。在以中国为首的汉字文化圈，历代以来对三教异同的辩论一直作为重大课题，延续至今。

从中国哲学各时代的代表思潮来看，各时代三教的盛衰亦各不相同。先秦之后迎来了两汉时代，如同冯友兰所言，两汉时代是"经学时代"，经学之花盛开绽放。接着魏晋时代，玄学风靡一世。而隋唐时代和宋明时代分别是讴歌佛教思想、新儒学(性理学)的黄金时期，到了清代，实学思想形成了主流。

两汉时期以"经学"为代表，相比而言，与哲学相关的思维较少，所以研究中国哲学史的学者们大都不太重视这一时代的思想学风和学术思潮。哲学史上最先重视的时期应该是从魏晋时期的玄学开始的。魏晋时期虽然短暂，但对当时来说，具有相当的意义，是重要的时代课题。魏晋时期是弘扬道家思想的时期，当时的思想界以老庄论道为标准。但是，不管当时的玄学名士如何宣扬弘道，却不能否认

孔子的地位，因为孔子被奉为圣人，在当时已经根深蒂固了。

老庄重视自然，儒家重视名教，因此"自然"和"名教"表面上的矛盾成为人们研究与思考的主题。当时的知识分子为了解决这一问题，只能对如何会通孔老思想，倾注了莫大的关注。"会通孔老"，即如何会通孔子与老子的思想，就这样成为了该时代的主旋律。王弼、何晏、郭象等道家哲学理论研究的先驱者们在这样的时代氛围中，积极开展学术活动。魏晋玄学以道家的玄理为主要内容，不仅对"形而上学"展开了中国历史上最活跃、最自由地讨论，还在提升哲学思想理境方面作出了应有的贡献。[1]

南北朝之后迎来了隋唐时代，这一时代是佛教呈现出中国化面貌的新时期。隋朝结束了自三国时期起至南北朝，近360余年的混乱与分裂，一统天下。之后唐朝更是创造了世界历史上空前绝后的繁荣。在这样的时代氛围中，无论是思想界还是宗教界，都需要一股新的风气。在这一时期，寺院经济得以独立，教相判释得以确立，先前停留在学派阶段的佛教更上一层，发展成为依据特定经论的新宗派。同时，佛教理论开始系统化，这些佛教理论不再是来自西域僧，而是中国人自己创造出来的。佛坛组织化也开始逐渐形成。

隋朝智者大师智顗(538~597)开创的天台宗和法藏和尚贤首(643~712)完备教理体系的华严宗，从思想史层面来看，不仅在唐代，在整个中国历史上，佛教都达到了鼎盛时期。与此同时，克服以往理论佛教的观念性，提出以"主体实践问题"为基本命题的禅宗，在很短的时间内迅速扎根，被称为"佛教的老庄式转变"，对"佛教的中

---

[1] 参照牟宗三，《中国哲学特讲》，郑仁在、郑炳硕译，萤雪出版社，1985，253~259页。

国化"²⁾作出了巨大贡献。此外,净土教普及"口称念佛",在民众间产生了巨大影响,为佛教的当地化、民众化进程发挥了积极作用。

像这样,佛教界在各个时代人才辈出。尤其是隋朝统一天下后,实际上也可以说佛教统一了思想界,一直到中国历史上最为鼎盛时期—唐朝末期为止,佛教都是时代思想的主宰,³⁾与各时代的社会、文化特色紧密联系在一起。相比之下,儒学界自西晋后,自南北朝时期至隋唐时期,都没有出现可以引领时代的杰出人物。道教界亦是如此。随着佛教的繁荣,三教的地位从先前的对等关系开始发生了较大的变化。

隋朝嘉祥大师吉藏(549~623)等人在《三论玄义》中将儒教和道教规定为外道,在教相判释上将其置于小乘教之下。吉藏在谈论"外道"时,又将其分为天竺和震旦。在"震旦众师"篇中说佛教"大益即有三乘贤圣",儒教和道教"小益即生人天福善",并称佛教乃上迹,儒教、道教则是次迹,其等级有着天壤之别。⁴⁾

划分三教等级的这种思想风气一直持续到唐代中期之后。唐朝时期,被奉为华严宗第五祖的圭峯宗密(780~841)在〈原人论〉中将儒教和道教置于佛教之下。⁵⁾宗密作〈原人论〉以反驳韩愈(768~819)的〈

---

2) 台湾学者吴怡称禅宗为"中国式佛教",并主张说:到了六祖慧能时期已完全从印度色彩中蜕化出来,成为中国式佛教。参照《禅与老庄》,台湾:三民书局,1975,10页。

3) 参照久保田量远,《支那儒佛道交涉史》;崔俊植(译),《中国儒佛道三教的和合》,民族社,1990,165~166页。

4) 吉藏,《三论玄义》"次排震旦众师,一研法,二覈人。……设令孔是儒童,老为迦叶,虽同圣迹,圣迹不同。若圆应十方,八相成佛,人称大觉,法名出世。小利即生人天福善,大益即有三乘贤圣。如斯之类,为上迹也。至如孔称素王,说有名儒,老居柱史,谈无曰道,辨益即无人得圣。明利即止在世间,如此之类,次迹矣。"(《大正新修大藏经》第45卷,2页中间)

5) 据《朝鲜禅教史》的作者忽滑谷快天所言:高丽后期的普照国师知讷(1158~1210)虽然

原道〉和〈原人〉,第1章命名为"斥迷执第一",这也暗示了韩愈排斥佛教之举是一种"迷执"。宗密在〈原人论〉序文中说"孔老释迦,皆是至圣。随时应物,设教殊塗,内外相资,共利群庶"[6],为儒、释、道三教可以在某一处相互会通留下余地,以浅深、内外、本末来说明三教,并将儒教和道教定为"浅"、"外"、"末"。此外,他还谈论了佛教的"自浅之深",按阶段分为①人天教②小乘教③大乘法相教④大乘破相教⑤一乘显性教,并把儒教和道教置于"人天教"这一最低阶段中。[7]此后,高丽时期的大觉国师义天(1055~1101)亦是如此,他在论佛教的五乘(人乘、天乘、声闻乘、缘觉乘、菩萨乘)时,从自教的观点出发,将周孔之道与五乘中最下的"人乘"相比、老庄之学与下一阶段的"天乘"相比,并言道:"其后之三乘是出世之法,岂与夫域内之教同日而言哉?"[8]。

此外,隋唐时期道教亦非常繁荣。这一时期也是道教教坛的完备期。道家与道教虽然在很多方面上可以进行区别,但道教与老子的关系相当久远。自4世纪老子被神化尊称为老君之后,6世纪又被奉为太上老君。进入唐代后,高宗乾封1年(666)老子被追奉为太上玄元皇帝,之后更是获得了很多帝王封号。老子甚至被认为是孔子和释

思想上受圭峯宗密的影响巨大,但他却能清楚地意识到宗密贬斥他宗、尊崇自宗的通病,不受其迷惑,并引用《法集别行录节要并入私记》进行了论证(《朝鲜禅宗史》,东京:春秋社,1930,186~188页)。因此,说宗密的〈原人论〉也未能摆脱知讷所指出的"通病",这也并非夸大其词。

6) 《大正新修大藏经》,第45卷,708页上。

7) 参照宗密,〈原人论,斥偏浅第二 〉(《大正新修大藏经》第45卷,708页下端)。

8) 《大觉国师文集》第十三,〈与内侍文冠书〉"圣人用心,广大悉备。……五乘是学佛者之所宜尽心之大概也。……以言乎人乘,与周孔之道同归,以言乎天乘,共老庄之学一致,先民所谓修儒道之教,可以不失人天之报,古今贤达,皆以为知言也。其或后之三乘,出世之法,岂与夫域内之教同日而言哉?"

迦的师傅。道教的经传也得以整理，为了与佛经的大藏经相媲美，还将其命名为"道藏"。

唐朝皇室尊老子为皇室的先祖，道教也被奉为唐室的宗教，与其它宗教区别对待。历代帝王尊崇道教，并大力庇护道教，甚至还出现了像武宗一样近于狂热信奉道教的皇帝。唐皇室对道教的礼遇极高，在宫中举行仪式时，将道教置于佛教之上，不仅"道先僧后"，更是赋予了各种特权。

实际上，道教在唐代玄宗时迎来了鼎盛时期。玄宗是历代皇帝中最关心道教、最醉心于道教的"道士皇帝"，他把道教几乎置于国教的地位。不仅如此，高宗上元1年(674)《老子道德经》与《论语》、《孝经》一起成为官吏选拔考试的必修科目，所有的举子不得不学习《道德经》。开元21年(733)玄宗把《道德经》置于所有经传之首，要求百姓家家户户收藏《道德经》，还亲自为《道德经》注释。如此一来，《道德经》不再是上层知识人的专属，在百姓间也广泛流传开来。

不仅如此，玄宗开元29年(741)在两京和全国所有的州设立崇玄学，也就是"国立道教学校"，供人修习道教，并从中选拔任用官吏。次年，赐庄子、文子、列子、庚桑子等老子思想继承者敕号，分别为南华真人、通玄真人、冲虚真人、洞虚真人；提高他们的著作等级，分别称为"真经"。[9] 此时，道教俨然拥有与国教相同的地位。

此外，自道教信徒傅奕上书要求废佛以来，道教与佛教之间的理论对立持续进行。随着道教在皇室的庇护下，极度盛行，论争与角逐也愈加激烈。在理论斗争的过程中，甚至连儒教也牵扯其中，最终成为三教的谈论。通过这一论争，三教间相互对立，在思想上又彼此影

---

9) 参照洼德忠，《道教史》，崔俊植译，倭馆：分道出版社，1980，232~233页。

响、融合, 这是非常具有意义的。

在这里, 有一个非常有趣的事实：三教相互交涉, 时而矛盾对立, 时而相互完善, 彼此间相互影响, 但只有儒教与佛教、道教与佛教间存在会通之处, 而儒教与道教间似乎不存在深入地会通。[10] 那么, 佛教与道教之间会通之处颇多, 是否是因为道教自身的神秘色彩和形而上学理论呢？像这样的问题, 我们应该从三教交涉史的角度上出发, 进行思考。

正如上文所示, 唐代的儒教势力上受到佛教的极大压制, 思想上也被道佛论争所掩盖, 无法看到其光芒。儒教在学风上以经传的训诂或注释为主, 无法与佛家、道家发达的理论体系相提并论。7世纪中叶, 由国家推动编纂内容庞大的《五经正义》, 然而在流传后世的过程中, 过于权威化, 明显阻碍了儒学的发展。附言经注、墨守成规, 儒教陷入了无力之中, 免不了有些停滞不振。因此, 很难期待儒教精神的合理化和富有创新性的解释, 事实上儒教亦没有理会时代的需求。[11] 与佛教或道教相比, 唐代的儒教可以说是"思想停滞期"或是"烦闷期"[12]。隋唐时期的儒教不像其它时期的儒教那样备受关注, 也是有原因的。

像这样, 在佛教占有极大优势而儒教免不了处于劣势的情况下, 儒教徒们对来自佛教层的批判和贬低, 并没有做出特别的反应。继安史之乱后, 中小地主阶层出身者开始参与社会, 从8世纪中叶开始, 形成了以新进士大夫阶层为中心的局面, 追求儒教原本理念、企

---

10) 前文所引用的久保氏的著述中也充分体现出这点。

11) 户川芳郎(外),《儒教史》, 赵诚乙、李东哲译, 理论与实践, 1990, 180~181页。

12) 柳承国,《儒家哲学与东方思想》, 成均馆大学出版部, 2010, 54页。

图改革社会的实践性变化开始出现。新进士大夫们对当时思想界、宗教界的形势表示愤慨，慷慨激昂地开始批判、排斥佛教。他们在敦促儒教界反省的同时，为树立王道，积极主张应该排斥妨碍王道的佛教和道教，批判排斥佛教的风气开始兴起。

此时，出现了一位宣扬儒教的正统思想，以恢复儒教权威为己任，对佛教进行批判排斥的先驱学者，他便是韩愈。当时不仅是朝野，连上层知识阶层中的文人、学者全部都沉浸在佛教和老庄之中，自然主义和超凡脱俗之风蔓延。在这样情形下，韩愈不屈服于帝王的龙威，以冽然的勇气主张儒教的正统性，批判佛教为"夷狄之道"，高举排斥的旗帜，不得不给予他高度评价。而韩愈所提出的论理是否精微、是否具有妥当性，则是次要的问题。

当然，韩愈对佛教的理解并不透彻，哲学基础亦有不足之处，无法领会儒学的本质，不仅是道、佛两家的学者，甚至连之后的宋儒们也对他多有批判。但是，韩愈重视儒教道统、排斥异端这点，在宋代春秋学的观念影响下，受到了较高的评价，这也成为宋儒们把排斥佛教作为重要课题的原因之一。但即使是在当时，由于韩愈的地位并不高，所以未能带来太大的影响力。到了宋代，才出现了对韩愈排佛论进行驳论的文章亦可证明这点。[13]

崔致远便是在这样的时代背景和思想氛围下入唐留学，在唐度过了16年的求学生涯。在不精通道佛就很难作为学者展开活动的时代风气下，崔致远在唐治学并展开了学术活动。但是，从搜集他在唐时的作品编撰而成的《桂苑笔耕集》来看，不知为何崔致远在唐期间以儒学思想为中心，并努力展开了研究。相比儒教和道教而言，他对佛

13）参照久保田量远，《支那儒佛道交涉史》，同上，165~166页。

教的关心和理解水平似乎并不太高。这点在考察孤云思想的形成背景中不容小觑。

此外, 从唐朝末期的文坛风气来看, 古文运动衰退, 文风随之一变, 骈俪文再次盛行。在这样的时代风气下, 崔致远独自倡导"古文"应该是件非常困难的事。与之前认为崔致远与古文运动之间不存在关系的看法不同的是, 有很多迹象表明崔致远从古文家的"文以载道"、"道文一致"思想中受到了非常大的影响。这点, 通过〈大朗慧和尚碑〉中的以下引文也可以看出。

> 抑心学者立德, 口学者立言；则彼德也或凭言而可称, 是言也或倚德而不朽；可称则心能远示乎来者, 不朽则口亦无惭乎昔人。[14]

在这里如果说"德"指的是"道"的话, 那么"言"就应该指的是"文", 这与主张道文一致, 以教化和实用为最高目标的古文派的主张一脉相通。实际上, 通过以《四山碑铭》为代表的数篇佛碑和僧传的叙述风格, 也可以得出这样的结论。

> 《汉书》〈留侯传〉末尾云"良所与上, 从容言天下事甚众, 非天下所以存亡, 故不著"。则大师时顺间事迹, 莘莘者星繁, 非所以警后学, 亦不书。[15]

---

14) 《译注 崔致远全集(1)》60页,〈大朗慧和尚碑铭〉。

15) 《译注 崔致远全集(1)》62~63页,〈大朗慧和尚碑铭〉"遂绊猿心, 强摇兔翰, 憶得西汉书留侯传。尻云：'良所与上, 从容言天下事甚众, 非天下所以存亡, 故不著'则大师时顺间事迹, 莘莘者星繁, 非所以警后学, 亦不书。"

从这种意义上来讲，下文对崔致远文章作出的评价可以说是非常恰当的。

> 崔致远归国后的骈俪文在叙述佛教事实时，使佛教思想性与四六文的华丽文学之美相一致。……记、铭、赞等文章在佛教的立场上来看充分发扬着"文以明道"的意义，实现了思想与艺术性的统一。[16]

研究崔致远的哲学思想时，若忽视唐代的时代背景和思想氛围，就无法如实考察崔致远哲学思想的真面目。虽然，崔致远受当时唐朝的学术思潮、思想风气的影响巨大，这亦是事实，但他并没有原封不动地接受这些影响，建立自己的思想体系。而是结合自身的处境，立足于自己的观点，展现出自己独具风格的一面，这种情况是非常多，这点不容忽视。在以下正文部分中将详细进行说明。

2. 统一新罗时代的思想倾向及孤云的观点

〔1〕

三国时代三教鼎力，并行不悖。这种思想倾向与当时唐朝的思想界并无太大的差异。儒者兼修佛教、道教，佛教僧侣兼修儒教、道教，这都是寻常之事。这是当时包括君王在内的知识分子阶层的普

---

16) 梁光锡，〈崔孤云的思想与文学〉，《韩国文学论》，日月书阁，1981，26页。

遍倾向。[17]像崔致远碑文中提到的真鉴禅师慧昭(774~850)、大朗慧和尚无染(800~888)、智证大师道宪(824~882)等，全部都是已入桑门(佛门)，但又十分精通儒道的高僧。相传薛聪曾为庆州甘山寺撰写了〈弥勒菩萨造像记〉和〈阿弥陀如来造像记〉[18]，从这两篇文章中亦可以感受到当时佛教(特别是唯识系的法相宗)与道家思想的相互渗透，佛教与道教的交涉程度。事实上，在宋代性理学兴起之前，几乎没有人会有意识地对三教思想进行区分和理解。这也是当时思想界的整体趋势。虽说儒学者非常少，但偶尔也会出现像强首一样，认为佛教是"世外教"而儒教是"入世间"，排斥佛教[19]，一心专修儒教的学者。

崔致远的家庭属于六头品阶层。众所周知，新罗中代后，六头品阶层出身者积极推动新罗的学术与文化，特别是在思想和宗教层面，成绩斐然。六头品出身的著名儒学者有强首、薛聪、崔致远等。他们的家庭在学问、思想、宗教方面都具有一个共性，那就是重视开放性和自律性。强首的父亲曾问强首："尔学佛乎？学儒乎？"，强首回答说"佛，世外教也。安用学佛，为愿学儒者之道"，其父曰"从而所

---

17) 《译注 崔致远全集(1)》275页，〈智证大师碑铭〉"赠大师景文大王，心融鼎教(三教)。"

18) 《朝鲜金石总览》卷上，35~36页。
① 〈庆州甘山寺弥勒菩萨造像记〉"弟子志诚，性谐山水，慕庄老之逍遥，志重真宗，希无著止玄寂。年六十有七，致王室于清朝，遂归田于间野，披阅五千言之道德，弃名位而入玄，穷研十七地之法门，坏色空而俱减。"
② 〈庆州甘山寺阿弥陀如来造像记〉"重阿湌金志全，性叶云霞，情友山水，年六十七悬车致仕，避世闲居，侔四皓只高尚，辞荣养性，同两疏之见机。仰慕无著真宗，时时读瑜伽之论，兼爱庄周玄道，日日览逍遥之篇。"

19) 对佛教的批判和排斥亦是在政治上对以佛教为自己势力基础的真骨贵族的抵抗和批判。

好"。[20]由此可见,当时六头品家庭的家风是相当开放的,并且还重视学问的自律性。薛聪与崔致远的家庭亦是如此。

从崔致远的家庭情况来看,其胞兄贤俊是新罗末期有名的华严僧,而崔致远则走上了儒者之路。同一家庭中同时出现佛弟子和儒学者,以六头品家庭的家风来看,其实也并没有什么值得奇怪的。或许这也是必然的结果。像崔致远之前元晓和薛聪父子的情况,便是最好的例子。根据上述事实推断可知,在当时的知识阶层,特别是六头品阶层中形成了这样一种风气,那就是父子或兄弟间若有一人进入佛门的话,另外一人便专攻儒学。

崔致远的学问及思想性质,可谓是"圆"而非"角"。从儒教的立场来看,崔致远是儒学者;从佛教或道教的立场来看,崔致远又是佛教人或道教人。[21]结合上文所考察的众多背景来看,这种结果只能说是必然的。但崔致远多次强调自己是"儒者"。当时,除了强首,其他身为儒者兼通佛道或身为佛家僧侣兼通儒道的学者,似乎并没有像崔致远一样,深入探讨分析三教思想的本质,认为它们相互间是一体的、一致的。

无论是过去还是现在,沉浸在自己专攻的特定思想、学问或宗教中,排斥或攻击他方之事,数不胜数。严重时,就算是相同教义的同种思想或宗教,若分支不同,也会采取排斥的态度。这种情况虽屡有发生,[22]但崔致远并没有排斥异己的倾向。他所说的"喜三教之并

---

20) 参照《三国史记》卷46,〈强首传〉。

21) 丹斋申采浩对崔致远精通三教之事作出了"表现了乍儒乍佛乍仙的神通才能"(《朝鲜上古史》上卷,三星文化文库,1980,62页)等贬评,这对理解崔致远的三教观造成了不少误解与曲解。

22) 与其它宗教相比,佛教可以说是宗派间的对立或矛盾相对较少的宗教。但即便如

行"[23])就足可以证明这点。在充分肯定各种思想、宗教的观点及特性的同时,又相互进行明确的区分。朝鲜英祖时期的高僧莲潭有一(1720~1799)曾作过如下叙述:

> 昔者,三圣人并作于姬周之世,虽设教各异,而同归乎大道则一也。三教后学类,皆各安所习,阿其所好,指马之争,玄黄之战,穷尘不已。……以明敏之才,超诣之见,一览便知天下无二道,圣人无两心,不滞方隅,不袒左右,故各随其教而弘赞也。[24]

三教思想支配着当时的思想界、宗教界,崔致远认定三教思想各自的主体性,并且还以三教相互间的关系性为基础,从整体上洞察把握,得出了三教思想在根本上是相通的结论,主张"异路同归"。崔致远强烈呼吁三教间的调和与融合。这与《周易、系辞下传》中说的"同归而殊途,一致而百虑",可谓一脉相通。〈大朗慧和尚碑〉中的以下内容也很好地证明了儒佛调和论。

> 三畏[25])比三归,五常均五戒。能践王道,是符佛心。大师之言,至矣哉!吾与汝宜惓惓。[26]

此,在内部也会将自己的宗派教法称为"宗乘",将其它派别的称为"余乘"。这点可以视为是宗教所具有一种独尊性的教义。

23) 参照《桂苑笔耕集》卷4,〈谢许弘鼎充僧正状〉。
24) 《莲潭大师林下録》卷3,〈四山碑铭序〉(《韩国佛教全书》第10册, 260页)。
25) 《论语》,〈季氏〉"君子有三畏, 畏天命, 畏大人, 畏圣人之言。"
26) 《译注崔致远全集(1)》80页,〈大朗慧和尚碑铭〉"太傅王览, 谓介弟南宫相曰〈三畏比三归, 五常均五戒。能践王道,是符佛心。大师之言,至矣哉!吾与汝宜惓惓 〉"。

这也是受格义佛教的影响。

中国南北朝时期后，三教调和说、三教一致说、三教同源论等对中国的思想界、宗教界产生了巨大影响。而当时的儒佛调和论乃至三教调和论亦从中深受影响。崔致远在唐留学时，并没有受容唐代将佛教置于最高地位、把儒教置于最低地位的思想学风，而是受之前南北朝时期思想倾向的影响。

崔致远引用在中国佛教史中具有崇高地位的庐山慧远(334~417)和沈约(441~513)的话，说：

> 庐峰慧远著论，谓："如来之与周孔，发致虽殊，所归一揆。体极不兼应者，物不能兼受故也"，沈约有云："孔发其端，释穷其致"。真可谓识其大者，始可与言至道矣。[27]

崔致远引用前代学者之语，强调说明了儒教和佛教虽然接近真理的方法不同，但最终归结于一处。在这里我们应该注意的是：慧远批判了"各自局执于自教，儒教不与佛教相通，佛教不与儒教相通"的现实，正因如此，所以"物不能兼受故也"。慧远将各教各自独尊，相互间无法进行对话的原因归结于"体极(教体之极)"。此外，崔致远认为各宗教应站在普遍性而非独善的立场上，应该克服"体极"之态，其方法就是建立"化极(顺化)"的理论，[28] 也就是应顺化极端事物的论理。

慧远在著名的〈沙门不敬王者论〉中说：

---

27) 《译注崔致远全集(1)》153页，〈真鉴禅师碑铭〉。
28) 金知见，《关于四山碑铭集注的研究》，韩国精神文化研究院，1994，53页。

常以为道法之与名教, 如来之与尧孔, 发致虽殊, 潜相影响, 出处诚异, 终期则同, 详而辩之, 指归可见。[29]

文中指出不仅儒教与佛教"所归一也", 道家或法家亦与儒教"终期则同", 这点是非常有特色的。他还在同一文中说"求圣人之意, 则内外之道, 可合而明矣", 并接着强调了"释迦之与尧孔, 归致不殊, 断可知矣"。

庄子曾以"夏虫语冰"、"井底之蛙"等为比喻, 批判了固执己见的行为。慧远在〈沙门不敬王者论〉的结尾部分, 把以己为教和认为自己是不变的宗旨的两种行为, 定为"独绝之教"、"不变之宗"。并且还得出了在这样的立场上, 明显无法谈论优劣这样的结论。[30]对于具有"儒佛会极"宗教观的慧远和沈约, 崔致远评价说"真可谓识其大者"、"始可与言至道矣"。足以可见他们这些儒佛调和论者乃至三教一体论者带给崔致远多大的影响。[31]

此外, 上文中沈约提到的"孔发起端, 释迦其致"一句中, "端"是指

---

29) 《沙门不敬王者论》,〈体极不兼应 第四〉"…… 常以为道法之与名教, 如来之与尧孔, 发致虽殊, 潜相影响, 出处诚异, 终期则同, 详而辩之, 指归可见。"《弘明集》卷5所收);《梁高僧传》卷6,〈释慧远传〉中概括了〈沙门不敬王者论〉的内容, 说"如来之与周孔, 发致虽殊, 潜相影响, 出处咸异, 终期必同, 故虽曰道殊, 所归一也。不兼应者, 物不能兼受也。"两者内容相同, 个别字略有出入。

30) 相同之处还有"……若以对夫独绝之教、不变之宗, 固不得同年而语其优劣, 亦已明矣。"

31) 著名的虎溪三笑图是以画的形式展现了"虎溪三笑"的故事, 画中出现的三位主人公便象征着"三教会通"。
   * 参考:"虎溪三笑"是中国晋代庐山东林寺的慧远法师(334~416)送别儒士陶渊明(365~427)和崇虚观的道士陆修静(406~477)时, 一起谈笑风生, 不知不觉过了虎溪, 听见虎豹号鸣之声才知晓, 三人不禁大笑的故事。上述三人中的陆修静与活动时期不相符, 可知三人相遇之事可能并非事实。但象征性的意义较大。

儒教的理论源自最浅显易懂的道理,而"归趣"是指与儒教相比,佛教的教说具有浓厚的哲学色彩。这句话也可以认为是阐述了这样一种事实:在宋代性理学出现后,儒教才具有了哲学色彩,在这之前,儒教只有普遍性倾向。但崔致远认为用"起端"和"归趣"来区别儒教和佛教,只是为了说明学习儒佛的门径不同,而不是指两教中存在异趣或优劣之分。引用〈均圣论〉中沈约说的"内圣外圣,义均理一"[32]之语,便是出于这样的想法。

〔2〕

大致说来,研究一个人的哲学思想时,首先要理解这个人的"观点",这个"观点"是其哲学思想的前提。如果观点不同,那么基本逻辑和展开的内容也不同。虽然逻辑根据观点的不同,可以形成多种不同的体系,但是在探究逻辑之前,首先需要理解的"观点"是哲学思想的根本。换言之,就是要对观点得以成立的根据进行思考。[33]因此,在研究崔致远哲学思想时,必须先行解决的问题是对崔致远在学问、思想方面的观点进行理解。

崔致远融合多种思想与宗教,力求探索彼此间的相似性乃至会通性。他在〈真鉴禅师碑文〉的开头提到:"道不远人,人无异国",并认为在习道的过程中"人"应该成为主体。也就是说,非道弘人,而是人能弘道,[34]所有人在学习并实践具有普遍性、妥当性的道(真理)的过程中,不必追究是我们国家的还是他们国家的,习道之人不会因国

---

32)《广弘明集》卷5,所收。

33) 柳承国,《道原哲学散稿》,成均馆大学出版部,2010,107~108页。

34)《论语》,〈卫灵公〉"人能弘道,非道弘人"。

家不同而受差别化待遇。换言之，真理中不存在国境之分，没有中华与夷狄之分。在这里，我们可以看出崔致远抵制当时在韩国上流阶层甚嚣尘上的文化从属性，高扬主体性文化力量的这种意识。

继"道不远人，人无异国"之后，崔致远又接着说到"是以，东人之子，为释为儒必也"。在这里，崔致远只提到了佛教与儒教，这是因为当时去中国留学的只分为儒学徒和僧侣。而道家思想或道教也自不例外。若崔致远生活在当今社会，那么他对基督教等西洋宗教也会采取相同的观点。

〈真鉴禅师碑文〉是崔致远自唐归国后立刻执笔所作。他在碑文开头强调的内容可以总结为：新罗各种思想与宗教共存，相互间不发生矛盾、冲突，不具备异质性，和谐地融为一体，为世人所接受。探其缘由，首先归结于当时新罗知识阶层的思想倾向大致如此。但根本原因是因为新罗拥有"玄妙之道"的固有风流道传统，不与异质的宗教或思想发生分裂与对立，而是通过相互理解，逐渐融合，共同发展。

在这里，我们有必要留意一下崔致远所说的"东人之子，为释为儒必也"这句话。该句中的"必"虽然是在"道不远人，人无异国"这样一个大前提下出现的，但其中也蕴含着另一层深意，如同〈海印寺善安住院壁记〉中所说的"东人之性，地之使然"。正因如此，韩国的学者们在致力于求道之余，还冒着生命危险，怀着"先难后获"的理想与期待，坚信付出努力方可实现目标，远赴留学。这与崔致远三教观的形成有着很大关联，给我们带来了很大启发。

但是，在当时的学者中，还是有一些人认为有时儒教和佛教是无法和同的。下引文便是崔致远为我们传达的当时学界的部分情况。

学者或谓，身毒与阙里之设教也，分流异体，圆凿方枘，互相矛盾，守滞一隅。[35]

即便当时思想的整体趋势认为三教思想相互间是一体的、融合的，但还是有些人认为儒教和佛教相互间是异质的。

对此，崔致远的看法是：

尝试论之，说诗者，不以文害辞，不以辞害志，礼所谓，言岂一端而已，各有所当。[36]

也就是说：使儒教和佛教相互呈现出异质性是因为教义上的表现，源于说明方式之中，因为教义的表现不可能是千篇一律的。

众所周知，崔致远的思想以儒教为主，兼涉佛教、道家思想和道教等。从他的文集来看，经常出现"以儒譬释"、"援儒譬释"及与之相似的话语。[37]这是拿儒教来比喻佛教之语。这种倾向，通过以下引文也可探知一二。

至若佛语心法，玄之又玄，名不可名，说无可说。……昔尼父谓门弟子曰："予欲无言，天何言哉？"则彼净名之默对文殊，善逝之

---

35) 《译注崔致远全集(1)》152页，〈真鉴禅师碑铭〉"学者或谓，身毒与阙里之设教也，分流异体，圆凿方枘，互相矛盾，守滞一隅。"

36) 《译注崔致远全集(1)》152~153页，〈真鉴禅师碑铭〉"尝试论之，说诗者，不以文害辞，不以辞害志，礼所谓，言岂一端而已，各有所当。"

37) 参照《译注崔致远全集(1)》275页，〈智证大师碑铭〉；《译注崔致远全集(2)》，278页〈海印寺善安住院壁记〉等。

密传迦叶，不劳鼓舌，能叶印心。[38]

  但是这种语句经常出现在与高僧、佛寺有关的文章中。崔致远在谈论儒教和道仙思想的关联性时，借喻了儒教的观点。从他在唐时所作的与道教相关的斋词里，我们可以发现：他不仅含而不露地展现了儒者的观点，还结合与儒教思想之间的联关性，谈论了道家的根本思想。由此可见，崔致远在认同三教会通的同时，根本上是认同儒教观点的。在谈论三教时，主动采取将儒教与佛教、道教思想相比较分析的方法，尽管存在牵强的比喻与说明。因此，在很难找到恰当的说明时，为了避免牵强附会，崔致远使用"寄喻(譬喻)"的方法，但运用该方法最为灵活的人是元晓。这从元晓的《大乘起信论疏》即可看出。

  从崔致远的"以儒譬释"的观点来看，他似乎与中国东晋时的名僧道安(318~385)有着非常相似的想法。如果说道安是"具有道家色彩的佛教徒"，而崔致远是"具有佛教色彩的儒学徒"或"具有道家色彩的儒学徒"。崔致远在与佛教相关的众多著述中，多处着重引用了道安及其入室弟子慧远的思想及事迹，这是值得注意的部分。

3．中国式的思维方法与孤云思想之间的关系

  前文介绍过宋恒龙的观点，宋恒龙认为崔致远不是一位具有哲学

---

38)《译注崔致远全集(1)》153~154页，〈真鉴禅师碑铭〉"至若佛语心法，玄之又玄，名不可名，说无可说。……昔尼父谓门弟子曰：〈予欲无言，天何言哉？〉则彼净名之默对文殊，善逝之密传迦叶，不劳鼓舌，能叶印心。"

思维的学者, 不仅不是一位杰出的思想家, 就连作为哲学家也是极其微不足道的。宋恒龙提出这种观点的根据是：第一, 从崔致远身上看不到深入思考的痕迹。其二, 缺乏细致的概念分析和明确系统的理论。[39]

首先, 笔者也认可上文所指出的这种逻辑性的根据。就像哈佛大学的莫顿怀特(Morton white)教授从哲学史层面上, 将20世纪的特征定为"逻辑分析的时代"一样,[40]逻辑分析是时代性趋势, 基于这点来看, 笔者认为像宋恒龙这样的观点是充分可以提出的。换句话说, 在重视哲学思维和逻辑分析的今天, 结合当今的哲学界动态, 以此为根据, 得出崔致远不是思想家, 更不是哲学家这样的判断, 似乎也并非是不合道理的。但是笔者从与宋恒龙不同的观点出发, 对"缺乏逻辑性和分析性"等相关问题重新进行考察, 并进一步以此为基础, 试图从哲学的角度来理解孤云思想。

我们谈论"思想"或"哲学"时, 往往对于两者都是具有连贯性的思维体系这点, 不作严格的区分, 虽然使用"哲学思想"这一用语的情况不在少数, 但大致认为思想比哲学更具有包罗性, 而哲学是将思想的内容体系化。可以说哲学比思想更加需要展示出具有系统性、一致性的理论。但是无论如何, 这只是哲学方法论乃至表现形式(form), 而非哲学的原本概念。虽然不同时代、不同的人对哲学概念的定义也不尽相同, 但最直白地定义哲学为"研究自然和人生、现实与理想等的根本原理的学问"时, 将哲学的本质或哲学的使命等较为

---

[39] 参照宋恒龙,〈崔致远思想研究〉, 341~342页。

[40] 申一澈,〈20世纪哲学与科学革命〉,《世界之大思想》第10卷, 徽文出版社, 1974, 30页。

重要的问题置之度外，仅用外在的形式与方法论来断定是否具有"哲学性"、"非哲学性"，这并没有什么说服力。

此外，由于东洋与西洋间的文化模式不同，思维方式上也明显存在不少差异。照这样看来，列出一个方法性"框架"，以此为标准来衡量是否具有哲学家资格，并且妄加评论，这貌似并不是一个稳妥的方法。在这里，我们有必要重新思考一下下列评论：

> 若以逻辑与知识论的观点看中国哲学，那么中国哲学根本没有这些，至少可以说贫乏极了。若以此断定中国没有哲学，那事自己太狭陋。中国有没有哲学，这问题甚易澄清。什么是哲学？凡是对人性的活动所及，以理智及观念加以反省说明的，便是哲学。[41]

前文介绍的宋恒龙的观点是从重视逻辑和分析的哲学方法论出发，在未全面考察崔致远生活时代的整体情况和条件的前提下，讨论崔致远是否具有作为哲学家资格。尽管从当今的视角来看，解释和评价也具有一定的意义，但是所有的思想和哲学随着时代和潮流的变化，思维方式和表现形式也截然不同，这点需要引起我们的注意。这个问题不是可以那样简单论议的性质。要想议论这个问题，考察崔致远的思维方式自不必说，对于当时思想界的普遍倾向以及作为承载哲学思想工具的语言、文字等的认识，还有流行何种文体，这些都应该进行考察。

依笔者愚见，从崔致远留下的文章中寻找他深入思考的痕迹，或是周密的逻辑和分析性的方法是非常不容易的。此外，概念、判断、

---

[41] 牟宗三撰，罗义俊编，《中国哲学的特质》，上海世纪出版集团，2008，3页。

推理性的思维作用并不明显，这亦是事实。相当一部分文字都是对直观性内容把握，简洁的叙述形式。那么，崔致远真的是作为思想家也微不足道，更是连作为哲学家的资格都没有吗？其实并非如此。接下来，我们将逐条叙述理由进行考察。

首先，最外在的哲学方法论方面上的问题，可以从崔致远生活的时代，骈俪文风靡一时中寻得原因。骈俪文对于形式上的限制颇多，唯美性强，因此，对于传递真理或表达个人哲学思想来说，实则是一种不恰当的文体。骈俪文的蔓延才是导致与文章的内在实质相比，更重视外在形式的文风，也可以说是阻碍逻辑和分析的重要原因之一。还有，目前保留下来的崔致远的文章大部分是代撰或者是形式上无法充分表现自己的思想、感情的文章，所以无法与朝鲜时代学者们文集中经常可见的具有很强逻辑性、分析性的杂著类文章，或以学术思想为内容的书翰等相提并论。由此可推断出崔致远的思想在表现上具有某种局限性。

哲学性思维与物质文明不同，物质文明越来越发达，而哲学性思维古今并无差异。并不是越往古代，周密性和深入性越会减弱或落后。并且不会因为是古代人的思维体系，就会缺乏逻辑性、分析性和相容性。相反，越往古代，哲学家和哲学著作越多，充分展现了哲学性思考的深度。特别是佛教领域，由很多高僧大德撰写的极高水平的哲学著述涌现，这些著述极具深入思考、周密分析、逻辑分明，为哲学思想史增添了光辉的一笔。这是在宋代性理学兴起之前的儒学界或老庄学者的身上很难找到的一大特征。

仅以韩国的情况为例，远在崔致远之前的高句丽僧郎，还有新罗的元晓、圆测等，从他们的哲学著述我们可以发现，他们经过深入的哲学思考，不疏忽任何一个概念，进行了细致周密地分析。[42] 若以这些为例进行对比，的确可以断定崔致远缺乏逻辑性分析。

然而，崔致远直到人生宣告终结，一直以儒学者自居。即便对崔致远的思想形成和展开过程进行考察，他一生也未跳出儒家思想和中国式思维方法的界限。因此，他的著述中，就像佛教哲学的情况一样，很难找到逻辑性、分析性哲学方法论，具有一定的局限性。

佛教哲学起源于印度式的思维方式。而佛教自印度传入中国后，中国式的思维方式又融入到佛教之中，因此，中国佛教哲学的思维方式发生了相当大的改变。即便如此，也不能认为佛教从印度式思维的根本上发生了完全改变。儒教在宋代性理学形成之前大致只是限定在道德和伦理的思想层面上，相比之下，佛教自印度古代开始便包含了逻辑法、形而上学，还有认识论等哲学的所有分类。虽然还有超越形而上学的一面，但可以将其视为"因明"[43] 逻辑学的成立，佛教一直以来都非常重视逻辑性和分析性的方法。因此，佛教不仅传入中国后便作为宗教在大众间广泛传播，而且在哲学性层面上也支配着当时的思想界。尤其是中国历代王朝将佛经的翻译工作视为国家性事业来进行推进，出现了许多语言精练、概念定义清晰简明的优秀之作。佛教足以令哲学者们为之所倾，还奠定了他们的哲学性基础。这样的佛教哲学到了宋代，给性理学的成立带来了很大影响。儒教界一改之前仅从形而上学层面上解决道德、伦理等的人类最基本问题的风气，通过树立新的思想体系，使其面目焕然一新。可以说儒教直到性理学的形成才用"哲学性"、"形而上学性"进行了重新

---

42) 参照宋恒龙，〈崔致远思想研究〉，341页。

43) 阐明因(理由)的学问。

武装。

日本的佛教学者中村元(1912~1999)曾经谈论过中国式的思维方法。他认为抽象性的思维与思辨性的哲学不符合中国人精神上的爱好，并把形而上学不发达定为中国民族的一大特征。不得不说，这一评论精确地指出了至少在性理学登场之前的中国人的思维方法。[44]

那么，我们再来考察一下崔致远思维方式中的中国式的思维特色。为什么要对其进行考察呢？首先，崔致远是入唐留学的学者，从这点上考虑，我们有必要进行考察；再者，当时的思想界依然沉浸在中国式的思维方法中。实际上，通过崔致远的著述，虽然无暇一一列举，但整体上可以看出其思维方式的特征，那就是与自身的"创造性思维"相比，崔致远更加依赖中国式的思维方法。这点，结合中村元在《中国人的思维方法》一书中的谈论，可以更加确切地理解。

在中国式的思维方法中，最大的特色之一就是：与抽象的推理或分析性的方法相比，更重视直观性的洞察力和对现实的整体性、有机性地把握。[45]这与所设定的哲学课题有着最直接的关联。一般说来，中国哲学并不认定设定于自然之外的超自然界，或是经验之外的神、主宰者等。这从纯学问的哲学观点来看，出乎意外地缩窄了思维追求的范围，具有只限于在有限的现实内纠缠的局限性。还有，与西洋哲学相比，中国哲学不假设复杂抽象的概念，为了辩论的思辨力薄弱，这成为了中国哲学中认识论不发达的主要原因。在中国哲学中要求的是体会，是实践。知识不过是处于最底层的一个辅助性捷径。期求认识论的发达是很困难的。

....

44) 参照中村元，《中国人的思维方法》，金知见译，图书出版喜鹊，1990，137~140页。

45) 参照林语堂，《林语堂全集》第2卷，尹永春译，徽文出版社，1968，355页。

如此看来，中国哲学与西洋哲学从出发点上设定哲学的课题开始便有所不同。古代的中国人把在荒漠平原地带的恶劣条件和忧患中谋求生存之事看得尤其重要，因此他们把生活中切切实实的具体问题作为哲学的课题。因此，只能以有经验性的、实用性的自然观与伦理观为主。与之不同的是，在优美的环境、闲暇的生活中，欲解决惊异、怀疑和好奇心的希腊人向往与现实生活甚远的抽象世界，把神或超自然设定为终极原因，以形而上学本体论为主体，发展思辨性、逻辑性的认识论。[46]

西欧的思维方法论以科学精神为基础，十分重视逻辑与分析，在这样的研究结果中也几乎赋予了绝对性的权威。若中国式的思维方法论用一句话概括为"直观性"的话，那么西欧的哲学方法论就可以说是"逻辑性"。这两种思维方式间相差悬殊。在中国式的思维方式中，缺乏科学性和分析性的精神必然会成为自然科学不发达的主要原因，这是众所周知的事实，这大概也是不得不认定的。

然而，在西欧的思维方式中也并不是没有局限或弊病。西欧重视依据理性和合理性思考的逻辑性、分析性的方法，处于科学性和理论性的巅峰。但西欧的逻辑哲学避免不了根本性矛盾。精神性而非物质性的，例如"爱情"或"愉悦"之类的，无论展开多么细致锋利的说明和逻辑，也无法达到完美。但不能因为无法从逻辑上进行说明，就断定其与逻辑没有任何关系，或者不是哲学的对象。还有，从只追求逻辑上的妥当性来看，即便逻辑成立，也只会招来与现实完全脱离或偏离的结果。也就是说，归纳性或演绎性，只要引出逻辑上值得首肯的推论就完结了。严重时，还可能成为"为逻辑而存在的逻辑"。逻

---

[46] 金忠烈，《中国哲学散稿》，全世界出版社，1990，46~47页。

辑哲学的局限性便在于此。

西欧哲学的思维方式到了笛卡尔(Ren Descartes, 1596~1650)时代后，比先前时代更朝着科学的方向发展，更进一步地强调"确证"。然而逻辑性、分析性的方法渐渐缩小了哲学的范围与对象，哲学者们的人生观或宇宙观与整体相比侧重于某个部分，也因此错过了很多与人生问题相关的知识领域。还有，西欧的逻辑哲学优先将一个事实或对象从各个侧面切开进行分析性讨论，因此，缺乏从宏观上洞察整个宇宙、整个人生的眼光。结果呈现出无法正确把握对象本质的局限性与弱点。[47]

日本著名学者西田几多朗(1870~1945)在其名著《哲学概论》中说"构筑东洋思想深厚根基的是神秘主义（神秘性直观）"[48]。对大多数学者而言，这个说法似乎成为了一种通说。尽管这是以对道的认识为中心的认识论上的特性，但思维方式也与之没有太大的不同。直观性的思维方式与西洋的思维方式相比，在性质上是不同的。"直观"(intuition)又称作直觉。不经过判断、推理之类的思考作用或有意识地活动，而是直接掌握对象的本质。中国式的思维方法与之相近。与全部进行分析后再进行掌握相比，从整体上进行把握的直观力才可进入真理的领域。只有直观才能使对象完全展现出来，在这种情况下，对象所展现出来的和对对象的洞察是一致的。

直观是一种敏锐形态的认识，与经验乃至经验主义存在关联。因为是从整体上对某种事物或现象进行把握的，所以错过其本来面目的危险性相对较少。特别是道家哲学，强调语言和概念的相对性。超

---

47) 参照林语堂，同上书，356页。
48) 西田多几郎，《哲学概论》，东京：岩波书店，1953，103页。

越语言和文字，不再陷入更多的语言性分辨中，强调依靠直观存在的认识。并且还坚持怀疑论观点，认为以人的智力对真理进行客观性把握是不可能的。因此，西欧哲学中重视的逻辑或分析性推理等发挥不了太大的重要性。[49]

在崔致远的哲学思想中"哲学性直观(intuition philosophique)"所占据的比重并不少。首先以他在对风流进行说明时所说的"玄妙之道"、"接化群生"等为例。无论用怎样精密的概念和言语，也不可能进行完美的说明。哲学性直观其特征在于以超越理性的神秘力来进行观察。这样的哲学研究方法在西洋哲学中被称为"神秘性方法"。然而这里的神秘力要与迷信者的神秘性方法进行严格的区分，这是众所周知的。

这种神秘性的方法自古以来便有很多哲学者使用。特别是受到很多具有宗教性、艺术性的哲学者们的欢迎。[50]崔致远似乎就很符合这个例子。

草率地进行比较虽说是大忌，但笔者认为崔致远的"哲学性直观"与现代哲学家亨利-路易、柏格森(Bergson Henri-Louis：1859~1941)的哲学方法，两者间存在不少相通之处。据亨利-路易、柏格森所言，用抽象的语言或概念来掌握一刻也不停止、不断运动的对象，这与把对象翻译成某种符号并没有什么区别，就像用语言来说明贝多芬的交响乐一样。对他来说，分析性的方法不能直接跳入所把握对象的本质，只不过是纠缠在其周围，是"啃西瓜皮式"的方法。因此，亨利-

---

49) 参照林语堂，同上书，355~356页。

50) 金俊燮，《全订新版 哲学概论》，博英社，1991，38页。

路易·柏格森建立了直接进入具体对象之中的直观性方法。[51]

亨利-路易、柏格森所说的直观就是从内部开始把握对象的认识的直观性方法。这并不是指主观与客观相互分离对立,而是指我与对象融为一体的"精神性共感"。即走进对象的内在,与对象相融合。主客分离之前的"主客合一"、"主客超越"的境地,就是忘我、没我的境地,只有这样的境地才能真正把握对象。总而言之,亨利-路易、柏格森所说的直观是指忘我地进入到在概念性表面中流动的生命之内,与之相融合,把握生命流动。[52]用直观性的方法对崔致远"风流道"的认识进行说明也是很好的例子。

直观性的认识方法只有哲学方面的天才才可以使用。该方法虽是哲学研究中的众方法之一,但并不是唯一的。是适用于达到用理性无法认识或解决的极致时所使用的方法。若常常要使用该方法的话,从严谨意义上来说,作为一种学问的哲学是不可能的。[53]像崔致远的情况也可看出他并不是排斥反省的思维,只依靠这种直观性的方法。但是,在他的哲学中,不能轻视直观性方法所占的比例。

在以上所考察内容的基础上,我们在一定程度上可以理解崔致远在哲学方法论上不具有西洋哲学中所谓的逻辑性和分析性的缘由。对上述情况视若罔.闻,立足于西欧的哲学方法论来论断崔致远是否具有"哲学性"还是"非哲学性",有必要进行斟酌。

崔致远没有生活在谈论哲学或探究逻辑的时代,他留下的文字中具备哲学体系的文字很少亦是事实。但通过所保留下来的著述中处

---

51) 韩荃淑(外),《哲学概论》,放送大学出版部,1992,92页。

52) 韩荃淑(外),同上,92页。

53) 金俊燮,同上书,38页。

处闪耀着哲学思维的片鳞,多少存在可以从哲学角度来理解其思想的根基。从他的著述来看,崔致远以整体性目光对人生及自然等哲学对象进行广泛全面的讨论。他的文章为清一色的骈俪文,用该文体来承载哲学思想从很多方面来看是不恰当,特别是骈俪文的含蓄性及富有寓意性的表现具有不够明晰的缺点。尽管如此,从文字内容来看,明确具有系统性的理论做后盾。从表面上寻找逻辑性和分析性很困难,但内部就像细砂底下流淌着泉水一般,可以找到论理的整合性和思想的统一性。这也是本书试图探求的内容之一。

  现代,不仅在哲学,在所有的学科中都呈现出范围狭窄、具有个别性的特征。最大的优点就是可以追求学问的精密性和准确性。但整体与个体由于不具备相互有机联系性,出现了无法立即把握整体的智慧盲症。这点可以很明确地说是非常严峻的问题。从这种意义上来看,有必要对崔致远的思想进行新照明。崔致远对广泛的学问发挥深入的洞察力和神秘的直观力,从宏观角度来接近真理与事物,展开了具有相当连贯性体系及论理。即便在今天,这对哲学界乃至学界整体的启迪都是非常大的。

4. 孤云的文章与思想表现的问题

在韩国古代文化史的研究中，基础性材料可谓是寥寥无几。正因如此，崔致远所留下的文章暂且不论资料性价值的高低，其本身便具有一定的重要性。仅保留下来76字的〈鸾朗碑序〉的部分内容，是研究韩国固有思想原型必不可缺的资料，这就是一个很好的例子。

但是崔致远不仅广泛涉猎各门学问，其文章字里行间还纵横交错着众多复杂多歧的问题，因此，作为基本研究资料灵活使用时，难点甚多。目前，虽不是完好无缺的状态，但尚有遗集留传于世，但所留传下来的文字大部分都是代撰或应人之邀配合某种写作用途而作。所以纵然有值得作为研究材料的文章，也应该先行把握该文章的写作动机或是撰者崔致远的观点如何等等，先对崔致远的本意作出理解。不对材料作出分析判断，只是贸然选择材料展开论旨，很有可能会搞砸孤云思想的整个研究。特别是认为他的思想没有核心、很模糊之类的认识，不仅不能引导之后的研究者，反而使其失去研究欲望，导致朝着错误方向进行引导的后果。

崔致远在唐朝作为高骈的从事官，负责笔砚，代撰了不少文章。这种性质的文章均收录在《桂苑笔耕集》20卷中。但是，崔致远在为高骈代撰书函的同时，还夹杂着不少自己的思想与感情，但这也均会在不违背高骈本意的范围之内。也就是说，撰者自己的想法即使与高骈完全不同，所代撰的内容首先要依循高骈的观点和意思，这点是极其常理之事。

笔者认为崔致远呈送给高骈的书函内容，并不能原封不动地只从文字表面进行理解。例如，崔致远虽曾多次称赞过高骈，这其中有发自内心的称赞，相反，在与崔致远自身的想法不符或相背离时，由于自己位于高骈幕僚的这种处境或位置,有不少只是来自表面上称赞。崔致远对羽化登仙之类的神仙术不以为然,认为是虚妄之说。[54] 然而在崔致远呈递给高骈的书函或代撰的文章中,即便高骈如此迷信神仙术,崔致远也未曾说过这是虚妄荒诞的。相反他极力赞扬高骈热忱的信心,并且还从肯定和理解的方向对神仙术进行了叙述。从这点推测来看,如果不能正确把握崔致远文字的性质、写作动机,或撰者的基本观点等,绝大部分文章是不能被正确理解的。对这些具有局限性的众多资料不进行基础性分析而拿过来研究崔致远的思想,其方法本身便是错误的。若留意这些的话,就不会犯下认为《桂苑笔耕集》是崔致远的著述便不加思考、贸然引用的愚昧之举。[55]

在崔致远留下的文章中,代撰或受他人请求而作或赞誉名人的文章非常多。系统地阐述自己想法的文章很少。崔致远所作的大部分文章都很难看作是不受任何约束、充分地流露自己思想感情的文章。虽然在前文已经论过代撰之文所具有的局限性,但受他人之托而作或是赞誉名人之作也一样,都具有局限性。崔致远也并不是没有留意过这点。从下引文中便可看出一二。

> 伏以,近日俗尚书题,言矜赞祝。苟非全德,多是愧辞。某执性近愚,处身斯直。以目所睹,以耳所聆,方敢詠歌,固无谄笑。[56]

---

54) 这种想法出现在崔致远回新罗后所作的文章中。在这里应该可以看作是崔致远的本意。

55) 《桂苑笔耕集》全书20卷中,除了卷16之后的部分,其余均是在中国淮南的幕府代替高骈所作。在代撰的文章中很难认为崔致远的想法肯定与高骈一致。

56) 《桂苑笔耕集》卷19,〈与假牧书〉。

但是他虽然有过这样的谈论, 但前文中所提到的文章并没有对其性质、中心人物或重要事件进行贬低或过低评价。大部分是从肯定方面进行接受或称颂。碑文及赞文等也是很好的例子。在引用这些的时候应该充分考虑到这些方面, 以求慎重。

另一方面, 像代撰的情况, 没有直接流露出撰者的本意, 而是委婉地进行表达, 这样的例子相当多, 还有不少情况是以寓意的方式在代撰之作中表达自己的本意。辨析这些情况, 对克服部分由于代撰而导致的资料匮乏性, 具有一定帮助。[57] 但是在检讨、批判、取舍材料时应彻底排斥主观态度, 在坚持客观态度方面花费心思。

1) 对真理和语言、文字的认识

哲学可以说始于"思维"。也可以说"思维"是属于哲学本质的。思维必然与"语言"结合在一起。语言既是构成我们思维必不可缺的媒介, 又是思维的局限, 这在哲学中是一个最重要的论题之一。[58] 虽说在研究崔致远的哲学思想时, 首先应该考察思维方法与思维体系, 但关于"语言"的问题不考察是不行的。

在孤云思想中, 关于"语言"的问题归结于思想表现的形式及文章上。在谈论应如何解释这一问题时, 笔者认为在考察真理认识之后, 接着考察对语言、文字的认识, 这才是正确的顺序。换言之, 想要谈论崔致远的文章, 应该考察他对语言、文字的认识, 因为对语言、文字的认识可以从真理认识的延长线上进行理解。

---

57) 〈大朗慧和尚碑铭〉中的"孤云出岫, 宁有心哉"或是〈智证大师碑铭〉中的"莫把孤云定南北"等均可认为是在为名僧所作的文章中进行寓意、重意的表现, 假托自己的观点或身世。

58) H.J施杜里希著,《世界哲学史》上卷, 林锡珍译, 分道出版社, 1982, 19页。

〔1〕

"道"是东洋哲学中最重要的概念，称得上是东洋哲学中的命题。"道"在概念上与西洋的"Truth"虽然不是不存在差异，[59]但是从"具有普遍妥当性的真理"这一意义上讲，又是相同的概念。普遍妥当性，也就是具有'全部适合性'的真理，在儒释道三教思想中把握的方法虽然不同，但想要追求的对象之间没有差异。根据中国传统式的思维方式，真理不可能进行客观性的把握或证明，只能通过主观获得的"认识"。庄子曾一语道破真理不可能进行客观性把握。[60]用一句话来说，虽然知道"道"是什么，但为何如此却不得而知，仅是用这种直观性理解感受到的。相关内容将引用日本福永光司(1918~2001)论说中的部分内容。

> 在自洪荒之初便存在的圣经基督教思想与一开始就否定"名"的老庄哲学的对比中，我们可以理解老子哲学的特征。老子哲学不是追求清晰的逻各斯(Logos)的哲学。是超越逻各斯，把混沌(Khaos)作为问题的哲学，还是站在与西欧的理性哲学相反方向的哲学。[61]

那么崔致远是如何认识真理的呢？崔致远对真理的把握，深受老庄式风气熏陶。他认为用《老子》第1章中的"道可道，非常道"这句话来说明自己是非常贴切的，所以引用该语说："可道为常道，如穿草

---

59) 如果说西洋的"Truth"是抽象性、理论性，学理性真理的概念，东洋的"道"是人生的道标，成就自己的真理，还可以说是造就正确生活的实质性价值。参照尹永春外(译)，《林语堂全集》第2卷，37~359页。

60) 参照《庄子》，〈齐物论〉"即使我与若辨矣，……"以下。

61) 福永光司，《老子》，东京：朝日新闻社，1968，7~8页节译。

上露"[62]。并且他还认为超越时间和空间的绝对意义、本来意义上的"道"，是"至道离文字，元来是目前"[63]，至道无法用语言、文字来说明(言语道断)，一语道破了所见皆道(目击道存)的意义。这与老子所说的"知者不言，言者不知"[64]一脉相承。

　　崔致远对儒、释、道等诸思想中所说的道都是从相对性的角度来进行认识的。他没有拘泥于儒、释、道中的任何一个，无论是经常使用的"妙道"或"至道"，还是单纯的"道"，其实都是指相对意义上的道，而不是绝对意义上的常道。他最终想达到"常道"的境地，所以并没有停留在阐明儒、释、道三教思想中所说的相对意义的"道"的层面上。虽然这是极其困难的问题，他通过体会相对意义上的"道"，阐明可以接近绝对性真理，同时立足于道家的真理观，虽未分析或说明"道"本身的概念和意义，却时常对称为"道"的是何物具有莫大的关心，并试图去寻求。

　　但由于无法知道"常道"的真实面目，故而也不能进行说明，他通过掌握、综合知识范围内众多思想所说的"道"究竟为何物，从中获得普遍、妥当性。并把其当作是最接近"常道"的东西。换言之，领悟儒、释、道三教的根本思想，研究、分析各教中所说明的"道"的本质，与相互间的区别性相比，提取普遍性，加以综合，将其作为接近"常道"的方法，虽然并不完整，但似乎可以代替"常道"的真实面目及其说明。针对崔致远的这种真理认识观，若他是现代人的话，想必也会寻找包括基督教在内的现代宗教和思想中相互间的普遍性。

----

62)《译注崔致远全集(1)》91页，〈大朗慧和尚碑铭〉。

63)《译注崔致远全集(2)》80页，〈智异山遁世诗〉第4首。

64)《老子》，第56章。

对崔致远而言，别说是绝对意义上的道，就连相对意义上的道，也很难寻得崔致远对其概念的分析。被称为"道"的这一概念化的存在，是远离原来真理的存在，留下了通过语言、文字不可能对道进行某种意义分析或说明的这种状态，是否可以认为是对"道"的把握程度呢？[65] 有时候还认为对相对意义的"道"也无法进行说明或分析。通过下列关于对佛教禅宗中的"心法"的论述，进行举例说明。

至若佛语心法，玄之又玄，名不可名，说无可说。虽云得月[66]，指[67]或坐忘，终类係风，影难行捕。[68]

如同上文，还并不是论"道"，就连对"心法"的说明，崔致远也认为用言语或文字无法进行说明，更别说是绝对意义上的"常道"了。

崔致远对真理的这番认识与元晓(617~686)的真理观相通之处甚多。元晓在《大乘起信论疏》中称大乘为宗体，还提到：

夫大乘之为体也，萧焉空寂，湛尔冲玄。玄之又玄之，岂出万像之表。寂之又寂之，犹在百家之谈。非像表也，五眼不能见其躯。在言里也，四辨不能谈其状。欲言大矣，入无内而莫遗。欲言微矣，苞无外而有余。引之於有，一如用之而空。获之於无，万物乘之而

---

65) 宋恒龙，〈崔致远思想研究〉，314页。

66) 比喻获得心法。

67) 比喻为达到真理的手段或捷径。"指月"的比喻在《楞伽经》第一次出现。与《金刚经》的筏喻一起在大乘经典中说法一致。
   *参考：《楞伽经》卷4云"如愚见指月，观指不观月；计著名字者，不见我真实。"

68)《译注崔致远全集(1)》153页，〈真鉴禅师碑铭〉。

生。不知何以言之，强号之为大乘。[69]

在这里把大乘称作"真理"，认为真理是无法看见的，也无法进行说明。这与道家的真理观相同。但是，这里说真理"寂之又寂之，犹在百家之谈"，值得我们注意。由此可知，元晓认为探求真理要求借助语言，倾听百家之语，有容纳万义的心胸。

真理是公用物，是极其公平无私的。无论是哪个特定的思想或宗教教说都无法独占真理的标题、无法完整地展现真理。为了阐明真理，需要有批判性地收容百家各式各样的见解与主张的态度。这是关于真理的开放性、包容性的姿态。

然而，对百家之语不加分辨或批判便盲目收容的话，会引起更大的混乱，因此应选取极其公正的意思，来接近真理的实质。从这种意义上讲，元晓在〈涅槃经宗要〉中说的"开佛意之至公，和百家之异诤"是尤其值得回味的。若元晓在探求真理时采取封闭百家之语的态度，就无法得出"和诤论"之类的伟大的思想结晶。

从上述之语推断来看，元晓与崔致远对真理的认识大致是一致的。他们对语言文字的认识也是一致的，不能看似寻常忽略而过。虽无法清晰地通过崔致远留下的文字寻找与元晓在思想上邂逅的踪迹，[70]但元晓思想带给崔致远的影响是值得推论的。

在崔致远对真理的认识中，最重要的便是"道不远人"这一点。即道不可能离开人间而进行谈论。这句话引自《中庸》，带有强烈的儒

---

69) 元晓，〈大乘起信论疏〉，《韩国佛教全书》，第1册，733页。

70) 很难找到崔致远是通过元晓的著述来了解元晓思想的这样的线索。但通过〈大朗慧和尚碑铭〉中的"谁持有柯斧"一句隐约可以找到一个线索。该语引自《三国遗事》义解第五〈元晓不羁〉条中的"谁许没柯斧，我斫支天柱"，以此来指无染和尚。

教色彩。如果只是停留在强调关于自然根本原理的"道"的层面上，最终会与我们的人生没有密切关联，索然无味。与人生没有关联的学问和思想是没有意义的。在崔致远的真理认识中，铺满了强烈的伦理式、实践式的色彩。这可以说是他会通三教思想的同时，但根本上是儒学者的体现。

〔2〕

崔致远对语言、文字的认识与他对真理的认识有着直接的关联，同时与他的学问方法和态度也存在一定的联系。这也可以作为崔致远是否称自己为文章家的答案。前文已经考察了他对真理的认识，虽然语言、文字在体现真理上还不够充分，但要求语言、文字的必要性也是必然的。崔致远基本上与道家语言观及佛教禅家中所谓的"以心传心"、"不立文字"、"言语道断"、"目击道存"等主张相一致，认为文字并不完全是载道的工具或手段。然而语言、文字虽说是不完整、不充分的，若不依赖的话，别说是通过直观获得各自的自觉、自得，更无法传达或阐明任何东西给别人或后人。正因如此，崔致远切实感觉到文字的不完全、不充分性，在这样的前提下，又不得不承认其重要性。

孔子云"辞，达而已矣"[71]。但像崔致远，为了更有效果的达意，需要"修辞"这种方法。"修辞"并不是单纯华丽地雕琢字句，而是为了不留遗憾达到"达意"目的的方法。崔致远也认同语言、文字的不充分、不完整的局限性，为了克服这点，致力于为"达意"的"修辞"。结果，他得到了不仅是思想家的名声，还有文章家的名声。如今，能留下作为

---

71)《论语》,〈卫灵公〉。

韩国最古老文集的《桂苑笔耕集》和《孤云文集》，也是源于这种对语言、文字的认识。如果他否定语言、文字，只是固守依靠直观的各自的觉证，说不定现在我们已经无法看到他的遗文。

崔致远是一位为了"达意"不仅追求有效果的、井然的表现，还追求美学价值的思想家和文章家。但并不是以追求华美纤巧为先的学者。若只是单纯地评价崔致远是文章家的话，不得不说这是因为没有进行深入的理解。

他奉宪康王之命撰述〈大朗慧和尚碑铭〉时，对自己的处境作了如下叙述：

復惟之，西学也，彼此俱为之，而为师者何人，为役者何人？岂心学者高，口学者劳耶？故古之君子慎所学。[72]

大朗慧和尚无染(800~888)和自己都是一起在唐留学过的人，无染获得了来自君主和百姓的极力推崇，相反自己被认为是文章家，要为无染作碑文，对于自己的这种处境，委婉地表达不满，吐露了仿佛得知古之君子慎所学的缘由这样的心境。

但是，他认为自己被指名为"文章家"为心学者作碑文也是应该的，并在下文中强调了"文章家"的重要性不亚于"心学"。

抑心学者立德，口学者立言；则彼德也或凭言而可称，是言也或倚德而不朽；可称则心能远示乎来者，不朽则口亦无惭乎

---

[72]《译注崔致远全集(1)》60页〈大朗慧和尚碑铭〉。

昔人。[73]

这就是说心学与文章在性质上并不是完全脱离的,两者之间有着紧密的联关性,尤其是诗文并非吟咏风月,只用于粉饰字句,也是阐明"德"的工具。这段话可以看作是受了唐代中期后逐渐成熟的古文运动的影响。

此外,据〈真鉴禅师碑铭〉记载,定康王亦认定崔致远是文章家。

申命下臣曰:"师以行显,汝以文进,宜为铭!"致远拜手,曰:"唯!唯!"退而思之;顷捕名中州,嚼腴咀隽于章句间;未能尽醉衢罇,唯愧深跧泥甃。[74]

由此可见,虽然崔致远自己也承认在中国时对文章有着极大的关心,潜心投入其中,并凭借文章颇有名气,还自谦地说自己还尚且不能充分理解圣人之道,事实上,他是对自己仅被称为文章家而暗自不满。

崔致远还说:

况法离文字,无地措言;苟或言之,北辕適郢。第以国主之外护,门人之大愿,非文字不能昭昭乎群目,遂敢身从两役[75],力效

---

73)《译注崔致远全集(1)》60页〈大朗慧和尚碑铭〉。

74)《译注崔致远全集(1)》166页〈真鉴禅师碑铭〉。

75) 作碑文之事和写书法之事。

五能；虽石或凭焉, 可惭可俱。而道强名也, 何是何非？[76]

上文是以佛教禅宗中"以心传心"、"不立文字"的宗趣和老子"道强名也"的逻辑来进行说明的。如果说用语言文字来表现禅师沉浸于法喜中的境界, 语言文字所带来的限制会使其渐渐远离真理本体, 那么, 不知其名, 却硬要以"道"来命名和非要说明离开文字的法, 又有何不同？换句话说, 以"道"来命名本就是渐离真理本体, 能执意只说离言之"法"是错的吗？崔致远比任何人都确切地意识到语言、文字的不完全性、不充分性, 故而说"不能昭昭乎群目"[77], 强调了媒介的必要性。

然而, 这限定在不得不用文字表现的"不得已的情况"中。〈真鉴禅师碑文〉中提到：

或曰"禅师垂不铭不塔之戒, 而降及西河之徒, 不能确奉先志；求之欤, 抑与之欤？适足为白珪之玷", 嘻！非之者, 亦非也。不近名而名彰, 盖定力之余报；与其灰减绝, 曷若为可为於可为之时, 使声震大千之界？[78]

崔致远对真鉴禅师的思想和景行将会泯灭一事感到忧虑, 故而在可以用碑文保留下来时, 不得不这样做。在此, 可知他切实地感到语言、文字的必要性, 又不得不认定其局限性。

---

76)《译注崔致远全集(1)》167页〈真鉴禅师碑铭〉。
77)《译注崔致远全集(1)》167页〈真鉴禅师碑铭〉。
78)《译注崔致远全集(1)》165~166页〈真鉴禅师碑铭〉。

崔致远对语言、文字的这般认识受道家思想或禅思想的影响是巨大的，在其深处与元晓对语言、文字的认识相通之处也甚多。元晓在《大乘起信论疏》中说"一切法，不可说，不可念，故名为真如"[79]，一切法不仅是语言、文字，在思虑的角度上也是无法捕捉的。这只是指出了语言、文字和思虑的局限性，并不是完全否定它们的机能。元晓认可语言、文字的媒介性道具性，还留下了庞大的著述，可以说间接证明了元晓对语言、文字的积极态度。若元晓只是呼吁"离言真如"，一直否定"依言真如"的话，别说是成为伟大的宗教家、思想家，就连展现大文章家面目的、充满芬芳的文章都不会留下。[80]

　　元晓既否定语言、文字，又对其进行肯定。他主张的要点就是一切法离开语言、文字，最终是站不住脚的。他探求深奥的佛教真理，从内心深处进行认可，没有停留在用内心的智慧来进行自己觉醒的层面，非常苦恼用语言、文字来表现的问题。最后，元晓宣扬"依言真如"，从多角度来追求其可能性。可以说对语言的细致分析和重视逻辑等是其捷径之一。[81]

....

79)《大乘起信论疏》卷1,〈依文显义〉。

80) 元晓的所有文章都是名文，在称其是哲学作品之前，更应该说是文学作品。他能够将难解的哲学进行简洁明了的说明，虽然是来自佛教论理学的力量，但像他的《大乘起信论疏》及《金刚三昧经论》之类的作品亦没有失去强烈的文学气息。之后，就连没有摆脱儒教影响的朝鲜时代文人们在编纂《东文选》时，也不得不收录元晓所作的经序及论序6篇。参照金哲埈(外),《韩国史》第三卷, 探求堂, 1981, 251~252。

81) 关于元晓的语言、文字观的论稿有：《元晓研究论业》(国土统一院, 1987)中刊登的金容九的〈元晓的言说思想〉(39~67页), 韩亨祚的〈否定与超越的辩证法-元晓的言语观〉(697~720页), 还有朴太源的〈元晓的语言理解〉(《新罗文化》第3、4合辑, 东国大, 1987)。除此之外，还参考了金疆模的〈新罗元晓的文学观〉(《新罗佛教研究》, 金知见、蔡印幻编, 东京：山喜房佛书林, 1974, 109~134页)等众多论文。

由此推测，虽然找到明确的证据很难，但是说崔致远对语言、文字的认识多少从元晓那里受到了影响，这种可能性的探索也不是不充分。对于此点，期待今后的研究成果，在此省略详细的论述。

2）思想表现与骈俪文

在灵活运用基础性研究资料时，首先要考虑的问题是文章与思想表现之间的关系性。即崔致远的文体是否能够不受限制充分表现自己的思想或含义。这点就是针对崔致远的文章体裁为清一色骈俪文而言的。

骈俪文字句精美巧妙，追求对偶，音律和谐。因使用典故，文章华美，富有韵律，含蓄性强。一言而概之，可谓是呼吁"感观"的、艺术性极强的文体。直至今日，那些脍炙人口的名文大多是骈俪文，这也并非是偶然的。然而骈俪文发展到了末期，与内在的实质相比，过分偏重于形式，只追求华美的"装饰性"，招致了不少弊端。骈俪文巧妙活用字数、对偶、典故、声律等，若不进行精心构思的话，便不符合骈俪文的形式条件。因此，为了符合形式而牺牲意义，甚至甘愿让文章变得模糊不清。实际上，若非文采斐然，想要克服骈俪文体的这些限制，充分表达自己的思想和情感是非常困难的，会为感情的表达带来很多阻碍。由此可见，骈俪文在准确表现哲学、思想及历史事实，传递给他人方面，是一种不恰当的文体。特别是因为对偶和典故的使用，用较短的字句来包含更多的内容，具有含蓄性这点，更是如此。正因如此，不少学者对是否可以通过崔致远清一色的骈俪文顺利地进行研究这点，持有怀疑的态度。

崔致远入唐的时期对应的正是晚唐，懿宗、僖宗年间。此时的唐朝，曾因古文运动而一时萎缩的骈俪文又再度盛行。骈俪文风靡一时的现象，在新罗亦是如此。只有善于骈俪文方可处世，受到礼遇，超脱当时这样的文坛风气，是非常困难的。然而，丽韩十大家之一的渊泉洪奭周(1774~1842)对崔致远的文章作出了"华而不浮"[82]这样的评价。从骈俪文的特征来看，首先是从可以表现自己想法的经传及诸子全书等国内外的群书中，引用符合自己想法的话语。这源自"稽古意识"，字字皆有据可寻，具有权威性，并以此传达自己强烈的想法。洪奭周评价崔致远的文章"华而不浮"的确是非常有鉴定的评价。

但是，对骈俪文的这种特征置之不理，甚至认为崔致远只不过是为了夸耀自己的博学多才，引用了国内外群书中许多关于玄学的文句，并进行了巧妙的安排，因此，他的文章也经常被批判为"装饰性的文字"。接着，受"偏重于技巧的修辞"这种偏见的束缚，就连认为崔致远苦心深思或强调费心的部分也只不过是针对文章的技巧而言的，对此不加以重视。这种否定性的认识从高丽高宗时期名僧天頙的批判性评论中也可以看得出来。

> 自古业儒之士，心出月胁，作为章句，其或骈四俪六文乎者也。著成文集，夸耀于世，既是流荡之心，绮饰之辞，厥罪不少，何益之有？且以三韩言之，著成家集，流行于世，若凡数十家。始则文昌崔致远，十二归上国，十八占甲科，状头五第，文章感动于中华，前后著成文集，凡五十七卷。近世金翰林克己，著一百三十五卷。及自己已化于九泉，虚名独流于四海，片无一

---

[82] 洪奭周，〈桂苑笔耕集序〉"公之入中国，在唐懿僖之际，中国之文，方专事骈俪，风会所驱，固有不得而免者。然观公之所为辞，往往多华而不浮。"

得,何赖於我哉。[83]

崔致远的文章在高丽中期以后,随着韩国古文逐渐盛行,受到了只是沿袭了中国盛行已久的文体、缺乏个性这样的评价,甚至对其进行了贬低。最主要的原因就是他的文章晦涩难解。编纂《东文选》时,担任总裁官的四佳亭徐居正(1420~1488)评价说:

今桂苑笔耕,多有不解处。恐当时气习如此,或东方文体未能如古也。[84]
以今观之,致远文章,诡奇涩僻,不足动天下。[85]

慵斋成倪(1439~1504)评价说:

今以所著观之,虽能诗句而意不精,虽工四六而语不整。[86]

此二人的评价是否贴切,仁者见仁智者见智,但从徐居正这样的文章大家也说崔致远的文章难以理解的地方甚多来看,崔致远的文章晦涩难解这点是非常明确的。到了后代,骈俪文避开晦涩的典故和追求技巧性的对偶,朝着平易的方向转变,由此推断,徐居正的批判在某种程度上被大家所理解。但是正是因为部分后来学者的消

---

83) 天頙,《真静国师湖山录》下篇,〈答芸台亚监闵吴书〉《韩国佛教全书》第6册,210~211页)。
84)《笔苑杂记》,卷1。
85)《笔苑杂记》,卷2。
86)《慵斋丛话》,卷1。

极评判,连作为韩国碑碣文字先河、新罗汉文学重要遗产的《四山碑铭》也遭到了甚至没有被收录在《东文选》中的待遇。

近代丹斋申采浩(1880~1936)说崔致远只不过是"一介汉文卒业生"、"小刀细工的下品才子类",还进行了更加残酷的评价。

> 崔致远的……思想只知汉唐,不知新罗,学识贯通儒书佛典,本国的《古记》一篇也未曾看过,主义先是朝鲜后是纯支那化,艺术只善于青天对白日,黄花对绿竹的四六文。[87]

像这样的评论,历代以来,给很多人造成了影响,以至于崔致远的文章不能获得应有的评价。

以笔者所见,崔致远的文章与晚期向着技巧型方向发展的骈俪文相比,在层次上是有所不同的。他的文章文辞典雅,侧重于苍浑,能完整地表达自己的想法。虽然频繁使用典故、引用经史中的文句,但却能不受约束地表达自己的思想。更贴切地说这是一种把各种实用文上升到艺术层面的表现。[88]特别是他立足于文以载道的文学观,具有追求道的意识,这是众所周知的。

与生硬地拼凑对偶、在修辞和技巧上煞费苦心相比,崔致远以其娴熟的天赋才气将发自内心的想法以文字的形式流畅地表达出来,并进行精美的修辞,形成了独特的一派。尽管他的文字以现代人的眼光和见识来看,给人的感觉仅是难涩费解,但生硬地进行修饰的

---

87) 申采浩,《朝鲜上古史》;《丹斋申采浩全集》上卷,萤雪出版社,1995,72页。
88) 参照金重烈,《崔致远文学研究》,高丽大学博士学位论文,1984,173页。

感觉却并不多[89]。特别是从他引用国内外群书中的文句来表达自己想说的内容，不受儒、释、道等任何一方思想或宗教的束缚，议论纵横，我们不得不惊叹其博览群书以及娴熟的修辞技法。

此外，关于以文字美和音调美为基础的声律，若细心观察就会发现，有不少认为声律会对思想感情的表达造成阻碍。这个想法是理所当然的。在韩国的骈俪文中，崔致远的文章以讲究声韵已获得定论。不仅对偶协调，随着声韵而产生的节奏感也强烈，即便是散文，也具有韵文色彩。后来茶山丁若镛(1762~1836)在《牧民心书》中批判说当时盛行的文体中失去了之前体式的真面目，其中关于崔致远的骈俪文作了以下评价：

> 俪文声律，与律诗无异，字字调叶。唐宋俪文，如滕王阁序，益州夫子庙碑，乾元殿颂，以至送别饯饮之序，谢贺表笺，起居存问之启，莫不皆然。近见琉球国贺正表文，亦皆调叶。唯独我邦，旧有讹传，乃曰："上衣下裳，唯其蹄字叶律，其余无律"，承讹袭谬，遂为痼疾。……新罗时崔致远，作黄巢檄，及诸寺碑文，高丽学士作佛家文字，及国初表笺，亦皆调叶，不知中间何故如此。[90]

但像这样的评论，可不是轻易就能获得的。崔致远并不是在新罗学习撰写文章的，而是在中国度过了近十六年的求学期。正因为

---

89) 英、正祖时期的高僧莲潭有一(1720~1799)曾在〈四山碑铭序〉中说"四山碑铭对偶巧妙，用典广泛，无一字不无来历"，近代的无能居士李能和(1869~1943)在《朝鲜佛教通史》中说"四山碑文词畅达，语义圆满，可谓是海东碑文之祖"。这是对崔致远的文章进行的总评，可以说是最高的赞词。

90)《牧民心书》卷8，礼典，〈课艺〉(《与犹堂全书》第5辑，景仁文化社，1981，478~479页)。

此，善于锤炼文章的崔致远在汉文声律方面比任何人都要出色，像骈俪文中"声律相互置换也可达到协调"这样苛刻的条件，对他来说也不是什么难事。

对韩国文章家而言，最脆弱的部分可谓是声律问题。骈俪文自不必言，就连汉诗，韩国文人也认为音调是最难的。从韩国骈俪文大部分的音调都不是很协调中，也可知道其中的隐情。若论起韩国国内汉文音调出色之人的话，除崔致远外，还有高丽末期的益齋李齐贤(1287~1367)。李齐贤若不是前往中国，在中国与文人名士相交切磋文章，又怎会得到音调出色大家的名声呢？崔致远骈俪文中的"声律"问题亦可从这个角度上进行思考。没去过中国的文士作骈俪文时，即使对偶在一定程度上可以相互协调，声律却非常棘手困难，但崔致远却能没有阻碍地进行创作。

典故方面亦是如此。"典"指的是古典，"故"是指故事。对中国人而言，典故具有威慑后人的权威，这些历史故事在后代会成为重要的前例。正因如此，熟知古典和历史故事称为"稽古"是非常重视的。与此相关的如下叙述可作为一个较好的参考。

> 中国人在做文章时，与使用自己的表现手法相比，借用古人使用的表现手法所作的文章被认为是好文章。写作能力经常与古代文字相结合进行评价，大部分是从古典中使用的熟语或字句的连续，其中特别是努力模仿"经"中的语言文字非常明显。还有，中国人的文章中经常使用过去讲述事物起源或由来的故事来历，有时候仅出现过一次的关于历史事实的字句或文章，也作为具有普遍抽象性意义的话语而使用。不相信抽象性思维的中国人无论何时都在存在于过去的先例中寻求生活法则。所以，对中国人来说，

最重要的便是熟知先例。这便说的是"稽古"。[91]

可以非常确切地说,骈俪文是众文体中最能反映中国人稽古意识的文体。骈俪文中频繁引用典故虽有向他人夸耀自己学识渊博的一面,但根本上通过"援古以证今"的方法为自己的主张或议论赋予权威性,确保正确性的同时,还可以构思典雅、富有含蓄性的文章。[92]

使用典故的时候,根据写作之人的能力所表达出来的意义,进一步说文章整体的意义可以正确、分明,也存在相反的情况。前者是引用典故恰当的时候所展现出来的情况,后者的情况则是因为引用不得当而造成的。崔致远在他的文章中引用与文章内容及情况相符合的典故,明确精准地表达其意义,使所引用的典故更加生色。这点称作"间接记事的正确性"也无妨。[93]

2) 孤云文章的特性

现在我们来思考一下崔致远对文章形式及文章是"承载哲学和思想的容器"这句话的基本观点和态度。在这之前研究者宋恒龙在对崔致远的文章进行研究后指出,未发现崔致远具有哲学性倾向和思索的态度,因此崔致远在韩国思想史或哲学史中不能占有重要地位。[94]但这并不是一口下结论的事情。笔者认为在充分把握崔致远对文章基本观点与态度,把握他的文章形式的话,或许会有不同

---

91) 参照中村元,《中国人的思维方法》,金知见译,同上,83~84页。
92) 徐镜普,〈韩国汉文学作家论-崔致远〉,《岭南大学论文集》第12辑, 1978, 55页。
93) 李九义,《崔致远的生活与文学》,国学资料院, 1995, 108~109页。
94) 宋恒龙,〈崔致远思想研究〉, 309页。

的评价。

　　崔致远是有名的文章家，但他留下的文章与其名声相比，数量实在不多。当然其中的原因之一便是他留下的文章部分在后世已经散轶，现在所传下的文章与记载自己的思想或感情的文字相比，大多数是代撰或受人之托所作。但笔者认为这其中分明存在着他对文章的观点及态度等。

　　崔致远重视儒教中的"立言垂后"。"立言垂后"这样的著述当然也包括文章。他认为文章从根本上来讲不具有尽情表达人的思想和感情的性质。可以说这点尤其是受到了道家思想的影响。[95]但是无法完全表达感情是"文章"，但是他为了尽可能地克服缺点，十分在意研磨修辞，在写作上煞费苦心。只是除了不得已的情况，他似乎不太乐于自发性地进行创作。从整体来看现在保留下来的文集及其它记录中出现的逸书、逸文的书目及题目，与自发性的创作相比，大部分都是受他人请托或自己感觉到不得不以文字形式留下的召命意识的情况[96]等，迫不得已所作的文字。这便是崔致远对文章的基本态度、基本观点。

　　其次，崔致远的文章特色不是长篇细说，而是尽可能简略、含蓄地进行叙述。而且他平时深入思考探求的东西不是以一篇独立式的文章来进行发表，而主要是通过各种形式的文字，即利用创作碑文、愿文、传、讚、记等契机来进行表露。举例来说，他十分关注的、

---

95) 儒家的观点也与之没有太大的区别。《周易·繫辞》中说"书不尽言，言不尽意"。

96) 这点从他经常引用扬雄的"为可为於可为之时"中可以看出。《译注崔致远全集(1)》60页，〈大朗慧和尚碑文〉"为可为於可为之时，复焉敢膠让乎篆刻。"；《译注崔致远全集(1)》166页，〈真鉴禅师碑文〉"与其灰减电绝，曷若为可为於可为之时，使声振大千之界？"

经过深入思考后解释定义的"风流思想",在作鸾郎这一花郎碑文时,在开头就简要对此进行了叙述,这便是一个很好的例子。的确,他的文字中很难找到专注于某一问题,进行深度议论的独立文章。但是,这与不喜欢思索和分析相比,不乐于自发性地为文可以说是主要原因。正是因为没有这种形式的文字,"长篇细说"不得不与它的文字特色渐行渐远。

此外,崔致远的文章简洁、富有含蓄性,可以说多半是源自骈俪文的形式。大多数人可以轻易看出崔致远的文章具有简洁性的特点,反而没有看出具有含蓄性与深奥性这点。由于对偶与典故的运用,文章难涩,即便经过反复的思索、长时间的回味,也只是将含蓄性与深奥性搁置一旁,一味地指责其难涩性。还有,只是意识到简洁性这一特点,连像〈鸾郎碑序〉这样具有强烈含蓄性的文章也被看作是从文章家笔尖流露出的没有深度思考的文字,像这样类似的情况非常多。不知为何,这看起来都像是众人腻烦了孤云文章的广博与深奥性,而为自己进行的辩白。

不仅如此,还有批判称崔致远的文章中没有体现出哲学性,看不到思索的态度。实际上乍一看,的确可能会这么想。但这正是因为只意识到崔致远文章具有简洁性,而没有意识到还具有含蓄性。事实上,崔致远的文章,不同的读者解释的深度及方向也有所不同,他的文章词意隐微,具有含蓄性。若能稍微留意"文简义丰"这一特点的话,就不会断言说他的文字中没有哲学性或思索的态度。举一个例子来说,崔致远曾为佛家高僧撰写碑文,若不是对佛教有着深入的理解,从一开始便不可能对高僧的思想和事迹进行叙述。即便用典广博,对偶优美,声律没有错误,若佛教的知识浅薄,便无法如实刻画佛教与高僧的真实面目。这已经无法以文字的内容来断定文章的价值了。

关于崔致远的文章,只通过外在形式来断定内在内容是不可行的。正确理解崔致远文章所具有的特性是对其哲学思想研究之前所应该先行解决的问题。

第2部
孤云的三教观

第1章 孤云的儒教观

1. 作为儒者的观点及学问倾向

儒家视崔致远为儒学者,而佛家亦奉崔致远为佛学者,仙家则奉崔致远为东方仙派的重要人物。事实上,有时候我们很难分辨究竟哪个才是他的学问本质。[1] 崔致远以儒者身份自居,踏上儒学之道的同时,亦精通佛教及道仙思想。特别是他对佛教的理解程度,并不只是将其视为儒教的延伸而对其产生广泛的兴趣,实际上崔致远对佛教的理解程度已经达到了非常高的境界,不禁令人怀疑他是否是佛学者。佛教僧侣们对崔致远的尊慕之心也不是儒学者所能比拟的。儒学者中批判崔致远是"佞佛之人"的学者不在少数。

有人以崔致远晚年沉醉于佛教,与佛僧们交往密切为例,作出了如下批评:

韩愈与太颠、柳宗元与巽上人之间的交流是当时的普遍趋势。但他们之间的谈论各自坚守自己的位置,即韩、柳站在儒者的观点上。依据文献考察来看,孤云则是站在佛教立场上的交友。因此,孤云前期的主儒性倾向及后期初的儒学者的学问世界,则丧失了其意义。正是由于这样不一致的生活伦理,孤云只能止步于

---

1) 崔益翰,〈崔孤云的文化上地位〉,《春秋》1941年7月号,京城:朝鲜春秋社,146页。

孤云。这便是他的局限性。唐代的李翱受佛教真如、无明的思想影响，主张复性说，给宋代理学也带来了不少影响。即接受佛教的理论，并试图重新建立儒学理论。相比之下，孤云只是单纯地偏重于佛教本身。[2]

然而，崔致远的学问与思想分明是以儒学思想为基础的。从他自称"儒门末学"或是"尼父生徒"[3]强调自己是儒者来看，他最终向往的是儒者之路，是建立于儒教思想上的人生。他所憧憬的世界是实现道义的理想型儒教社会。

从崔致远在唐时，从他人称赞其"来自异乡，勤于儒道"[4]来看，崔致远在国外求学虽历经艰辛，但在儒道、儒术的学习上倾注了很多精力，即便是回国之后，肯定也是没有太大变化的。虽在晚年沉醉于佛教，这也可以认为是他身处乱世，让自己摇摆不定的心依附于神妙力量的一种权宜之计。儒教思想的宗教性稀薄，这也许是不可避免的。我们应该通过主干来洞察崔致远的学问、思想本质，这种通过枝叶来标定学术思想性质的做法是不稳妥的。

崔致远入唐留学，用一句话来概括其目的就是成为宾贡进士而作官。乍看，可以说这并非是为求学或求道为目的的单纯留学。关于这点，有研究者对崔致远的学问倾向作了如下叙述。

他入唐留学以世俗官宦为志向，并不是为了研究学问或求道。因

---

2) 梁光锡，〈崔孤云的思想与文学〉，《韩国文学论》，日月书阁，1981，20页。
3) 《桂苑笔耕集》卷19，〈贺除吏部侍郎别纸〉"今远人称尼父生徒，光辉无比。"
4) 《桂苑笔耕集》卷19，〈与客将书〉"伏蒙将军念以来自异乡，勤于儒道。"

此崔致远在博学多识和文章技巧上煞费苦心。如今,他留下的文章大多是引用典故的华丽的骈俪文,从这些文章中可以窥探其学问倾向。从他丝毫没有学习当时唐朝文人之间流行的古文,而只是单纯地练习科举应试所需要的骈俪文来看,可知他对科举应试准备之外的东西毫不关心。[5]

乍一看,上述内容中亦有值得认可的地方。但仔细审视崔致远的求学历程,并非只像上述引文中说得那么简单。首先,他入唐留学并非个人想法而是他人的想法,在这点上,应进行一定的考虑。在他12岁入唐留学时,其父诫告说"十年不第进士,则勿谓吾儿,吾不谓有儿"。崔致远将父亲的嘱托铭记在心,为实现这一志向,丝毫不敢松懈,发奋苦学,入唐六年便及第宾贡进士。[6]

在这里,我们可能会略过崔致远父亲的叮嘱之语,但细敲其言语内,充满着长期以来对于六头品出身的抱憾。父亲为舒解自己的抱憾,在儿子身上寄予了无限期待,让其前往唐朝留学。如此一来,作为儿子的崔致远无法辜负父亲的期望。由此可见,崔致远在学问上,自由选择的余地狭窄,并且心理上的压迫感沉重。这通过他的自述"本求食禄非求利,只为荣亲不为身"[7]也可揣度一二。崔致远的学问局限性正源于此,也未不可知。

------

5) 许捲洙,〈关于崔致远的在唐生涯考察〉,《岭南中国语文学》第10辑,岭南中国语文学会,1985,246~247页。

6) 《桂苑笔耕集》〈自序〉"臣自年十二,离家西泛,当乘桴之际,亡父诫之曰,十年不第进士,则勿谓吾儿,吾亦不谓有儿,往矣勤哉,无隳乃力。臣佩服严训,不敢弥望,悬刺无遑,冀谐养志,实得人百之己千之。观光六年,金名榜尾。"

7) 《桂苑笔耕集》卷20,〈陈情上太尉诗〉"本求食禄非求利,只为荣亲不为身。"

无论如何，崔致远入唐留学的目标成为了考取宾贡进士和及第，这让他不得不勤于儒道。儒教思想对他的学问观及学问方法产生了巨大影响。他在科举及第后，虽处于从九品的末品，但也被任命为邑城县尉。任职一年多后，他辞官计划参加博学宏词科再立身。但因879年之后，博学宏词科被停止实行，故而崔致远产生了隐退的想法。他在某一书函中叙述说"本望少赡山资，便谐谷隐"[8]。

　　接下来通过以下引用文来探讨以下他的学问性向。

(A) 今者乍离一尉，欲应三篇，更愿进修，且谋退缩，独依林薮，再阅丘坟，课日攻诗，虞讷之诋诃无避，积年著赋，陆机之哂笑何惭？俟其敦阅致功，琢磨成器。求鱼道在垂竿，而不挂曲钩；射鹄心专擽箊[9]，而冀衔后镞。端操劲节，伫望良时。[10]

(B) 且某也免县虽(谁？)络，蛛网自营，万计寻思，不如学也，百年勤苦，犹恐失之，所以未竟宦途，但遵儒道，筮仕而懒趋尘土，卜居而贪憶林泉。人间之要路通津，眼无开处，物外之青山绿水，梦有归时。所愿更淬铅刀，终求铁印；敛迹而铨藏学薮，安身而跌宕词林。[11]

　　从上述可知，崔致远并非是只专注于科举的俗儒辈之人，根本上

---

8) 《桂苑笔耕集》卷19,〈答襄拙庶子书〉"本望少赡山资，便谐谷隐。"
9) 为使箭尾搭在弦上，两支背架做成的部分。有不少是用野兽之骨单独做成粘贴上的。
10) 《桂苑笔耕集》卷17,〈初投献太尉启〉。
11) 《桂苑笔耕集》卷17,〈再献启〉。

是以为己之学为志向的学者。他在上述文章的末尾，说到"唯虑道之将废，岂言人不易知"[12]，并在其它文章中也说过"志能求己"[13]，从中更能体会到这点。他已决心隐居却又投入到高骈门下，这也可认为是博学宏词科停止后，为了能继续在外修学，施展壮志的一条权宜之计。通过以下自述也可揣度一二。

> 某已倚宦途，粗谙吏道，如能驱策，未必诠藏，终当见富室家，岂惮职荣州县？实以流年易迈，壮气难申，唯望庇庥，得期变化。[14]

从上文可以看出，崔致远已粗谙吏道，作为一名平凡的官吏，可以过上较为富足的生活，即便如此，依旧执意入山钻研的理由，

他在《桂苑笔耕集》自序中说到：

> 观光六年，金名榜尾。此时讽咏性情，寓物名篇，曰赋曰诗，几溢箱箧。但以童子篆刻[15]，壮夫所惭，及忝得鱼，皆为弃物。[16]

如上所言，崔致远为及第宾贡进士，努力钻研诗赋。但在科举及第后，将其看作是"雕虫小技"，对此感到惭愧，最终将昔日之作搁置一旁。这就像《庄子》〈外物〉篇"得鱼而忘筌"一样，使人联想起达成目

---

12) 《桂苑笔耕集》卷17,〈再献启〉。
13) 《桂苑笔耕集》卷18,〈谢探请料钱状〉。
14) 《桂苑笔耕集》卷19,〈与客将书〉。
15) 是指少年在作文章时束缚于字句的修辞。《扬子法言》〈吾子〉"或问, 吾子少而好赋？曰然。童子雕虫篆刻。俄而曰, 壮夫不为也。"
16) 《桂苑笔耕集》〈自序〉。

的后,便忘记了手段的典故。对于崔致远而言,诗赋只不过是作为出世手段的一种借口,并不能成为他学问的重要目标。所以,他与一般的文章大家在立场上有所不同。

此外,从下面的诗也可揣度出崔致远的学问并不是单纯的为了词章、或理论、或出世,其学问目的在于"修行"。

狐能化美女
狸亦作书生
谁知异类物
幻惑同人形
变化尚非艰
操心良独难
欲辨真与伪
愿磨心镜看[17]

这首诗以讽刺的手法揭发了道德败坏的世态及奸诈的为政者们的真实面目,展现了注重现实问题的儒者面貌。关于上述所说的真伪问题,庄子曾说:

道恶乎隐,而有真伪,言恶乎隐,而有是非?道恶乎往而不存,言恶乎存而不可?道隐于小成,言隐于荣华。[18]

---

17)《译注崔致远全集(1)》55~56页,〈古意〉。
18)《庄子》,〈齐物论〉。

本来没有真伪与是非的区分，是人们没有看到事物的整体，只执迷于其中的一部分而造成的。由此说来，辨别真伪与老庄式的思考截然不同。从引用《圆觉经》等中经常出现的"心镜"来看，像是可以与佛教的治心相关联，"操心"似乎是引自《孟子》。[19]总之，将重心放在严格分辨真伪、正邪、是非、善恶等价值问题上，是儒教思想的显著特征[20]，从这点来看，可以说这首诗是站在儒教的观点上处理操守心志问题的。

崔致远的真伪辨别其根源来自于操守心志。即只有擦亮心镜、坚守内心，才能抛开所有迷惑，看清真伪。由此可见，崔致远不是只在文章上下功夫的文华之人，而是志于心学的学者。

崔致远重视道义涵养以及心学，但并不以此自居，也不认为自己是文章家。他非常重视心学与词章，两者间即便稍有层差，但也不偏向于任意一方。他曾对仅把自己当作文章家的君王暗自表示过不满。[21]在所说的"心学"与"口学"问题上，相比心学而言，更强调口学，即文章的重要性，主张两者兼全。

复惟之，西学也，彼此俱为之，而为师者何人，为役者何人？岂心学者高，口学者劳耶？故古之君子慎所学。抑心学者立德，口学得立言，则彼德也或凭言而可称，是言也或倚德而不朽；可称则心能远示乎来者，不朽则口亦无惭乎昔人。[22]

---

19) 《孟子》，〈尽心(上)〉"独孤臣孽子，其操心也危，其虑患也深，故达。"
20) 宋恒龙，〈关于韩国道教思想的研究〉，成均馆大学博士学位论文，1986，150页。
21) 《译注崔致远全集(1)》166页，〈真鉴禅师碑铭〉"申命下臣曰：'师以行显，汝以文进，宜为铭！'致远拜手，曰：'唯！唯！'"。
22) 《译注崔致远全集(1)》60页，〈大朗慧和尚碑铭〉。

言离开德也就没有了意义，从德中产生的言才是真言。像这样就可谓是言道一致。慎言也是因为"道"与"言"应该相一致的原因。[23] 可以说，上述之言与"有德者必有言"[24]、"立言垂后"[25]的儒家精神相通。他的这种文章观应该是在呼吁"文以载道"的古文运动中受到了相当大的影响。他既是有名的文章大家，又是有能力的思想家，其原因也在于此。

对崔致远而言，德行若称为体的话，作为当时知识人教养的诗文则作为用，这是必须的。从《孤云文集》来看，他在多处阐明德行与诗文的切磋研磨应该同时并行。

> 如某者，迹自外方，艺唯下品，虽儒宫慕善，每尝窥颜冉之墙，而笔阵争雄，未得摩曹刘之垒。[26]

颜渊与冉伯牛是"孔门四科"中德行最有名的弟子。崔致远在德行与诗文两者间，将德行作为基本并加以重视。[27] 从当时新罗的时代学问背景或学界的普遍风气来看，把德行置于诗文之上别有一番风味。不得不说，这与他的学问倾向有着直接的关联。

崔致远的诗文与后代操觚家们无法摆脱的雕琢之病的通弊，在性

---

23) 柳承国，《儒家哲学与东方思想》，成均馆大学出版部，2010，122页。

24) 《论语》，〈宪问〉。

25) 《春秋左氏传》，襄公24年。

26) 《桂苑笔耕集》卷17，〈献诗启〉。

27) 崔致远曾说"是由道强名大德成而上"（《译注崔致远全集》第2卷，278页，〈海印寺善安住院壁记〉），还说"不愧艺成而下"（《桂苑笔耕集》卷10，〈奏李楷已下参军县尉等状〉）。他经常引用《礼记》〈乐记〉篇中的"德成而上，艺成而下"也是把道德置于文艺之上的意思。

质上截然不同。他的诗文既表达了内心深处流露出的感情,又没有任其放纵自流。

> 但如青莲居士,唯誇散诞之词,白石山人,只骋荒唐之作,但以风月琴樽为胜概,不以君臣礼乐为宏规。遂使千年晚年所流传,皆嗟大雅小雅之沦弊。[28]

崔致远对李太白和白石山人豪酒和出自放纵、荒诞的文章不以为然。他认为诗文必须以君臣和礼乐为大规模,饱含忧国忧民的忧患意识。他经常谈及的以"大政"、"为民之政"为主要内容的大雅也与此一脉相通。由此可窥探出崔致远的文学观、文学精神立足于儒家价值观之上。

崔致远的学问倾向大致是建立在以仁、孝为中心的周公、孔子之学基础上的汉唐风。这与宋儒的孔孟之学存在一定的不同。然而,细究其实质却非清一色的周孔学风,其中还有不少受到孟子思想影响的痕迹。关于这点,相关的资料虽少,但〈圆测和尚讳日文〉一文中的"义因仁发"这句话带给我们非常重要的启迪。这句话虽是崔致远在谈论东人意识和东方思想时,以比喻的形式强调仁方(东方)重要性时所说的话,但值得注意的是,这里并不是说"全体之仁"[29],而是将仁与义的概念对立起来,以对比的形式进行了说明。[30] "义因

---

28)《桂苑笔耕集》卷19,〈谢高秘书示长歌书〉。

29) 孔子的"仁"是包括仁、义、礼、智、信(五常)的体的概念,与之相反的是,与义、礼、智、信并称的狭义意义上的概念。

30) 当然,崔致远同时提到"仁、义"的例子不在少数。如:〈大朗慧和尚碑铭〉中的"甲仁复胄义"(《译注崔致远全集》第1卷,96页),《桂苑笔耕集》卷2,〈谢示南蛮通和事宜表〉中

仁发",义一定是依靠于仁才得以实践的。

众所周知,孔子谈及仁较多,很少谈及义,而孟子以仁义并言,体用兼备,其特征是强调义。虽然并不能以此而指出两者之间存在差异,但很明显可以有特征地对孔子和孟子进行说明。崔致远将仁义对立,进行对比说明,这是否也是受到了由于韩愈等提倡的"古文运动"而在中唐之后逐渐显露出性理学萌芽的学界氛围的影响呢?

此外,崔致远说过的"某无谋进取,有志退居,以诗篇为养性之资,以书卷为立身之本"[31]也不容忽视。因为这里的"养性"可以联想到孟子的存心养性。[32]他研磨诗文并不是单纯地将其作为有教养的人一定要具备的手段。换句话说,诗文不是用来吟风弄月,而是以此当作上天的明命,也就是说用诗文当作不违背人本身内在的道德性,进而培养道德的基础。这可以延伸到心性学的角度上进行理解。

正如上述所论,崔致远虽以文学而声名远扬,但却并不是单纯的文章大家。他持有"道文一致"、"文以载道"的观点。与词章相比,更重视道德。自山安廓评价称"他的诗用一主义而贯,树立非凡的理想"[33],这个评价虽然有点过分夸赞,却也值得回味。崔致远还致力于以"存心养性"为基础的为己之学,不仅'道的研磨'和心学性性质相

的"抱义戴仁"等。但这些大部分都是作为惯用语,并非是将仁和义进行严格对比进行的说明。

31) 《桂苑笔耕集》卷19,〈与客将书〉。

32) 虽然在问及崔致远所说的"养性"中的性究竟是何种性质时,不一定非要只与"存心养性"相联系进行说明。他在《桂苑笔耕集》中说的"讽詠情性"、"吟咏情性"等,唐代诗人也经常使用。这时的性,与理性的性相比,更应该说是情感上的性。但这里所说的养性对照上文所考察的崔致远的学问倾向来看,应该说更接近于孟子所说的存心养性。

33) 安廓,《朝鲜文学史》,京城:韩一书店,1922,23页。

当浓厚, 有些文章中还流露出日后兴盛的性理学萌芽。

对于孤云野鹤的隐逸态度, 崔致远认为这不是具有矫世责任的儒者所应选择的, 并认为进出仕途也要走正道。由此可见, 他的学问方法或学问态度等都是建立在儒教思想的基础上, 欲充实"修己治人"的本质。所以仅将他作为文章大家的这种认识, 需要进行重新的思考定位。

2. 儒教理解的境地和思想史上的位置

纵观中国的哲学史, 有不少学者肤浅地认为儒教里没有形而上学的理论体系, 或只将其作为世俗性的伦理规范。这种逻辑至少在宋代性理学登场之前, 经常被引用来批判或贬低儒教。特别是在道、佛中, 认为自教是高层次的, 以儒教没有深奥的哲学境界和理论为借口, 对其贬低不已。说这至少是隋唐时期思想界的普遍认识也不为过。然而不得不说这是从表面上来看儒教思想的。

从《论语》来看, 子贡有云"夫子之文章, 可得而闻也, 夫子之性与天道, 不可得而闻也"[34]。仔细推敲这句话, 孔子似乎平时很少谈及"性"或"天道"之类的形而上学层面上的问题。原因何在？对此, 朱子注释如下：

学者多以言语观圣人, 而不察其天理流行之实, 有不待言而著

---

34)《论语》,〈公冶长〉"子贡曰, 夫子之文章, 可得而闻也, 夫子之性与天道, 不可得而闻也"。

者。是以, 徒得其言, 而不得其所以言, 故父子发此以警之。[35]

还有, 中国学者牟宗三(1914~1996)也对孔子及"性与天道"有过如下叙述:

孔子五十而读《易》, 至"韦编三绝", 而且有曾赞《易》, 显然他对《易经》下了一番功夫。《易经》的中心就是性与天道, 因此孔子对性与天道, 确曾下了一番研究的心血。说孔子对于性与天道根本不谈, 或根本无领悟, 那是不对的。[36]

由此似乎很难断定孔子只注重现实问题, 而忽视理想和原理, 或置之不理。认为孔子缺乏高深的哲学及理论的这一认识, 也是不恰当的。从孔子的真理观来看, 其特征是具体地在现实和人间社会中, 以求把握真理。超越现实, 在观念的世界中追求真理, 很明显这不是孔子的基本观点和态度。[37]

孔子与弟子曾参有过下列对话:

子曰: 参乎！吾道一以贯之。曾子曰: 唯。子出, 门人问曰: 何谓也？曾子曰: 夫子之道, 忠恕而已矣。[38]

---

[35] 上同, 朱注"学者多以言语观圣人, 而不察其天理流行之实, 有不待言而著者。是以, 徒得其言, 而不得其所以言, 故父子发此以警之。"

[36] 牟宗三,《中国哲学的特质》, 上海古籍出版社, 2008, 24~25页。

[37] 柳承国,《儒家哲学与东方思想》, 20页。

[38]《论语》〈里仁〉。

孔子与曾子之间的对话看起来有种解读暗号的感觉。用有限的语言来说明无限的真理,因此形成了这种暗号似的感觉。[39] 孔子所言,无人听懂,只有曾参一个人听懂,回答"唯!",这与"沾花示众",释迦牟尼在灵山会上沾花示众,大众皆面面相觑,未能感悟其深意,只有迦叶破颜微笑的故事,有着相同的境界。"一以贯之"除了出现在上文之外,还见于其它地方。[40] 关于"一"的解释,学者们众说纷纭。有的学者说是"仁",有的学者说是"诚"。但是这个"一"源自孔子成就的高尚人格、力量及水平中的,不是通过逻辑就可以得知的境界。若按照曾子的话"一"是"忠恕"的话,孔子不是应该说"吾道忠恕贯之"吗?用一句话来概括,孔子所说的"一"是象征性地表现用言语无法说明的道体。用有限的语言来说明无限的真理内容,不能让他们普遍体验,所以用"一"来表现。[41]

由此可见,孔子不谈及"性"与"天道"是因为无法用言语进行充分的表现。很难看作是孔子对天道和人性等形而上学性的问题没有关心和观点。孔子平时不喜欢用言语来对作出说明,并将其观念化,因此,相对而言,形而上学性的议论较少。

关于这个问题,中国三国时代魏国的玄学家王弼(226~249)曾说"圣人体无,无又不可以训,故不说也,老子是有者也,故恒言无所不足"[42]。这句话值得引起我们的注意。王弼精通儒道思想,是一名

---

39) 柳承国,《韩国思想的渊源与历史展望》,220~221页。

40) 《论语》,〈卫灵公〉"子曰:'赐也,女以予为多学而识之者与'对曰:'然。非与?'曰:'非也,予一以贯之'"。

41) 参照柳承国,《儒家哲学与东方思想》,21~22页。

42) 《三国志》卷28,〈钟会传,注〉"时裴徽为吏部郎,弼未弱冠,往造焉。徽一见而异之,问弼曰:'夫无者诚万物之所资也。然圣人莫肯致言,而老子申之无已者何?'弼

天才学者，著有《老子注》、《周易注》、《论语释义》。他的思想方向基本上与老子相同。特别是与形而上学相关的理论，立足于老子的本义，《周易注》则用老庄哲学的理论，对《易》进行了注解。然而，王弼尊孔子为圣人，认为老子不及圣人，比孔子低一级。前文说的"圣人体无"应该说是用来表现孔子形而上学境界的。

孔子对"性"进行直接议论的表现虽然非常少，[43]但并不是没有间接性的线索。《论语》中有这样一段话，"中人以上，可以语上也，中人以下，不可以语上也"[44]。这里的"上"具体指的是什么呢？对此，有很多种注解，大致上将其看作是"形而上学的境界"比较自然。[45]除"性"之外，包含形而上学要素的篇章还有不少。儒教并没有疏忽超越性的、形而上学的境界，对此应该有一个正确的认识。

现在，我们来考察一下崔致远对儒教的理解到了哪种程度，处于何种境界。有人援用崔致远在〈鸾郎碑序〉中说的"入则孝于家，出则忠于国，鲁司寇之旨也"一句，批评说崔致远把儒教思想的核心概括为"忠孝"，是对儒教进行表面上的理解，流露出浅薄的一面。宋恒龙亦持有此种看法，他在设定了崔致远把儒教思想核心定义为"忠孝"这样一个大前提后，又说"这样的理解乃至定义，并非是当时崔致远

曰：'圣人体无，无又不可以训，故不说也，老子是有者也，故恒言无所不足'"。这与《世说新语》卷2，〈文学〉篇中所收录的意旨相同，但文字有出入。"王辅嗣（弼的字）弱冠诣裴徽，徽问曰：'夫无者诚万物之所资，圣人莫肯致言，而老子申之无已，何邪？'弼曰：'圣人体无，无又不可以训，故言必及有。老子未免于有，恒训其所不足'"。

43) 只有《论语》〈阳货〉篇中"性相近，习相远"唯一一句。
44) 《论语》〈雍也〉"子曰，中人以上，可以语上也，中人以下，不可以语上也。"
45) 柳承国，《儒家哲学与东方思想》，30页。

的错误。因为宋学之前的汉唐儒学可以用'忠孝'来代表"46)。然而, 有必要对此进行重新的思考。

崔致远从风流道中提取了与"忠孝"相关的要素, 并将其与孔子的教诲联系在一起, 这源于要将风流道与花郎道的实践纲领联系在一起去理解的意图。因而, 不能将其看作是把"忠孝"性的要素定义为儒教的核心概念。崔致远认为"忠孝"相当于儒教活用性层面上的东西, 很难将其当作是儒教的本质。

那么, 相当于儒教之体的面貌应该称作什么呢？不得不说是"仁"思想。

崔致远在〈智证大师碑铭〉中说：

麟圣依仁仍据德。47)

这里的"依仁仍据德"引自《论语》〈述而〉篇的"子曰, 志于道, 据于德, 依于仁, 游于艺"。但在这里却不是单纯的修辞引用。首先, 他不仅认为儒教的中心思想是"仁", 而且对"道"→"德"→"仁"→"艺"这样演述的儒教认识体系也有着十分清楚的理解, 因此, 这段文字我们不能简单地一视而过。接下来, 他对"仁"进行理解, 正如孔子说的"天生德於予", 认为"仁"是以上天赋予的德性为基础的这一认识也是非常重要的一段文字。这里我们可知通过"仁"而联系到天道与人性问题上。从而得知, 他不仅很好地把握了儒教的核心, 而且儒教的水平也上升到上达处, 以此证明了儒教并没有只停留在与"忠孝"等伦理

46) 参照宋恒龙, 《崔致远思想研究》, 325页。
47) 《译注崔致远全集(1)》285页, 〈智证大师碑铭〉。

规范的阶段。

正如前文所考察,从崔致远的学问性向来看,他对道义的研磨和心性问题有着莫大的关心。甚至流露出到了宋代才兴起的"道学"萌芽。他在唐时寄给恩师裴瓒的书函中提及到,对道体的活泼流行处默而识之,欲加切磋琢磨。下决心绝不成为雕虫小技或只知浮华的文章家。

昔子贡曰:'夫子之文章,可得而闻,夫子之言性与天道,不可得而闻也'。然则至于四科弟子,窥测尚难,况是万里远人,钻仰何及?固不效尤于篆刻,请益于琢磨。[48]

上述之言,若不看文字表面,而是深入理解其中所蕴含的意义的话,可以看出,崔致远引用子贡之言的本意,其实是强调自己十分关心"天道"和"人性"。

此外,崔致远曾为对自己多有关照的高骈作了"七言纪德诗"30首。30首中"性箴"这首诗虽是赞誉高骈品德的,但却与本主题相关,值得引起我们的注意。

波澄性海见深源
理究希夷[49]辟道门[50]

---

48)《桂苑笔耕集》卷19,〈贺除礼部尚书别纸〉。
49) 原文是"希夷"。《老子》第14章云"视之不见,名曰夷,听之不闻,名曰希"。
50)《桂苑笔耕集》卷17,七言纪德诗,〈性箴〉。

这两句诗可以看作是以子贡所说的"性与天道"为内容，谈论《周易》中所说的穷理尽性[51]之妙。人间本性的深源指的是什么？这就是"天道"。这首诗不像是单纯地仅作为文字修饰。虽是以赞誉对方品德为内容，但将其当作是蕴含着崔致远个人的人格自觉和领悟的诗也没有错。从该诗的内容来看，分明是崔致远从在唐时起便对心性问题有着很大的关心，并对此有着一定程度的研究。上文中所介绍的书函，他特意牵扯到"性"和"天道"的问题，有意识地强调儒教也不亚于道、佛，有着形而上学的境界。实际上，通过考察崔致远思想形成过程来看，9世纪初开始兴起的古文运动带给他不少影响。他对儒教思想的理解程度并不是停留在以训诂和注疏为中心的汉唐儒学的阶段。应该是处于迈向宋代儒学的中间位置。

通过〈真鉴禅师碑铭〉中的下列语句也可以证明崔致远志于上品的儒教。

至若佛语心法，玄之又玄，名不可名，说无可说。……然陟遐自迩，取譬何伤。昔尼父谓门弟子曰：'予欲无言，天何言哉？'则彼净名之默对文殊，善逝之密传迦叶，不劳鼓舌，能叶印心。言天不言，舍此奚适而得。[52]

上述文章对于文殊菩萨问维摩居士"入不二法门"是何意，维摩居士以"默然无言"回应这一事实，通过引用《论语》〈阳货〉篇中的内容，进行了比喻。

....

51)《周易》〈说卦傳〉"穷理尽性，以至于命。"

52)《译注崔致远全集(1)》153~154页，〈真鉴禅师碑铭〉。

> 子曰：'予欲无言'，子贡曰：'子如不言，则小子何述焉？'。
> 子曰：'天何言哉，四时行焉，百物生焉，天何言哉？'[53]

　　崔致远引用孔子所说的默而识之"天道"流行的内容，来比喻处于言语道断境界的禅，这是相当高水平的。这并非是文章家笔尖用来简单修饰的比较。他曾说"至道则无形可扣，精心则有感比通"[54]。若非是他深造自得的直觉境地，不会这么轻易想到这样的比喻。特别是上文的末尾说到："言天不言，舍此奚适而得"，强调可与处于高层次的禅的境地相比，孔子所说的"天何言哉"是最高的境地，从此可以看出他想要在佛碑中突出儒教的"极高明"的上达处。

　　在上述的比喻中，崔致远引用了儒教中鲜有的形而上学，与禅进行了对比的目的是，暗自突出儒教中也存在老、佛中所说的超脱世界，并重视这点的事实，以此来提升儒教水平的同时，以求三教会通。我们有必要对崔致远的深旨进行好好的体会。

　　此外，崔致远不仅用佛教，还用道家的高水平理论来与儒教进行比较说明。比喻中既有简单的，也有深邃的。例如，《老子》中说的"宠辱若惊"[55]与《论语》中说的"行藏自保"[56]相比较[57]是相当于前者的，用道家的中心概念"自然而然"与《论语》中说的"无可无不可"[58]

---

53)《论语》〈阳货〉。

54)《桂苑笔耕集》卷15,〈黄篆斋词〉。

55)《老子》第13章,"何谓宠辱若惊，宠为下，得之若惊，失之若惊，是谓宠辱若惊。"

56)《论语》〈述而〉"子谓颜渊曰，用之则行，舍之则藏，惟我与尔有是夫。"

57)《桂苑笔耕集》卷8,〈龙州裹岘尚书〉"宠辱若惊，周柱史非无意也，行藏自保，鲁司寇有是言乎。"

58)《论语》,〈微子〉"逸民，伯夷、叔齐、虞仲、夷逸、朱张、柳下惠、少连。子曰，不降其相比较，则是属于后者的。从中可以看出使儒、道两家的思想在高层次上进行会通。以后者的情况为参考，举例如下：

能审自然而然，必知无可不可。[59]

《论语》中说的"无可无不可"是彻底甩开世间的所有迷恋与欲望，如流水般去追逐道，自然而然行动的境界。随着所处的现实，真理体现的境地与《中庸》中的"不勉而中"、"不思而得"[60]的境界无异。崔致远用儒教中的"无可无不可"与道家中的"自然而然"相比较，很好地把握了高水平境界。

就这样，崔致远采用这种用佛教或道教中最高层次的概念或思想核心来与儒教相比较的方法。对此我们可以得到这样的评价，崔致远对儒教格外关心，同时对当时道家或佛家贬低儒教是低水平之举有着与众不同的意识，并为纠正这种错误的认识而不断努力。

崔致远对儒教的理解，称得上是线索的部分很少，只有片言断语的片鳞。但仅从这些片言断语便可充分猜出他对儒教的理解处于相当高的水平上。他所追求向往的儒教并不是停留在伦理道德层面上的"实践儒教"，而是较高层次的"上品儒教"。隋唐时代，思想界、学界将佛教与老庄置于高层次，对儒教进行贬低，与这样的普遍性氛

  志，不辱其身，伯夷、叔齐与！谓柳下惠、少连，降志辱身矣，言中伦，行中虑，其斯而已矣。谓虞仲、夷逸，隐居放言，身中清，废中权。我则异于是，无可无不可。"
   *参考：这与《论语》〈里仁〉篇中的"子曰，君子之于天下也，无适也，无莫也，义之与比"相同。

59)《桂苑笔耕集》卷15〈中元斋词〉。
60)《中庸》，第20章"诚者，不勉而中，不思而得，从容中道，圣人也。"

围相比，崔致远对儒教的理解则是，把处于低层次的儒教上升到与老、佛相对等的阶段，试图对儒教的真实面目进行重新认识，这具有非常重要的意义。

朝鲜时期儒学者们批判崔致远是"佞佛之人"，斥驳说他没有在文庙从祀的资格，这都是因为他们没有正确意识到崔致远对儒教理解的真实面目。崔致远是韩国汉文学的开山始祖，并在儒教中也是开启韩国儒教序章的儒宗，占有着非常重要的地位。在这点上，朝鲜后期的历史学家李种徽认为崔致远的学者性地位与学问水平置于薛聪之下，有必要对此进行重新的思考[61]。

3. 儒教理想政治与复古改革

崔致远对儒教思想的理解，在政治思想，即"治国"的相关方面最为突出。崔致远似乎与普通的儒学者一样，对儒教的理想政治寄予很大的期望。那么，他憧憬的"儒教理想政治"又是什么样的呢？曾经孟子每当谈论性善，必谈及尧舜[62]，"尧舜时代的政治"历来都是儒家学者们最期望的理想政治。毫无疑问，崔致远憧憬的理想政治也是指"尧舜时代的政治"。通过下文也可以看出他对尧舜治世的憧憬。

---

61) 《修山集》卷11，〈薛聪崔致远列传〉"其次崔致远后薛聪。然皆从容辞令，涉猎文字，而终不能及薛聪之沉潜儒学。"(文集丛刊247)
62) 《孟子》〈滕文公(上)〉"孟子道性善，言必称尧舜。"

(A) 举儒童之善教, 麟不失时, 克与上古之风, 永致不同之化。[63]

(B) 必可驱尧舜而殿禹汤, 苑五岳而池四海, 盛矣美矣。[64]

(C) 体尧舜之理能咸若, 法禹汤之与必勃焉。[65]

(D) 格蛮夷, 归虞舜之风。[66]

(E) 贤臣以致尧舜为先。[67]

  这种复古倾向并不是单纯地想要恢复上古时代的政治。在当时极度混乱的晚唐及新罗末期的政治现实中, 为了克服这些弊端, 想要恢复尧舜时代健全、质朴、正直的政治风貌。这种主张的根本则是源自为国爱民的儒教思想。就像龟山杨时(1053~1135)所言, 孔孟言古圣、言古道并非想要恢复先前的政治, 而是作为纠正当下错误的根据, 想要恢复政治原型, 展现了将来应该实现的理想及标准。[68]我们有必要对孔子曾经说过的"生乎今之世, 反古之道, 如此者, 灾及其身者也"[69]进行更深层的认识。

  崔致远在《法藏和尚传》的末尾, 用"身世打令"的感觉, 对"梦"进行了伤感地叙述。他在文中将"梦"既是虚妄之物, 又具有"理想性"的双重意义与自己惨淡的处境相结合, 展开了梦的哲学。那么, 他所认为

---

63)《桂苑笔耕集》卷16,〈求化修大云寺疏〉。
  佛教中称孔子为"儒童菩萨", 道家中称孔子为"太极上真公"。

64)《桂苑笔耕集》卷1,〈贺通和南蛮表〉。

65)《桂苑笔耕集》卷1,〈贺廻驾日不许进歌乐表〉。

66)《桂苑笔耕集》卷7,〈郑畋相公第一〉。

67)《桂苑笔耕集》卷19,〈与金府郎中别纸第二〉。

68)《论语集注》〈八佾〉"杨氏言, 圣人言古之道, 所以正今之失。"

69)《中庸》第28章"子曰, 生乎今之世, 反古之道, 如此者, 灾及其身者也。"

的具有理想性意义的梦是什么呢？恐怕这也可以换成他平时深切期盼的"儒教理想社会"来进行说明吧。

他在〈大崇福寺碑序〉中说：

> 臣闻，王者之基祖德，而峻孙谋也，政以仁为本，礼以孝为先。仁以推济众之诚，孝以举尊亲之典，莫不体无偏於夏范，遵不匮於周诗。聿修芟秕稗之讥，克祀洁蘋蘩之薦，俾惠渥均濡於庶彙，德馨高达于穹旻。[70]

上文指出儒教中"治人"的真谛在于"仁政"与"礼教"。即仁政的最终目标是救济大众，为了实现这个目标，治者应遵守公平与中正，无偏倚。礼教作为人间社会秩序的基本，应该以百行之本的孝为先。崔致远重视立足于"孝"思想的政治，经常使用"孝理"之语。[71]他所认为的"孝治"可能是最基本的，是理想性政治的标本。

崔致远坚信实现道的主体是人，而道是通过政治才得以实现的。他意识到作为促进历史主体的人及作为实现方法的政治的重要性。

> 某仰审格言，侧窥性行，人能弘道，贤臣以致尧舜为先，世实须才，俊士以效巢由是耻。……然则致尧舜之大猷，永匡宸辰，效巢由之小节，不介尊襟。[72]

---

70) 《译注崔致远全集(2)》，193~194页。

71) 《译注崔致远全集(1)》，207页，〈大崇福寺碑铭〉"迺有鮐背之叟，鹄眉之僧，抃手相庆，大相贺曰：'贵介弟之是行也，圣帝之恩光著矣，吾君之孝理成焉'"；《桂苑笔耕集》卷15，〈应天节斋词〉"丹陵宝命，孝理而勤修一德。"

72) 《桂苑笔耕集》卷19，〈与金部郎中别纸 第二〉。

从上述语句推断来看，崔致远很明显是作为一名儒者，具有想要施展自己政治理想的强烈抱负与信念。他对新罗末期的政治现实十分失望，但最终还是没能抛开对政治的期待，这不是因为别的，而是因为无论是从前还是现在，创造社会价值，具有制定价值尺度责任与职能的是"政治"这一行为。

崔致远并不是隐士型的学者。这从他在〈大朗慧和尚碑铭〉中对无染国师应君主之邀前往宫中应对君主咨问这一事实，写到"渡水悢巢父"，从这里可以间接看出。也就是说，以无染国师为例，批判冷眼看待现实，只知逃避、隐遁之人。

崔致远遵照他人的意志退出政界，寓居海印寺的途中，通过〈海印寺善安住院壁记〉更加强烈地表现出自己对"人能弘道"、"道不远人"的信念。

> 天所贵者人。人所宗者道，人能弘道，道不远人。故道或尊焉，人自贵矣。能助道者，惟崇德欤。然则道之尊，德之贵，睠惟法首，方洽物情。必也正名，乃称大德；是由道强名大，德成而上。[73]

上文引用儒道两家的概念，对佛教中称高僧及法阶之一的"大德"进行了说明。崔致远在文章中谈论了天、人、道三者的关系性，而为他的这种强烈意志提供坚强后盾的则是"人能弘道"这句话，该语出自《论语》〈卫灵公〉篇。在这里，与其它相比，最重要的是重视"人"的儒教思想已深入其中。人以天为根源，是实践道的主体。人外无道，道外无人。道并非远人，处于高远，而是在人近处。《中庸》

---

73)《译注崔致远全集(2)》278~279页，〈海印寺善安住院壁记〉。

中说"道不远人，人之为道而远人，不可以为道"[74]。然而，道的本质是无为，道不能弘人，人通过实践道而使自己变得尊贵。"道义社会"得以实现时，人就会受到尊重，尊严性进一步得到强调，这是昭然自明的道理。

归根到底，人能弘道，道不远人，崔致远追求的是人尊重天道，实践天道，通过构建道义社会，达到使自己变得尊贵的境地。通过实践道，提升自己，也提升他人。所以，实践道的主体是人。实践道的最终目标是"实现人的尊严性"，这种思想的内在可以说是由强调人间主体性与尊严性的儒教精神奠定了基础。这给丧失自我、忘却人间存在重要性、以物质或能力的价值标准来评价人的现代人，带来了很大的启发。

上述引用文中说"必也正名乃称大德"。佛教中所说的达到"大德"的境地，以儒教的观点来看就是"正名(按照名位纠正分数)"。"正名思想"是从为了实现道义社会，确立并维持秩序的层面上提出的。崔致远在与渤海的争长事件中表现出来的基本观点，也是以正名思想为基础的，这点值得我们注意。

---

74)《中庸》第13章。

4. "时中"的含义及行道问题

从崔致远留下的著述来看,他对"时中"问题似乎十分敏感。"时中之道"是儒学中占有重要地位的思想,指的是既能与所处的境况适中合宜,又能主观变通的道理。但这并不是说重视所处的境况,而陷入相对主义之中,而是立足于一以贯之原理的高境界。是根据情况,能发现当时所存在的真理的位置。《中庸》中称"时中之道"[75],《孟子》中称孔子是"圣之时者"[76]。虽然还有称孔子为"圣之清者"、"圣之任者"、"圣之和者"的,但孟子称孔子为"圣之时者",进一步提高了孔子的地位。因为孔子是能够认清"时"与"位",即认清处在的具体时间和空间中自己应该履行的使命,并合乎时宜行事的圣者。此外,因为"时中"也是实践起来最高难的境界。时中之道也不是别的,而是实践权道,《论语》中说"可与共学,未可与适道,可与适道,未可与立,可与立,未可与权"[77]。

孔子一生致力于行"时中之道"。他与非其君不事的伯夷,或言"何事非君"无论是天下太平还是天下大乱都出仕的伊尹不同,孔子是可仕则仕,可止则止。[78]孔子对当时可称为逸民的伯夷、叔齐、虞仲、夷逸、朱张、柳下惠、少连等先贤的行道类型,分别进行了评价后,

----

75) 《中庸》第2章"君子之中庸也,君子而时中,小人之[反]中庸也,小人而无忌惮也。"

76) 《孟子》,〈万章(上)〉"孟子曰,伯夷圣之清者也,伊尹圣之任者也,柳下惠圣之和者也,孔子圣之时者也。"

77) 《论语》,〈子罕〉。

78) 《孟子》,〈公孙丑(上)〉"曰,伯夷伊尹何如? 曰,不同道,非其君不事,非其民不使,治则进,乱则退,伯夷也。何事非君,何使非民,治亦进,乱亦进,伊尹也。可以仕则仕,可以止则止,可以久则久,可以速则速,孔子也。皆古圣人也,吾未能有行焉,乃所愿则学孔子也。"

说"我则异于是, 无可无不可"[79]。由此可以看出从"时中之道"中流露出来的达观的境界。[80] 孟子言"乃所愿则学孔子也"的缘由源自何处, 亦可揣度一二。

下文将对崔致远著述中出现"时中思想"的片言只字进行介绍。

(A) 时行则且行。[81]

(B) 虽甘沙砾居后, 时止则止。[82]

(C) 时不利兮, 道未亨也。[83]

(D) 海外时来道难抑。[84]

(E) 道不可废, 时然后行。[85]

(F) 时然后言, 志不可夺。[86]

(G) 为可为於可为之时。[87]

---

79)《论语》,〈微子〉"逸民, 伯夷、叔齐、虞仲、夷逸、朱张、柳下惠、少连。子曰, 不降其志, 不辱其身, 伯夷、叔齐与!谓柳下惠、少连, 降志辱身矣, 言中伦, 行中虑, 其斯而已矣。谓虞仲、夷逸, 隐居放言, 身中清, 废中权。我则异于是, 无可无不可。"

80) 崔致远在《桂苑笔耕集》卷17,〈中元斋词〉中认为"能自然而然窥测的话, 一定可以知道无可无不可","无可无不可"的境地与道家的"自然而然"相比较, 不是寻常可见的。

81)《译注崔致远全集(1)》94页,〈大朗慧和尚碑铭〉。

82)《译注崔致远全集(2)》175页,〈与礼部裵尚书瓒状〉。

83)《译注崔致远全集(1)》269页,〈智证大师碑铭〉。

84)《译注崔致远全集(1)》287页,〈智证大师碑铭〉。

85)《译注崔致远全集(1)》265页,〈智证大师碑铭〉。;《桂苑笔耕集》卷20,〈祭巉山神文〉"虽智有不逮, 而时然后行。"

86)《译注崔致远全集(2)》111页,〈谢嗣位表〉。

87)《译注崔致远全集(1)》60页,〈大朗慧和尚碑铭〉;《桂苑笔耕集》卷16,〈求化修诸道观疏〉"古人有言, 为可为於可为之时则可。"

(H) 与其灰减电绝, 曷若为可为於可为之时。[88]

(I) 道之将行也, 时乎不可失。[89]

(J) 踵修莲宇, 威护柏城, 今也其时, 舍之何俟。[90]

(K) 用之则行, 时不可失。[91]

(L) 举儒童之善教, 麟不失时。[92]

总结以上众多片言只字,(A)与(B)是说"时行则且行, 时止则止",从(C)到(F)是说"凡事合乎时宜方可成功",(G)到(L)是说"时不可失"。

上文中提到的(A)与(B)的"时行则行, 时止则止",还有(G)至(L)的"不失其时"主要引自《周易》〈艮卦〉,(C)至(F)的"时然后行"则引自《论语》〈宪问〉篇[93]。由此, 可推断出崔致远十分重视《周易》〈艮卦〉。那么, 艮卦究竟是什么内容使得崔致远如此关心呢？

先来看艮卦的彖辞：

艮止也。时止则止, 时行则行。动静不失其时, 其道光明。

程颐在《易传》中说：

行止动静, 不以时则妄也。不失其时, 则顺理而合义, ……君子所

---

88)《译注崔致远全集(1)》166页,〈真鉴禅师碑铭〉。

89)《译注崔致远全集(1)》76页,〈大朗慧和尚碑铭〉。

90)《译注崔致远全集(1)》208页,〈大崇佛寺碑铭〉。

91)《桂苑笔耕集》卷14,〈张晏充庐州军前催阵使〉。

92)《桂苑笔耕集》卷16,〈求化修大云寺疏〉。

93)《论语》,〈宪问〉"子问公叔文子於公明贾, 曰：'信乎夫子不言不笑不取乎？'公明賈對曰：'以告者過也。夫子時然後言, 人不厭其言, 樂然後笑, 人不厭其笑, 義然後取, 人不厭其取'子曰：'其然, 豈其然乎。'"

贵乎时。

由此可见，艮卦中蕴含的主旨与《中庸》的"时中思想"相同。历代以来的儒学者们，特别是宋儒学者都非常重视艮卦。《易传》的著者程颐平时就对艮卦的内容进行相当高的评价，说"看一部华严经，不如看一艮卦"。[94]

艮卦获得如此高评价的理由是什么呢？不因为别的，只是因为艮卦含蓄蕴藏着《周易》的深义。这"深义"与元代胡炳文(1250~1330)所说的"时之一字，是易百八十四爻之要，亦不可不知"[95]一样，正是"时中思想"。正因如此，程颐认为儒教中的时中思想在华严中只是一个止观，与停留在静止的层面相比，更具有现实性与确切性。

以上考察了孤云思想中关于"时中之道"的片言断语。由于零散见于文献中，所以很难对崔致远的思想脉络进行一贯而深层地剖析，但是可以大致推测出"时中之道"在崔致远思想中占据的地位及比重。还有，崔致远重视艮卦中蕴含的深层意义，将这点看作是正确掌握了儒学的核心思想也不为过。他在《四山碑铭》中对很多高僧进入世俗从事教化一事，从"时中"的角度出发进行了论议。生活中时中之道的实践问题与自身也有一定的关系。时中之道需要主观性的真实性与客观性的明确性。[96]若说使真理与现实积极联系在一起，便是时中之道时，那么，崔致远在隐居之前称"时政的急务"，并向真圣女王上递的时务十余条，便与时中之道有着紧密的联关性，很明显这点

---

94)《二程全书》卷6，〈游定夫所録〉(景文社版，64页)。还有类似之语，《二程全书》卷35，拾遗"周茂叔谓：'一部法华经，只消一个艮卦可了。'"(景文社版，253页)

95)《论语集注大全》"云峯胡氏曰，……时之一字，是易百八十四爻之要，亦不可不知。"(成均馆大东文化研究院，《经书》，77页)

96) 李东俊，《儒教的人道主义与韩国思想》，天学术研究院，1997，16页。

不容忽视。崔致远对时中之道的理解及实践的相关问题，还有必要进行更深层的考察。期待后续研究。

5. 春秋精神与垂训史观

崔致远以儒教思想为根基从事学术活动，他立足于春秋精神，展开了历史意识。他批判性地继承了前一时期金大问的史学，是令儒教主义史学在韩国扎根的先驱者。这对之后金富轼的《三国史记》等一系列的儒教历史书也产生了巨大的影响，并获得了对儒教史观的确立作出巨大贡献的评价。可以说崔致远的史学性地位在金大问与金富轼之间起到了"连接性的"、"桥梁的"作用。[97]

儒者崔致远的确切观点在其所撰写的佛僧、佛寺的碑文及传记等资料中也可以看出来。在佛碑中，崔致远也强调了自己的儒者身份。[98] 他在这些文字中纵横谈论包括佛教在内的三教，在叙述基调或方法方面，完全立足于春秋精神与垂训、鉴戒史观及儒家的传统方法。这是灵活发挥了儒教重视实用性的性向，可以说是考察其学问根基的重要问题。笔者认为以下文字集中体现了崔致远对春秋精神及历史叙述等相关问题的认识，故对此进行了引用。

---

97) 李在云，《孤云崔致远的思想与历史意识研究》，梨花女子大学博士学位论文，1995, 238页。

98) 《译注崔致远全集(1)》290页，〈智证大师碑铭〉"至乙巳岁，有国民媒儒道，嫁帝乡，而名挂轮中，职攀柱下者，曰崔致远。"

相公真君子儒,……左右史之直言,裁成有类[99];莫不勋华表德,游夏缄词。[100]能施补衮之功,备载垂衣之化,必使褒真贬伪,彰发传之体有三[101],激浊扬清,励事君之心无二,古今盛美,迩遐钦依。[102]

这是崔致远替高骈撰写的寄给负责史馆管理的宰相萧遘的书函。虽具有代撰这一局限性,但值得我们重视的一个事实就是:崔致远对春秋精神、史官制度、史官职责、历史编纂的重要性及历史书的效用性等具有着莫大的关心。引用文中的"左右史之直言"等之语,不仅是崔致远也是历代史官的最大愿望。

无论是《帝王年代历》这样形态独立的历史书,还是高僧的传记碑文或是一个小小的记文,崔致远都以将其作为历史记录的态度来进行撰写。始终发扬春秋精神和鉴戒史观。像〈大朗慧和尚碑铭〉,崔致远在文中阐明了碑文的效用及意义,说"宜广记而备言之,殆贻厥可畏,俾原始要终"。这便是继承了杜预在《春秋左氏传》的序文中提到的精神:

身为国史,躬览载籍,必广记而备言之,将令学者,原始要终。

---

99) 指微、显、阐、幽。杜预,〈春秋左氏传序〉"其微显阐幽,裁成义类者,皆据旧例而发义,指行事以正褒贬。"

100)《史记》卷47,〈孔子世家〉"孔子在位,听讼文辞,有可与人共者,弗独有也。至於为春秋,笔则笔,削则削,子夏之徒,不能赞一辞。"

101) 指旧例、变例、非例。杜预,〈春秋左氏传序〉"发传之体有三,而为例之情有五。"

102)《桂苑笔耕集》卷7,〈史馆萧遘相公〉。

崔致远对自己所写的文章，经常称作"直书"或"实录"。[103]这对强调忠于"以实直书"原则的他来说，是理所当然的。

"旧史所无，我书则传，欲伟其事，此讹滥之本源，述远之巨蠹也"子无近之乎？虽多奚为，以少为贵。[104]

这是撰者崔致远自己提到有人指责〈法藏和尚传〉过于繁冗、违背事实以美化主人公。对此，他作出了如下反驳。

立定哀之时，书隐元之事，信以传信，疑以传疑，自古常规，非今妄作。况此皆凭旧说，岂衒新闻？且记藏公之才之美也，寔得面无怍色，口无愧辞。[105]

在这里提到了《春秋谷梁传》中"以信传信，以疑传疑"[106]的原则。崔致远在〈智证大师碑铭〉中也曾强调过"春秋新意"。

况復国重佛书，家藏僧史；法碣相望，禅碑最多。遍览色絲，试

---

103)《译注崔致远全集(2)》300页,〈新罗寿昌郡护国城八角灯楼记〉"愚也寻蒙遥徵拙文，俾述弘愿，遂敢直书其事，用警将来。"；同上，344页,〈法藏和尚传〉"三十二句，百二十八言，虽文表虚宗，而事皆实录。"；同书，357页,〈法藏和尚传〉"以致远尝宦玉京，滥名金榜，聊翻缺语，或类象胥。遂命直书，难从曲让。"；《桂苑笔耕集》卷16,〈西周罗城图记〉"致远虽丘堂睹奥，师冕何知？而秦国敛贤，由余不弃，谨成宝录。"
104)《译注崔致远全集(2)》355页,〈法藏和尚传〉。
105)《译注崔致远全集(2)》355~356页,〈法藏和尚传〉。
106)《春秋谷梁传》恒公5年正月条"正月甲戌己丑，陈侯鲍卒。鲍卒，何为以二日卒之。春秋之义，信以传信，疑以传疑。"

搜残锦，则见无去无来之说，竟把斗量；不生不灭之谭，动论车载；曾无鲁史新意，或用同公旧章。[107]

崔致远认为"无去无来"、"不生不灭"等佛家用语只是沿用了老套的惯用语，毫无《春秋》中的新意，可见崔致远认为在佛碑中也很好地体现撰者的春秋精神。即《春秋》是孔子对鲁国历史进行笔削后而完成的历史书，这并不是单纯意义上的历史书，而是以"微言大义"为基础，对后人起到强烈鉴戒作用的儒教经书。正因如此，杜预曰"史所不书，即以为义者，此盖春秋新意"[108]。但崔致远见到的以往的法碣中，没有用"微言大义"来警戒后世的意图。所以，他的文字(特别是碑文、传记及讚文等)除了文简义丰的特征外，由于是以思想性为铺垫的，而获得了普通人难以理解的评价，其原因便在于此。

文中崔致远提到的"周公旧章"便是指过去的传统。即碑文也可以说是一个历史性叙述，在历史性叙述中应致力于继承过去的传统、阐明未来应恪守的法度两者并行。换言之，史性叙述并不是单纯记录过去之事，而是要成为以古鉴今的镜子，或是为了更好的现在的反省资料，或是指示正确未来的训诫性叙述。[109]但是法碣中只是记录了主人公过去的事迹，缺乏对主人公景行的真伪辨别，没有标榜后世的长远性目光。像这样，崔致远哪怕是作一篇禅僧碑文，也彻底立足于儒家修史传统与方法、以及春秋精神，从中可以看出崔致远具有作为历史学家的素质。

---

107)《译注崔致远全集(1)》291~292页，〈智证大师碑铭〉。

108)《文选》卷45，杜预，〈春秋左氏传序〉。

109) 这种思考源于杜预在《春秋左氏传》序文中说的"仲尼因鲁史，策书成文，考其真伪，而志其典礼，上以遵周公之遗制，下以明将来之法"。

崔致远这种叙述方法与态度，明显体现在《法藏和尚传》与《四山碑铭》中。他撰写法藏和尚贤首的传记，在末尾阐明了自己是以"述而不作"的态度进行撰写的，并从贤首的人生轨迹中，有针对性地选择了人们集中关注的事件。这是与以下引用文提到的叙述基调完全一致的。

(A) 大师时顺间事迹，荦荦者星繁，非所以警后学，亦不书。[110)

(B) 始孕洎灭，奇秘踪说，神出鬼没，笔不可记。今撮其感应耸人耳者六异，操履惊人心者六是，而分表之。[111)

即叙述的标准置于是否值得作为后世训诫的史实，通过取舍选择，遵守"笔则笔"、"削则削"的原则。崔致远还将法藏和尚贤首的生平，分为10个条目，分别进行了叙述，并说到：

麟史称殁有令名者，三立焉，则法师之游学削染示灭三立德也，讲演传译著述三立言也，修身济俗垂训三立功也。[112)

除了出生之外的其他9个条目，平均分配在《春秋左氏传》中的"三不朽"[113)—立德、立功、立言中。像这样，崔致远撰写个人传记或碑

---

110)《译注崔致远全集(1)》63页，〈大朗慧和尚碑铭〉。

111)《译注崔致远全集(1)》270页，〈智证大师碑铭〉。

112)《译注崔致远全集(2)》355页，〈法藏和尚传〉。

113)《春秋左氏传》襄公24年"大上立德，其次立功，其次立言，虽久不废，此之谓不朽" 同疏"立德谓创制垂法，博施济众，圣德立于上代，惠泽被于无穷。……立功谓扼厄除难，功济于时。……立言谓言得其要，理足可传，其身既没，其言尚存。"

文之类的文章,彻底立足于垂训、鉴戒角度上进行叙述的,这可以说是他立足于儒教史学的一个证明。

崔致远认为经与史是不可分割的。传本来就同史传作用一样,是将经传的训诫性宗旨传授给后世。

> 史者使也。执笔左右使之记也。'传者转也,转授经旨',传广碑略,使授于后。[114]

这是引自刘勰《文心雕龙》中的一句话。《文心雕龙》里在这段话之后接着说到"以授于后,宝圣文之羽翮,记籍之冠冕也"[115]。根据《文心雕龙》的分类与解说,将"传"视为史传,阐明某一事实,使其在后世广泛流传,具有训诫性意义,同时还具有在世间永久流传的长存性的性质。"使授于后"便是指这个意思。这虽是引自《文心雕龙》中的话,但将其视为可代表崔致远的历史意识与叙述态度也毫不为过。

此外,崔致远虽立足于儒教思想,特别是春秋精神,进行历史叙述,但他的叙述方法及结构,实际上十分具有灵活性与多样性。通过下列文字也可推断出来。

> 今且讨片文别记中,概见藏之轨躅,可耸人视听者,掇而聚之。古来为传之体不同,或先统其致,后铺所因,或首标姓名,尾缩功烈。故大史公,每为大贤,如夷齐孟轲辈立传,必前冠以所闻,然

---

114)《译注崔致远全集(2)》356页,〈法藏和尚传〉。
115) 刘勰,《文心雕龙》卷4,〈史传第十六〉。

后始着其行事。此无佗, 德行既峻, 谱录宜异故尔。[116]

与独立的、通史性的历史叙述相比, 崔致远主要通过个人传记或碑文之类的文字, 展现出其历史意识的一面。他的历史叙述在对人的生平进行系统地整理, 重新发掘人的意志与行动, 照明其意义上发挥着重要的特性。他认为个人事迹也是历史叙述中的重要组成部分, 以《史记》中的列传为模式撰写历史叙述, 留下了相当多的数量。他的历史叙述虽然受司马迁的《史记》影响较大, 但其中受〈列传〉影响的比重也很大。在〈大朗慧和尚碑文〉中, 虽是高僧的碑文, 也通过添加与《史记》一样在纪传体历史书中可见的论, 进一步提高了其作为历史叙述的性质。

---

116)《译注崔致远全集(2)》317页, 〈法藏和尚传〉。

第2章 孤云的佛教观

1. 关于佛教的观点

从现存的崔致远遗文来看,包含着崔致远佛教观的资料,要蕴含着儒教观或道仙思想的资料更为丰富。并且,崔致远对佛教的观点也比较鲜明。虽然他在不同时期,分别有沉浸于禅或华严的倾向,但并没有表现出特别的宗派意识,或流露出批判、排斥其他宗派的态度。不仅如此,他试图将儒释道三教视为一个整体,所以很难找到他将佛教分为教、禅两派,只执泥于其中一派的倾向。

崔致远受中国魏晋时代以来三教调和论乃至三教一致论的影响,以儒教为根本,寻求佛教及道仙思想之间的调和与融合。可以说他的佛教观大致是继承了中国魏晋时代(特别是东晋时代)的佛教风气。正因如此,笔者认为想要探究崔致远对佛教的理解,就应该结合立足于大同、大乘观点的三教观进行论议。

崔致远以儒者自称,同时又极为精通佛家和道家理论。特别是他对佛教的理解程度,并不是身为儒者对佛教感兴趣而已,而是达到了博学精深的境界。实际上应该说是达到了"儒而佛者"的程度。他继承了通佛教的传统,不仅谙熟可以称为新罗教学佛教两大支流的华严学与唯识学,还对新罗下代风靡一时的禅思想等任何一个佛教宗派理论都十分精通。西浦金万重(1637~1692)评价崔致远为"丈室之维摩(维摩居士：释尊的俗弟子)"[1], 这可以说是认定崔致远为佛教徒的最高评价。

  崔致远还撰述了《四山碑铭》、《法藏和尚传》等佛碑和僧传, 对弘通佛教作出了不少贡献。《四山碑铭》是新罗下代佛教史研究中必不可缺的重要材料。尤其是其中的〈智证大师碑铭〉, 以简洁的文风叙述了新罗佛教史, 特别是禅宗史, 极具名气。崔致远将新罗佛教史分为3个时期来理解, 这与新罗佛教的展开及发展过程密切相关, 值得引起我们的关注。《法藏和尚传》以个人传记的形式, 事实上纵观了中国华严思想史, 该作品与其所作的《浮石尊者传》一同成为了韩国"僧传"的先驱及典范, 并且文中还有涉及崔致远历史认识及历史叙述的内容, 这都是非常重要的资料。

  这些僧传虽然受到了先前金大问《高僧传》等作品的一定影响, 但是由崔致远完成定型, 并且对后来高丽时期赫连挺的《均如传》、觉训的《海东高僧传》等作品的出现也发挥了重要作用。[2]

  崔致远在《法藏和尚传》中对贤首大师的生平, 分为十科进行了叙述。华严的"事事无碍法门", 是指诸法互摄, 不相妨碍, 一多相即, 举一全收。崔致远在叙述时, 通过处于这种"全一"关系的十玄门和"直心十义"对整体进行富有洞察力的把握, 并且明确各部分相互间的区分和连贯性。还有, 在〈智证大师碑铭〉中将大师的生平分为"六是"

---

1) 《西浦漫笔》卷下, 第4则, "新罗之盛, 薛弘儒(聪), 以释门之罗睺, 首阐文风, 崔文昌(致远), 以丈室之维摩, 大鸣中华。"(文林社影印本, 49~50页)【参考】"罗睺"是释尊的儿子。

2) 崔英成,〈崔致远的历史意识研究〉,《韩国思想史学》第11辑, 韩国思想史学会, 1998, 133~134页。

与"六异",用"十二因缘"[3])进行了说明。这是充分领悟了王勃〈益州夫子庙碑文〉、〈如来成道记〉等文章的格式。这种复杂结构的叙述方式在普通禅僧碑文中很少见,具有一定的思想深度。

我们在叙述某一历史事实时,往往对繁杂的历史事实进行罗列叙述,却疏忽了寻找穿插在各事件中的某些因素,又或是分析历史现象中出现的某些因素,却没有如实找出这些因素之间的因果关系,这样的情况是十分多的。相比之下,崔致远不仅对佛教理论有一番深刻的见解,还出色地反映到历史叙述中去,从这里可以看出他博学多才,还具备了历史学家应具备的素质。

另一方面,彻底立于辟异端精神的朝鲜儒者们,对通晓佛教的崔致远持不屑一顾的态度。例如,濯缨金馹孙(1464~1498)痛心惋惜地说"使某生於孤云之时,当执杖屦而从,不使孤云踽踽与学佛者为徒"[4])。退溪李滉(1501~1570)也认为崔致远是"佞佛之人",让他从祀文庙之举多有冒犯,对此批判不已。李滉批判说:

(A) 近看东文选,崔孤云乃全身是佞佛之人,滥厕祀列,彼其神岂敢受享乎。[5])

(B) 我朝从祀之典,多有未喻者。如孤云徒尚文章,而谄佛又甚,每见集中佛疏等作,未尝不深恶而痛绝之也,与享文庙,

---

[3]) 佛教中所说的"因缘"是指同时相互依存的条件关系,没有因方与果方的区别。与经常说的因果性意义不同。但这"十二因缘"理论在叙述个人生平时更具备系统性与思想性。

[4])《濯缨集》卷5,〈续头流录〉。

[5])《陶山全书》,卷43, 24b~25a,〈答金而精别纸〉。

岂非辱先圣之甚乎。[6]

自李滉作出这样的批判后,崔致远似乎完全成了彻彻底底的"佞佛之人",几乎没有为他提出反驳或为他辨明的人。[7]就这样,大约在李滉之后的二百年,湖南僧人莲潭有一(1720~1799)提出了这样的见解:

> 先生既冠儒冠,服儒服,则必以儒教为前茅,由其文子,以宪章孔孟也。自高丽从祀文庙,良以此也。……以明敏之才,超诣之见,一览便知天下无二道,圣人无两心,不滞方隅,不袒左右,故各随其教而弘赞也。[8]

莲潭有一从正面反驳李滉,辨明崔致远的观点。

崔致远作为通晓整个佛教的学者,从佛教人的观点来看,自然被尊奉为佛教之人。因为他留下了很多与佛教有关的鲜明印记。他对佛教思想的理解,虽不能说是提出了很多独特的见解或新颖的解释,但对整个佛教思想的了解十分透彻。并且崔致远不是单纯地积累、罗列知识,而是以此为基础展开学术、宗教活动,从这方面来看,具有重大意义。本章中值得关注的地方便在于此。

事实上,精通佛教全部义理的人并不多见。从这点来看,研究新

---

6) 《退溪言行录(五)》,〈崇正学〉条。

7) 1921年出版的韩国最早的儒教通史《朝鲜儒教渊源》(张志渊撰)中也漏掉了崔致远。这是不是反映了朝鲜时代儒学者们对崔致远的普遍认识与评价呢?张志渊并非失误漏掉了东国十八贤中的一位。

8) 《莲潭大师林下录》卷3,〈四山碑铭序〉(《韩国佛教全书》第10册,260页)。

罗佛教史乃至韩国佛教史的过程中，对崔致远进行一番研究是非常有必要的。研究崔致远的佛教观以及他对佛教的理解，不应该以综合考察其三教观的形式为契机，而应该单独进行研究。尤其是崔致远的生平、宗教观的形成及发展历程等，都有考察的必要。

  截止目前，这样的研究还未能如实展开。因为崔致远对佛教的理解并不亚于佛教僧侣，要想展开广泛而有深度的研究，绝非易事。因此，本章将以《四山碑铭》和《法藏和尚传》作为基本资料，综合截至目前关于新罗佛教史的研究成果，在此基础上，对崔致远的佛教观以及对佛教的理解进行广泛的、全盘性的考察，重点究明华严与禅思想的关系。在论述中，将以华严与禅所具有的时代意义为焦点。在此，有一点需要补充说明。崔致远留下的与佛教相关的著述，从性质上来看，很明显并不是系统、有条理地阐明自己的思想，但若通过众多资料，收集关于思想、宗教的只言片语，考察起来应该没有太大的问题。并且在考察崔致远对佛教的理解时，为了有助于顺畅地展开论旨，多少引用了新罗佛教史的相关内容。

  笔者在以下本论中论及了相当多的内容。因为想要全盘考察崔致远对佛教思想的理解，这个范围是非常广泛的，免不了内容会有散漫之处。但是，对这一主旨进行宏观照明的论文几乎没有，也不得不这样进行。另外，对今后要在其它论文中继续探讨的几个问题，在此只是简单论述，详细地讨论将在今后进行。

2. 对佛教的整体认识

〔1〕

　　崔致远与佛教结缘,似乎是受家庭的影响。他的胞兄贤俊是新罗末期有名的华严僧。由此可推测,崔致远家庭中的学术氛围,可对儒佛两教进行自由探究。据《法藏和尚传》所言,崔致远的胞兄贤俊曾是留学中国的西学派僧侣,[9]精通华严,曾与当时有名的华严僧决言、定玄、希朗等一起驻锡于海印寺,并举办讲佛法。崔致远与贤俊的关系可与韩愈和太颠、柳宗元和异上人之间的关系相媲美。崔致远也称贤俊为"师兄"。[10]"师兄"乃同一师僧的弟子,在法阶上是兄辈,也就是对同门前辈的称呼。崔致远本身虽未出家,却从侧面间接反映出是"佛弟子"。由此推断,他们二人可能在同一师僧门下学习过佛教,但他们寻师访道的具体时期,不得而知。不管怎样,他们兄弟二人不仅有道友的缘分,还有同门的缘分。崔致远精通全部佛教思想的同时,还尤其通晓华严,这应该是得益于胞兄贤俊的帮助。

　　崔致远隐居海印寺后,开始彻底沉迷佛教。从《法藏和尚传》末尾来看,他供奉过贤首大师的遗像,甚至还曾一时厌世,有过"焚躯"的想法。这里的"焚躯"指的是烧身供养(舍身)。[11]凭这些内容猜测过崔

---

9) 这在《东海传道録》中可得以证实。《译注崔致远全集(2)》,356页"师兄大德,玄準为名,仍以大乘远为别号。体叶偈之旅,首华严之座。"

10) 金相铉非常重视"师兄"这个称呼,对《三国史记》中贤俊是崔致远的"母兄"这一说法,指出"说不定是儒学者金富轼故意歪曲的"。(〈新罗华严僧的家谱及其活动〉,《新罗文化》第1辑,东国大学,1984,69页)但"师兄"与"母兄"并不是相互背离的称呼。一个是法阶上的称呼,一个是血缘上的称呼。

11) 《译注崔致远全集(2)》359页,〈法藏和尚传〉"厌生而或欲焚躯志。"对此,〈法藏和尚

致远是否有过僧侣生活,似乎有些草率。综合各方面情况及证据来推断,应该将其看作是居士生活。金万重称崔致远是"丈室之维摩"也是出于这层含义。

崔致远最痴迷佛教的时期应该就是在海印寺隐居的时候。这一时期已经超越了学术层面上对佛教的喜欢和理解,而可以看作是从信仰上领悟、实践佛教的时期。[12] 那么,平时以儒者自居的崔致远为何正式沉迷于佛教了呢?

对此,笔者认为首先与新罗末期的时代面貌有关。当时佛教是拯救众生、令国家长治久安的捷径。在崔致远的〈新罗寿昌郡护国城八角灯楼记〉中,护国义营都将异才提到:

决报君恩,盖隆佛事;所愿不生冥处,遍悟迷群。唯宜显举法灯,亟销兵火。[13]

这虽然是异才所言,但楼记作者崔致远的想法也与之相同。当时全国各地盗贼成群,社会混乱,盗贼出现的根本原因是"冥处(受疏远的人群)"的出现,所以为了不生冥处,遍悟迷群,只能感化他们。最终想要用佛教进行感化、教化,消除兵乱。因此,想要提升至如此高境界的宗教境地,那就迫切需要使用比儒教思想更具有强大"社会救援"功能的佛教思想来进行应对。

结合〈海印寺结界场记〉的节选部分,更能切实体会当时的情形。

传正误〉中说"焚躯,梵元本作焚,盖因上灼艾言,欲效古贤舍身也"。

12) 蔡尚植(外),《孤云的思想与文学》,坡田学堂,1997,135页。
13) 《译注崔致远全集(2)》299页,〈新罗寿昌郡护国城八角灯楼记〉。

金界易标，珠轮难莹。如或有心不敛，其犹无翅欲飞。身同乎玉叶随风，生何可保，戒异乎金波出海，亏必难圆。况今象法将衰，魔军竞起。观日暮而途邈，虑烟深而火熠。道训曰："其安易持"，儒书云：'不戒谓暴'制唯人道，可不勖欤。…… 且洗心曰斋，防患曰戒，儒犹若此，释岂徒然。[14]

在这里，用佛教里的"六天魔君"来比喻当时混乱群起的盗匪。崔致远认为建立金界容易，但阐明佛法难，想要阐明佛法却不抑制内心，那就如同没有翅膀却想要飞翔。任何人抑制自己的欲望都是一件极其困难的事，所以，位于第一位的修养便是无欲。崔致远主张应在"制心"的基础上谨戒。一次破戒，便会陷入无限的放肆安逸之中，很难重新恢复到谨戒时的最初状态。他认为连儒教都十分注重修心养性，那么出家的僧侣是不是更应该展现出高层次的修养呢？

崔致远极力呼吁"制心谨戒"也是源自这样的想法：所有的欲望、不平、不满均由心生，当所有的百姓抑制内心进行谨戒的话，就会减轻整个国家的忧患。结合当时的情形来看，这也是迫切需要的。崔致远作为知识分子，肩负引导百姓的重任，怀着"任重而道远"的心情，以"日暮而途邈"来表达内心的焦虑与不安。若百姓对朝廷一直怀有不平与不满，长期积怨最终会暴发民众起义，崔致远对此忧虑不已。

最终，崔致远想到了道家所说的"其安易持"。结合当时的情形来看，知识分子阶层的首要任务是消除民众内心积压的不满与欲望，然后再制心谨戒，以求重新恢复平静。特别是崔致远将"抑制内心与

---

14)《译注崔致远全集(2)》307~308页,〈迦耶山海印寺结界场记〉。

行动"看作"制唯人道",可见他切实感觉到当时的实际情形。

为了"制心",崔致远呼吁并渴求用更适合心性修养的佛教来教化大众。然而他的苦衷与危机意识即便如此殷切,在大厦即将倾倒之际,也只能是晚时之叹。

〔2〕

关于佛教,崔致远认为"金言未必辨方位,究竟指心令有地"[15],指出佛教的本质在于正心。只有用心耕耘心田,种善因才能得善果。还有"莫把意树误栽植,莫把情田枉稼穑"[16],这里的"意树"是用比喻的手法,意思是人的意念就如同树一样,按照意念能结出善果和恶果。"情田"是把人的五欲七情比喻为田地。这指的是佛教的修行方法,怀有虚静之心,处理好情与意。"得之得类罔象得"[17],崔致远将"无心"看作是修行的最高境界,"无心"的境界是断绝所有的欲望与执着。

崔致远对佛教的整体理解,从以下文字表现中可寻得一二。

详夫教列为三,佛居其一。其如妙旨则暗裨玄化,微言则广谕凡流,开张劝善之门,解摘执迷之网。然则欲使众心归敬,须令像设庄严,有感必通,无求不应。垦情田而种福,游法海而淘殃,不可思议,於是乎在。[18]

....

15)《译注崔致远全集(2)》206页,〈大华严宗佛国寺阿弥陀佛像讃并序〉。
16)《译注崔致远全集(1)》288页,〈智证大师碑铭〉。
17)《译注崔致远全集(1)》286页,〈智证大师碑铭〉。
18)《桂苑笔耕集》卷16,〈求化修大云寺疏〉。

佛祖的教诲，简单而言就是上求菩提，下化众生。在此，崔致远认为佛教中最重要的使命就是"教化众生"，即让众生摆脱迷惑，一心向善。这点从下文也可以看出。

显敷妙义，遍谕群迷，披聩以法雷，开矇以智月。[19]

这与〈鸾郎碑序〉中说的"诸恶莫作，诸善奉行，竺乾太子之化也"[20]一样，将劝善、为善、遏恶、去恶作为佛教的重要目标。《华严经》中也一直强调众生与菩萨的关系，认为若无众生，菩萨最终也无法获得顿悟。崔致远也在自己文集的很多地方流露出确信众生可被教化的可能性。

"众生教化"的目标最终在于普度众生。痛苦与不幸是人生问题之首。普度众生是让所有的生灵脱离苦海，引导他们走向极乐，这也是佛教的理想。这里的"众生"是指佛祖的救渡对象-人，以及人以外的所有生物。不仅使活着的一切生命摆脱精神上、肉体上的痛苦，还超度死者的灵魂走向常乐。值得注意的是，这是以自后汉开始至东晋约600余年间激烈展开的"灵魂不灭论"为背景铺垫的。[21]关于崔致远对普度众生的看法，从下列引文也可知晓一二。

---

19)《译注崔致远全集(2)》265页，〈海东华严初祖忌辰愿文〉。

20)《译注崔致远全集(2)》315页。
　　*参考：见于《涅槃经》〈梵行品〉与《增一阿含经》〈序品〉中的"诸恶莫作，诸善奉行，自净其意，是诸佛教"。

21) 参照久保田量远，《支那儒佛道交涉史》；崔俊植译，《中国儒佛道三教的碰撞》，民族社，1990，61~68页。

(A) 凡於戴发含齿, 鳞潜羽翔, 皆荷慈悲, 尽能解脱。[22]

(B) 幽则可销冤释憾, 显则可拯苦拔危。[23]

(C) 使十方庸品, 万劫昏流, 俱乘般若之舟, 齐到菩提之岸。[24]

在这里可以感受到崔致远的佛教观是完全站在大乘的观点上。这点与他的儒教及道家思想具有相同的倾向。此外, 他还说:

究之则莫睹妙门, 导之则实资冥域。[25]

这让人联想到新罗佛教在世间广泛传播普及化的过程中, 起着重要作用的就是念佛信仰。

此外, 崔致远认为三教间不是异质的关系, 他在追求三教会通可能性的同时, 还隐隐透露出与儒教相比, 道家思想与佛教理论相对而言更具有哲学深度。他尤其主张与儒教相比, 佛教的宗教性更为强烈。崔致远在〈大崇福寺碑铭〉中说:

劳心而扇喝泣辜, 岂若拯群品於大迷执域, 竭力而配天享帝, 岂若奉尊灵於常乐之乡。是知敦睦九亲, 实在绍隆三宝。[26]

---

22) 《桂苑笔耕集》卷16,〈求化修大云寺疏〉。
23) 《译注崔致远全集(2)》240页,〈王妃金氏为亡弟追福施榖愿文〉。
24) 《译注崔致远全集(2)》243页,〈王妃金氏为亡弟追福施榖愿文〉。
25) 《译注崔致远全集(2)》211页,〈华严佛国寺绣释迦如来像幡讚〉。
26) 《译注崔致远全集(1)》194页,〈大崇福寺碑铭〉。

儒教中将禹尊崇为中国古代理想型的圣天子，但他"扇暍泣辜"的仁政也不如将众生从大迷之域拯救出来。像孔子时时刻刻不敢忘记周公那样，以"配天享帝"的真诚极其尊崇祖先，也不如奉尊灵于常乐之乡。

即便这都是出自为高僧大德及著名寺庙所撰述的碑文，但从中也可以看出崔致远已经确切认识到儒教的宗教性淡薄，普度众生的力量薄弱。因此，他虽以儒者自居，但对儒教也不是完全满意的。隐遁后，想要依赖神秘而无法预测的力量来安慰自己，以佛教为中心积极展开宗教活动，点燃了护国意志。从此，他对宗教的关心程度可揣摩一二。

崔致远在〈智证大师碑铭〉中说：

麟圣依仁仍据德
鹿仙知白能守黑
二教徒称天下式
螺髻真人难确力[27]

新罗初期，儒教与道仙思想引领思想界与宗教界，随后兴起的佛教并不在意宗教势力之间的斗争，只是默默致力于普度众生。这并不是说佛教从根本上比儒教和道仙思想处在更高层面上，而是因为这是禅僧的塔碑铭，崔致远是出自礼遇智证大师的立场才这么说。

推测由石颠上人朴汉永（1870~1948）注解的《桂苑遗香》[28]一书

---

27)《译注崔致远全集(1)》285~286页,〈智证大师碑铭〉。
28)《四山碑铭》注解本中的善本。涧松美术馆崔完秀所藏。1972年首尔大学国史学科进

中，对上文"二教徒称天下式，螺髻真人难确力"一句的解释为：孔子的"依仁据德"只不过得到了佛祖的"能仁"之用，老子的"知白守黑"也只不过得到了佛祖的"寂寞"之体，结果两位圣人的教诲与体用兼备的佛祖不同，各自只得到了一半，透露出与佛祖难以较量之意。[29]也就是说，在崔致远的三教观中，他认为似乎佛教比儒教或道仙思想更具优势。但若将"螺髻真人"看作主语的话，上述的解释便行不通了，"与佛祖难确力"的解释就显得过于恣意，只从对自己有利的一面进行解释。这与之前考察的崔致远的三教观明显背道而驰。

3. 对华严思想的理解

崔致远通晓华严思想，对新罗下代开始生根的禅思想也有着透彻的理解。但是，从他与胞兄贤俊及定玄大师等人之间的关系，或是从《孤云文集》中收录的与佛教相关的著述来看，崔致远在隐居之前就有仰慕禅思想的一面，[30]但隐居之后又热衷于华严思想，陶醉其中。

将崔致远的佛教相关著述按照年代顺序进行研究的话，可以发现，作为儒者的崔致远对佛教教宗、禅宗的关心及理解情况，与儒教

行了影印。

29) 《桂苑遗香》，41页"麟圣依据，只得能仁之用。知白云云，鹿仙虽知明白底道理，但能守黑，则亦得佛号寂然之体。二圣见解，偏得一佛名号之体用，故云难确力。"

30) 包括大崇佛寺碑铭在内的结社发愿文等与华严相关的文字都是他在归国之后继续撰述的，从这点来推断，崔致远对华严的关心与理解是坚持不懈，没有中断的。

存在一定的关联，并且呈现出时间上的差异性。[31]那么，崔致远的佛教历程发生转变的原因和背景又是怎样的呢？

崔致远归国后决定对充满矛盾的现实政治进行改革的远大抱负，与具有强烈体制批判、改革性质的禅思想之间有着很深的关联性。这也与实现儒教理想政治理念的救时精神相一致。然而，真圣女王8年(894)，崔致远建议的时务策在实行过程中受到挫折，他失意后便选择隐居，目光也从现实政治转移到宗教活动上，并专心致志于宗教活动。为了重振走向没落的千年社稷，他用儒教的护国、尊王思想进行武装，并将所有精力放在"华严思想"[32]上，因为华严思想符合当时的需求，具有保守维持体制的性质，并且可以为融合及统一提供思想性、理念性后盾。崔致远政治改革的实质是以一心想要固守新罗专制王权为铺垫的。

在孤云的思想中，华严与"禅"这两大佛教的思想分支是同时存在的。因为改革与保守这两大理念，在隐居前和隐居后，各自有着不同的表现。这点，在他的儒教观里也有着相同的体现。可能是因为处于改革与保守之间的剧变期才导致这种现象的出现。

已有定论称在佛教的众多经传中，《华严经》与《法华经》是经传之首，是佛教的标准。特别是《华严经》的世界比《法华经》范围更广泛，更具有深度，素来被称为是众经的集大成之作。并且十分具有哲学性与系统性，被赞誉为"佛教教学之花"。由此推断，治学性极强的崔致远对教学之花—华严思想也是非常关心的。

31) 参照金福顺，〈崔致远的佛教相关著述探讨〉，《韩国史研究》第43辑，1983，168~169页。

32) 参照金文经，〈通过仪式的佛教大众化运动〉，《史学誌》第4辑，檀国大学，102~106页。参照安启贤，〈新罗佛教〉《韩国史》第3卷，国史编纂委员会，1976，216页。

崔致远留下了不少与华严相关的著述。[33]《四山碑铭》之一的〈大崇福寺碑文〉(886年撰述)叙述了华严宗系的巨刹大崇佛寺的创建由来,但却没有从思想层面上谈及华严宗。这也是可以推断崔致远究竟是何时正式潜心沉迷于华严时期的一条线索。

据笔者推测,崔致远所拥有的渊博的华严知识及理解,大多是来自晚年隐居于海印寺时与华严僧的交流及听讲。[34]换言之,他最初通过新罗教宗中最兴盛的华严思想入门佛教,中途接触了禅宗等众多宗派的思想,晚年又隐居于海印寺陶醉于华严思想。

在对崔致远的华严观进行考察之前,首先有必要简单地考察一下华严思想的要义。《华严经》是以美学形式展现宇宙间秩序的经书。华严的法界(世界观)分为理法界(本体)与事法界(现象)。理是指无差别的绝对平等的本体,事是相对有差别的现象。华严以"理事无碍"和"事事无碍"的法界缘起作为教义。"理事无碍"是指宇宙的实相没有离开本体的现象,离开现象不能谈本体,所以圆融相即,现象就是本体的意思。"事事无碍"是指现象圆融,不仅现象与本体融为一体,无法区别,一条线平行的现象界每个事物无碍地相互依存,重重无尽地融通。华严宗中强调个别的现象相即相入,都具有各自绝对的意义。用一句话来概括,华严的教义是指开显无边无际的宇宙重重无

---

33) 关于著述的介绍及分析,参照金福顺《新罗下代华严宗研究 - 与崔致远的著述相关》,高丽大学博士学位论文, 1988。极具代表性的是〈义湘传〉与〈法藏和尚传〉。除此之外,还有〈终南山俨和尚报恩社会愿文〉与〈海东华严初祖忌晨愿文〉,这都是探究新罗华严宗的历史发展过程的重要资料。

34) 关于海印寺中存在华严经等相关讲演的内容,从《伽倻山海印寺古迹》中的以下记录中也可推断出来。"希朗大德君,夏日于伽倻山海寺,讲华严经。仆以捍庲所拘,莫能就听。一吟一咏,五侧五平,十绝成章。防庲大监,天岭郡太守,遏粲崔致远。"(《译注崔致远全集》第2卷, 81~82页)

尽缘起的法门。

换言之，在华严的世界观(宇宙观)中"一即多，多即一"(〈菩萨十住品〉)，是指"一"与"多(一切)"相即相入，圆融自在。这里的"一"中包容了宇宙的所有活动，可以融通无碍。即一事包含于其它万事、万象之中，万有个个的实体本来并不是相互脱离的，而是一一绝对的，同时与万有相融的。就是理事不二无别，事事无碍的道理。还有，若事事无碍，物物相通的话，万物即一物，万行融通于一行中。透过个体看整体，就如同透过一滴海水便可知道整个大海的咸味。

这种"一即多，多即一"的华严世界观，用一句话来概括就是在肯定一切事物存在的同时，将使每个事物运动的普遍而统一的原理看作是真如。由此可知，现实世界的所有事物现象都只不过是精神性实体"理"的体现。换言之，《华严经》中所讲的世界观从政治上可以充分理解为是"统一国家"的象征。[35]关于这点，宋代儒学者们在摸索可以维持官僚制中央集权制理念时，以华严教学为根据，发挥了巨大作用这一事实，也可以提供强有力的后盾。[36]因此，笔者认为华严教学在中国或韩国成为了根据一理可统摄万事的精神、思想根基，在政治上、社会上以专制王权为中心，在构建强有力的中央集权性支

---

35) 当然也会有人认为华严的世界观是纯粹的宗教性境界，而非政治理论。此外，还可能会有这样的反驳，"若以华严教理说明政治现象的话，无论怎么穿凿，也无法从无力的附会中脱离出来"。(高翊晋，〈韩国佛教思想的展开〉，《韩国的思想》，热音出版社，1988，15页)。但是，只停留在纯粹的宗教乃至学问性境界的宗教或哲学思想究竟能有几个，这也是值得怀疑的事实。特别是对于像华严这样在政治性层面上具有巨大影响的宗教思想，若只在纯粹的宗教性立场上进行议论的话，反而会疏漏掉宗教思想在很多方面的影响及作用。虽然勉强的附会也是一个问题，但站在原理性角度上，只谈论本质，而对于应用，干脆避谈或置之不理，这在思想史、哲学史上也是毫无意义的。

36) 户川芳朗(外)，《儒教史》，赵诚乙、李东哲译，理论与实践，1990，216页。

配体系中起到了巨大作用。[37]

另外, 作为一乘圆教、大经的华严, 它所具有的圆融思想向新罗展示了三国统一的理想蓝图, 使新罗准备统一的方法和手段。也就是说即使在三国鼎立的时期, 也认为三国的所有人无论是谁都一样是具有佛性的存在, 相互不是异质的, 而是具有同质感。这虽然从根本上说是受大乘经传中的"如来藏"思想, 特别是受提倡"一切众生, 悉有佛性"[38]这种说法的《涅槃经》的思想影响巨大,[39]但实际上受华严思想的影响也是十分深远的。因为通过华严思想可以扬弃国与国之间、人与人之间的对立与抗争, 可以让"四海同胞"产生博爱精神及"平和"的理想。还有, 理事无碍、事事无碍, 即因为确信"理想与现实、现实与现实中没有任何障碍", 所以以统一为梦想, 最终可以达成统一的伟业。由此可知, 华严思想作为统一的原理发挥了很大作用。即在三国统一的前后时期, 由元晓、义湘这样的稀世高僧大力高扬华严思想, 新罗人也实现一个民族、一个国家, 组成整体的个体克制了个人的主张与欲望, 所以才奠定了实现统一的基础。

曾经元晓与义湘开展过以十二缘起说为基础的六相哲学。六相哲

---

37) 参照镰田茂雄,《华严思想》, 京都：法藏院, 1960, 440~449页。安启贤,〈新罗佛教〉,《韩国史》第3卷, 国史编纂委员会, 216页。

38)《大般涅槃经》卷27,〈师子吼菩萨品〉"一切众生, 悉有佛性, 如来常住, 无有变易。"(大正新修大藏经第12卷, 522页下方)

39) 尽管在新罗的三国统一过程中, 作为理念基础的不仅只是华严思想。我们可以理解为《法华经》中所说的"会三归一"思想为新罗、百济、高句丽三国统合为佛国土—新罗这一历史现实, 提供了必然性与正当性。元晓〈涅槃经宗要〉中的"妙法妙绝, 何三何一"或是"借一以破三, 三除而一捨"等从现实层面上与新罗的三国统一相结合(参照安启贤,〈韩国佛教史上〉,《韩国文化史大系-宗教、哲学史》, 高丽大民族文化研究所, 1970, 215页)。笔者认为崔致远在〈智证大师碑铭〉中说的"昔之蕞尔三国, 今也壮哉一家", 谈及三国统一的内容亦是源于"会三归一"的思考。

学是《华严经》哲学中的根本。是由中国华严宗的第二祖至相大师智俨创立的。是指一切诸法中存在一个一个的六种(总相、别相、同相、异相、成相、坏相)样相。总相是总体,即整体之相;同相是整体呈现一个同质性的;成相是指整体作为一体完成的相;别相是指整体的部分中的一个一个个体;异相是指一个一个的个体所具有的特异性;坏相是指个个的特异部分为了完成整体,各自不呈现自己。[40] 全体是由个体组成的,但整体具有同一个理念的同相(同质性)。为了形成这样的关系,不能不认定个体相互间的异相(特殊性)。此外,与之相反,所谓个体的特殊性要与整体的同质性相一致。总体作为总和,为了使其成相,必然有要自己的坏相。[41] 一般而言,若说强调"禁欲"、"节制"的佛教思想为维持专制王权作出了不少贡献的话,那么可简单概括为六相哲学的华严思想对新罗人而言,更为三国统一及王权强化提供了切实的理论基础。

所以可以探究崔致远华严观的资料,数量非常可观。但是因为这类资料大部分是愿文、结社文或僧传等,对考察崔致远的见解和观点,具有不少的局限性。现在暂且不论这些资料的局限性,简单地考察崔致远的华严观。

众所周知,华严的重要教义是"十玄门缘起无碍法门(简称十玄门)"。这是由中国华严宗的初祖杜顺(557~640)进行定义的。《华严宗》中的一切法并不是一一孤立存在的,选择其中任意一个个体,也都具有"全一"的关系。将此分为十种法门就是"十玄门"。"十"是满数,最圆满的意思,"玄"是深玄的意思,"门"是指事事无碍的法门。华

---

40) 李箕永(外),《韩国人的伦理思想》,栗谷思想研究院,1992,204页。

41) 参照郑柄朝,〈义湘华严教学的诸问题〉,《东洋文化》第17辑,岭南大学,1976。

严中说的"十"不是单纯的数字"十"的意义。象征着无穷无尽,并且也表示无论其中的哪一个法都具有无限性。

崔致远在《法藏和尚传》序中说到:

> 仰彼圆宗,列其盈数,仍就藏所著华严三昧观直心中十义,而配譬焉。[42]

还将法藏和尚的事迹分为十个科目:

第一,族姓的广大之心
第二,游学的异常深心
第三,削发染衣的方便心
第四,讲演的坚固之心
第五,译经的无间断之心
第六,随遇而安的折伏之心
第七,修身的善巧之心
第八,普度俗世无差别之心
第九,传授教诲无碍之心
第十,示灭(灭度)的圆明之心

---

42)《译注崔致远全集(2)》318页,〈法藏和尚传〉。
　*参考:《华严三昧观》(又名华严三昧章)指的是"华严发菩提心章"。由发心、简教、显过、表德四部构成。其中包括直心的发心中,有三种心,即①直心②深心③大悲心。

并且接着说"深悲两心, 互准可见".[43]

法藏和尚的著述《华严三昧观》中提到了发心, 发心中的"直心"具有十种意义, 即广大心、甚深心、方便心、坚固心、无间心、折伏心、善巧心、不二心、无碍心、圆明心等十心, 崔致远说正是按照这十心编撰了传记。

像这样将一个高僧的生平分为十科, 这是源自《华严经》中无论是何种内容都分为十类来进行解释和说明。当然很明显会受到"作假"这样的指责, 同时也有可能受到这样的指责, 即在列举的十种意思中, 不能看出哪个是根本的, 哪个是引申的, 找不到思考其逻辑联系性的痕迹。[44]但是在这里最重要的一点是"直心"是具体划分的十种心的总括。十心中任意一个都不是孤立的, 而是与"直心"相通。即, 十个心与"直心"有全一的关系。这源于华严的教义。

《法藏和尚传》对日后高丽文宗时赫连挺的《均如传》(1075)产生了直接影响。《均如传》也效仿《法藏和尚传》, 分"十门"对均如的生平进行了叙述。[45]那么,《均如传》是为了与崔致远的《浮石尊者传》(义湘

---

[43]《译注崔致远全集(2)》318页。虽然是用代表着正念真如法的"直心"来设定十科的, 又将其与以自利行的根本—深心及以利他行为根本的悲心对照来看, 法藏和尚想要实践的自利与利他行比重是相等的。金福顺认为十科中第1、2、3、5、7科是深心, 第4、6、8、9、10科是悲心, 两者可进行对比。参照〈崔致远的"法藏和尚传"研究〉,《韩国史研究》第57辑, 1987, 13页。

[44] 日本著名的佛教学者中村指说说"在具有哲学性和系统性的华严宗的教学中, 分为十个项目进行略述的情况很多, 这并非来源于逻辑性或系统性, 这源于重视'十'这个数字表示的形式性与整合性"。金知见译,《中国人的思维方法》(改译版), 喜鹊图书出版, 1990, 120页。

[45]《大华严首座圆通两重大师均如传并序》"今将述首座行状, 分为十门。初降诞灵验分, 二出家请益分, 三姊妹齐贤分, 四立义定宗分, 五解释诸章分, 六感通神异分, 七歌行化世分, 八译歌现德分, 九感应降魔分, 十变易生死分"《韩国佛教全书》第4册, 511页)

传)相媲美而撰述的,⁴⁶⁾所以《义湘传》的叙述体系也肯定按照华严思想分为"十科"。

但是在此需要留意崔致远强调"直心"这点。因为这是与儒教思想相关的。他强调"直心"并说：

> 书云："措诸枉"，"思无邪"，经曰："为净土是道场"，乃直心之谓也。⁴⁷⁾

《论语》中孔子说"人之生也直, 罔之生也, 幸而免"⁴⁸⁾,《维摩经》〈菩萨品〉中说"直心净土"。用一句来概括, 我的心便是"净土", 是阿弥陀佛之心。因为"直心净土"是没有虚假的。这是大乘佛教式的解释。在此可以看出儒佛思想的会通。人原本是带着直心出生的, 守护"直心", 才能创造佛教中所说的"净土"。守护直心，自己心中没有任何障碍的境界就可以说是净土。从以唯心缘起思想为宗旨的佛教本质推测来看，净土并不是与我们分开，或是处在远方的。净土就位于我们的心中。

从上文中可见，崔致远通过"直心"试图将儒教与佛教会通，是受到了格义佛教时代三教同源论的巨大影响。像憨山德清所说的"三教圣人，所同者心，所异者迹也"一样，因为是在"心"中寻找三教同源

---

46)《大华严首座圆通两重大师均如传并序》"……故瑞书院学士, 夷喆浿清河公致远, 作湘师傅, 独首座之行状阙焉, 一乘行者惜之, 予亦惜之."(《韩国佛教全书》第4册, 511页)

47)《译注崔致远全集(2)》318页,〈法藏和尚传〉。
  *参考：参照《论语》〈为政〉篇与《诗经》〈鲁颂〉〈駉〉篇。

48)《论语》〈为政〉。

的根据。[49]尽管崔致远的佛教观是纯粹从佛教的立场进行理解的,但大致而言,"因儒入佛"的倾向很大。这源于他从儒者的观点上有意寻找与佛教的相通之处。崔致远的佛教观不仅应从与儒教有关的方面进行理解,还应该从与道教的联关性上进行把握理解。

4. 对禅思想的理解

"禅"并不是通过外界见闻获取的知识或理论,而是经过切身体验,进行内心自证的自力信仰。通过彻底充分的自我凝视(内观),唤醒自己潜在的无限创造力。"禅"并非知识,而是一种自我体验。不是客观性的认识,而是追求真实的自我,发现新的自我。所以禅具有"单刀直入"的性质,直接领悟内心的本质、达到与佛祖相同境界的特征。

新罗时期禅思想传入朝鲜半岛,约9世纪时得以兴盛。当时,就像"义龙云跃,律虎风腾"(〈智证大师碑铭〉)所描写的一样,重视经义与戒律的教学佛教十分盛行。当时的教宗具有"学问佛教"(理论佛教)、"体制佛教"的性质,三国统一后在很大程度上变成了咒术性的、或依赖于其它力量的信仰,而以"实践与修行"为旗帜的禅宗便针对当时的教宗,特别是陷入经传绝对性权威的教学佛教的局限与矛盾,展开了对抗,具有与权威相抗衡的批判性性质。禅宗在改善佛教性质方面起到了引领作用,并对之前以庆州为中心的贵族佛教向地方进行扩散,作出了巨大贡献。

---

49) 参照杨惠南,《佛教思想发展史论》,台湾:东大图书公司,1992, 277~282。

崔致远含蓄地描述了新罗时期禅宗传入时的情形：

洎长庆初，有僧道义，西泛睹西堂之奥，智光侔智藏而还，智始语玄契者。缚猿心护奔北之短，矜鶂翼诮图南之高。既醉於诵言，竞嗤为魔语，是用韬光庑下，敛迹壶中。[50]

据此可推测出，禅宗在传入初期，遭到教宗势力的排斥，并被称为"魔鬼之语"，之后势力无法维持下去，便躲避于山间。文中的"猿心"、"鶂翼"、"诵言"等皆指教宗，"玄契"、"图南之高"等等指的是禅宗。在此，似乎流露出禅宗在教、禅之中，处于优势的这种认识。此外，将这点看作是崔致远初期的佛教观也无妨。

但值得注意的是：华严与"禅"即便在性质上呈现出多种差异，但在"禅"的受容及理解过程中，是以华严深奥的法界缘起思想，也就是莲花藏世界海为基础的，这点是不可忽略的。虽然对华严的法界缘起思想，华严僧们实际上偏重于哲学性思辨的倾向，但"禅"克服华严的这些缺点与弊端，通过实践性活动进行展开。[51]这种倾向在当时新罗下代很多禅师的求道历程中都有所体现。[52]对崔致远而言，华严

---

50)《译注崔致远全集(1)》264页，〈智证大师碑铭〉。
   《朝鲜金石总览》上卷，62页，〈迦智山宝林寺普照禅师塔碑铭〉"初道仪大师者，受心印於西堂。后归我国，说其禅理。时人雅尚经教，与习观存神之法，未臻其为任运之宗，以为虚诞，不之崇重。有若达摩不遇梁武也。由是知时未集，隐於山林。"

51)《讲座东洋思想》第6卷，〈佛教思想(二)-中国的展开〉，东京：东京大学出版会，1982，215页。

52) 随着考古的发掘证实了九山禅门形成时，根本道场中供奉毗卢遮那佛为主尊的信仰体系的存在。圣住寺(圣住山门)、实相寺(实相山门)、宝林寺(迦智山门)、崛山寺址(闍崛山门)中的遗物亦是如此，其他山门中供奉光明遍满自在圆满佛为主尊的事实也得以确认。光明遍满自在圆满佛作为体现华严理想的法身，代表"光明遍照"之意。

思想与禅思想，两者之间不存在较大的对立与矛盾进而被受容、理解，很大一部分原因也来源于此。不仅如此，此后有不少高僧都试图努力促使华严与"禅"相一致，其缘由大概也是缘于此。

　　禅宗重视自由与自律。"自由"、"自在"之类的用语在禅宗中经常使用。但是"自由"、"自在"之类的禅家文字在华严中可以追溯到源头。"无碍"便是其中之一。"自在"与"无碍"只是文字不同，意思是相同的。此外，"禅"中的苦行和普度众生，本就源自于华严教义动态层面中最重要之一的"利他行"。[53] 由此可见，我们不得不说华严给"禅"带来的影响，实际上是巨大的。

　　崔致远称"禅"为"妙道"，并作了如下叙述：

至若佛语心法，玄之又玄，名不可名，说无可说，虽云得月，指或坐忘，终类系风，影难行捕。然陟遐自迩，取譬何伤。昔尼父谓门弟子曰：「予欲无言，天何言哉」？则彼净名之默对文殊，善逝之密传迦叶，不劳鼓舌，能叶印心。言天不言，舍此奚适而得。[54]

　　据《维摩经》记载，文殊菩萨曾云"一切法，无言无说，无示无识，

普照大光明，以求万物调和。据此推测来看，新罗初期禅所向往的境界应该可以解释为华严的理想世界。从各山门的开山祖入法求道的行迹来看，即使不以〈大朗慧和尚碑铭〉中所说的"杂花引鹏路"等为例，通过华严而入禅的情况也比较多。这可以说是新罗时期禅的一大特色。即便是现在，学习《华严经》也是求禅的必修科目。金镐然，〈禅门九山形成考〉《第4届国际佛教学术会论文集》，大韩传统佛教研究院，1981，143页。

53) 参照义湘，《华严一乘法界图》，〈释文意〉。
54) 《译注崔致远全集(1)》153~154页，〈真鉴禅师碑铭〉。

离诸问答"[55]，这是谈论言语道断境界的一段话。然而，法超越语言和文字，这句话本身就已经通过语言和文字进行了说明，因此文殊菩萨询问"入不二法门"时，维摩居士以沉默来应答。"默然无言"自身便是答案。还有，在〈大朗慧和尚碑铭〉和〈智证大师碑铭〉中说：

(A) 上曰："弟子不佞，小好属文。尝览刘勰文心，有语云，滞有守无，徒锐偏解，欲诣真源，其般若之绝境。则境之绝者，或可闻乎"大师对曰："境既绝矣，理无矣。斯印也，默行尔"[56]

(B) 至憩足于禅院寺，锡安信宿，引问心于月池宫。时属纤萝不风，温树方夜。適覬金波之影，端临玉沼之心。大师俯而觊，仰而告曰："是即是，余无言"上洗然忻契曰："金仙花目，所传风流，固愶于此"遂拜为忘言师。[57]

文中也用"默行"与"忘言"象征性地体现了"以心传心"的禅旨。上文中的"境之绝者"即真如的境界脱离了言说，有言说其自身便是境界。崔致远这样的禅观与之前所叙述的语言、文字观存在一定的关联。

如同上述考察，"禅"以"以心传心"、"不立文字"、"教外别传"为主旨。佛教的真谛在于来自语言与想法断绝之处，换言之，其要点是"无为"与"不言"。"禅"与老庄思想在本质性很难进行区别，两者存在密切的关系。这是为何呢？

---

55)《维摩经》〈不二法门品〉"如我意者，於一切法，无言无说，无示无识，离诸问答，是为入不二法门。"

56)《译注崔致远全集(1)》77页，〈大朗慧和尚碑铭〉。

57)《译注崔致远全集(1)》282~283页，〈智证大师碑铭〉。

纵观中国思想史，道家思想给禅思想造成了巨大影响，这是众所周知的事实。正如老庄中重视无为与不言一样，禅家中也以"无为任运"为宗趣，[58]强调"无为而化"和"不言而信"。无为是指无因缘造作的"无为法"，"任运"是指不加人工造作，任法之自然运动的听凭命运。祖师禅中也频繁使用"无为"、"无事"、"无为任运"、"任运自在"、"任运腾腾"之语。是说漫游于没有任何作为性，没有一切差别、执着、牵挂的无碍自在的自由境界。[59]马祖之后便作为"维持平常心"意思使用。[60]像这样重视"无为任运"的倾向，在下文所叙述的由新罗洪陟(实相山门的开山祖)和道义(迦智山门的开山祖)传来的南禅(南宗禅)中亦可看出端倪。

> 无为之益，不争而胜。……能以静利利海外，不言其所利，大矣哉。[61]

此外，像《维摩经》或《楞伽经》等书，不受语言、文字或逻辑束缚的话，很难从道家思想和禅思想中明确找出两者的差异。既然禅思想也是佛教，其根源是印度式思维这点就更不必说了。然而，禅思想由达摩传入中国后，受到了道家思想的深远影响，发展成为了不同

---

58) 《朝鲜金石总览》上卷，62页，〈迦智山宝林寺普照禅师碑铭〉"初道仪大师者，受心印於西堂，后归我国，说其禅理。时人雅尚经教，与习观存神之法，未臻其为任运之宗，以为虚诞，不之崇重。有若达摩不遇梁武也。"

59) 郑性本，〈新罗禅宗的禅思想〉，《伽山李智冠华甲纪念韩国佛教文化思想史》上卷，1992，508页。

60) 郑性本，上述论文，509页。

61) 《译注崔致远全集(1)》266页，〈智证大师碑铭〉。

于印度式的、而是中国式佛教的一种形态。中国的禅思想可以说是"佛教的老庄式转变"。韩国的禅思想是由中国传入的、具有中国色彩的禅宗,所以情况与上述无异。

崔致远在《四山碑铭》中对"禅"进行了说明,并且几乎不加区别地引用了道家的概念和用语,达到了融通无碍的境界。像这样的例子,不胜枚举。从此文中我们可以看出,除了注重对偶的骈俪文这一特征外,崔致远会通式的三教观和格义佛教对韩国的影响深远也是毋庸置疑的。这点与主张重新恢复佛教的本来面目、反对格义佛教的高僧道安,有所不同。

纵观中国佛教史,概自中国东晋时代后,格义佛教极大盛行。格义佛教在注释佛教经传的同时,从中国典籍中寻找使用类似的用语和概念,使其在意义上更易于传达。引用中国典籍中《老子》和《庄子》之语最多,以至于这两本书成为译经的体制和述语的标准。《般若经》的"空思想"能够在中国盛行,遍地开花,实际上也只能是在老庄思想的风气中。佛教在中国这片土地上,在较短的时日内,就得以受容吸收,其原因可以解释为是以老庄思想为基础的。[62] 崔致远与佛教相关的著述中,经常引用格义佛教时代的主要人物,如道安、支道林、慧远等。这也说明崔致远非常喜欢并经常阅读《弘明集》、《广弘明集》等佛教结集。

正如前文所介绍的,崔致远引用孔子之言"予欲无言,天何言哉。四时行焉,百物生焉,天何言哉"[63],与默识天理流行的实质相对比,也可以说是受格义佛教的影响很大。这显现出儒、佛、道三教思

---

[62] 参照镰田茂雄,《中国佛教史》第2卷,章辉玉译,长丞,1993,163~165页。

[63] 《论语》,〈阳货〉。

想会通于一处。但是，与对格义佛教有着莫大的关心相比，他对本义佛教的关心相对较少。这可能也是身为儒者不可避免的局限性。

推测来看，崔致远在唐时期对佛教的关心相对较少，正是从这一时期开始，他对一般佛教与"禅"之间进行了区分。他在上呈淮南节度使高骈的〈求化修大云寺疏〉中说到：

> 所愿广运慈航，徐挏法鼓，深资功德，静划妖魔，……次愿太尉，廓清寰宇，高坐庙堂，演伽叶之眞宗，龙堪比德，举儒童之善教，……[64]

通过上述文字来看，教宗在民间广泛传播，容易与众生接触，可以致力于救济患难。相反，禅宗境界高远深邃，不仅普通大众难以理解，而且僧侣也只致力于自身的超脱，可能忽视了救济众生。他还借用大朗慧和尚无染之语对教宗和禅宗进行了具体说明：

> 或谓教禅谓无同，吾未见其宗。语本颗颐，非吾所知。大较同弗与异弗非，晏坐息机，斯近缕褐被者欤。

接着评价说"其言显而顺，其旨奥而信。故能使寻相为无相，道者勤而行之，不见有岐中之岐"[65]。这就是说教与禅最终相互间并不是不同的，但也不是相同的。崔致远用"同弗与，异弗非"一句话定义了教与禅的关系。

---

64)《桂苑笔耕集》卷16,〈求化修大云寺疏〉。
65)《译注崔致远全集(1)》87~88页,〈大朗慧和尚碑铭〉。

教与禅的不同之处在"不见有岐中之岐"这句话中有着明显的体现。教宗依据经卷，因此，同一宗派中也根据所依据的经卷形成很多分支。并且很多话语使学习经卷的人不知道宇宙的实相是无相，而是沉迷在有相之中，最终看不到实际存在的真如门。所以在禅宗中强调一次性跨越即进入如来的境界。也就是所说的"一超即入如来地"。

崔致远谈论韩国最早传入南宗禅的道义和洪陟的宗趣说到：

修乎修没修，证乎证没证。[66]

在修行和证得中不留踪迹是为了清除一切事物的相或是偏见或是固有观念。这指的就是没有执念的，原本清净的本心—无念，任运自在的超脱境界。道义与洪陟所说的"修而无修"、"证而无证"可以说是很好地继承了祖师禅中说的"没踪迹"的宗旨。[67]

与此相关的是，高丽中期的高僧真静国师天顗在《禅门宝藏録》(1293年撰)中引用《海东七代録》，说"无念无修，理性信解修证耳"[68]。本来在教家中经过信、解、修、证四个阶段才能达到领悟的境界。"信"是指坚定的信念，"解"是指系统性理解，"修"是指实践性行动，"证"是指究竟觉的体验。其中也是一直重视"修"和"证"，本来禅家中也有"修证不二"、"修证一等"这样的话。意思是修行与证得并不是两个阶段，也就是说修行并不是为了获得证果的权宜之计。证

---

66)《译注崔致远全集(1)》266页，〈智证大师碑铭〉。
67) 郑性本，上述论文，516页。
68)《禅门宝藏録》，卷中"无念无修，理性信解修证耳。"《韩国佛教全书》第6卷，478下~479上)

得就是修行，修行就是证得。经过修行和证得后达到更高的层次之后，不受修和证的限制，获得比较自由、无碍自在的领悟。这就是"没修没证"的高境界。

"没修没证"是祖师禅的先驱者马祖道一主张的禅法之一。马祖留下了"平常心是道"、"道不用修"等名言。这种禅法归结为"无修无证"的修证论。上文中道义说的"无念无修，理性信解修证耳"，即自性清净的众生本性是一切的分别心和差别之心出现之前本来无念的观点，因此不能有教相制成的信、解、修、证的修行阶段或捷径，只是直现"自性清净"的本性。[69] 不得不说，上述道义所言很好地说明了祖师禅的宗旨。

此外，崔致远好像并没有将禅宗中的修行方法论"渐修"和"顿悟"看成是两个分支。他对道义和洪陟两位禅师的活跃情况进行了如下叙述：

显示密传，朝凡暮圣，变非蔚也，与且勃焉。[70]

这里出现了"朝凡暮圣"这样的话。这应该说是南禅中指顿悟之语。并且在〈新罗寿昌郡护国城八角灯楼记〉中护国义营都将重阙粲异才致力于佛教，亲修佛教，说：

顿悟而朝凡暮圣，渐修而小往大来。[71]

---

69) 郑性本，上述论文，513~514页。
70) 《译注崔致远全集(1)》266~267页，〈智证大师碑铭〉。
71) 《译注崔致远全集(2)》297页，〈新罗寿昌郡护国城八角灯楼记〉。
　　*参考："小往大来"出自《周易》泰卦。

虽然异才修行当时风靡一时的"禅"，但这里介入了撰者崔致远的很多想法。崔致远的本意也与之相差不大。在此，应该将顿悟和渐修看成一体。换言之，顿悟是自我观照，也就是见性或觉。渐修可以理解为将见性的状态持续很久的努力过程。那么，顿悟和渐修都可以说是以见性为目标的修行方法。这里也暗自流露出崔致远想要扬弃宗派间对立的想法。

第3章 孤云的道仙观

本章作为考察崔致远三教观作业中的重要一环,将对崔致远的道仙思想观及相关见解、崔致远在韩国道教史上所占据的地位等进行考察。

截止目前,关于崔致远道仙思想的研究工作尚未积极展开。虽已发表过几篇论文,但大多篇幅较短,未能展开深层次的论议。[1]而且,即使参考资料中存在明显的问题,但大部分研究者对其资料却不加批判地进行了受容,不满之处颇多。当然,笔者也深知韩国道教史的相关资料零星稀少这点。并且又是与特定宗教相关的资料,应该有必要考虑到其特殊性。进一步说,某一资料即便是伪作,也自有成为伪作的理由,并非是毫无意义的。但是,在学术性论文中应首先对所引用的材料进行严格地批判考证。即便是关于特定宗教的资料也自不例外。特别是像本书中谈论的崔致远这样的学者,并非只出现在与韩国道教相关的资料中。通过崔致远的个人文集及众多史

---

[1] 截止目前, 已发表的论文大致如下:
赵镛一,〈从孤云中寻找的水云的思想体系〉,《韩国思想》第9辑, 韩国思想研究会, 1968。
都珖淳,〈韩国道教与崔孤云〉,《第4届国际传统佛教学术会议论文集》1981。
崔三龙,〈崔致远的道仙思想研究〉,《韩国语言文化》, 第24辑, 韩国语言文化会, 1986。
金洛必,〈孤云的道教观〉,《孤云崔致远》, 首尔:民音社, 1989。
金洛必,〈崔致远与神仙思想〉,《孤云崔致远与韩国思想》, 成均馆儒教思想研究院, 1996。
文相琦,〈关于崔致远儒道思想的考察〉,《孤云的思想与文化》, 釜山:坡田韩国学堂, 1997。

书，其个人生平、思想及事迹等均已被考证，那些与实际事实不相符的记录不能因其宗教特殊性[2]而神圣视之，应该优先选择已被普遍广泛考证的资料。

众所周知，根据韩无畏的《海东传道録》、赵汝籍的《青鹤集》、洪万宗的《海东异迹》、李宜白的《梧溪日志集》等朝鲜中期之后出现的道教史书，及李圭景的《五洲衍文长笺散稿》等文献的记载，无论是崔致远在思想史上的地位，还是被喻为"孤云野鹤"的晚年事迹等，均认为崔致远是韩国道脉的核心人物。然而，这些史书均出现在朝鲜中期之后，不仅所记录的大部分史实没有明确注明出处，而且其中还夹杂了不少恣意添加的部分。[3] 将新罗统一期之后的优秀人物，从道教层面上进行美化、神秘化的倾向非常强烈。特别是像《海东传道録》，传说性强，并且从尊华的观点上，有意将韩国道教的传道谱系与中国道教相结合，所以不能完全信凭。[4] 还有出现于朝鲜时代的《崔孤云传》、《崔文宪传》、《崔孤云江山九曲》[5]等大致都是把崔致远刻画为道仙人物形象的传记小说类。这些文献是以原有的传说故事为基础虚构而成的，而不是以历史事实为根据的。当然，暂且不论这些文献的记录是否与史实相符，能够使故事得以流传，便是具有价值的。但是在以严格的文献实证为生命的学术论文中，这样的记

---

2) 像道教的情况，例如神仙思想所具有的超时代性质。

3) 例如，在《孤云集》和《三国史记》中被称为是崔致远"母兄(同腹兄)"的贤俊，在《海东传道録》中说是"其舅也(外叔)"，这应该是将母兄误解为"母之兄(妈妈的哥哥)"。

4) 参照郑在书，〈韩国官方道教的样相及特征〉，《韩国学论集》第26辑，汉阳大学，1995。

5) 参照林宪道，〈崔孤云江山九曲研究〉，《嘉蓝李秉岐博士颂寿纪念论文集》，三和出版社，1966。

录是不能被盲目采纳的。因此，这些资料在研究崔致远道仙思想时候，作为参考资料，具有很大的限制性。本书将不采纳此类资料，而以纯粹的第一手资料《孤云文集》和《桂苑笔耕集》为中心，首先将重点集中于究明事实上。即将按照这些资料中出现的史实，不夸张、无偏见地进行审视。关于对史实的哲学性、宗教性理解，及韩、中道教史层面上的分析，由于是以附带的形式进行的，所以富有深度的、深入的论议只能通过今后的研究完成，敬请谅解。

1. 关于道仙思想的观点

崔致远以儒教思想为体，以佛教及道仙思想为用，是一位精通于儒佛仙三教的思想家。从纵横无限延伸的思想片语中，显现出其天赋。崔致远指出儒、佛、道三教思想在本质上是会通的。并且他还认为三教相互间是互补的关系。研究崔致远的道仙思想，亦要在理解这种基本观点的基础上再进行展开。

崔致远对道仙思想的理解是全面而广泛的。实际上，对于道仙思想的众多领域，他都一一通晓。对道家思想的理解自不必说，在唐留学时，崔致远作为虔诚的道教信徒高骈的幕下，对道教的关心也在这一时期达到相当高的程度。然而，回到新罗后，他潜心于儒教和佛教之中，对道教并没有太多的关心。崔致远在归国后，对道教没有呈现出热情积极的态度，相反，一直持批判性观点。当然，虽然不是连对韩国固有的仙道也毫无关心，但在归国后的思想历程中，崔致远对追求长生不老的道教关心淡薄，这是应该注意的事实。

崔致远对道教的这种态度似乎与当时新罗时期，道教受佛教威势的压制而无法盛行的情况有一定的关系。此外,在社稷即将倾覆的新罗末期,貌似很难潜心于道教,消极地对待现实。崔致远对现实政治感到失意,隐居后,为了挽救已踏上灭亡之路的新罗,在用儒教忠君爱国思想武装自己的同时,还将精力集中在华严思想上,从保守、维持体制的层面上进行理解,呼吁护国尊王、和谐统一。这点通过综合他隐居后完成的著述也可以证明。

崔致远在道教上的造诣可通过十余篇斋词及众多诗篇得以证明。特别是斋词,对促进韩国青词文学的发展作出了巨大贡献。可以评价为开启了韩国道教文学的先河。[6] 崔致远对道家思想和神仙思想拥有渊博的知识,在此基础上,对作为宗教的道教思想也十分关注,并致力于广泛理解。

崔致远对道教的理解,以对原始天尊的信仰和内在生命力的修养两者并存。但是与外在的意识相比,崔致远更重视内在的诚实性与虔敬性。批判将神仙术视为只为个人长生不老的为己性存在,强调从大乘的角度从事宗教活动,并致力于个人的修心养性。这种道教观很好地展现了东洋的道德论性或修养论性的宗教观,在儒教或佛教中也有着相同的体现。

此外,在朝鲜中期以后出现的《海东传道録》、《青鹤集》、《海东异迹》、《梧溪日志集》等道教史书中均有记载,称崔致远是继承并发展韩国固有仙道的重要人物。虽然这些史书中记载的仙脉传承谱系各不相同,但融合传自中国的神仙思想和韩国固有的仙道、传承新的仙脉的人物是崔致远这样的看法是一致的。

---

[6] 关于崔致远斋词的分析参照崔昌禄,《韩国道教文学史》,国学资料院,1997,15~40页。

虽然这样的记录被世人留传下来, 并且后人相信并接受崔致远是仙人的说法, 但也很难找到崔致远沉浸于神仙思想、继承并发展了仙脉的直接明确的证据。从严格的标准上看, 对崔致远的仙道进行谈论是非常困难的。只能从众多旁证来推测他对仙道有着十分深入的了解。从他在唐时所作的斋词来看, 可窥探出他有志于成为仙人的意识, 并且有接触神仙思想两大支流外丹和内丹的痕迹。故崔致远在唐时有接触中国仙脉的可能性。[7]但是这种倾向与其归国后是否也继续保持, 这是不可能推断的。

崔致远晚年时度过了道仙般的生活, 这大概是截止目前的普遍性认识。但这一说法与事实存在一定的差距。首先, 崔致远在晚年流露出接近道、佛的生活痕迹, 是身处乱世不得已作出的选择。他不得不将注意力放在道佛上, 分明是因为曲折的人生。这也是从身处乱世的知识分子身上几乎可以看到的共同现象。加上很多后人对崔致远的一生不遇感到惋惜, 为其晚年轨迹赋予道仙色彩, 或多或少得到一定的安慰。与此相关的很多传承性说话均对此种认识起到了一定的作用。[8]

实际上, 崔致远虽隐居于伽倻山, 但并不是消极性的隐居, 而是强烈抵抗无能的朝廷和堕落的为政者的一种表现。并且, 他在隐居后通过学术和宗教活动获得心理上的慰藉, 呼吁"护国"、"尊王", 为

---

7) 参照金洛必,〈崔致远与神仙思想〉,《孤云崔致远的哲学、宗教思想》, 图书出版文史哲, 2010, 239页。

8)《三国史记》卷46〈崔致远传〉中说"致远东归故国, 皆遭乱世, 自伤不遇, 无復仕进意, 逍遥自放, 山林之下, 江海之滨, 营台榭植松竹, 枕藉书史, 啸詠风月, ……。"还有李仁老的《破闲集》卷中,〈文昌公崔致远〉条中说"文昌公崔致远, ……灰心仕宦, 卜隐伽倻山, 一旦早起出户, 莫知其所归, 遗冠履于林间, 盖上宾也。寺僧以其日荐冥禧。公雲鬟玉脥, 上有白云, 荫其上, 写真留读书唐, 至今尚存。"被称作是"韩国的列仙传"的洪万宗的《海东异迹》中亦如此。

挽救即将倾倒的新罗尽心尽力。通过崔致远的文集或其生平来看，先前的道教史书中记述的"道仙性的人物形象"乃至称其是处于韩国道教核心位置的人物的这种说法，似乎无法丝毫不差地进行接受。对朝鲜中期以后出现的道教史书中的记录进行无批判性的接受，将崔致远定为道仙人的形象，这并不是值得提倡的。

都珖淳和崔三龙对崔致远在韩国道教史中所占据的地位分别作了如下叙述。

(A) 崔致远在韩国固有的神仙思想文化的氛围中，从学问的角度系统传授中国道教的同时，对其进行了深入研究和修道，并传予后人，在促进韩国道脉形成的同时，也为传统文化的发展作出了巨大贡献。[9]

(B) 崔致远曾在唐留学，熟练钟离权和吕洞宾谱系的修道式道教，并且继承了韩国的仙统，将二者同时进行受容，达到了东方丹学派的新境界。[10]

也就是说，崔致远是促进韩国固有仙脉与在中国传承的仙脉相融合过程中，处于关键性地位的人物。这种评价具有一定的根据和说服力。只是免不了以先前具有传奇性质的资料为根据的局限性。还有必要进行再考。这种情况也可以通过朝鲜时代梅月堂金时习的例子体现出来。

---

9) 都珖淳，〈崔孤云的道教思想〉，《第4届国际佛教学术会论文集》，大韩传统佛教研究院，1981，110页。

10) 崔三龙，〈崔致远的道仙思想研究〉，《韩国语言文学》第24辑，韩国语言文化会，1986，242页。

韩国道教史从很多方面来看都有必要进行重新记述。特别是对道教史书所具有的局限性之一，也就是对英雄传奇性层面，进行彻底地解析和纠正，并致力于发掘新资料。纠正夸张、美化或超时代的神秘化[11]，才是摆脱至今为止对韩国道教的讥笑和贬低认识，如实地整理韩国道教的地位和存在的方法。

2. 老庄式的思维与人生观

道仙思想与以孔孟为中心的儒教相比，性质复杂多样。中国南北朝时期梁代的文学理论家、思想家刘勰(466?~520?)在〈灭惑论〉中提出了道家三品说。

上标老子，
次述神仙，
下袭张陵。[12]

---

11) 金庾信、元晓、义湘、崔致远、崔承祐等，无论是高僧、名儒还是名将，都赋予了道教式的神秘化色彩。并记录说在韩国道教道脉的形成中处于核心地位。特别是金可纪(?~859)、崔承祐、慈惠(义湘：625~702)三人在中国终南山广法寺由钟离权传授道书和口诀，并将此传授给崔致远和李清的故事成为了海东丹学的起源，受到后世很多人信奉，在不少秘记中都有记载。然而，金庾信、元晓、义湘、崔致远等的故事在后代以儒佛道三教的混合色彩浓厚。像崔承祐(889年在唐留学)或慈惠的情况，是否与事实相符考证起来十分困难。从年代上来看，早于2世纪前生活的僧侣慈惠跨越时代与金可纪、崔承祐等一起修道，是后代伪作的可能性很高。不得不说金岩(金庾信之孙)或道诜等的遁甲术和图谶思想也具有道教倾向，这也是从道佛混合的角度上活用道教而产生的。只是金可纪的情况，综合《续仙记》、《太平广记》等众多记录来看，在一定程度上符合历史事实。

12) 《弘明集》，〈灭惑论〉"案道家立法，厥品有三，上标老子，次述神仙，下袭张陵。"(大正新修大藏经，史传部 四)

在这里，上品指的是道家，中下品指的是神仙思想乃至道教思想。现如今，将道家思想(老庄思想)和道教思想区别视之是学界的普遍倾向。道家和道教对相同的内容，一个从哲学性层面、一个从宗教性层面进行探究，从这点来看，它们之间不只是有方法论上的差异。甚至有人提出这样的主张，称以无为自然作为最高真理追求的老庄思想，和将追求长生不老这种现实利益放在首位的道教，在根本上不具有可以相提并论的性质。

然而，道教在形成教坛、扩张宗教势力的过程中，引入道家思想来完善教理，并尊奉老子为教祖，在宗教仪式中祝颂《道德经》等，存在不少试图将道家与道教联系在一起的因素，故有不少主张称两者间不能进行严格的区分。但有一点很明确，道教虽在很多方面上引入道家思想来为自己作为立论的根据等等，但最终与道家思想追求的目标明显不同，应被理解为两种不同的思想。[13]

即便如此，也丝毫未能消除难点。因为在韩国，道家思想与道教思想在受容过程中，并不是从一开始就对两者进行明确区分后，才受容和理解的。道家思想是道教思想，道教思想也是老庄思想。崔致远事实上也没有对此进行区分，将道家思想与道教混为一谈。问题便出在这里。因此，在本章中为避免按照分类而出现的杂乱、不合理，采纳近来以道教文学为专攻的学者们广泛使用的"道仙思想"[14]这一概念，在作为宗教的道教思想中包含着道家思想及神仙思想这样大范围的意义，主要将重点放在考察作为宗教的道教上。

---

13) 宋恒龙，〈关于韩国道教思想的研究〉，成均馆大学博士学位论文，1986，150~152页。

14) "道仙思想"这一概念大致是在关心道教的国文学者们中使用而形成的。目前在学界中广泛使用。参考崔三龙，〈韩国初期小说的道仙思想〉，萤雪出版社，1982；崔三龙，〈崔致远的道仙思想研究〉，《韩国语言文学》第24辑，韩国语言文学会，1986。

纵观道仙思想在新罗的发展过程，最初从固有的神道开始，中途接受了道家思想及教仪性的道教思想，末期以渡唐留学生为中心，从唐朝传入了以养生、保健为目标的修炼道教，装饰了道教的最后阶段。然而，不仅是以道仙思想为专攻的学者文人，在僧侣社会及儒学者之间，也将道仙思想作为关心对象进行思想性、学问性的研究，特别是谶纬说、奇行、方术等，常被援用来神秘化特定人物。接着进入高丽时代，道教被明确认为是一种宗教，在国家层面上进行接受。

在道家思想和道教的受容、发展过程中，道教在被引入之前的初期，道家思想就已经相当普遍化了。无论是从金仁问所说的"多读儒家之书，兼涉庄老浮屠之说"[15]，还是从〈甘山寺弥勒菩萨造像记〉、〈甘山寺阿弥陀如来造像记〉[16]等中的记载来看，可知在新罗的三国统一前后时期，佛教与道家思想在某种程度上进行了很好地融合。特别是在政争中被排挤返乡的贵族层，或是反抗真骨贵族的独占统治体制的矛盾而遭受到弹压排挤的六头品阶层知识分子等，在政权中受到疏远的阶层更沉浸于道家氛围之中。

接着，从中代末期开始进入下代，随着中央贵族社会中奢侈之风盛行，享乐颓废，过分安于现实的风潮蔓延，抵制这样的社会风气、否定现实的隐遁思想开始兴起，形成了憧憬仙界的氛围。之前的神仙思想及道家思想，与新传入的宗教式道教思想相互交融，进行了更广泛的传播。特别是伴随着道教思想的传入，丹学、谶纬说、奇行、方术等也以附带的形式传入，在新罗末期混乱的政治局势中

15）参照《三国史记》，卷44，〈金仁问传〉。

16）参照《朝鲜金石总览》上卷，朝鲜总督府，1919，34~36。

盛行。

想要考察崔致远对道家思想的见解，相关的思想片语繁多，可谓是不胜枚举。在他对道家思想的理解中，相比其它，最重要的是受当时文人学者的必读书籍《文选》(萧统编)的影响深远。《文选》是自秦汉以来至魏晋南北朝时代梁、齐为止诗文的总编。其中收录了很多受玄学和佛教影响的诗文。

道家思想似乎对崔致远真理观、人生观等的形成产生了深远影响。关于道家思想的思想片语在真理观和语言、文字观中显得尤为突出。对此，已经在第1部第2章第4节中进行了较为详细的考察，故在这里只对要点进行简单介绍，将考察重点放在价值观、人生观等问题上。

崔致远曾云"道"本强名，并相对性进行了把握。

(A) 道本强名，固绝琢磨之理。[17]
(B) 况法离文字，无地措言，苟或言之，北辕適郢。[18]
(C) 可道为常道，如穿草上露。[19]

对"道"这一概念展开的谈论也反映出崔致远对真理的理解。这种道家式的真理观可谓与禅家的"不立文字"、"以心传心"等一样，浑然融合。禅佛教与道家思想在本质上几乎没有区别，存在密切的关系，事实上可以说是"佛教的老庄式转变"。崔致远对此进行了如

---

17)《桂苑笔耕集》卷15,〈中元斋词〉。
18)《译注崔致远全集(1)》167页,〈真鉴禅师碑铭〉。
19)《译注崔致远全集(1)》91页,〈大朗慧和尚碑铭〉。

下叙述：

> 至若佛语心法，玄之又玄，名不可名，说无可说，虽云得月，指或坐忘，终类系风，影难行捕。[20]

像这样，他称对"心法"进行谈论也无法用语言表现出来，更无法用语言或文字对绝对性的常道进行说明或分析，这自不必多言。

但是正如上所言，一语道破不能对"道"赋予意义或进行意义分析，这本身便已经通过语言、文字进行了说明，所以崔致远的真理观乃至语言观即使是建立在这样的基础上，但若没有语言或文字的话，便什么也无法阐明。可见，崔致远已对道家思想进行相对性的把握，在对道家思想有着深入理解的同时，并没有沉溺于此，在精通道家思想的同时，还兼涉儒佛两教。

崔致远的真理观带有浓厚的道佛两家色彩。相比之下，其价值观或人生观大致是以儒教观为基础的。[21] 从特征性来看东洋思想，如果说道家与佛家的理论在谈论真理时，较为优先得以应用的话，那么儒教理论在谈论价值或人生问题时更容易接近。在道佛中主要谈论形而上学性的问题，而儒家主要强调与人伦道德相关的问题，这

---

20) 《译注崔致远全集(1)》153页，〈真鉴禅师碑铭〉。

21) 价值观是对于像善恶、是非之类的问题，赋予了多少价值或意义的观念。人生观是对人生的存在、意义、目的、价值等的综合性思考方法。价值观是可以诱发人的某种行动的心理性要因，所以称作人生观也无妨。但真理观却不能通过人生观来构建。首先，真理观是赋予"价值"之前的问题，作为"生活"之前的问题，是贯穿众多领域的基础。价值观是立足于真理观，将其作为标准时，较为正确坚定，人生活是在现实社会构建价值观的基础。由此可知，在这里，人生观与真理观、价值观间有着密切的联系。在东洋哲学中，最终要求的是领悟人生的真谛，建立普遍适用的人生观。

点上也足以证明。虽然已在前文中进行过谈论，崔致远所希望的现实不是别的，是尊重人伦、遵守秩序的道义社会。并且，正如"道或尊焉，人自贵矣"[22]所说的那样，道义社会的终极目标便是"享有人的尊严性"。

崔致远曾在寄给金部郎中的书函中说，自己像巢父、许由之类的隐士一样，志不在追逐名利，将回避社会、隐遁的态度视为"小节"，强调隐遁至上主义或是逃避现实的行动都是不正确的。[23]这证明了崔致远立足于儒家式思维，具有积极能动地参与现实社会、实现道的价值观和人生观。

崔致远这样的观点在他脱离政治现实以后，也几乎没有发生改变。他虽然按照别人的意志不得不隐居，但他所追求生活的态度并不是消极的。隐居后他虽一时无法从失意和烦闷中解脱出来，但也很快转向了其原本的观点。甩开隐居后旁观者的姿态，流露出对现实的热爱之情。通过热情的学术、宗教活动呼吁"护国济民"，没有失去积极的生活态度。

他无法干净利落地甩开对现实社会的所有迷恋，无法安居于与世事无关的脱俗世界中。他强调自己的隐居并不是逃避现实，而是"修道的方法"，这并不是对隐遁的狡辩辩明。而可以说是他坚守根本上立足于儒教思想的价值观和人生观的证据之一。

然而，崔致远虽以儒者自处，其内心到底没有离开过佛教和老庄

---

22) 《译注崔致远全集(2)》278页，〈海印寺善安住院壁记〉。

23) 《桂苑笔耕集》卷19，〈与金部郎中别纸 第二〉"某仰审格言，侧窥性行，人能弘道，贤臣以致尧舜为先，世实须才，俊士以效巢由是耻。……然则致尧舜之大猷，永匡宸辰，效巢由之小节，不介尊襟。"

思想。沉浸于佛教和老庄思想，也没有失去作为儒者的姿态。[24]在他的价值观和人生观中，老庄思想和佛教的影响不亚于儒教思想，为其铺垫了一定的基础。这点值得我们注意。

崔致远在唐时，经历过官场生活，厌恶被名利吸引的尘世，对人生的处世之道徘徊迷茫，抒发内心一直思念林泉之情。[25]还说自己应试宾贡进士并不是为了名利，只是为了给父亲赢得荣光。[26]并说"直道能行要自愚"[27]，行直道不能依靠肤浅的手段或敏感于利害得失，需要有"愚公移山"这样愚笨的姿态。因此，他一下子甩开了出仕的欲望之心和名利心，以行直道的姿态开始官场生涯，"立身行道"的历程大致可以揣摩一二。

崔致远在佛教相关著述中呼吁"禁欲"和"节制"。在道家色彩浓厚的众多诗篇中一致强调无为无欲地生活。通过他的诗来看，有不少具有道家色彩的诗。在〈寓兴〉这首诗中叹息只追逐名誉和利益的混乱世间，说应该洗刷内心的污垢，淡薄地生活。

愿言扃利门
不使损遗体
争奈探珠者
竟生入海底
身荣尘易染

---

24) 参照宋恒龙，〈崔致远思想研究〉，333~337页。
25) 参照《桂苑笔耕集》卷17，〈再献启〉等。
26) 《桂苑笔耕集》卷20，〈陈情上太尉〉"本求食禄非求利，只为荣亲不为身。"
27) 《译注崔致远全集(2)》76页，〈辛丑年寄进士吴瞻〉。

心垢正难洗

澹泊与谁论

世路嗜甘醴[28]

从这首诗中可以看出崔致远通过虚静、无欲的无为自然试图看破人生的态度。并且还在某首诗中叹息到"曾接陶公诗酒兴, 世途名利已忘机"[29], 像具有清谈之风的隐逸之士一样, 向往"忘机"的境界。"澹泊"、"忘机"都是指"虚静无欲的境界"之语, 可以说道家色彩浓厚。

那么, 该如何理解崔致远在价值观、人生观中受容了道佛式思维呢？这是意味着他的价值观和人生观中重复着混乱与变化, 没有一贯性吗？或者意味着他一生都是"外表"与"内心"不一致？然而, 面对这样的事实, 很难下定论他的价值观和人生观是遇到什么样的转机才发生变化的, 或者从一开始便具有双重性质。他从政界隐退后, 一时陷入了失意与绝望中, 虽然价值观和人生观稍有动摇, 但因此下结论说他中途价值观和人生观发生变化是不对的。

崔致远对儒教、佛教或老庄思想中的任何一个都不是绝对性的认同。虽根据自己的主观, 赋予最善、最高的价值, 但都是从相对性角度进行理解的。在他的真理观、价值观、人生观中虽然可以看出朝着最善、最高方面的努力痕迹, 但找不到自以为是、排他性的态度。由此可见, 在他的价值观和人生观中三教等的思想性影响相互融合, 应从这种延续上进行理解。

立足于儒教价值观和人生观时, 最大的优点可谓是对现实的积极参

---

28)《译注崔致远全集(2)》53页所收。

29)《译注崔致远全集(2)》74页,〈和李展长官冬日游山诗〉。

与意识和积极的意识态度。然而，从积极参与社会现实来看，无论是自己的本意还是他意，很容易沾染世俗，由此必然衍生出很多问题。从这个意义上来看，崔致远在唐留学有过10年多的官场生涯，想要归国并抒发心怀的诗句如"愿濯凡缨十载尘"[30]，象征性的意义很多。

  崔致远认为在受容道佛思想、拓宽价值观和人生观的范畴时，才能恰当地减少这样的问题，并且可以起到相互完善、牵制的作用。尤其是与他所处的当时现实情况来看，在没有期望的现实社会中，立足于儒教人生观，谋求一贯的人生的话，只能陷入无限的苦恼中。因为儒教人生观在现实社会不能恢复到所希望的状态时，在理想与现实中十分徘徊，必然会开始陷入苦恼的生活。充满矛盾的现实中，为了忍受或减少某种程度上心理上作为知识分子的苦恼，必然会受容道佛思想。这与得意的时期相比，失意的时期尤为明显。

3. 对道教思想的理解与特征

  进入8世纪后，远渡唐朝的留学生逐渐增多，达到了相当多的数目。入唐留学几乎成为了当时时代的潮流。当时入唐的留学生中不仅有一般文人，还有很多寻求佛法的求法僧。如实地展现了新罗学者文人的思想开放性和求学热情。虽然为了学习道教而前去留学的情况较少，但因在唐朝留学，不可能对当时盛行的道教置若罔闻。

  像崔致远，他在唐朝留学时从宗教性质上对道教思想似乎有着相当深入的了解。如《桂苑笔耕集》中收录的一首〈留别女道士〉诗：

---

[30]《桂苑笔耕集》卷20，〈陈情上太尉诗〉。

每恨尘中厄宦涂
数年深喜识麻姑
临行与为真心说
海水何时得尽枯[31]

诗中所说的麻姑是用"麻姑仙女"[32]来指女道士。据推测，这首诗应该是崔致远离开唐朝时，与女道士离别时所作。他与女道士自相识以来，十分开心，并问到海内（帝唐）何时能再恢复平静，意思是相信这只是一时的离别。从这可以猜测出，崔致远在高骈的莲府时，对道教很感兴趣，并与很多道士有过来往。可见，他代撰的斋词内容也并非只是停留在对道教单纯的理解程度上。可以感受到他发自内心的对宗教的严肃而虔诚之情。

事实上，崔致远沉浸于道教的这一事实，从他在29岁（宪康王11年：885）归国时，献给五方神的祈愿文和山神、土地神等的祭文中也可以看出。从道教仪式中的祈愿文斋词来看，此文是其亲眼目睹斋醮仪式所作，加以生动形象的表现。

(A) 今以日延和景，月满初元，遇吸新吐故之辰，忏喙腐吞腥之罪，俨陈醮礼，敬荐斋诚。灯耀九光，炽焚百和，寂寥尘外，幡幢静设於星坛，仿佛云中，环佩似传乎风驭。冀销妖蹠，仰告威灵，……。[33]

---

31) 《桂苑笔耕集》卷20,〈留别女道士〉。
32) 根据葛洪的《神仙传》，王子平下凡到蔡经家里，并请来了麻姑仙女，麻姑说"已见东海三为桑田。向到蓬莱，水又浅于往者"。
33) 《桂苑笔耕集》卷15,〈上元斋词〉。

(B)今则月就盈数，日临下元，遥仿真仪，敬陈斋法，俨星坛而稽首，想风驭以驰魂。[34]

据猜测，崔致远从宗教的角度理解道教思想，很大一方面是受了黄巢之乱时担任诸道行营兵马都统的高骈的影响。据《旧唐书》和《桂苑笔耕集》的记载，高骈是武将[35]出身，是虔诚的道教信徒。喜欢神仙术和方术的高骈似乎对佛教也颇有造诣。他麾下任用了吕用之、诸葛殷、张守一等方士为爱将。深受道士吕用之的迷惑，沉迷于神仙术中无法自拔。[36]陷入託于神仙求道的高骈，没有将心思放在军务上，不执行僖宗命其出征的军令，每日以神仙术度日。并且在其府邸另修极尽奢侈豪华的道院楼阁等。[37]最终，高骈也因这些事在崔致远归国两年后被视为逆贼而丧命。

从崔致远代撰的〈下元斋词〉来看，高骈曾云：

臣虽尘役拘身，而云装挂志，大成是望，上达为期。每依郭璞诗

---

34) 《桂苑笔耕集》卷15,〈下元斋词 第二〉。
35) 由于道教尊重"武"，历代武将中的道教信奉者很多。代表人物有协助汉高祖的张良。
36) "吕用之幼年十分不幸，投入九华山道士牛弘徽门下学习各种方术。后通过高骈部将俞公楚的介绍，认识了沉迷于长生术的高骈，成为其爱将。他假装精通炼金术和神仙术，施展各种计策迷惑高骈，并利用高骈的势力掌握巨大的权利，毫无忌惮地恣意妄行狡诈之举。最终高骈错识吕用之，出现危局，悲惨地结束了一生。"参照宫川尚志，《中国宗教史研究》，东京：同朋舍，1985，第10章〈唐末的节度使高骈和方士吕用之〉。
37) 参照《旧唐书》卷182，列传132,〈高骈传〉。

中³⁸⁾, 精调玉石, 愿向葛洪传上, 得寄一名。³⁹⁾

对此, 崔致远也作了如下叙述：

(A) 伏惟太尉相公, 汉师仙格, 鲁圣儒机。⁴⁰⁾
(B) 今幸遇太尉, 德继犹龙, 道深有象, 黄石公之妙诀, 雅称帝师, 赤松子之胜游, 伫迎仙友。是故出则以六奇制敌, 入则以九转服勤, 静除阃外之烟尘, 闲对壶中之日月。三元遵敬, 一气精修, 果见真位高迁, 殊祥荐降, 彩云片片飞来楚岫之风, 玄鹤双双唳向隋宫之月。⁴¹⁾
(C) 伏惟龙韬暂展, 静卷妖氛, 凤辇遄归, 永兴清运, 然后诚白石生之妙术, 从赤松子之胜游。⁴²⁾

通过上文可以肯定, 高骈在军队时, 亲近方士吕用之等, 迷信神仙术, 甚至熟悉炼丹术。由此可猜测, 多年以来, 在高骈幕下作为从事官并结下深厚交情的崔致远受高骈的影响也是相当大的。

当时, 唐朝十分崇尚道教。隋唐交替时期, 道士们制作图谶暗地协助唐朝建国。并且唐朝的皇室以同老子(李耳)姓氏相同为由, 尊老子为远祖, 对道教进行保护和勉励。直至唐朝灭亡, 道教不停地与佛

---

38)《文选》卷21,〈郭璞, 游仙诗〉"王孙列八珍, 安期炼五石。"
　　＊参考：五石指的是丹砂、雄黄、白矾石、曾青、磁石。
39)《桂苑笔耕集》卷15,〈下元斋词〉。
40)《桂苑笔耕集》卷18,〈献生日物状 又状〉。
41)《桂苑笔耕集》卷16,〈求化修诸道观疏〉。
42)《桂苑笔耕集》卷18,〈献生日物状 第二〉。

教势力展开较量，进行理论论争，到了玄宗(在位712~756)时期，政策上尊崇道教的氛围达到最高潮，几乎享受国教的地位。[43]

唐朝时期，道教被称为"仙教"，与神仙术有着不可分割的关系。就像"久视之门，轻飞之路"[44]所说的，道士们制作的炼丹与人间想要长生不老的最初欲望相吻合，甚至连帝王也服用长生不死的丹药。正是因此这些理由，道士们开始得志，神仙术达到高潮，道教势力得以壮大。

崔致远所撰写的与道教相关的资料并不多。《桂苑笔耕集》中收录斋词15篇。其中12篇与道教有关。[45]但因为是在唐时期担任高骈笔墨之事而代撰的，并且篇幅短小，很难充分考察崔致远对道教的认识及理解。但却没有因为是代撰而完全摈除自己的见解，考虑到这种局限性，所以应谨慎地进行考察。

从崔致远与道教有关的12篇斋词来看，共收录应天节斋词3首、黄箓斋词2首、三元斋词6首、禳火斋词1首。其中黄箓斋和三元斋包含在《大唐六典》的七种斋之中。[46]应天节斋(应天节：僖宗的诞日)和禳火斋属于特殊斋文。从"三元斋词"来看，其中掺杂着道教和仙家之语。〈中元斋词〉中有着如下叙述：

---

43) 参照卿希泰(主编)《中国道教》第1卷，上海：知识出版社，1994，36~39页。

44) 是指神仙长生不死，故可以久视，身体轻盈，故可以乘风腾云。参照《桂苑笔耕集》卷15，〈上元斋词〉和〈中元斋词〉。

45) 参照《桂苑笔耕集》卷15。〈天王院斋词〉、〈为故昭义僕射斋词二首〉等三篇与佛教有关。

46) 参照洼德忠(外)，《中国思想(2)-道家和道教》，东京：东京大学出版会，1982，262页。据书中记载，这七种斋分别有①阴阳调和，攘除灾害，为帝王延命祈福的金箓大斋②超度所有先祖的黄籙斋③超度道士先祖的明真斋④祭祀1月15日(上元)天官、7月15日(中元)地官、10月15日(下元)水官，忏悔自己罪过的三元斋⑤在立春、春分、立夏、夏至等八节祭祀众神，祈求成仙的八节斋⑥为人谢罪祈福的涂炭斋⑦为众生祈福的自然斋。

道本强名, 固绝琢磨之理, 身为大患, 深惊寵辱之机。能审自然而然, 必知无可不可。是以雕词赞美, 则乖妙音於混成, 矫志求真, 则爽奇功於积学, 冀标玉籍, 在守金科。[47]

道家的无为自然, 也就是说无人为的"自然而然", 若以道教式的人间生活为目标, 应严格遵守道教中的"金科"[48]。

崔致远还说[49]：

域中之四大难名, 名字之曰道。物外三清在想, 心以为斋, 岂图滋福於一身, 唯愿洽恩於万彙。[50]

超脱的神仙世界"三清"存在于人的想念之中, 用心为斋, 是表现出心中的位置便是神仙的境界, 可谓是以心法为主的神仙观。[51]"心以为斋"的境界是指使内心保持空虚的状态, 将超脱的世界浓缩为人的内心世界。在这里可以看出现象界和超脱世界的一致性。这不是只看重形式和仪式的道教, 而应从内心产生诚实性。"斋"也并不是只为自身的祈福, 而是站在大乘的、大同的角度, 祈求对万物广施恩惠。崔致远在道教斋词中始终强调受益之处。

....

47) 《桂苑笔耕集》卷15,〈中元斋词〉。
48) 道教中说的斋醮科仪统称玄科或金箓。
49) 与《庄子》〈人间世〉篇中出现的"心斋"或"心斋坐忘"相关的内容。
50) 《桂苑笔耕集》卷15,〈中元斋词〉。
51) 崔三龙,〈崔致远的道仙思想研究〉, 240页。

(A) 伏愿, 真风荡涤, 玄泽滂流, 吾君享岁於岩音, ……然后戴发含齿, 鳞潜羽翔, 不知日用之功, 各遂天成之乐。[52]

(B) 至於翔翼鳞跃, 跂行喙息, 偕登仁寿之域, 不蹑昏迷之途。[53]

上文可看作是暗自告诫宗教逐渐朝着求福的方面发展并陷入其中。当然对此可能有指责说, 这是出自斋词的固定套式, 所以很难赋予较大的意义。实际上, 在崔致远的道教斋词中分为以下几种固定型内容。第一, 赞扬"道"或是至高无上的德。第二, 向上天祈愿, 报告当时的政治社会情况。第三, 忏悔自己的懒惰和不德, 下定新决心的觉悟。第四, 祈求为众生广施恩德, 或祈祷护念自己修道圆满等。[54]

但是, 崔致远的大乘性、大同性观点在与佛教相关的斋词中也有着同样的体现。在与儒教相关的文章中也无例外。其特征是采取儒佛道三教混融的方式。

……次愿太尉廓清寰宇, 高坐庙堂, 演迦叶之真宗, 龙堪比德, 举儒童之善教, 麟不失时, 克兴上古之风, 永致大同之化, 凡于戴发含齿, 鳞潜羽翔, 皆荷慈悲, 尽能解脱。[55]

崔致远这样高层次的意识境界在〈下元斋词〉中也有所体现。他向往依赖于"妙用"的道教中所说的"无为而无不为", 勾勒出尽善尽美

---

52) 《桂苑笔耕集》卷15,〈中元斋词〉。

53) 《桂苑笔耕集》卷15,〈下元斋词 二首〉。

54) 金洛必(外),《孤云崔致远》, 民音社, 1989, 128页。

55) 《桂苑笔耕集》卷16,〈求化修大云寺疏〉。

的世界,并且强调勤行,说到:

> 教资妙用,无为而无不为,道在勤行,不厌是以无厌。苟得捧持三宝,必能拯护万灵,须凭善建之根株,始睹混成之阃阈。故曰:「大丈夫处其厚,而不处其薄,居其实而不居其华」者也。[56]

崔致远认为道是"敦厚"、"朴实"之物,所有人为性的事物都是"浅薄"、"华丽"之物。遵循无为自然之道,恪守本性,应排斥细枝末节和人为的华丽外表。与表面的枝叶相比,更加重视内在的诚实性和劲健性,这可以说是崔致远道教观中的一个重要特征。强调内心的诚实性和劲健性也可以说是在认识宗教之前已经进入到宗教性领域。崔致远为了达到绝对的真理境地,主张应扩充内心的诚实性和劲健性,并言到:

(A) 至道少勤行者,玄门无善闭之人。[57]
(B) 紫府乃修心可到,玄关非用力能开。[58]
(C) 混成至道,本在勤行,众妙玄门,唯资善闭。故曰,修之身,则其德乃贵,修之国,则其德有余,既能事小功多,可谓暂劳永逸。[59]

---

[56]《桂苑笔耕集》卷16,〈下元斋词〉。
[57]《桂苑笔耕集》卷16,〈求化修诸道观疏〉。
　　*参考:《老子》第27章中有云"善闭无关楗而不开"。
[58]《桂苑笔耕集》卷15,〈上元黄箓斋词〉。
[59]《桂苑笔耕集》卷15,〈下元斋词〉。

这里的"紫府"指的是神仙居住的地方，也指仙境。"玄门"也称作"玄观"，是被赋予人的三宝(修道三宝)，即修炼精、气、神时，要通过的重要关门，这也是道教固有的象征性表现[60]。"善闭"即世间各种错综复杂的东西会戕害精、气、神三宝，要通过摆脱并疏远这些，来操存心性。

然而，崔致远的这种内在修养并没有停留在个人层面上，而是升华到整个国家的层面上，认为道教应该肯定现实、比较积极地应对现实。如：

(A) 仰察玄经，乃见道资众甫。[61]

(B) 臣援溺功成，奉身以退，冲灵道遂，鼓腹而游，饱琼蕊之餱粮，就瑶台之蹊径。[62]

(C) 仰玄门之善闭，遵妙道以勤行。但以为子为臣，曰忠曰孝，既增荣于国禄，愿无忝于家勋，手握玉符，且救寰中之难，志栖金录，唯思象外之游。[63]

上文中崔致远所说的"济世之功业"及忠孝之语，是作为儒者，无法忽略现实社会之事的一种使命感乃至义务感所致，也可看作是与儒教思想有关。然而，有一点我们需要注意，道家思想的本质原本并非是忽略或忽视现实。

---

60) 金洛必,〈崔致远与神仙思想〉,《孤云崔致远的哲学、宗教思想》, 图书出版文史哲, 2010, 237页。

61) 《桂苑笔耕集》卷15,〈上元斋词〉。

62) 《桂苑笔耕集》卷15,〈上元斋词〉。

63) 《桂苑笔耕集》卷15,〈下元斋词〉。

道家思想由"否定的逻辑构造"组成。虽可以称作是"超越的哲学"，但不能认为其是虚无主义或厌世主义。老子所憧憬的最理想境界是人间与社会、国家与天下实现安定，各自充分发挥自己的个性，在自己的位置上展现自己的面貌。《老子》中经常出现"治国"、"治民"之类的话，还有"爱民治国"[64]。"爱民治国"是老子的终极理想。但他认为这仅仅只能通过实践无为自然的道、恢复人间社会的天真性才能得以实现。老子的思想虽由否定和超越的逻辑形式而构成，但反言之，是以人和现实为焦点的。[65]

　　正如在《桂苑笔耕集》卷15中所收录的众多篇斋词中所见，崔致远并不认为道仙思想是消极的、超世间的思想。而是与"救世济民"相结合，积极地进行阐释。这是崔致远道仙思想所具有的显著特征之一。在此也可推测儒教思想与道仙思想在思想上有相通之处。

　　此外，他在〈黄箓斋词〉中有着如下叙述：

虽窈窈冥冥，至道则无形可扣，而勤勤恳恳，精心则有感必通。[66]

　　从中可以看出崔致远向往的宗教性质。他认同宇宙中的某些"无形的神圣的存在"，并认为通过人的内在诚实性和虔诚性可以见到。这点似乎与佛教或儒教并无不同。他在〈上元斋词〉中说"俯稽圣典，则知神应至诚"[67]，引用《书经》〈大禹谟〉篇中的"至诚感神"进行

---

64) 《老子》第10章"爱民治国，能无知乎。"
65) 柳承国，《儒教哲学与东方思想》，203~205页。
66) 《桂苑笔耕集》卷15,〈黄箓斋词〉。
67) 《桂苑笔耕集》卷15,〈上元斋词〉。

强调, 也是出于此。由此推测来看, 崔致远的道教观也与东洋传统的道德论或修养论的宗教观是同轨的。[68]

在孤云思想中, 对原始天尊的信仰心和修养内在生命力这两种特征性的潮流并存。[69]根据朝鲜光海君2年(1610)韩无畏编纂的《海东传道录》[70]记载, "唐文宗开成年间(836~840), 新罗人金可纪、崔承祐、僧慈惠(义湘)三人入唐游学, 在终南山经由申元之(申天使)引荐, 钟离权[71]传授其三人内丹秘诀等。此外, 崔致远在唐留学期间, 学习了还反之学, 并传至新罗, 成为了东方丹学鼻祖。另外, 还有尸解一派, 新罗的僧侣玄俊(贤俊)入唐学习此法, 著成了《步捨游引之术》、《伽倻步引法》, 崔致远在唐时曾学习此法, 归国遗忘后, 又再次向玄俊进行了学习"[72]。因《海东传道录》是朝鲜中期出现的二手资料, 故在信凭性上存在争议。但是崔致远在中国时, 作为虔诚的道教信徒高骈的麾下, 故按照常理推测, 其在神仙术及"还反之学", 即内丹修炼等修炼道教方面具有一定的造诣。

---

68) 参照崔一凡,〈孤云崔致远的思想研究〉,《东方思想论考-道原柳承国博士华甲纪念论丛》, 钟路书籍, 1983, 313~314页。

69) 金洛必(外),《孤云崔致远》, 135页。

70) 记录韩国道教内丹修炼谱系之书。全文不过一千五百余字, 文笔稚拙。朝鲜仁祖时, 在关东被捕的僧侣包袱中发现, 后传予泽堂李植。内容似以口传为依据, 有恣意进行夸张表现的痕迹, 是否值得信凭的争议性很大。李圭景的《五洲衍文长笺散稿》卷39,〈道教仙书道经辨证说〉自注重也对此进行了引用。

71) 在金代成立的全真教中, 被尊为七大祖师之一。据说曾传授全真教的创始人吕洞宾(755~805)道术。

72)《海东传道錄》"唐文宗开成中, 新罗崔承祐金可记僧慈惠, 游学入唐, 俱与终南天师申元之交结, 元之绍介於仙人钟离将军, ……授三人道法。……崔孤云亦入唐, 得还反之学以传, 并为东方丹学之鼻祖。……复有尸解一派, ……新罗玄俊入唐学其法, 著步捨游引之法。崔孤云亦游学中原, 得其法, 东来遗忘, 得学於玄俊。玄俊其舅也。"

实际上，从崔致远留下的数篇斋词来看，虽具有代撰的局限性，但也同时发现了外丹和内丹两大神仙思想的支流。上文中不仅介绍了其对外丹的关心，偶尔也能看到像"一气存思"[73]、"一气精修"[74]等，集中精神存"气"这样的内丹修炼法的片鳞，这点值得我们注意。道教中的"存思(内思)"是指在自己心中集中精神，在心中观神的冥想法，作为较高的宗教性实践阶段的修行法，又称作"内观法"。正如在"每虔一气以存思，非止三元而展敬"[75]这样的表现中看到的一样，崔致远在包括内观法在内的内丹修炼法上有着相当深的造诣。以下作为参考进行介绍，近代阐明仙家理论的学者全秉薰(1857~1927)关于这种修炼法进行了如下评论：

"紫府乃修心可到，玄关非用力能开"愚谓此公，既识玄关，而避乱隐修以成之。[76]

然而，通过崔致远的整个生平来看，他对道教的认识态度大致上没有较大地脱离思想性理解的层面，在宗教性层面上没有较高的升华。此外，在思想性理解的层面上，与对佛教和儒教的理解相比，没有深入到根髓这也是事实，通过其文集可证明这点。尤其是在归国后表现出来的道教认识，与其在唐朝时并无差异。相反，对儒教和佛教有着更深的关心与理解。在此，或是因为崔致远自身的喜好，或是

....

73) 参照《桂苑笔耕集》卷15，〈中元斋词〉〈下元斋词〉。

74) 参照《桂苑笔耕集》卷16，〈求化修诸道观疏〉。

75) 《桂苑笔耕集》卷15，〈中元斋词〉。

76) 全秉薰，《精神哲学通编》，明文堂，1982，56页。

因为在唐时亲眼目睹经历[77]了道教的衰败，与此同时似乎还可以从在当时新罗社会中，作为宗教性意义的道教思想，相比于佛教，并没有获得较大的势力中寻得原因。

4. 对神仙思想的理解与批判

对作为宗教的道教而言，神仙思想可谓是其基础与核心。道教被称为"仙教"的缘由亦在于此。神仙思想追求"长生不老"。从这也可以看出中国人的"现世利益性"宗教观的一面。然而，韩国固有的仙思想与中国神仙思想虽有很多相似之处，但并不只是以"长生不死"为目标，必求成仙。相反，超脱世俗繁杂、在山水间豪放不羁地享受人生的倾向似乎更为浓厚。从纷繁复杂的世俗追逐中解脱出来，顺应自然之道，虚静无欲地生活，享受人生的这种倾向便源于这种生活方法。在中国的神仙思想传入之前，韩国固有的仙思想具有自然主义的简约性。

崔致远在〈智证大师碑铭〉中说：

鸡林地在鳌山侧
仙儒自古多奇特
可怜羲仲不旷职

---

[77] 关于崔致远对道教没有太大的热情一事，亲眼目睹唐末道士末流的弊害应是其中最重要的一个原因。与此相关，徐有榘在〈桂苑笔耕集序〉中所说的"其居幕数载，知高骈之不足有为，吕用之诸葛殷等之诞妄必败，超然引去，去三年二淮南乱作，则又有似乎知几明哲之君子，……"，颇为值得回味。

更迎佛日辨空色

教门从此分阶墄

言路因之理沟浍[78]

"鳌山"出自《列子》〈汤问〉篇。是传说中由五只大鳌托起的神山,位于渤海之东。[79]此山道仙性色彩浓厚。在新罗的都城庆州也有名字相同的"鳌山",这可以看作是与道仙思想相关的具有双重意义的表现。从〈大崇佛寺碑铭〉来看,与国仙徒景文王相关的篇目如下:

"先大王, 虹渚腾辉[80], 鳌岑降迹。始驰名於玉鹿[81], 别振玄风[82]。"[83]

另外,崔致远自唐归国时, 曾经同榜的文人顾云(?~894)作送别诗如下:

---

78)《译注崔致远全集(1)》,286页。

79)《列子》,〈汤问〉"渤海之东, 有大壑焉。其中有五山, 而五山之根, 无所连著, 常随波上下往还。帝恐流于西极, 使巨鳌十五首戴之, 五山始峙。"

80) 帝挚少昊氏, 母曰女节(皇娥), 见星如虹, 下流华渚, 既而梦接意感, 生少昊。参照《宋书》卷127,〈符瑞(上)〉。

81) 角坚莹如玉的鹿。鹿生性爱山林,自古以来常用以比喻神仙。鹿仙、角仙、仙客、林属等别称也由此而来。在此, 用喜好山水的鹿的品性来比喻"游娱山水, 无远不至"的国仙气风。此外, "坚莹如玉"象征着当时国仙们在新罗可谓是首屈一指的人才。

82) 是指崔致远在〈鸾郎碑序〉中说的"风流道"。包括《四山碑铭注》在内的一些手抄本中称作"别振风流"。

83)《译注崔致远全集(1)》203页,〈大崇福寺碑铭〉。

> 我闻海上三金鳌
>
> 金鳌头戴山高高
>
> 山之上兮珠宫贝阙黄金殿
>
> 山之下兮千里万里之洪涛
>
> 傍边一点鸡林碧
>
> 鳌山孕秀生奇特[84]

诗中出现了"鳌山生奇特"的内容。这里的"鳌山"指的是新罗。如此看来,"鳌山"被崔致远神圣视之,也可能是与道仙思想有关。那么,这似乎可以看作是揆度崔致远在以檀君为顶峰[85]的韩国固有仙脉中占据重要地位的一条线索。

上文〈智证大师碑铭〉中提到的在佛教传入之前,新罗便存在仙教和儒教的传统,并多奇特之处,这点值得引起我们的注意。因为这再次强调了从中国传入儒教和道仙思想之前,新罗便已经存在重视"仁"的君子国传统和重视"朴"的青丘国传统的这种主张,这点是非常重要的。由此可以再次确认〈鸾郎碑序〉中提到的"包含三教"的主张是崔致远的主张。最终,在儒仙传统俨然存在的情况下,通过受容佛教形成了三大教门,并且出现教势的优劣,各教的宗旨得以广泛传播。

上文中所说的"仙"并非是自中国传入的,很明显指的是韩国固有的思想。[86]先暂且不论崔致远是否是韩国仙脉的重要人物,正如以前

---

84) 《三国史记》卷46,〈崔致远传〉所收。

85) 称檀君为仙人的说法也见于《三国史记》中。《三国史记》卷17,高句丽本记,东川王21年条"平壤者,本仙人王俭之宅也。"

86) 与此相关的是,在〈鸾郎碑序〉中出现的"仙史"亦是以韩国固有仙思想的人物(国仙)

道教史书中记载的那样，这算是证明了新罗仙派乃至韩国固有神仙思想的存在，相信由此可以推测出韩国仙脉模糊地存在。

然而，估计新罗最终也出现了自中国传入的追求长生不死的神仙思想，与韩国固有的神仙思想没有明显差异，出现了两者共存的现象。百济武宁王陵中出土的铜镜铭便是模仿中国后汉明帝时期的"永平七年尚方兽带镜"。[87] 据此，有诗云：

尚方[88]作竟真大好
上有仙人不知老
渴饮玉泉饥食枣[89]
寿□金石兮[90]

诗中蕴含着渴望长生不死的强烈愿望。[91]可以看出在国境观念或

....
为中心编纂而成的史书。

87) 永平7年(A.D.64)的铭文称"尚方作竟大毋伤，巧工刻之成文章，左龙右虎辟不祥，朱鸟玄武顺阴阳。上有逸人不知老，渴饮玉泉饥食枣。永平七年九月造。"模仿该铭文的文字亦见于乐浪郡时代的铜镜和在日本发掘的铜镜之中。参照《译注韩国古代金石文》第1卷，韩国古代社会研究所编，1992，429~437页。

88) 制作天子或君王所用器物的地方。

89) 据《史记》卷28，〈封禅书第六〉记载"安期生食巨枣，如大瓜。安期生仙者，通蓬莱中，合则见人，不合则隐。"神仙安期生食用如大瓜的大枣。这大枣指的是长生不老的神仙的水果。

90) 黄寿永(编)，《韩国金石遗文》，一志社，1976，52页。

91) 这里的镜子并非指平常用于装饰的镜子，而是道教中所重视的。葛洪的《抱朴子》〈登涉〉篇中说"是以古之入山道士，皆以明镜九寸已上，悬于背后，则老魅不敢近人……其形貌皆见镜中矣。"这便是照妖镜。即道教中的镜子具有辟邪的功能。
＊参考：日本学者黑板胜美的〈关于我们古时的道教思想及道教〉《史林》第8卷第1号，京都帝国大学〉论文中强调了百济近肖古王时，王派阿直岐、王仁等护送《周易》、

理念性差异并非很大的当时,不仅是百济,在新罗及高句丽这样的神仙思想也在广泛传播。[92]

但是,对崔致远来说,他对于追求久视、轻飞的神仙思想并不以为然。

> 彼文成侯为师汉祖,大夸封万户位列侯,为韩相子孙之极则曲矣。假学仙有终始,果能白日上昇 去?於中止得[93],为鹤背上一幻躯尔。[94]

这是对汉高祖刘邦的谋臣文成侯张良[95],晚年拥有至高无上的权贵后,忽然想跟随神仙赤松子游玩一事进行的评论。崔致远批判性地看待神仙术,不知是因为佛碑的特殊性,还是因为神仙术的局限

《孝经》、《论语》、《山海经》及横刀、大镜去倭国,这里的横刀、大镜等道家之物引用了李圭景的〈五洲衍文长笺散稿〉。

92) 与神仙思想相关的是,在《东京杂记》(闵周冕编,卷2,古迹条)中记录说,被推定为文武王14年(674)筑造的月池中建有三岛,象征着三神山,并模仿巫山十二峰建造了十二个山峰。此外,1970年月池被发掘的当时也证明了此事,是证明神仙思想在新罗流行的一个最好的事例。详情参照李基白,〈望海亭和临海殿〉,《考古美术》第129、130合并号,1976(《新罗思想史》中再收录)。

93) 参照《史记》卷55,〈留侯世家〉。留侯张良天生多病,平时学习辟谷之术,不吃五谷,行道引轻身之道。他总是说"家世相韩,……今以三寸舌为帝者师,封万户,位列侯,此布衣之极,于良足矣。愿弃人间事,欲从赤松子游耳",潜心于仙道。然而,高帝驾崩后,惠帝的母后吕后竭力让他进食,留侯不得已勉强听命进食。

94) 《译注崔致远全集》(1)91页,〈大朗慧和尚碑铭〉。

95) 崔致远素来对张良的评价并不怎么好。通过〈大朗慧和尚碑铭〉可看出。《译注崔致远全集》(1)》,83~84页"彼渭滨老翁,真钓名者,圯上孺子,盖履迹焉。虽为王者师,徒弄三寸舌也。"

与末弊[96]，这点虽然很难清楚地知道，不知为何，他也否定地看待仙道中说的"白日昇天"。所以说"驾鹤背之人"是幻形，是幻想。并且认为真正的仙人应该是从凡俗中脱颖而出，具有高洁的品性，就是说像张良这样尽享至高无上的权贵与荣华之后，到了人生的最后，厌烦世俗琐事，即便学习仙道，此时也无法达到真正的仙人境界。

在崔致远所作的称颂高骈品德的诗中，其中有一首〈朝上清〉"齐心不倦自朝真，当为修仙欲济人"[97]，修仙的本质不是别的，而是"齐心不倦"。道教中的上清斋分为两种。其中一种便是"心斋"。崔致远重视"心斋"，并反问道"做到心斋的话，无论何时都可以见到真人，何必在修炼成神仙后才能济人呢"，含而不露地流露出手握兵权、专心于治乱的高骈及其从事官崔致远自身的不满。[98]

崔致远还在〈中元斋词〉中说"臣生逢圣日，志慕真风，宁贪久视之门，有觊轻飞之路"[99]，对于无志于救世济民、只追求长生不老这样个人目标的仙道，认为是处于低等级的。

此外，崔致远在呈予高骈的诗[100]引用了修仙的内容，并与神仙思想相结合进行了议论：

俗眼难窥冰雪姿

---

96) 这可能与金时习指责的神仙术的末弊，所说的"知神仙，自保其身，而无益于世道"的想法是一样的。参照《梅月堂集》卷17，〈修真〉。

97) 《桂苑笔耕集》卷17，〈七言纪德诗〉。

98) 参照崔昌禄，《韩国道教文学史》，26~27页。

99) 《桂苑笔耕集》卷15，〈中元斋词〉。

100) 《桂苑笔耕集》卷17，〈献诗启〉，〈陈情〉所收。

终朝共詠小山词[101]

此身依託同鸡犬

他日昇天莫弃遗[102]

但这首诗并不是以神仙思想为主要内容的。而是即使道教信徒高骈日后晋升其他官职,也希望继续任用自己的内容。这里不能忽略的是,正如题目所示,这是一首饱含着"陈情"之意的诗。

与对神仙思想乃至道教思想的批判性和否定性认识相关的是,崔致远撰述的《普德和尚传》[103]有必要引起我们的格外注意。《普德和尚传》同《义湘传》、《贤首传》、《释顺应传》、《释利贞传》都是崔致远撰述的高僧传。该书是高句丽出身的高僧传记,在这点上值得特别注意,此外,主人公普德并非华严僧,而是涅槃宗的开创者,这点也充分引起我们的注意。

《普德和尚传》目前已失传。关于其撰述的背景、动机、目的意识等,已无法详知。但通过崔致远晚年前后的状况及几篇短篇资料综合来看,对其的推断也并非不可能。从结论来看,《普德和尚传》与其他僧传一样,是在鲜明的目的意识下撰述而成的。义湘与贤首的传记是以华严思想为基础的,相比而言,普德的传记是以《涅槃经》的平等思想和"佛身常住"思想为背景,以批判道教为基础的。崔致远

---

101) 中国西汉时,淮南王刘安服食求仙,遇方士而昇天,淮南王的门客小山之徒对淮南王思恋不已,乃作"淮南王歌"。又称作"小山词"。

102) "淮南王白日昇天,余药器置在庭中,鸡犬舐啄之,尽得昇天。"葛洪,《神仙传》,〈刘安传〉。

103) 《东国李相国全集》卷23,〈南行月日记〉"普德字智法。尝居高句丽盘龙山延福寺。……崔致远作传备详,故於此略之。"

在《浮石尊者传》和《法藏和尚传》中致力于凸现华严的圆融思想和灵异性、华严高僧超人间性的神秘性等，统一分散的民心。在《普德和尚传》中间接地批判了追求长生不死的道教，同时也暗示了一个国家出现深刻的宗教矛盾时，最终会走向灭亡之路。[104] 概括言之，崔致远在《普德和尚传》中十分鲜明地表现出对道教的批判意识。[105]

从普德生活的高句丽末期情况来看，出于政治目的，崇尚道教，道教比佛教更占有一定的优势。而佛教方面，为了与之相抗衡，创建了涅槃宗。如果说涅槃宗是为了在思想上与道教相抗衡而创建的，那么有必要对其思想性特征进行考察。按照李基白的说法，普德主要讲解《涅槃经》，最终创建了涅槃宗，因为在与当时最新扎根于高句丽的道教长生不老思想相抗衡的过程中，涅槃宗的教义是最合适不过的。[106] 那么，涅槃宗的教义到底是什么呢？

细数《涅槃经》中所蕴含的佛教思想精义，可定义为第一"佛身常住"，第二"涅槃常乐我净"，第三"一切众生，悉有佛性"。[107] "佛身常住"是指释迦即使进入涅槃，但也绝不是圆寂消失，实际上指的是永远发光的金刚不坏之身。"涅槃常乐我净"是指涅槃的四德，即常、乐、我、净与道教中的无为自然的境界不可同日而语。"一切众生，皆有

---

104) 详细内容参照拙稿，〈崔致远的僧传撰述及思想性含意〉，《韩国的哲学》第28号，庆北大学退溪研究所，2000。

105) 崔致远的《普德和尚传》中除了批判道教之外，还包含着一条十分重要的内容。即，普德依据提倡"万民平等"的《涅槃经》强调佛性的普遍性，这对真实体会到六头品身份所带来的巨大障碍的崔致远而言实际上是非常具有吸引力的。《普德和尚传》中的社会不会因身份上的限制而使个人能力受到轻视，可以说这里饱含着对能使个人能力得到最大发挥的理想社会的殷切希望。参照庐镛弼，〈普德的思想与活动〉，《韩国上古史学报》第2号，1989，139~140页。

106) 李基白，《新罗思想史》，一潮阁，1986，18页。

107) 李载昌，《佛教经传解说》，东国大学，1982，195页。

佛性",是指一切众生皆具有"金刚不坏"的佛性。在高句丽由普德创建涅槃宗,实际上也具有这样的缘由。

崔致远对道教的批判性论调并不只体现在《普德和尚传》中。在《法藏和尚传》中对贤首和尚的异迹和华严的灵异性进行叙述中,也突出了对道教和道士的否定意识。

> ……尝於曹州讲场,适辨教宗[108]邪正。有道士,谓訾玄元,含怒问曰:"诸法为平等以不?"答:"平等不平等"又问:"何有二耶?"答:"真俗异故,非一概。"黄冠益嬎,大诟三宝。
> 翌旦颏面欻见,鬚眉随手堕落,遍体疮疱,遽来忏过,愿转华严百遍。读经未半,形质复旧。[109]

并且鲜明地刻画了贤首忠君爱国的精神[110],这与批判现世利益性的道教可谓是一脉相通。像这样与崔致远的道教观相关的内容,我们不可一视而过。这里隐含着崔致远对道教的基本认识。

对照崔致远的道仙观来看,其晚年羽化登仙可能并非事实。肯定是后人对其晚年的不遇感到惋惜,进行美化的。除此之外,在世间流传的多种传说性故事也是仰慕其人格与学识,进行假托而作的。[111]

....

108) 各宗教的宗旨。这里指儒释道三教的宗旨。

109) 《译注崔致远全集(2)》,339~340页,〈法藏和尚传〉第八科。

110) 《译注崔致远全集(2)》,341~342页,〈法藏和尚传〉"神功元年,契丹拒命,出师讨之。特诏藏,「依经教遏寇虐」乃奏曰:「若令摧伏怨敌,请约左道诸法」诏从之。法师盥浴更衣,建立十一面道场,置光音像行道,始数日,羯虏睹王师无数神王之众,或睹观音之像,浮空而至,犬羊之群,相次逗撓,月捷以闻。天后优诏,劳之曰:「……此神兵之扫除,盖慈力之加被」"

111) 与之相似的例子是朝鲜初期的人物金时习。道教史书中记载金时习与崔致远一样此后，很多后辈学者称崔致远为"儒仙(既是儒学者也是仙人)"也应该从这种角度上进行理解。[112]

是韩国道脉的中兴祖格人物。但事实上，从他的道教观来看，他对道教持有十分批判的态度。其原因是，道教，特别是神仙术，与儒佛不同，道教只追求长生不死，不谈及人伦道德，结果是非社会的，只贪图自身的利益。李能和在《朝鲜道教史》中介绍的金时习道教关系论文〈龙虎〉、〈服气〉、〈修真〉等都是为了批判道教所作(《梅月堂全集》，卷17所收)。由此可见，金时习与道教史书中所说的不同，而是道教的批判论者。

112) 对崔致远的圆融会通思想倾向有着很好的理解和尊崇。休静在〈崔孤云图〉这首诗中说"时自壶中出，向人白头悲。性随山共寂，身与鹤同归"，也是以崔致远成仙的故事为基础的。

第3部
孤云思想的人的主体性基础

第1章 以人的本质为基础的主体意识

1. "道不远人,人无异国"的主体性自觉

崔致远在〈真鉴禅师碑文〉(887)的开头写道:"道不远人,人无异国"。若说这句话形成了孤云思想的哲学性基础也不为过。

"道不远人"出自《中庸》第13章"道不远人,人之为道而远人,不可以为道"[1]。这与《中庸》首章中说的"天命之谓性,率性之谓道"相呼应。[2] 本来儒教就认为真理并非存在于超现实中,而是蕴藏在人的本性中。即人的内心深处存在着天道与真理,人道是内在的天道,是其本质。所以,道就好比是"率性"。这种思维方式在儒教经典中随处可见。《孟子》中也有云:

尽其心者,知其性,知其性,则知天矣。[3]

道并不是"我"所特有的。道的根源"性",不仅仅赋予了我,同时也赋予了其他所有人,是普遍性的存在。"我"之道即是万民之道,

---

1) 《中庸》第13章。
2) 《中庸》首章可谓是儒教哲学的基础。栗谷李珥在编纂其主要著作《圣学辑要》时,将《中庸》首章置于第一篇统说的开头部分,这点值得引起我们的注意。参照《栗谷全书》卷19, 12b。
3) 《孟子》,〈尽心(上)〉。

万民之道即是"我"之道。从一开始彼此间便没有距离没有区别的。[4]"人无异国"出自中国秦朝丞相李斯的《上秦皇逐客书》中。原意是"整个天下都是大王的国家,百姓没有其他国家的"[5]。但在该语境中的意思则是"对人而言,不存在异国"、"人不会因出身国家的不同而存在差异"。这句话也见于崔致远的其它文章中[6] 用一句话来概括也是"真理不分国境"之意。

那么,崔致远为何会出此言呢?细细推敲,这句话与新罗人"主体性自觉"的变化存在一定的关联。"主体"与客体是以相对关系存在的。在我与他人的关系中,意识不到"他人"的存在,就无法正确把握自我主体。因此,若不是有"舜何人也,予何人也"[7]这样的主体性自觉,是不可能说出如此言论的。

当时,唐朝作为世界强国、文化先进国,是国际舞台上的主人公。因此,在政治文化上,充满了优越感和自信心,傲慢与偏见也很严重。唐朝认为自己是世界文化的中心国,而周围的众多国家则是文化劣等的未开化国家,野蛮视之更是寻常之事。对于唐朝的这种态度,崔致远从精神上进行抵抗,呼吁"真理便是人的主体",饱含着文化自主性乃至人权平等意识。此时,崔致远正值31岁,从唐朝回国

---

4) 李东欢,《新译四书(1)-大学、中庸》,玄岩社,1975,184页。

5) 《古文真宝》,后集卷1,李斯,〈上秦皇逐客书〉"地无四方,人(民)无异国,四时充美,鬼神降福。"

6) 《译注崔致远全集(2)》150~151页,〈遣宿卫学生首领等入朝状〉"至今国子监内,独有新罗马道;在四门馆北廊中,蠢彼诸蕃,闻其中绝。祗如渤海,无藉胶庠,惟令桃野诸生,得侧杏坛学侣。由是海人贱姓,泉客微名,或高挂金牌,宁惭附赘;或荣昇玉案,实赖余光。虽乖业擅专门,可证人无异国。"

7) 《孟子》,〈滕文公(上)〉"颜渊曰,舜何人也,予何人也。"
《译注崔致远全集(1)》,77页,〈大朗慧和尚碑铭〉"於是,上大喜,懊见大师晚,曰:「恭己南面,司南南宗,舜何人哉,余何人也?」

已有2年之久。上述言论是崔致远个人的想法,同时也是当时新罗知识分子阶层意识世界的反映。关于这点的具体内容,将在谈论"东人意识"章中进行说明。但是在这里我们也可以发现,新罗中代以后,在部分知识阶层中虽盛行慕华之风,但民族主体意识开始觉醒,并渐渐扎根,最终形成了一种时代思潮。

孤云思想中的人的主体性性质在〈海印寺善安住院壁记〉下引文部分中也有着鲜明体现,非常准确地概括出儒教思想本质的核心。

> 伟矣哉!天所贵者人,人所宗者道,人能弘道,道不远人,故道或尊焉,人自贵矣。[8]

上文出现的"人能弘道"、"道不远人"是强调人的主体是真理时所引之语。与之相关的是孔子曾云"天生德於予"[9],这点值得我们注意。人的本性的明德是上天赋予的,是"我"的中心。也就是超越与内在。那么,在这里说明上天是极其尊贵的同时,也说明人亦是尊贵的。[10]

儒教认为真理离开人或者人间现实是无法成立的。例如:

> 道也者,不可须臾离也,可离,非道也。[11]

---

8)《译注崔致远全集(2)》,278页,〈海印寺善安住院壁记〉。

9)《论语》,〈述而〉"天生德於予,桓魋其如予何。"

10) 柳承国,《儒家哲学与东方思想》,成均馆大学出版部,2010,113~114页。

11)《中庸》,第1章。

又从只有人成为主体时, 真理才能得以实现的这层意义上说:

人能弘道, 非道弘人。[12]

由此可以看出作为实践道德主体的人的地位。再一次强调了在儒教的人道主义中, 离开人或忽视人的存在, 是没有任何意义和价值的。天以人为贵, 是因为人是实践道德主体;人能够享有尊严, 也是因为人是能通过能动性、自觉性来实践道的主体。如果没有人实践道, 道就只能处于潜在的状态。从这里, 我们可以看出崔致远的哲学思想焦点是人的主体性问题。

在上文中, 崔致远认为道存在于上天所赋予的人的本性中。那么, 将实践道的主体—人, 按照等级层次进行划分, 这在论理上是行不通的。问题在于人悟道了还是没有悟道, 也就是说人想要践道的意志和努力比什么都重要。崔致远在〈真鉴禅师碑铭〉中说:

夫道不远人, 人无异国, 是以, 东人之子, 为释为儒必也。西浮大洋, 重译从学, 命寄刳木, 心悬宝洲。虚往实归, 先难后获, 亦犹采玉者不惮昆丘之峻, 探珠者不辞骊壑之深。[13]

从上述文字中, 我们可以看出朝气蓬勃的新罗人高昂的学习热情和求道精神, 而且还不是安逸求道的姿态, 而是首先亲身经历身心上的苦楚, 克己之后再求道, 或是从一开始便怀有谦虚的态度, 只有

---

12)《论语》,〈卫灵公〉。
13)《译注崔致远全集(1)》, 151~152页,〈真鉴禅师碑铭〉。

这样最终在理性上、精神上达到充盈的境界。通过这样的表现，我们可以猜测他们所付出的主体性努力程度和所获得的结果。

崔致远借用无染大师之语，殷切地强调了想要实践道的主体性努力：

> 五日为期，俾来求者质疑；谕生徒则曰："心虽是身主，身要作心师，患不尔思，道岂远而？设是田舍儿，能摆脱尘羁。我驰则必驰矣，道师教父，宁有种乎？"又曰："彼所啜不济我渴，彼所啖不救我馁，盍怒力自饮且食？"[14]

在这里，"道岂远而"便与"道不远人"两者相通。此外，"道师教父，宁有种乎"也强烈呼吁了人的本质在天赋上是平等的。

综上所述，在"当仁不让於师"[15]般坚定的信念及不断努力下，新罗人在思想、学术上达到了仅次于唐朝的水平。通过崔致远所说的"虽乖业擅专门，可证人无异国"[16]或是"舍我谁谓"[17]等，可以看出当时新罗人对文化成就的主体性认识程度。

崔致远认为对真理的主体-"人"而言，最重要的是为恢复"人的本质的普遍性"所作出的努力，他说：

---

14)《译注崔致远全集(1)》，87页，〈大朗慧和尚碑铭〉。

15)《论语》，〈卫灵公〉。

16) 参照注释6。

17)《译注崔致远全集(1)》，90页，〈大朗慧和尚碑铭〉"自兹吾土一变至於鲁，八世之后，大师西学而东化，加一变至於道；则莫知与京，舍我谁谓？"

克与上古之风,永致大同之化。[18]

这里的"上古之风"指的是什么呢？应该也是指尧舜之风。就像《孟子》中所说的"尧舜性之也,汤武身之也"[19]一样,按照自己的主体本性行动,不需要修习,便是尧舜之风。弘扬尧舜之风,便可以打开儒教所向往的理想世界,即"大同世界"之门。大同世界之门一定是在恢复每个人内心的同质性后,才可以打开的。《大学》中所说的"明明德于天下"便是这样的境界。

古之欲明明德于天下者,先治其国,欲治其国者,先齐其家。[20]

"明明德于天下"便是让世界所有人恢复天赋本性,率性而活。上述内容是反过来对《大学》八条目进行的说明。从逻辑构造或说明方式来看,位于最前面的本应该是"欲平天下者"却换成了"欲明明德於天下者",这点应该引起我们的注意。这里的"明明德于天下者"是指豁然开启整个人类每个人内心。人的本性,即通过内在的自我认同性是可以实现精神上的世界化。

当上天赋予的明德被充分弘扬时,可以遇到"潜在的自我"。明明德的境界不仅可以遇见真正的自我,还能与他人相通成为一体。明明德与新民不是两个事物,明明德与平天下也不是两个事物。由此,可推断出为何《大学》中原本"欲平天下"的位置却换作"欲明明德

---

18) 《桂苑笔耕集》卷16,〈求化修大云寺疏〉。

19) 《孟子》,〈尽心(上)〉"孟子曰,尧舜性之也,汤武身之也。"

20) 《大学》,第1章。

于天下"的原因。[21]

2. 人的主体宣言及其含义

近世哲学家一夫金恒(1826~1898)在《正易》中说"天地匪日月空壳,日月匪至人虚影"[22]。世间万物若没有主体,就不过是空壳和虚影罢了。真是一语道破了主体的问题。主体虽然在政治、经济、社会、文化等人类社会的全部领域中,被释为多种意义进行论议,其中处于最中心位置的是"人的主体"。

崔致远以"道不远人,人无异国"这八字立言,宣称真理的普遍性是以人的主体为本源的。不得不说,这是亘古不变的真理。在这里的"人的主体",具体而言就是"我"、"我们"。要是由主体自己来把握主体便是自觉,而通过自觉来进行主体性把握就是哲学的话,[23]我们可以认定崔致远关心人类自身问题正是哲学态度所致。从这层意义上来看,将崔致远呼吁"八字立言"视为是人类对自己的省察,评价其为"人间学的自觉"也不为过。苏格拉底的经典名言"认识你自己"值得我们反复品味。

崔致远在〈真鉴禅师碑文〉的开头部分一语道破"在真理普遍性面前不应该有国籍差异"。并且还在〈智证大师碑文〉的开头部分说" 以人的本质为基础,真理可以相通为一体",这是非常具有启发意义的 。

---

21) 该部分是从先师柳承国教授的讲义中获得的启发。
22) 《正易》, 18b。
23) 朴钟鸿,《哲学概论》, 博英社, 1964, 14页。

> 五常分位, 配动方者曰仁心, ……仁心即佛, ……道郁夷柔顺性源, 达迦卫慈悲教诲; 寔犹石投水, 雨聚沙然。[24]

意思是韩国人品性柔顺, 具有仁爱之心, 所以无需费心引导, 也能自然而然地融通佛教。通过上文"性源"这种表现, 我们可以揣摩出"本性的根源"到底是什么。在崔致远看来, 因为人的主体便是真理, 那么, 在人的本质的深处便存在一个共同的地方, 能够使"你我"相通、各宗教与思想融合。[25] 这种想法不仅适用于儒教与道教, 除此之外的所有宗教也不例外。在此, 真理的普遍性和人的本质的一元化[26]论理得以成立。

上文中所说的"道不远人"和"人能弘道"的人间论并不是出自崔致远的创造性思维。从这是出自孔子之语这点来推测, 孤云思想终究是以儒教为基础展开的。强调人的主体性问题的崔致远, 他的哲学也必然与人的心性问题有着极大的关注。人的主体的问题也就是天道与人性的问题, 进一步说, 是"心"与"性"问题的具体化。崔致远没有像宋代性理学那样从本质上对"心"与"性"进行区分, 正式地谈论, 这也是无需置疑的事实, 但崔致远对"心"的研究可谓是达到了一定的境界。[27] 这点将在后文中再次论及, 在此, 我们要注意的是: 崔致远把通过"心"可以使儒、佛、道三教思想汇通为一体作为最大的思想

---

24) 《译注崔致远全集(1)》, 257~258页,〈智证大师碑铭〉。
25) 柳承国,《儒家哲学与东方思想》, 257页。
26) 柳承国, 同上书, 255页。
27) 很难找到崔致远直接以哲学性角度处理"性"问题的篇章。但他所强调的"道不远人"这句话本身就内含着性与天道的问题, 可看作在其思想中也是以该问题为基础的。

根据。

在韩国儒学史的整体脉络中，崔致远虽平淡无奇，却是韩国最先从哲学角度理解儒教，而不是从"实践伦理"或"道德"层面理解儒教的学者和思想家。而且他不仅从天、人、道三者的关系中把握儒教思想，还重点考察了构成人的主体基础的"心"的问题，为缩小与高丽末期从本质上得以受容的朱子学思想的距离作出了一定贡献。崔致远被供奉于文庙的原因也可以从这里找到。对于认为崔致远是佞佛之人、不认同他是儒学者等等这种排他性的态度自不必说，以"崔致远是韩国汉文学的开山祖"这样的原因为由，作出"可以将崔致远供奉于文庙"这样的评价，这似乎难以说是正确的。

> 崔文昌之文藻神异，其所见所行，真可谓百世之师，而至于诚正之说，概乎其未闻也。然其生一隅，倡文学，功莫大焉，则配享先圣，非斯人而谁欤？[28]

以人为根本、重视人，是儒教思想的根本，也是韩国思想的传统脉络。崔致远还被评为"继承了上古时代弘益人间的思想，通过确立'道不远人'的人的主体真理观，为使其在后世发展为韩国的主要思想潮流，起到了引导作用"。[29] 通过"人的主体"问题反映出儒学思想的本质和韩国思想的主要脉络，崔致远哲学思想所具有的思想史意义便在于此。

---

28) 周世鹏，《武陵杂稿》原集卷5，〈上李晦斋书〉。
29) 参照柳承国，《韩国思想的渊源与历史上展望》，582页。

第2章 三教会极与人的主体性基础

1. 重视"人的主体性"的韩国思想源流

儒教的中心思想"仁"便是"人"的意思。从《论语》、《中庸》及《孟子》等儒教经典来看,"仁"也被称为"人"。[1]这意味着"仁"思想出自于人的主体性。道家的核心概念"朴"也是朴实自然的人的主体的意思。"仁"思想与"朴"思想在成为儒教和道家核心思想之前,便与韩国存在着不可分割的关系。即作为重视人的主体性的韩国思想的原型,从上古时代的君子国与青丘国开始,便拥有悠久的思想传统。本章作为考察崔致远如何看待重视人主体性的韩国思想传统的前提性作业,将展开如下论述。

1) 君子国与仁思想的源泉

崔致远在撰写与佛教相关的愿文、碑文、讚、记等时,主要将韩国人的品性与佛教相结合进行了解释。关于佛教在韩国盛行的原因,崔致远认为是"金之在镕"或"地之使然",强调了佛教在新罗得以接受和发展是必然趋势。关于这点,将在后文另设章节进行详细探讨,在此先引用与上述论题相关的、可作为论点的两个资料。

....

1)《论语》,〈微子〉"殷有三仁焉。";《中庸》第20章"仁者人也。";《孟子》,〈尽心(下)〉"仁也者人也。"

(A) 五常分位，配动方者曰仁心，三教立名，显净域者曰佛。仁心即佛，佛目能仁则也。道郁夷柔顺性源，达迦卫慈悲教诲。寔犹石投水，雨聚沙然。2)

(B) 我太平胜地也，性滋柔顺，气合发生。……从善如流。是故，激扬君子之风，薰渍梵王之道，犹若泥从玺，金在镕。……3)

(A)中将韩国人品性和善与佛教的慈悲一视同仁，称"仁心即佛"，从"万物始生之方"的意义出发，把东方称为"动方"也别具一番韵味。韩国从一开始便具有仁慈之心与好生之德，这就如同水之本源必定是源自大海一样，性情和顺的东方人由于品性和善，无需费心引导，佛教慈悲的教诲也了然于心。(B)中认为由于东方"仁"的调和，韩国人的品性必然是和善柔顺的，这就如同依照铸型铸物一样，佛教在韩国盛行的原因也是因为根基本源本就如此。

上述文章的目的就是从佛教的观点上来说明韩国人的品性。但是，在不同的情况下，还可能结合其它宗教或思想进行解释。从〈鸾郎碑序〉4)推测来看，韩国固有思想的原型用当时普遍性的思想，即儒释道三教中的任意一种，都无法进行说明，而是将三教思想的核心要素进行了巧妙地圆融。那么，儒者在解释的时候便可能倾向于

----

2)《译注崔致远全集(1)》257~258页,〈智证大师碑铭〉"五常分位，配动方者曰仁心，三教立名，显净域者曰佛。仁心即佛，佛目能仁则也。道郁夷柔顺性源，达迦卫慈悲教诲。寔犹石投水，雨聚沙然。……姓参释种，遍头居寐锦之尊，语袭梵音，弹舌足多罗之字。……宜君子之乡也，法王之道，日日深又日深矣。"

3)《译注崔致远全集(1)》142~143页,〈大崇福寺碑铭〉。

4) 鸾，与凤凰相似之鸟的名字，用来象征君王。郎指花郎。在新罗第48代君王景文王是花郎出身。该鸾郎碑被推测为是景文王之碑。参照张日圭,〈崔致远的三教融合思想及其意义〉,《新罗史学报》第4辑, 2005, 269~270页。

儒教。同样, 佛教或道教学者也可能站在自教的立场上进行解释。

上文所介绍的崔致远所纂写的碑文内容大部分是以中国古代的历史书或经书为根据的。出自《风俗通》中的"仁而好生",《山海经》中的"天性柔顺"、"好让不争"等, 这些语句清楚地告诉我们韩民族的特性。《山海经》里记录了韩国上古时代的君子国与青丘国。《山海经》是一本记录海内(中国)及海外(周边国家)的地理、神话、传说、风俗、异物等内容的书籍, 作者不详。[5] 不仅内容荒诞, 甚至还出现了汉代的地名, 一直以来该书的真伪引发了很多学者的争论, 认为该书并不是一本有可信度的古书。然而, 进入20世纪后, 通过甲骨学的研究成果, 证明了《山海经》中的内容与甲骨文存在相一致的部分[6], 其价值又重新得以认定。

《山海经》中的内容虽然不能全部相信, 但其中记录君子国与青丘国的〈海外东经〉条及〈大荒东经〉条中的内容与甲骨文相一致, 是有可信度的记录。其中被考证的甲骨卜辞出自殷代武丁时期, 所以君子国与青丘国最少在B.C1400年之前便已存在。柳承国(1923~2011)曾推断君子国的位置在韩半岛的西北部, 青丘国的位置在辽东。[7] 我们先来看一下关于君子国的记录：

(A) 君子国在其北, 衣冠带剑, 食兽, 使二大虎在旁, 其人好让不争。[8]

---

5) 相传是夏国的禹王或是伯益所编。总18篇, 每篇的编著年代不同。大致上以战国时代前后之作为定论。

6) 参照胡厚宣,〈甲骨文四方风名考证〉,《甲骨学商史论业》上卷, 369~381页。

7) 参照柳承国,《韩国思想的渊源与历史上展望》, 成均馆大学出版部, 2009, 72~73页。

8)《山海经》第九,〈海外东经〉。

(B) 有东口之山, 有君子之国, 其人衣冠带剑。[9]

由此可知, 君子国之人品性柔顺, 具有谦让的美德。但从"衣冠带剑, 食兽, 使二大虎在旁"这句话中还可以看出, 在柔顺、具有谦让美德的同时, 君子国之人还具有威仪和义勇之气。因此, 这个风俗淳朴、温厚、具有好让风度的国家被称为"君子国"。上文中所说的"君子"或"好让不争", 无论怎么看都与儒教有着很深的渊源。儒学是一门教育人要成为君子而勿为小人的"君子的学问"。[10] 孔子云"君子无所争也。……必也射乎, 揖让而升, 下而饮, 其争也君子"[11]。虽不能断言君子国的"君子"与儒教中的君子是一致的, 但在本质上是没有区别的。

就如同青丘国的"青"乃东方之意一样, 其实东方具有很多种重要的意义。《尔雅》中说"东至日所出为太平。太平之人仁"[12],《淮南子》中说"东方有君子国"[13]。此外,《论语》中也有以下篇章:

(A) 子曰, 道不行, 乘桴游于海。[14]

....

9)《山海经》第十四,〈大荒东经〉。
  这里的东口之东是大东、极东的意思。那么, 君子国可以说是《诗经》〈鲁颂〉中所说的"遂荒大东, 至于海邦"的大东地域沿海国家。鲁国位于山东, 位于山东之东, 海对面的国家便是韩半岛的西北部, 指的是王俭朝鲜。柳承国,《韩国思想的渊源与历史上展望》, 73页。

10)《论语》,〈雍也〉"子谓子夏曰, 女为君子儒, 无为小人儒。"

11)《论语》,〈八佾〉。

12)《尔雅》,〈释地〉。

13)《淮南子》〈坠形训〉。

14)《论语》,〈公冶长〉"子曰, 道不行, 乘桴游于海, 从我者,……"

(B) 子欲居九夷, 或曰, 陋如之何。子曰, 君子居之, 何陋之有。[15]

孔子认为当时中国"道不行", 所以想要乘木筏去九夷生活。这也是因为君子国有君子风度, 可以行道。《后汉书》〈东夷列传〉中说：

王制云： 东方曰夷。夷者, 柢也, 言仁而好生, 万物柢地而出。故天性柔顺, 易以道御, 至有君子不死之国焉。……故孔子欲居九夷也。[16]

在这里, 把韩国称作是"君子不死之国"[17]也体现出中国人的意识, 在他们认为韩国人是具有君子风度的。由此可见, 如同树根长出新芽一样, 韩国人和善的品性是与生俱来的。此外, 君子国人温厚纯良的品性和喜欢谦让的风度也被儒教视为理想境界, 特别是因"好让"的美德而被称为"君子国", 这是最贴切不过的了。

君子国的遗风在箕子东来之后, 就更根深蒂固了。根据《汉书》〈地理志〉中所记录的朝鲜社会：

殷道衰, 箕子去之朝鲜, 教其民以礼义, 田蚕织作, 乐浪朝鲜民犯禁八条, ……虽免为民, 俗犹羞之, 嫁取(娶)无所仇。是以, 其民

---

15) 《论语》,〈子罕〉。

16) 《后汉书》卷85,〈东夷列传〉。

17) 关于这点, 王先谦的《后汉书集解》中说"夷俗仁, 仁者寿, 有君子不死之国"。这里的"仁者寿"出自《论语》〈雍也〉的"知人乐水, 仁者乐山, 知者动, 仁者静, 知者乐, 仁者寿"。

终不相盗, 无门户之闭, 妇人贞信不淫辟。[18]

这段话与其说是因箕子的教化和感化而产生的效果, 不如说是韩民族自古以来就崇尚礼仪和谦让, 重视廉耻, 并且这种遗风持续了很长时间。《汉书》〈地理志〉中在上述内容后接着说到:

东夷天性柔顺, 异于三方之外。故孔子悼道不行, 设桴于海, 欲居九夷, 有以也夫。[19]

这是出自谈论古朝鲜社会及风俗中的一段话。通过上述班固的证言, 证明了中国很多史书中所说的"九夷"具体指的便是"东夷", "东夷"便是朝鲜民族。韩民族如此的气质与品性与崔致远所说的"地之使然"相联系来看, 无论是舜这样的大圣人[20], 还是小连、大连这样的大孝子[21], 都出生于东夷之地也并非偶然。

崔致远认为儒教的中心思想是"仁", 这点通过其全篇著述可得以确认。[22]〈鸾郎碑序〉中与儒教相吻合的因素虽是"忠孝", 但忠孝只不过是为了强调花郎道这个特殊集团的实践伦理。也就是说是在通过花郎道的实践伦理从纲领上对风流道进行把握的过程中产生的, 所以不能说崔致远以"忠孝"来把握儒教思想的核心。

....

18) 《汉书》卷28(下),〈地理志〉。

19) 《汉书》卷28(下),〈地理志〉。

20) 《孟子》,〈离娄(下)〉"舜东夷之人也。"

21) 《礼记》,〈杂记(下)〉"孔子曰, 小连大连善居丧, 三日不怠, 三月不解, 期悲哀, 三年忧, 东夷之子也。"

22) 《译注崔致远全集(1)》285页,〈智证大师碑铭〉"麟圣依仁仍据德。"

与"仁"思想相关的甲骨文中多次出现"东人"这样的字眼。柳承国在对甲骨文资料进行钻研的基础上,对儒教思想的形成过程进行了考察,并且论证说儒教思想在历史上是在与人方族的关系中形成的。还主张称儒教思想的形成在很多侧面上都无法与东夷族撇清关系。在下文,我们将主要引用柳承国的说法。[23]

自春秋以来,中国人称韩国为"东夷",同西戎、南蛮、北狄一起被视为野蛮民族。然而,从距今三千年前中国青铜器时期的金文来看,并非称作"东夷"而是称作"东人"。"夷"这个名称是周国后期以后出现的,本来是"人"。"人"原来也并非是中国的文字。还有,从公元前1330年时候的甲骨文来看,只有代表着东方族的人方用"人"字来表示。东部族以外的其他部族土方、井方、羌方、盂方、苦方、马方、虎方等使用卑称,只有东部族被称为"人方"。可以确定这是为了同其他方进行区别。

依据中国甲骨学或文字学的专家学者的普遍说法,"人"并非是指人的普通名词,而是作为"人方族"的固有名词,并且人方族是有礼仪和教养的部族,在文化上要比中国先进,因此,中国此后使用"人"字称为人类。中国学者劳榦曾说过:

> 我们常常把东方的人称为东夷,而夷字和仁字是通用的,仁字和人字也是出于一源,那么汉语中"人"的称谓,甚至于还有出于东方的可能。……假若夷人先成文化的先进,夷人先用了人字,作为全人类的名类,西方后起的部族,可能再为借用的。[24]

---

23) 参照柳承国,《韩国思想的渊源与历史上展望》,24~90页。
24) 劳榦,《中国文化论集》第2卷,台湾:中华大典编印会,1965,394页。

由此可见，追溯至周之前的殷、夏、尧舜等时期，东夷文化圈作为文化上的先进地区，给中国带来了不少影响。

孔子思想的中心可谓是"仁"思想。仁的原型来源于人。甲骨文学者董作宾认为"人"字与"仁"字、"夷"字在渊源上是同一个字，来源于东部族。[25]像这样，若说"人"先行于"仁"，并且人方文化开启了儒教思想先河的话，"仁"可谓是源于人方文化。

韩民族的品性与气质仁爱柔顺，箕子东来后，足以在洪范九畴的基础上推行教化，作为君子国的面貌较之前一定会焕然一新的。还有，儒教由孔子集大成后，以五经为中心的儒教思想在韩国广泛传播，儒教得以盛行。由此可见，韦庵张志渊在《朝鲜儒教渊源》中强调韩国的儒教原本不是中国儒教的附庸之说，具有一定的说服力。[26]此外，在中国集大成的儒教传入之前，韩国已经具备了儒教可以扎根的根基和可以发展的土壤。

崔致远认为儒教的根本思想是"仁"，"仁"可以与东方人柔顺的品性等同视之，这就象征性地暗示了韩国是儒教的根源。他将东人的品性看作是"仁"这点在〈智证大师碑〉中的"仁心即佛"可以推测出来。由此可知，尊重人间的思想，进一步说人道主义思想的源流及称为"君子"的理想人物原型是源于东方的。

2) 青丘国与"柔朴思想"的源流

崔致远在〈鸾郎碑序〉中说，韩国固有的风流道思想中本来就包含着儒释道三教思想的要素，而道仙性要素则是"处无为之事，行不言

---

25) 董作宾,《甲骨文断代研究》, 1932, 51页。
26) 参照张志渊,《朝鲜儒教渊源》, 京城：汇东书馆, 1921, 1页。

之教"（用无为的观点对待世事，用不言的方式施行教化）。这里所说的"处无为之事，行不言之教"便是出自《老子》第2章。

那么，这是否是崔致远未洞察风流道的实质，认为风流道中亦存与《老子》之语在内容上有相似之处的一面，故加以引用进行说明的呢？还有，风流道中也存在重视"无为之事"和"不言之教"的要素是否也能够通过历史史实予以证明呢？不得不说这是问题症结所在。

笔者欲借助柳承国的先行研究，在本章节中对上述问题进行考察。在进入论议之前，首先要阐明的是，笔者欲究明的问题在崔致远的著述中鲜有值得作为线索的资料。因此，非常担心逻辑的展开有些跳跃，甚至有些附会。然而，如同利用崔致远〈大朗慧和尚碑铭〉和〈大崇佛寺碑铭〉中的"神清远体""远神远体"这些细微的线索可以确定新罗人、新罗花郎们的"灵肉双全"思想一样，[27] 线索虽少，但我们没必要拘泥于此。

关于崔致远对道家思想的理解，我们可以通过他个人著述中众多零散的思想片语进行了解。特别是《四山碑铭》一文中相关内容非常多。然而，崔致远是如何定义道家思想核心的，这点我们很难妄下定论。大致来看，虽然可以归结为"无为自然"这四个字，但具体是用什么样的概念，展开论证，对"无为自然"进行说明，这点需要进行考察，但这并非易事。

但也并不是没有，就像〈真鉴禅师碑铭〉一文中出现的"性不散朴"该句：

----

27) 关于这点将在后文中再次论及。

禅师性不散朴, 言不由机。[28]

这句话我们若从寻常的角度来看, 会认为这只不过是表现真鉴禅师质朴品性之语, 忽略而过。然而通过这句简短的话语, 也可认为崔致远把握的道家思想核心便是"朴实"。本来用语言进行说明时, 应以较长的篇幅, 而结论性的东西无论何时都应该简单明了。"言不由机"虽然也是非常重要的, 是以道家无为自然思想为基础而进行的表现, [29]但"性不散朴"这种表现更为重要。可谓是言简意赅。将人的本性视为"朴", 刻画了性不散朴的人物形象, 可谓是展现了《老子》中所说的"见素抱朴"、"无名之朴"[30]的朴实自然思想。

老子思想中"朴实自然"的意义及其重要性, 将在其它章节中重新进行阐述。无为、无欲及"朴实"三者之间并不是不同的。[31]道家思想的核心在于"抱朴", "抱朴"与"无为自然"是相同的内容。"朴实自然"思想构成了老庄思想的核心。[32]崔致远将道家的核心概念概括为"朴", 可谓是一语中的。

但是, 在这里还有比较重要的一点是, 老子的"朴实"思想的渊源可追溯到中国殷代时期位于今辽东地区的青丘国。与此相关的最久远的记录是《山海经》中的篇章:

---

28) 《译注崔致远全集(1)》, 163页, 〈真鉴禅师碑铭〉

29) "言不由机"中的"机"是《庄子》中所说的"机心", 倾向于无为自然。《庄子》〈天地〉"汉阴一丈人谓子贡曰:'吾闻之吾师, 有机械者, 必有机事, 有机事者, 必有机心, 吾非不知, 羞而不为也'"。

30) 《老子》, 第32章"道无常名, 朴。"; 第37章"无名之朴, 夫亦将无欲。"

31) 《老子》。第57章"我无欲而民自朴。"

32) 柳承国, 《道原哲学散稿》, 成均馆大学出版部, 2010, 88页。

有青丘之国, 有狐九尾, 有柔朴民, 是维嬴土之国。[33]

先前,《山海经》因内容上存在较多的问题, 一直被视为伪书, 近年来借助甲骨学的研究成果,《山海经》的价值得以重新照明。青丘国的相关记事, 据中国学者傅斯年(1896~1950)的研究, 春秋战国时期, 生活于今南满洲地区的东部族大部分以嬴姓为先祖。例如, 郯、莒、奄、徐、江、黄、赵、秦、梁、葛、茪、裘、费等姓氏全都是"嬴姓"的后裔。[34]这也证明了青丘国被称为嬴土这一事实。

那么, 青丘国的位置大致位于何处呢？对此, 后汉时期的学者服虔[35]提供了重要线索。司马相如曾在〈子虚赋〉中说"秋田乎青丘"[36]。在同注中引用服虔之语, 曰"青丘国, 在海东三百里"[37]。近代, 李能和主张称"青丘国是位于今辽东地区的故国"[38]。柳承国也对"辽东说"提供了如下根据：

接下来对青丘国的位置进行考察。据《方舆纪要》所记, 齐景公(B.C.6世纪)曾前往青丘国狩猎[39], 汉代服虔注解称"青丘国在海东三百里"。那么, 自山东半岛向东三百里的路, 对应的是哪里呢？以

---

33) 《山海经》第十四,〈大荒东经〉。

34) 参照傅斯年,〈夷夏东西说〉,《庆祝蔡元培先生六十五岁论文集》下册, 1931, 1117~1129页(柳承国,《韩国思想的渊源与历史上展望》, 82页所引)。

35) 后汉灵帝时期的学者。参照《后汉书》卷109(下)。

36) 参照《文选》卷7, 司马相如,〈子虚赋〉。

37) 同上,"服虔曰, 青丘国, 在海东三百里。"；服虔的注解引自原典《读史方舆纪要》。

38) 李能和,《朝鲜道教史》, 李钟殷译, 普成文化社, 1982, 47~48页。

39) 见于清代顾祖禹重撰的《读史方舆纪要》〈山东青州府乐安县〉条中"青丘在县北, 相传齐景公, 曾畋于此"。

山东为圆心来看，三百里范围内只有辽东半岛。这是离山东最近的距离。[40]

柳承国对君子国和青丘国的位置进行了阐述，并考证称君子国位于韩半岛，青丘国位于辽东地区。[41]认为《山海经》中对"君子国"和"青丘国"分开进行说明，也是出于该原因。不管怎样，青丘国和君子国是韩国的故国，这自是不言而喻的。

从中国方面的史书来看，东夷族自古就天性柔顺。特别是关于青丘国人的品性，有"柔朴"、"柔顺"[42]、"柔谨"[43]等记载。在此，一致称"柔"的这点值得我们注意。"柔"本是木曲直的意思，但在这里指的是易治人的基础。《后汉书》中也说"易以道御"。如此看来，东夷族因天性柔顺，事实上并不需要法令。《老子》中所说的"法令滋彰"[44]便是如此。可以说箕子来到朝鲜，只用8条禁法来治理国家，便是因为古朝鲜人柔朴的品性。

上文中所说的"柔朴"与道家强调的"柔弱朴实之德"是一脉相通的。《老子》中有11处与"柔"相关的内容。包括第10章中的"专气致柔"，第15章的"敦兮其若朴"，第52章的"守柔曰强"，第78章的"柔之胜刚"等中都强调了"守柔"。"谦下柔弱"是老子实现自身理想的方法，故重视之。

---

40) 柳承国，《韩国思想的渊源与历史上展望》，72页。

41) 参照柳承国，同上，73页。

42) 《后汉书》卷85，〈东夷列传〉"……天性柔顺，易以道御，至有君子不死之国焉。"

43) 《后汉书》卷85，〈东夷列传〉，〈论〉"东夷通译柔谨为风，异乎三方者也。"

44) 《老子》第57章，"法令滋彰，盗贼多有。"

追溯老子的思想，可与黄帝相联系。[45]黄帝与老子的思想归结到一起，又称为"黄老无为的思想"乃至"黄老之学"。道家从渊源上来看，在老庄学之前，还有"黄老学"。[46]道家中视儒家最崇拜的尧帝为超越性人物，尊崇黄帝，将其教诲编纂于《黄帝经》与《道经》中。并视儒教的始祖孔子为可对抗的人物，将老子理想化，长时间推敲其著作《老子道德经》。公元前3世纪后期，黄老学成立，盛行至汉代之后。[47]到了后世，由于各种形态的众多假托，"黄老学"自身受到了怀疑，还出现了对黄帝和老子的思想联关性提出疑问的学者，若黄帝与老子的思想联关性丝毫不存在的话，很难作为风靡一时的思想而存在。

从《庄子》来看，黄帝曾拜访崆峒山的广成子，询问至道。[48]葛洪的《抱朴子》中也有类似的内容。

> 昔黄帝东到青丘，过风山，见紫府先生，受三皇内文，以劾召万神。[49]

---

45) 有说法认为，黄帝是神话中的人物，并非是历史中真实存在的。然而从中国上古时期的金文来看，里面出现"黄帝"的名字，所以是真实存在的可能性较高。参照柳承国《韩国思想的渊源与历史上展望》266页。

46) 日本著名道教学者认为将道家的起源视为黄帝的说法是后世道家的假托之作，连黄帝的真实存在也是值得怀疑的。参照小柳司气太，《老庄思想与道教》，金洛必译，诗人社，1988，119~120页。

47) 金谷治(外)，《中国思想史》，赵诚乙译，理论与实践，1986，82页。

48) 《庄子》〈在宥〉"黄帝立为天子十九年，令行天下。闻广成子在於空同(崆峒)之上，故往见之。曰：'我闻吾子，达于至道，敢问至道之精。吾欲取天下之精，以佐五谷，以养民人'"。

49) 《抱朴子》，内篇卷18，〈地真〉。

综合两史书的记录来看，其内容是黄帝前往青丘地区的崆峒山问道于仙人。《庄子》中出现的"崆峒山"位于何处呢？李能和引用了李睟光(1563~1628)《芝峰类说》中的如下内容：

> 按韵书曰：'禹迹之内，有三崆峒，黄帝问道处，在汝州，杜诗崆峒小麦熟，在临洮，又其一在安定'云，而苏(蓟的误字，笔者注)州之崆峒山，不与焉。按陈子昂诗曰：'北登蓟丘望，求古轩辕台，尚想广成子，遗迹白云隈'子昂岂无所考而云哉。黄帝都涿鹿，涿鹿今幽州。幽州去蓟门近，则子昂之说似是。[50]

黄帝问道于广成子的崆峒山位于蓟州，蓟州即青丘，青丘位于今辽东附近。并且引用《盛京通志》强调了辽东自古便作为众仙的仙地，具有适合发源道家思想的土壤。[51]

黄帝问道于仙人广成子的"至道之精"究竟是什么？李能和引用了道书中"黄帝向广成子询问《阴符经》"，想要立证韩国是道教的渊源，[52]《道书》中所记录的内容附会了《庄子》中出现的内容，资料可信度低。但有一点很明确不可忽视，要是黄帝前往青丘地区的话，肯定不会忽视青丘国人柔朴的品性。黄帝所问之道必然是"柔朴"思想。黄帝听闻青丘国的柔朴思想后，将"柔朴"思想传播至中原，由老子继承，成为老子思想的核心。

综上所述，崔致远在〈鸾郎碑序〉中说的风流道中包含有道仙性要

---

50)《芝峰类说》卷2, 地理部,〈山〉。

51) 参照李能和,《朝鲜道教史》, 李钟殷译, 47~48页。

52) 参照李能和, 同上, 46~47页。

素并非是单纯的文字粉饰，而是以历史史实为基础的。该历史史实便是以《山海经》的"青丘国，有柔朴民"为根据演绎而成的，可清楚地看出崔致远在韩民族中寻找道仙思想的起源。可以说这与他在〈大崇佛寺碑铭〉中所说的"迦卫慈王，嵎夷太阳。显于西土，出自东方"认为佛教发源于东方是同出一脉的。

2. 三教思想的人的主体性会通

儒释道三教是东洋的普通思想，它们均将重点放在人生哲学问题上。虽然看待"现实人间"问题的观点、态度，及运用理论对其进行说明的方式等方面，相互间存在一定的差异性，但基本上在重视人的本质、信赖人的潜能这点上，是具有共同性的。因此，研究人的问题的三教被共称为"人间学"也不为过。

当我们说"三教是由重视人的思想体系组成的"这句话时，重点处理人的主体性问题也是必然的。因此，通过"人的主体"可以寻找三教思想相互会通的可能性根据。接下来本文将按照儒教、佛教、道家的顺序对人的主体性性质进行考察。

〔1〕

儒教是重视人的价值和尊严的人道主义思想，最直接地从正面处理人的问题。然而，虽说是以人为中心，但也不是单纯的人间中心主义，与人间本位、人间优位这样的说法，或是现代所说的民主主义等，在性质上存在不同。儒教虽强调人道，但离开天道的人道就如同虚影。因此，将"天"与"人"从内在上联系在一起，人道中内含着天道，以此来强调社会的伦理性。以建立在天道基础上的人间本性为本，率性而活，便会拥有自律性和合理性。实践自律之理便称作"礼行"[53]。

如此一来，儒教思想便具有这样一个特征：以人和人之间的关系，即伦理性为基础，确保社会、国家、天下间的秩序。然而，儒教思想虽是建立在人间现实基础上的，但却没有停滞不前，而是具有实现远大理想、并升华至最高境界的现实指向性性质。《中庸》中所谓的"极高明而道中庸"[54]便是如此。中国哲学家冯友兰(1894~1990)提到儒教的特征时，说"入世间而出世间"，这就是强调了儒教并不是单纯地停留在伦理道德层面上的，而是拥有一个极高明的世界。

孔子的中心思想是"仁"，包含着所有人性的状态。"仁"的基本意义源于"人的主体"。儒教强调人间的伦理性和道德意识，这便是从重视主体中产生的。提到道德自觉，就不得不论议"内省的人间主体"。[55] 儒教的特征是尤其重视人的主体性和道德自觉性问题，可以说是洞察人的主体的思想。若离开人这一主体，儒教思想便不能成立。这里的人不是茫然的概念性的人，而是指具体的自身。主体亦不是观念性质的主体，而是具有内在诚实性的实存性主体。关于儒教思想和人的主体的相关内容，在上文进行了比较详细的说明，接下来将对佛教和道家思想进行考察。

---

53) 柳承国，《道源哲学散稿》，141页。
54) 《中庸》，第27章"极高明而道中庸。"
55) 牟宗三，《中国哲学特讲》，宋恒龙译，89页。

〔2〕

佛教有言"觉即佛",以对真理的主体性觉悟为思想本质。这里的"觉悟"与基督教中所说的"启示"在根本上是不同的。而是指人通过自己的不断努力来发掘真理。佛教中说"心即是佛,自己的本性便是阿弥陀佛",人的本质便称作佛。就像《阿含经》中所说的"诸佛世尊,皆出人世,非由天得也"[56]一样,佛是觉者,是完成修行的人。佛教中说一切万物皆有佛性,就是可以进行自我觉醒和超脱的根据。像这样因为重视对真理的自我觉悟,所以在佛教中可以济渡人间自身的只有自己。这与只依靠神的庇佑可以济渡人间的基督教伦理是不同的。由此可见,可以说佛教是彻底地以求人的内在主体的哲学,是宗教,是伦理思想。

佛教的确是在"恢复人的主体性层面上"值得受到瞩目的宗教。佛教以"人的主体性人格完成"作为宗教目的。戒(行动的净化),定(精神统一),慧(人类智慧的开发)三学的修养方法非常明确地展示了这点。并且在思想上讲求"一切众生,皆有佛性",使十方世界的全人类认识到可以恢复人的主体性。还通过超越一切区分和妄执的"般若皆空"说,展现出充满超越对立与争论、极其豁达自由的人的主体性。[57]尤其是以"直指人心"、"见性成佛"为目标的禅宗也直视人的主体性恢复,这点没必要说。对人的主体的这种强烈意志与信念,实际上在其它宗教中很难找到。

佛教强调人类本心的自觉,这在很多经传中被反复提及,崔致远的文字中也如实地反应了这一点。

....

56)《增一阿含经》,〈等正品〉。

57)《佛教学概论》,东国大学出版部, 1982, 214页。

(A) 役四体为奴虏，奉一心为君主。[58]
(B) 一心为本，汝等勉之。[59]

特别是〈大朗慧和尚碑铭〉中的下列文字很好地表现出重视人的主体的佛教特征。

(无染大师)行至大与城南山至相寺，……有一殿/石颜耆年，言提之曰：'远欲取诸物，孰与认而佛'大师舌底大悟。[60]

崔致远曾说"金言未必辨方位，究竟指心令有地"[61]，一针见血地指出佛教的教理最终是说明人心。并且，位于终极境地的人心称作直心，还主张称儒教中说的"直心"与佛教中说的"直心"并不是不同的。

书云：'措诸枉'，'思无邪'，经曰'为净土是道场'，乃直心之谓也。[62]

如此看来，儒教和佛教通过"直心"可以融通的这一点，证明了崔致远曾将儒、释、道三教思想通过人这一主体，具体而言，通过"心"

....

58)《译注崔致远全集(1)》70~71页，〈大朗慧和尚碑铭〉"大要在安其危，甘其苦，役四体为奴虏，奉一心为君主。"

59)《译注崔致远全集(1)》162页，〈真鉴禅师碑铭〉"告门人曰：'万法皆空，吾将行矣。一心为本，汝等勉之！'"

60)《译注崔致远全集(1)》68页，〈大朗慧和尚碑铭〉。

61)《译注崔致远全集(2)》206页，〈大华严宗佛国寺阿弥陀佛像讚〉。

62)《译注崔致远全集(2)》318页，〈法藏和尚传〉。

来会通。关于这点,将在后文中再次论及。

〔3〕

道家经传《老子》又称"道德经"。这时的"道"并非"道德(moral)"的意义,而是类似于存在论中所说的"逻各斯(logos)"。这个存在性意义的"道"并不是与人的主体相分离的。而是与人的本质中内在的自然性相关联的。该"自然性"也就是将人的自然本质称为"德"。[63]像这样的论理,与儒家中说的"天命之谓性"的论理是一样的。70年代中国长沙汉墓中出土的帛书本《老子》并不是由道经→德经,而是由德经→道经这样的顺序组成的。从中可以看出,其中所蕴含着通过"德"以入"道"的"因德入道"的含义。

老子的思想是以"无"为中心概念展开的。老子亦被称作是"无"的伟大发现者。[64]在这点上,还有学者称老子的思想为"否定的哲学"、"超越的哲学"。然而,不能因为老子思想具有超越性性质而将其理解为对消极避世、否定现实。

在《老子》中,反语表现是一大特征。从其内在含义来看,可知其通过否定性的语法展开追求积极肯定的论理。达到否定现实的极限后,再次展开肯定的、理想性现实。老子思想最终是对人和现实有着极大的关心。通过无为自然,确立人间主体,进而在断绝人类狡智和虚礼等所有虚假行动的状态下,以实现根本性社会改革和达成尽善尽美的人类世界为目标,这是老子思想的终极指向。道家思想并

---

63) 柳承国,《儒家哲学与东方思想》,200页。

64) 东京大学中国哲学研究室(编),《中国思想史》,赵京兰译,东方图书出版,1992,79页。

不是只停留在玄、虚、无的世界，而是以人类现实为中心课题。在这点上，组成中国式思维两大类型的儒教和道家思想在性质上是互通的，不仅是儒家思想，道家思想也可称为"实学"。

道家思想可以说是以"自然"为中心的自然主义哲学。这里的"自然"这一概念并不只是作为物理性或文学性对象的自然。人类内在的自然性与对象性自然性相连接，人处于自然之中，同时赋予了人自然性。对象性自然与人的内在自然性在人断绝所有人为的欲望、人为的知识、人为的思维、人为的行为时，才能正常展现其本来面目。这时，自然的本质称为"朴"[65]。

道家认为人的世俗性价值判断全部是相对的，而不是自然的常道，否定所有人为性要素，在无欲无知无名无为的状态，达到连"人的主体"都否定的极限，自然的常道才显现出来。比如说，我的意识与睡觉时所打开的梦的世界一样，完全否定我的人为知识与判断等，就会打开真理和真相的空间。[66]

道家思想的核心用一句话来概括就是，脱离人的智性偏见和独善性主张、自我中心性的思考方式以及价值标准，到达无为自然的状态下，恢复朴实的人本来的面貌。内心怀有"朴"的话，人的朴实自然的真实在不仅可以展现，而且万事各在其职，《老子》第67章中所说的道家三宝(慈、俭、谦让)得以实现。[67] 在这可以联想到法国的思想家卢梭(Rousseau：1712~1778)从所有人类脱离社会式教条回到人本来的无垢状态的意义上出发，呼吁"回到自然"。

---

[65] 参照柳承国，《儒教哲学与东方思想》，315页。
[66] 参照柳承国，《道原哲学散稿》，226~227页。
[67] 参照柳承国，《儒教哲学与东方思想》，315页。

《老子》中"见素抱朴"[68]这句话所启示的那样,以心怀人类朴实的自然性为思想真谛。葛洪所著"抱朴子"一书的书名不得不说是清清楚楚地展示了道家的思想性核心。老子思想中"朴"所占据的地位通过下列文字可知一二。

道常无名,朴,虽小天下莫能臣也。侯王若能守之,万物将自宾。[69]

上文中所说的"抱朴"与《老子》第10章中出现的"抱一"是相通的。这里的"一"是"无为自然"的道。无为自然的实相便是朴实的人类的天性。即,通过无为自然的方法展现出朴实,老子强调"复归于朴"。没有虚伪和虚饰的自然性可以说是真理的实相,道的实存。[70]

崔致远在〈真鉴禅师碑铭〉中说"性不散朴",使"朴"与人类本性联系在一起,从这里可以看出,他在道家中看到的人的天性,理解为"朴实",并且这"朴实"的自然性不散,抱朴理解为最理想的人的形象。进一步说,由此可推断出他准确地把握了道教的本质。

〔4〕

综上所述,儒教中所说的"天命之谓性"与佛教中的"一切众生,悉有佛性"、道家中的"无名之朴"在人的主体性层面上可以看作是一致

---

68)《老子》,第19章。

69)《老子》,第32章。

70) 柳承国,《儒教哲学与东方思想》,183页。

的。[71] 此外，即便是儒、释、道三教中与人这一主体相关的核心概念分别归结为"性"、"心"、"朴"，但这些也可以涵盖于"人"中。若是深入诠释崔致远所说的"道不远人"、"仁心即佛"、"性不散朴"的话，不得不说儒释道三教在人心性根源上是融为一体的。

崔致远在〈鸾郎碑序〉中称韩国自古便存在"风流"这一奇妙的道，风流道中自古便包含了儒释道三教要素，并受容了丰富的、异质外来思想，成为了可以吸收的思想性根底。"风流"在崔致远看来是哲学思想、宗教思想中最理想的模型。

像这样，作为所有宗教或思想可以会通到一起的共同基础，风流道的思想性基础是什么呢？这一基础不是别的，正是"人的主体"。崔致远认为，人的主体的中心达到最极点"人极"时，你和我可以会通到一起。崔致远一语道破了"道不远人"并不是说真理存在于超越性的地方，而是人的内在本质自身便是真理，通过"包含三教"的风流道实质而具体展现出来。在人的主体是其基础这点上，"包含三教"的意义可以成为"包含百教"。

正如上所说，崔致远认为所有的思想与宗教互不矛盾，在其极点可以会通到一起。崔致远的哲学思想不仅与韩国传统思想风流道联系在一起，并将其升华为自己的哲学、普遍性的哲学，从这点可以看出崔致远的思想水平和层次达到了何种境界。崔致远展示了通儒的气质与力量。

---

71) 参照柳承国,《韩国思想的渊源与历史上展望》, 544页。

第4部
孤云思想的现实性构现

第1章 三教思想的政治、社会性构现

1. 儒教的改革思想与救时精神

1) 争长事件的正名论性质

崔致远在〈智证大师碑铭〉中说"果使漂杵灄灾,键橐腾庆;昔之蕞尔三国,今也壮哉一家"[1]。这里的"蕞尔三国"、"壮哉一家"让我们不禁想起《法华经》中的"会三归一"[2]。我们可以这样理解,"会三归一"中所蕴含的理念为新罗、百济、高句丽三国统一为新罗这一历史现实,提供了必然性与正当性。[3]这个"三国一家"的想法是三国的历史传统因新罗的统一而成为一体,由此也可以确认新罗的历史文化正统性。此外,从崔致远编纂《帝王年代历》的原因之一也是为了在海内外强调新罗继承了三国正统性这一史实来看,更是如此。[4]

崔致远通过东人意识与东方思想,高扬韩民族的主体意识。与此同时,他还借与渤海国的争长事件,极力弘扬新罗的正统性以及文化的优越性。他积极参与争长事件的辩论,维护新罗的地位,他的基本思想便是以"正名思想"为基础的。正名思想是儒教核心思想之

---

1) 《译注崔致远全集(1)》,262页,〈智证大师碑铭〉。
2) '会三乘归一乘'的略语。意思是开三乘之方便,归入一乘之真实。
3) 安启贤,〈韩国佛教史(上)〉,《韩国文化史大系》(宗教、哲学),高丽大民族文化研究所,1970,215页。
4) 崔英成,〈孤云崔致远的历史意识研究〉,《韩国思想史学》第11辑,1998,110页。

一。[5]《周易》中云"父父, 子子, 兄兄, 弟弟, 夫夫, 妇妇, 而家道正, 正家而天下定矣"[6]。《论语》中云"君君臣臣父父子子"[7]。正名思想不仅强调人与人之间的"礼让守分", 这在国际秩序上也同样是需要的。北国, 即渤海国, 当时向唐朝提出请求, 希望自己国家能居于新罗之上, 而唐朝不予同意。当时崔致远代新罗王撰写了〈谢不许北国居上表〉, 对唐朝的处理结果表示感谢。该文章以"礼让守分"为主要内容, 体现了崔致远的正名思想。

> 臣得当蕃宿卫院状报, 云: "乾宁四年七月内, 渤海贺正王子大封裔进状, 请许渤海居新罗之上。伏奉敕旨, 国名先后, 比不因强弱而称, 朝制等威, 今岂以盛衰而改？宜仍旧贯, 准此宣示"者。……礼贵不忘其本, 是戒浮虚, 书称克慎厥猷, 唯防僭越, 苟不循其涯分, 乃自掇其悔尤。[8]

崔致远对渤海国的看法主要是站在正名论的立场上。特别是在新罗与渤海国之间的"争长事件"中, 崔致远所表现出来的态度是文化优越意识的另一种表现。文化优越意识的根据就是新罗是在文化方面是具有正统性的国家。当时, 新罗的国势日渐衰弱, 而渤海国势力

---

5) 台湾学者穆超在〈春秋的根本精神〉论文中将《春秋》的精神归纳为四种, 正名主义、义理之辨、尊王攘夷、复仇主义, 最先提到的便是"正名主义"。由此可以推测出正名主义在儒教中所占据的地位。参照戴君仁(外),《春秋三传研究论文集》, 台湾：黎明文化社, 1981, 41~45页。

6)《周易》,〈家人卦〉。

7)《论语》,〈颜渊〉。

8)《译注崔致远全集(2)》128~131页,〈谢不许北国居上表〉。

大振。新罗深感不安,十分担忧自己的外交地位,甚至到了不得不警惕的程度。作为一统三国的国家,新罗有必要向中国展现自己的正统性和文化的优越性,有必要将自己与渤海国的差别性明显地表现出来。

崔致远认为渤海国不是道德国家、文化国家,而是缺乏正统性的劣等国家。

> 向非皇帝陛下,英襟独断,神笔横批,则必槿花乡,廉让自沉,楉矢国毒痛愈盛。[9]

文中的"槿花乡"引用了《山海经》中的典故,是为了突出强调新罗继承了东方君子国由来已久的传统。[10]"槿花"即木槿花,盛产于君子国。"楉矢国"指渤海,意思是崇尚武略而疏忽文治的野蛮国家。[11]

崔致远认为新罗是有廉耻、有道德、懂得谦让的礼仪之国,是拥有深厚文化底蕴的文化国家,而将渤海国描写成只是崇尚武勇的野蛮国家,心怀恶意,是一个只会给他人带来痛苦的存在。当时,新罗虽处于国势日衰的趋势,但由于具有上述所说的文化优越感和正统意识,所以表文中写"臣蕃之骥或羸而可称,牛虽瘠而非怯,察彼虏

---

9) 《译注崔致远全集(2)》131页,〈谢不许北国居上表〉。

10) 《山海经》〈海外东经〉"君子国在其北,衣冠带剑,食兽使二大虎在旁。其人好让不争。有薰(一作堇)华,朝生夕死。"

11) "楉矢"是指用楛木作成的箭。靺鞨国有此箭。因楛矢与靺鞨有关,靺鞨族与高句丽遗民联合创建的渤海称为楛矢国。《史记》卷77,〈孔子世家〉"有隼集于陈廷而死,楛矢贯之,石砮,矢长尺有咫。";同注"肃慎记云,肃慎,其地在夫余国东北,可六十日行。其弓四尺,强劲弩射四百步,今之靺鞨,方有此矢。"

第4部 孤云思想的现实性构现

之鹰饱腹而高飏, 鼠有体而恣贪"[12], 表现出两国之间还存在这样的差别性化的自尊意识。

此外, 崔致远称渤海是高句丽的"残孽", 把渤海的始祖大祚荣降格为"酋长"。还有意提到大祚荣除授新罗五品官大阿餐, 是属于臣属关系的这一事实。他还认为在当时的国际秩序中, 对唐朝而言, 新罗是大藩, 渤海只是小藩, 但渤海却擅自摆脱名位, 有僭越之举, 并对此进行了以下批判。

故靖恭崔侍郎主贡之年, 宾荐及第者两人, 以渤海乌昭度为上, 有同瘠鲁而肥杞, 谁验郑昭而宋聋。淘之汰之, 虽甘沙砾居后, 时止则止, 岂使淄渑并流？车书从贺其混同, 冠履实惭于倒置。[13]

崔致远虽认同文化的普遍性, 但强调"冠履倒置"的逆位现象即便是为了国际秩序, 也不值得提倡, 按照名位, 恪守本分, 防止僭越, 这是非常重要的。如此看来, 在崔致远的思想中正名论的思考已经深入扎根。这正名思想与之后出现的名分论, 以差别化的世界为中心, 追求普遍性真理, 具有"方法论式的性质"。[14]

2）批判性的现实意识与改革意志

崔致远自唐归国后, 在各个方面展开了积极活动。但当时却不是

12）《译注崔致远全集(2)》130页,〈谢不许北国居上表〉, "伏惟陛下, 居高劫愍, 视远孔昭, 念臣蕃之骥或羸而可称, 牛虽瘠而非怯, 察彼房之鹰饱腹而高飏, 鼠有体而恣贪"。
13）《译注崔致远全集(2)》, 175~176页,〈与礼部裴尚书状〉。
14）柳承国,《儒家哲学与东方思想》, 220页。

他施展抱负和理想的最佳时机。此时的新罗已经呈现出末期的景象。因接连不断的凶年与战乱，人心背离朝廷，国情陷入混乱无法挽回，在这样的情况下，崔致远施展自己的理想与抱负实际上是不可能的。在当时的社会现实与自己政治理想的相互矛盾中，崔致远陷入深深的苦恼后，自请外放。为了挽救即将倾倒的新罗，崔致远在真圣女王8年(894)，也就是他38岁时，上呈了时务策十余条。[15]

上呈时务策3年后，即真圣女王11年(897)，崔致远代女王草拟了〈让位表〉，他对当时社会的深刻认识在〈让位表〉中得到了很好地体现。他在文章中用十分贴切的语言形象地描写了当时社会的混乱之象，就像他经常使用的"实录"一样。

(A) 及愚臣继守，诸患并臻；始则黑水侵疆，曾喷毒液，次乃绿林成党，竞簸狂氛。所管九州，仍标百郡，皆遭寇火，若见劫灰，加復杀人如麻，曝骨如莽。沧海之横流日甚，昆冈之猛焰风颠，致使仁鄉，变为疵国。此皆由臣守中迷道，驭下乖方。鸱鸮沸响於鸠林，鱼鳖劳形於鲽水。[16]

(B) 臣叔坦志切立人，言深责己，以为火生於木，而火猛则木焚；水泛其舟，而水狂则舟覆。当国大饥□致，小盗相寻，本恣豺狼之贪，渐矜鸿鹄之志。□以藏奸鼠窃，始闻胠篋探囊，乘势蜂飞，遽见□城剽邑。遂使烟尘匝境，风雨愆期，群戎益炽於东陵，余粒莫栖於南亩。[17]

---

15)《三国史记》卷11, 真圣王8年条"春二月, 崔致远进时务一十余条, 王嘉纳之, 拜致远为阿飡。"
16)《译注崔致远全集(2)》95~96页，〈让位表〉。
17)《译注崔致远全集(2)》109页，〈谢嗣位表〉。

第4部 孤云思想的现实性构现　　265

(C) 叔坦谓臣涕随言下，曰："顾兹一境，异彼三方，何则？改服章奉正朔，仰遵帝国，俯缉侯藩。故昔玉皇赐诗先祖曰：'礼义国为最。诗书家所藏'又顷皇华元季方者，来纪鸡林政事，诗云：'但美诗书教，曾无鼙鼓喧'古哲候静理斯在，而今也郡邑遍为贼窟，山川皆是战场，岂谓天殃，偏流海曲？"[18]

这与他在《四山碑铭》中赞美真圣女王，呼吁神圣性的叙述基调迥然不同。特别是该表文是代替失败政治的主人公真圣女王所作，可见崔致远是多么深刻地感受到当时现实的严峻性。同时还可以看出正因为如此，所以他将新时代的政治改革寄托在孝恭王身上。

高丽末期的文人洪侃(？~1304)作有一篇敬仰崔致远的汉诗：

先生直笔何森严
古镜飞出双龙奁
是是非非俱自然
懦夫有立顽夫廉[19]

把该诗作为评价上述崔致远的现实认识也是非常恰当的。像这样以严峻的批判意识为根据的现实认识，当然也反映在时务策中。

崔致远在这么残酷的现实中，比任何人都有着清醒的认识。他曾在〈檄黄巢书〉中引用了《春秋左氏传》中所说的"天之假助不善，非祚

---

18)《译注崔致远全集(2)》110~111页，〈谢嗣位表〉。
19)《东文选》卷6，〈送秋玉蟾骊曜史海印寺〉。

之也, 厚其凶恶, 而降之罚也"[20], 相信即便世间乱作一团, 但最终还是会回归常理, 相信正义能够取胜, 从中也可以看出他的正义观。

但与黄巢之乱时不同, 新罗的现实距离崔致远的信念太遥远。当时的时代, 在政治、社会上的矛盾与纷争愈演愈烈, 虚假、腐败、不合理猖獗, 通过崔致远这首极具讽刺含蓄意味的〈江南女〉一诗便可知晓。

江南荡风俗
养女娇且怜
性冶耻针线
妆成调管弦
所学非雅音
多被春心牵
自谓芳华色
长占艳阳年
却笑邻舍女
终朝弄机杼
机杼纵劳身
罗衣不到汝[21]

〈江南女〉一诗虽然按照不同的解释, 看法不同, 但据笔者推测, 此诗具体是通过真骨贵族与六头品的对比, 来分辨真伪、正邪、是

---

20)《春秋左氏传》, 昭公3年条。
21)《译注崔致远全集(2)》, 54~55页所收。

非。"江南女"即指君王与真骨贵族,"邻舍女"指六头品。该诗通过对比的手法,描绘出"江南女"的奢侈、懒惰、放纵与落后,"邻舍女"则是勤勉、素朴的形象。

严格分辨真与伪、正与邪是儒者的使命。之前曾介绍了崔致远的〈古意〉一诗,其中的"欲辨真与伪"就很好地概括了〈江南女〉诗中所要表达的旨意,用一句话含蓄地概括了视儒学思想为学问根基的六头品的改革倾向。

崔致远在诗中无比惋惜地感慨到:"天未悔祸,地犹容奸。时危而生命皆危,世乱而物情亦乱"[22]。也就是说,上天为了惩罚人类的错误而降下灾祸,然而人类并没有意识到这点,依旧重蹈覆辙,上天不再给人类悔悟的机会。崔致远担忧新罗的命运,夜不能寐。最终焦思苦虑发出了"观日暮而途邈,虑烟深而火爇"[23]的感叹。

目前学界大致认定崔致远是罗末丽初时期"时代精神见证人"的代表,见证了一系列的思想变化,同时还指出崔致远的局限性,认为他"不具备变革社会的勇气和智慧,是一名'周边人'"。[24]然而,从下文所要介绍的内容来看,崔致远在年轻时有那么一段时期是有志于"革命思想"的。这首诗是崔致远看到野火燎原情景时所作。

望中旌旆忽缤纷
疑是横行出塞军
猛焰燎空欺落日

---

[22] 《译注崔致远全集(2)》298~299页,〈新罗寿昌郡护国城八角灯楼记〉。

[23] 《译注崔致远全集(2)》308页,〈新罗迦耶山海印寺结界场记〉。

[24] 申澄植,《新罗史》,梨花女子大学出版部,1985,224页。

狂烟遮野截归云

莫嫌牛马皆妨牧

须喜狐狸尽丧群

只恐风驱上山去

虚教玉石一时焚[25]

诗人向我们传达了这样的意旨：搜刮百姓的官吏们和混乱世间的乱臣贼子们全部应该剿除。同时还表达了自己的担忧，即善恶不分最终会一同受害，由此反映出诗人的儒家价值意识观。在崔致远代撰的〈谢嗣位表〉中，如下引文部分也反映出他的革命思想。

火生于木，而火猛则木焚。水泛其舟，而水狂则舟覆。[26]

在这里，火与木、水与舟分别比喻的是君王与臣民的关系。以上内容可以解释为真圣女王因自己的失政，导致全国各地大小叛乱接连不断，她畏惧百姓的存在，所以寻找借口顺理成章地让位于孝恭王。

然而代撰该文章的崔致远，他的观点似乎与真圣女王不一致。即使是万民之父的君王，若悖德失政，就可以依靠百姓的力量改朝换代。汤、武讨伐桀、纣便是如此。在这里我们推测崔致远是在暗示"易位的规律"及"革命思想"。这种意识即使还没有上升到现实层面，只

---

25)《桂苑笔耕集》卷20,〈野烧〉。

26)《译注崔致远全集(2)》109页,〈谢嗣位表〉"臣叔坦，志切立人，……以为火生于木，而火猛则木焚；水泛其舟，而水狂则舟覆"。

不过点燃在崔致远内心之中，但也是一个很好的参考材料，从中可以看出他的现实意识及改革意志等。

崔致远非常敏锐地洞察世情与人心，十分关心下层受苦受难的贫民百姓。他是一名有着强烈历史责任感的思想家，同时也是一名经世大家，对现实社会有着独特深刻的见解和问题意识。因此，我们无法同意崔致远只是文学大儒而不是经世大儒的这种评价[27]。崔致远先是渡唐留学，归国后登上中央政治舞台开始了他的仕途生涯，之后又自请外放到地方过上了牧民官的生活，面对渴望变革的时代需要，他没有站在第三者的立场上置身事外，而是亲身参与，为适应时代的需求而不断努力。能概括他的经世思想和改革思想的便是时务策。

3) 时务十余条与经世思想

(1)时务策与四海一家的时局观

崔致远经常引用司马相如(B.C179？~117)的一句话，即"所谓有非常之人，然后有非常之事；有非常之事，然后有非常之功。是以非常者，固常之所觊也"。[28]想必他为了挽救走向衰亡的新罗，重振纲纪，上呈时务十余条时，当时的自信与决心便是这样的。崔致远建议的时务策便是司马相如所说的"非常之人的非常方策"，这是崔致远的现实认识和历史意识的产物，也是他救时精神的真情表露。由此可

---

[27] 赵浚，《海东杂录》，卷6"……崔以文章名世，亦非经世之学也。"(《大东野乘》所收)

[28] 《桂苑笔耕集》卷8，〈徐州溥司空第二〉"久留盛绩，终属雄才，所谓有非常之人然后，有非常之事。"；《桂苑笔耕集》卷16，〈西州罗城图记〉"昔全蜀未城也，天留盛绩，日待英才。所谓有非常之人然后，有非常之事。有非常之事然后，有非常之功。是以非常者，固非常人之所觊也。"

见,《贞观政要》中所说的"材木不借异代"、"代不乏人"等,并非虚言。

时务策是崔致远儒教思想的结晶,是崔致远改革思想的蕴积。那么,我们不得不先考察时务策具有怎样的性质,是在怎样的背景下产生的。因为只有先解决了这个问题,时务策的内容和历史意义才能变得比较明确。遗憾的是,在迄今为止的各种研究中,对这一问题几乎都没有提及。其原因在于史记资料欠缺,这也是不言而喻的。但是,如果通过几条线索进行前后情况推断的话,还是可以找出几点值得注意的地方。

据《三国史记》〈列传〉中的记载,崔致远在上呈时务策的前一年,即真圣女王7年(893),正担任富城郡(今瑞山)太守。这一年,他被任命为贺正使,但因接连凶年,盗贼横行,道路阻碍,无法入唐。之后他又作为使臣入唐,但具体时间无法知晓。[29] 虽然无法知晓确切的时间,但他作为贺正使入唐是明确的事实。有两个充分有力的证据可以证明这点。第一,崔致远作为贺正使入唐时,唐朝州县没有按例提供供给,崔致远向太师侍中上呈诉状进行请求,该事件及全文一同收录在《三国史记》〈崔致远列传〉中。第二,崔致远在作〈智证大师碑文〉时,说官衔为"入朝贺正兼迎奉皇花等使前朝请大夫守兵部侍郎","入朝贺正"这一官衔明确表明了这点。

那么,《三国史记》中所说的"不知其岁月"这一时期究竟是何时呢?能解开这一谜团的便是〈智证大师碑文〉开头中所出现的官职。该碑文是崔致远29岁时自唐归国之后,受宪康王之命开始提笔创

---

29) 参照《三国史记》卷46,〈崔致远列传〉。

作, 历时八年。文章中他把此内容表现为"影伴八冬"。[30] 从《三国史记》中所记载的任命贺正使这一史实为准来看, 崔致远可以使用"贺正使"这一官职的时间至少是在真圣女王7年(893)以后。若以该年为起点, 追溯到8年前的话, 正是宪康王12年(886, 定康王1年), 也就是崔致远归国后的第二年受命开始撰述碑文。这点与崔致远在碑文中提到的"刚接到宪康王之命, 想要动笔, 宪康王却昇遐"的记载相吻合。由此可知, 他作为贺正使赴唐的时期正是真圣女王7年(893), 也正是在这一年完成了〈智证大师碑文〉。

由此可见,《三国史记》中认为无法知晓的奉使时间重新得以确认, 与此同时, 还可以推测出与上呈时务策之间的关联背景。因为崔致远是在作为贺正使入唐归来后的第二年(894)2月向君王上呈了时务策。

综上所述, 可以推测崔致远是893年下半年左右作为贺正使入唐的, 并于第二年返回,[31] 所以, 崔致远进献时务策的背景与他在唐朝执行贺正使的任务存在一定的关联, 这样理解的话比较妥当。[32]

那么, 自唐朝归国后上呈的时务策与当时唐朝的政治、社会氛围有着怎样的关系呢？崔致远在《四山碑铭》中称宪康王"性袭华

---

30)《译注崔致远全集(1)》294页,〈智证大师塔碑铭〉"有门人英爽, 来趣受辛；金口是资, 石心弥固。忍蹄刮骨, 求甚刻身；影伴八冬, 言资三復。"

31) 安鼎福认为崔致远于897年, 即孝恭王即位时, 作为告奏使入唐(《东史纲目》第五下, 孝恭王1年条), 这应该是他结合前后情况随意推定的。李基东则推断称崔致远是在897年贺正使金颖入唐时, 作为首领身份而同伴入唐的(《新罗骨品制社会与花郎徒》, 一潮阁, 1984, 262页)。但笔者认为当时已经在唐朝及第宾贡进士, 声名大噪, 衣锦还乡的崔致远不可能再作为学生首领入唐。

32) 如果说崔致远完成了贺正使任务, 返回新罗, 在复命的同时上呈了时务策, 那么就会产生一个问题, 崔致远作为贺正使在唐朝逗留的时间要比通常贺正使一行所逗留的时间短得多。关于这点, 期待有新的研究进展。

风"³³⁾, "以花风扫弊"³⁴⁾。这虽是出于对宪康王的称赞之词, 但从中也可看出崔致远的改革思想基本上是扎根于儒教理念和唐朝政治现实中的。关于此点的直接论议线索见于〈海印寺妙吉祥塔记〉³⁵⁾。

该塔记便是在上呈时务策的第二年(895)所作。文章开头的"唐十九帝, 中兴之际, 兵凶二灾, 西歇东来"之语便与时务策有关, 向我们提供了一个重要线索。"唐十九帝"指的是唐朝第19代皇帝昭宗(在位888~904)。僖宗(在位873~888)的弟弟昭宗为了重振因宦官专横、藩镇(节度使)跋扈而越来越软弱无能的唐朝皇室, 重新复兴国家, 力求实现"中兴之治", 与哥哥僖宗呈现出截然不同的面貌。

回想唐朝在经历安史之乱(755~763)后, 藩镇割据、宦官专权十分激烈, 盛世繁华已逝, 作为世界大帝国的风采尽失。官僚与军队数量上升, 国家财政陷入危机。此外, 赋税沉重, 无法承受的农民们沦落为流民。他们中有不少人进入贵族庄园成为佃户, 还有不少人藏匿于山中成为盗贼。在唐王朝统治力薄弱的地区, 这些盗贼们掀起了有组织的大规模的农民暴动。

这期间, 历代皇帝几乎都是宦官拥立的, 要想摆脱宦官专横, 希望十分渺茫。特别是懿宗(在位860~873)之后, 13岁的僖宗即位, 宦官们开始左右政治, 天下大乱。群盗四起, 藩镇愈加跋扈, 但却无力镇压。僖宗即位后山东地区连年灾荒, 故发生了王仙芝叛乱, 黄巢随之响应(875), 黄巢之乱持续了十年之久。³⁶⁾最终虽凭借当时藩镇双雄

---

33) 《译注崔致远全集(1)》215页, 〈大崇佛寺碑铭〉"献康大王, ……性袭华风, 躬滋慧露。"

34) 《译注崔致远全集(1)》281页, 〈智证大师碑铭〉"太傅大王, 以花风扫弊。"

35) 参照《译注崔致远全集(2)》, 312~313页。

36) 参照贝塚茂树,《中国的历史(中)》, 李龙范编议, 中央日报社, 1983, 129~130页。

朱全忠、李克用的力量平定了黄巢之乱，但唐朝已经踏上风雨飘摇的灭亡之路，难以挽回。

在此种形势下即位的昭宗，品性睿智贤明，勤奋好学，重视儒术。他切实感受到皇命无法施行，朝廷权威日益衰减，决心重振往日威严。昭宗一即位后，百姓们非常期待，渴望太平盛世的到来。[37]据史书中记载："昭宗自即位后，重用贤人与豪杰，甚至在梦中都想着安邦定国"[38]。然而，昭宗虽像之前的武宗一样刚断勇敢，但内受制于党羽众多的宦官，外受制于军阀节度使，最终未能得志，遭到弑害，难逃厄运。之后，没有任何实权的哀帝（在位904~907）即位，三年后，历经20位帝王，长达290多年的唐朝灭亡了。

唐朝自僖宗之后的昏乱国情与真圣女王即位之后的新罗几乎没有异同。在很多方面上具有相似的一面。但是，僖宗即位后入唐（893）的崔致远认为当时的国际舞台唐朝处于"中兴时期"，并断言"战争和凶年两大灾害已在西国（唐朝）终止，而转移到了东国"。崔致远作为使节前往唐朝，并亲自考察了当时唐朝的局势，所以也存在这种可能性。

分析上述之语，崔致远似乎认为发生在中国的混乱景象也以同样的形式在新罗上演。这样的判断可能是因为崔致远在唐停留期间，亲眼目睹了历经十年的黄巢之乱等亡国末期的景象，或是作为当时屈指可数的中国通，具有自己独特的现实认识和时代敏锐感，出现

---

37)《旧唐书》卷20(上),〈昭宗本纪〉"帝攻书好文, 尤重儒术, 神气雄俊, 有会昌之遗风。以先朝威武不振, 国命浸微, 而尊礼大臣, 详延道术, 意在恢张旧业, 号令天下。即位之始, 中外称之。"

38) 参照曾先之,《十八史略》卷5,〈昭宗记〉。

这样的断定也是可能的。[39]也或是因为"天下一家"、"四海一家"这种儒家基本精神一直贯穿在他的潜意识中。从以下引文亦可窥探出当时的情况。

闻圣人能以天下为一家，以中国为一人者，必阐于其义，达于其患，然后能为之。[40]

不知为何，崔致远看到晚唐末期景象时，联想到了新罗，他判断新罗当时的形势，寻找两国昏乱形势中的通患(大同之患)，为了试图挽回当时新罗的混乱局面，在昭宗即位之后，从唐朝的对应策略中寻找解决方案。

当时的新罗，女王只顾贪图享乐，懦弱无能到了极点。新罗朝廷内部，角干魏弘(？~888)这些宠臣已经出现了笼络国情的势头，新罗朝廷外部，强盛的豪门贵族与叛军势力大振，王命无法正常下达，新罗落到了只在以庆州为中心的附近一带具有统治权的惨淡境地。新罗与当时唐朝的国情几乎一样，只不过唐朝是宦官专横，而新罗则是宠臣笼络国情。此时，作为使臣前往唐朝，看到昭宗的治世正朝着"中兴之治"的目标努力，不言而喻想从中寻找救弊之策。他似乎并不确信真圣女王会意识到先前的错误，会成为实现"中兴"的英明君主，但不管怎样，在国运处于乌云罩顶的非常时刻，为了尽快走出困局，凭着"忧国如家"的热忱和自己的最后一腔热血，上呈了时务策。

---

39) 这可以看作是崔致远观照世界史的发展过程，试图从普遍性中把握韩国历史现实，是这种历史意识作用下的产物。

40)《桂苑笔耕集》卷2,〈请巡行第二表〉"臣某言，闻圣人能以天下为一家，以中国为一人者，必阐于其义，达于其患，然后能为之。"

(2)时务策中体现的救时精神

通过时务十余条，我们可以考察崔致远的经世论和改革思想，然而现如今时务策内容已亡佚，连一条都没有保留下来。我们已无法正确得知其庐山真面目。只能通过比较、分析当时的现实情况与崔致远的儒教观、政治理念、改革性向等来作推论，大致猜测出当时崔致远认为急务的大概内容。

就当时而言，由于昏主真圣女王的失政，内部人事行政极度混乱，动摇了国之根本，外部因中央政府和地方豪门贵族的双重掠夺，农民们成为流民或群盗，时不时出现武装起义，引发叛乱。贵族们越来越专横暴戾，以确保独自的活动领域，对国家的统治秩序造成了严重威胁。在如此迫切的情况下，自然要对其采取相关的对策。作为最先救弊政策的便是包括人才录用革新在内的抑制地方贵族势力的跋扈、改革税制等。与其说时务策是崔致远以个人名义提出的，不如认为时务策汇集并代表了当时最高层知识团体，也就是六头品阶层的普遍见解和性向。

李基白的论稿已对崔致远的时务策作过相关论述，可作为参考。他注意到成宗时期的名臣崔承老(927~989)是庆州出身六头品阶层的后人，并推断说崔承老从前辈[41]崔致远的时务策中受到了巨大影响，进而对其进行扩大、深化并上呈了时务策。崔承老的时务策共28条，目前有22条得以保留，以此为基础作推论的话，可大略估测出崔致远的时务十余条的相关内容。[42]李基白列举了①实施科举制②强

---

41) 有庆州崔氏族谱说崔承老是崔致远的孙子，是后人假托之作的嫌疑很大。《高丽史》中证明了崔承老是殷含的儿子，但没有资料能证明殷含是崔致远的儿子。

42) 参照李基白，〈新罗统一期和高丽初期的儒教性政治理念〉，《大东文化研究》第6、7合辑，成均馆大学大东文化研究院，1969~1970，150~152页。

化王权③尊重下级贵族④抑制地方贵族势力的跋扈等重点,这并不是各自不同的,而是全部可以串联在一起。从考察崔致远的论说及平时的性向来看,这可以说是值得信服的推断。但是李基白没有从崔致远留下的文章中寻找证据,而几乎是以时代情况为证据进行推断的,具有确切的说服力方面欠妥。下文将完善李基白说法中的不足之处,并进一步对另外几点进行推论。

首先提到的第一点便是"实施科举制",即改革当时按照骨品录用人才的制度。当时即便是学识与经纶兼备,但受到骨品制这种世袭制度的束缚,难以得到重用,六头品阶层内心充满抑郁,该问题便可认为是以六头品阶层为中心形成的共同认识。特别是抱着想凭借唐朝的权威及学问的力量来挽回骨品制度劣势的想法而前往唐朝留学的六头品阶层的学子们,他们认为当时在唐朝实施的"科举制"真的是非常理想的制度。"实施科举制"与"尊重下级贵族"也是一脉相通的。

六头品出身的薛罽头曾批判当时的骨品制说"新罗用人论骨品,苟非其族,虽有鸿才杰功,不能逾越"[43],之后便前往唐朝。对骨品制的不满正如崔致远〈江南女〉诗中"却笑邻舍女,终朝弄机杼,机杼纵劳身,罗衣不到汝"[44]一句所暗示的一样。这种批判意识不仅是六头品阶层的学者,从出身成分相同的禅师身上也能找到。例如,大朗慧和尚无染(800~888)等人在君王要求上书言事时,便引用了《书经》〈皋陶谟〉中的"能官人"之语,谏言以能力为主任用人才。还有在这之前,文圣王时期寂忍国师慧徹(785~861)收到君王的建议,呈上

---

43)《三国史记》卷47,〈薛罽头传〉。

44)《译注崔致远全集(2)》,54~55页。

封事若干条, 皆为时政之急务,[45]这里也可以揣测是关于"以能力为主任用人才"的建议。

当时六头品阶层中, 由于受儒教思想的影响, 无论儒者还是僧侣都批判、排斥骨品制。在儒教中, 就算是王权, 行使绝对性权力也会受到限制。无论是何种身份或政治地位, 都是置于传统性道德规则的支配下。帝王也被认为是无法超脱道德规则约束的存在。这样的儒教思想受到了真骨以下身份阶层六头品的欢迎是显而易见的。[46]那么, 他们认为任用人才最合适的制度是什么呢？

崔致远认为任用人才最重要的就是"选士"与"知人"。[47]其根据来源于《礼记》中所说的"命乡论秀士, 升之司徒曰选士, 司徒论选士之秀者, 而升之学曰俊士"[48], 还有《书经》中所说的"知人则哲, 能官人"[49]。这也成为了通过推荐来提拔秀才和孝廉之人的荐举制的理念性基础。

本来儒教中最期望的便是"野无遗贤"[50]即没有遗逸满腹经纶、藏于草野中的贤者, 和"立贤无方"[51]也就是不受身份、门阀、出身地区的限制任用人才。但是, 具有隐逸情怀的儒贤们或是从最初开始便

---

45)《朝鲜金石总览》上卷, 118~119页,〈桐裏山大安寺寂忍禅师碑銘〉"文圣大王, 闻之, ……仍遣使, 问理国之要, 禅师上封事若干条, 皆时政之急务, 王甚嘉焉"。

46) 李基白, 同上, 146页。

47)《桂苑笔耕集》卷7,〈吏部裵瓉尚书〉"伏以, 礼称选士, 实资秀孝治科, 书贵知人, 允属銓衡之职。"

48)《礼记》,〈王制〉。

49)《书经》,〈皋陶谟〉。

50)《书经》,〈大禹谟〉。

51)《孟子》,〈离娄 下〉。

不情愿应试科举，或是直接打消了这种念头，所以通过科举制度任用他们实际上是非常困难的。因此，为了实现"野无遗贤"的理想，自古以来便实行着荐举制。

崔致远是一名儒学徒，也想实现这样的理想，对荐举制亦青睐有加。[52] 但在新罗末期混乱污浊的情况下，别说是实行荐举制发扬本来的宗旨，相反由于统治层的恣意乱用，任用人才更加紊乱，这是十分确切的事实。正因如此，六头品阶层认为与荐举制相比，实施科举制更符合新罗的实情，主管科举的遴选职责也得以重视。当时六头品阶层的学者中有不少人及第唐朝宾贡进士。他们熟知唐朝实行科举制儒教性官僚制度已经扎根一事，所以在论及任用人才时更加喜欢众望所归的科举制。

崔致远曾说"臣伏以圣君御宇，必先塞彼倖门，良士省躬，唯虑妨其贤路"[53]。这里的"侥幸之门"便是指靠祖上的阴德或门阀踏上仕途。用一句来说就是与自身能力无关，不公平地走向仕途。结合当时新罗的情况具体来看，骨品制便可以说是"侥幸之门"。上述之语虽然只不过是讲述原则性的东西，但本质上是在影射像骨品制这样以不公正的手段进入仕途之事。

崔致远在写给自己及第宾贡进士时的主考官裴瓒的书信里，称赞了裴瓒担任铨管之司毫无遗漏地挑选任用贤能之才，说因为有了他，"永期泾渭分流，必使轮辕適用"[54]。还说"今日抡材，酌淄渑而不

---

52) 这从《桂苑笔耕集》卷4，〈奏李楷以下参军县尉等状〉中的"若俟銓衡注擬，恐失舉賢"中可进行推断。

53) 《桂苑笔耕集》卷2，〈让官请致仕表〉。

54) 《桂苑笔耕集》卷7，〈吏部裴瓒尚书 第二〉"今者，移黜陟之司，託清通知鉴，……永期泾渭分流，必使轮辕適用。"

混,清通所汰,淆乱必除"[55]。这里的"泾渭分流"、"淄渑不混"是指要严格区分贤人和无能之人,应黜陟幽明;"轮辕适用"、"清通所汰"是指应知人善任,人尽其才。上述两点可以说是崔致远心中任用人才的大原则。

与实施科举制一起的人事问题革新也是重要问题之一。顺庵安鼎福分析新罗灭亡原因时说"新罗之亡,专由於嬖倖用事,纲纪紊弛,非有桀纣之暴,亡秦之政耳"[56]。这可以说是非常确切的分析。当时人事问题的革新才是能否挽回走向覆灭的新罗的关键之一,因而不得不上升为所关心的问题,其重点大致是提拔贤臣,去除权奸嬖倖。这一点与薛聪在〈花王戒〉中讽谏说"凡为君者,鲜不亲近邪佞,疏远正直"[57]同出一辙。

"强化王权"换言之就是与尊王思想相关联,也是建立在儒教理念的基础上的。按照当时的时代情况推测来看,王权强化的紧迫感更加强烈。当时新罗社会因地方豪族势力的割据,中世纪的骨品制贵族社会已经逐渐走向瓦解。此外,州郡的贡赋也没有正常上缴,国家财政实际上已经达到了非常窘迫的地步。加上全国各地掀起的叛乱,民心已经处于完全背离朝廷的状态。在此之际,崔致远为了收拾国家破败残局,挽回已背离的民心,在扬弃一直以骨品为中心的封闭式贵族政治状况的同时,抑制地方豪族势力的跋扈,在强化王权和君王的强烈统治下,构建中央集权政治体制。另外,只有"无党无偏"王权才能得以尊重,王道才能兴起,在这种判断下,他可能强烈

---

55)《桂苑笔耕集》卷7,〈吏部裴瓚尚书〉"昔年掌贡,海岳以皆空,今日抡材,酌淄渑而不混,清通所汰,淆乱必除。"

56)《东史纲目》第五下,敬顺王1年12月〈甄萱移书,请和于高丽〉条。

57)《三国史记》卷46,〈薛聪传〉。

主张实施荡平策。

其次,崔致远提出希望构建中央集权政治体制时,呼吁抑制地方豪族势力,这也是在情理之中的。崔致远在唐时深切感受到地方节度使势力的跋扈是促使唐皇室走向灭亡之路的重要原因之一。他在作黄巢讨伐军总司令官高骈的幕下时,亲身经历过军队生活,参与过军事行政。因此,他虽然不是军事家,对于藩镇制度的改革和抑制地方豪族势力,比任何人都有资格提出强有力的建议。崔致远的这种态度与当时六头品阶层的大部分知识分子串通新兴豪族势力、最终采取反新罗的态度(特别是崔彦撝和崔乘祐)可以说有着截然的不同。

当时六头品势力在批判真骨贵族独占性支配体制的矛盾和主张改革之后,遭受到了弹压和排斥。他们虽然对改革有着强烈的意志,但没有处于强有力的引导地位,没有强大的后盾。因此,最终与主导改革甚至革命的新势力,即豪族势力结下了密切的关系。

然而,崔致远毕生以恢复新罗国势为心愿,有着尽忠报国的坚强意志。没有呈现出与时俱进的面貌。下文的指责是否对崔致远的反豪族性质理解得过于肤浅了呢?

崔致远虽有着强烈的反骨品制、反新罗(?-笔者)的倾向,但对新罗社会的挑战过于薄弱。这点反映在他作为入唐使、事大文书的撰者,以文字来辅佐君王的矛盾行为之中。他这样的思想性倾向可以说是与走向"反豪族性"的立场相接轨的。[58]

再者,从安定民生和确保租税收入这两个层面出发,提出了税制改革。事实上,当时的新罗已没有必要引用像《三国史记》中的记事

---

58) 申瀅植,《新罗史》,梨花女子大学出版部, 1985, 224页。

所说的那样,"国内诸州郡,不输贡赋,府库虚竭,国用穷乏,王发使督促。由是,所在盗贼蜂起"[59],到了真圣女王时期,由于地方豪族的割据和盗贼的猖獗,征税基础已连根动摇。财政状态拮据,国库空虚,已经达到了一言难尽的地步,并威胁到国家的存在。因此,为了防止对农民阶层的掠夺,安定民生,同时也为了填充空虚的国库,无论用怎样的方式,对征税进行改革的必要性迫在眉睫。在这个问题上,可能是唐德宗时期实行过的两税法[60]提供了很多参考的样本。[61] 虽然这个制度在实行过程中出现了不少余弊和问题,但基本宗旨是为了获取上述所说的两种效果,所以很可能为了受容其长处而进行建议。

接下来,在君王身边安排自中国留学归来的六头品阶层的新进学者们进行辅佐,以求万全。这缘于立足于儒教政治理念的新进学者们以在西学蕴蓄的学识和经纶为基础,担当着当时君王的核心智慧角色。具体方案可概括为扩张文翰机构和近侍机构,强化其机能。[62]

....

59)《三国史记》卷11,真圣王3年(889)条。

60) 唐朝经历安史之乱后,百姓流离失所,形势日峻。均田制完全瓦解,庄园开始形成。租庸调税法因百姓的流亡显现出更多的问题。也就是说,即使没有要征税的田地,按照登记在册的人口数量,与实际财产状况无关进行征税,因此导致了下层民的负担加倍、贫富差距越来越大等社会性矛盾,征税根基倒塌。德宗780年,根据宰相杨炎(727~781)的建议,废除了租庸调制度,实行新法两税法。整理原有的户籍,以土地和财产为标准,按照现居地进行征税,于每年6月和11月征收金钱而非实物。并且按照营业额向商人征税,这也是两税法的一大特征。两税法作为应对庄园形成和商业发展这样新变化的经济政策的一系列转换,其意义在于课税的对象从人(劳动力)转变为土地和财产。该税法成为之后税制的基本,到了明代,一直实行至一条鞭法。

61) 金福顺,〈崔致远的经世观〉,《孤云崔致远与韩国思想》,成均馆儒教思想研究院,1996,17页。

62) 与此相关的参考文献参照李基东,〈罗末丽初近侍机构和文翰机构的扩张〉,《历史学报》第77辑,1978;李文基,〈新罗的文翰机构和文翰官〉,《历史教育论集》第21

文翰机构的扩张和机能强化是从包括崔致远在内的朴仁范、崔仁渷、崔乘祐等所谓的西学派学者,历任瑞书院和崇文台学士的事实中可以猜测而知。特别是近侍机构的改革是缘于将唐朝因宦官的跋扈导致国情十分混乱作为他山之石的目的。因为宦官的得势新罗的情况与唐朝并无二异。

但是,任用西学派时,估计并不只限于儒学者们,还提拔去过中国留学的僧侣们,让他们在国王身边担任咨问。换言之,就是扩大国师和王师制度的技能,可称作是强化策。[63]这从崔致远在〈海印寺善安住院壁记〉中提到的善德女王将西学归来的比丘智颖和乘固作为大德,并称赞他们致力于百姓教化一事可以推测出来,对于任用高僧一事,文中用"举之若取火於燧,用之犹度木於山"这样的话来作比喻。[64]

这样的方案是崔致远所谓的"化俗所资,尊贤是务"[65]这种正确主张的具体化表现,也可看作是儒佛的融合方案。因为当时西学归来的僧侣们大部分属于六头品阶层,所以说崔致远认为的"贤者"不分儒释,是指六头品阶层的人也不为过。特别是像国师和王师这样的情况,几乎都是西学派禅师,从这点来看,在国师、王师制的扩大和强化机能的方案中还包含着将与地方豪族势力有关联的禅宗势力引

辑,大邱:历史教育学会,1996。

63) 参照许兴植,〈高丽时代的国师、王师制度与其功能〉,《历史学报》第67辑,历史学会,1975。

64) 《译注崔致远全集(2)》,280~281页"昔我善德女君,宛若吉祥圣化,诞鹰东后,景仰西方。时有观光比丘,曰智颖,曰乘固,去探赤水,来耀青丘。於是,宠彼上乘,擢为大德。自尔厥后,寔繁有徒,五岳群英,竞励为山之志,四海释种,能均入海之名。……举之若取火於燧,用之犹度木於山。"

65) 《译注崔致远全集(2)》,279页。

向中央政治舞台这样的意图。

除此之外，还提到了几个当时新罗自身所存在的问题，例如，从百姓大和睦的角度出发，对农民叛乱采用包容性的态度收场。

正如上文所述，我们可以推测崔致远的时务策中积极反映了儒教的政治思想。他的时务策是立足于儒教政治理念的结晶，渴望中央集权性的官僚政治倾向浓厚。然而，最终崔致远的时务策并没有被实施。其原因为何？根本上是因为"骨品制的改革"这个革命性的内容遭受到了安居于现有体制、固守传统的真骨贵族的顽强反抗。由于对骨品制改革的顽强反抗，导致原本可以实行的内容最终也沦为无用武之地。还有一个原因是因为当时新罗社会中还没有形成立足于儒教理念的政治风气，具有一定的脆弱性。此外，时务策的内容本身也不是没有局限性。在当时复杂多变的社会现实中，越过各种势力的利害关系，建议总体上值得吸收的内容，事实上是不可能的。由此看来，在当时这样的乱世中，因为他并非是革命家，要发动令人瞩目的变革，实际上他的地位和力量是微弱的，就连当时的王权也处在没有办法受容其主张的情形之中。

崔致远从自己的时务策无法被实行一事中感觉到了挫败感，孝恭王2年(898)因"鸡林黄叶，鹄岭青松"的上疏事件，带领家人隐居伽倻山。开始了从政界完全隐退生涯。

隐居海印寺时，崔致远认为自己的隐遁并不是因为政治理由而导致的消极逃避，相反而是对自己的行为和主观辨别是非采取的积极措施[66]，但之后，这种想法随着时间的流逝而逐渐消退。他在海印寺

---

66)《译注崔致远全集(2)》，278页，〈海印寺善安住院壁记〉"大易之'不事王侯，高尚其事'，'幽人贞吉'，其履道乎。幽人何谓？梵子或亦近是。援儒譬释，视古犹今。"

时, 与包括胞兄贤俊和定玄大师在内的华严僧们交往密切, 沉醉于佛教时, 世俗中弓裔与甄萱通过掠夺新罗各地, 百姓们流离失所, 形势严峻。他在《法藏和尚传》(904)的结尾叹息到"乱世能做何事, 只添七不堪[67]", 已经对世间之事失去了迷恋和期待。从此, 期待他成为历史促进主体这一角色也成了难以期待之事。在这也能看出崔致远对克服当时混乱的局面有些无能为力、懦弱的知识分子形象。

然崔致远虽对世间之事毫无用武之地, 但也不能对新罗走向覆灭一事袖手旁观。更不能像崔仁渷(后来的崔彦㧑)或崔承祐一样抛开新罗投靠王建或甄萱。即便是无力, 坚持倡导以华严思想为基础的护国、忧国思想一事。这在他的〈新罗寿昌郡护国城八角灯楼记〉等中得到了很好的体现。从中也可揣测出生于乱世的知识分子的苦恼与郁愤。

崔致远在〈智证大师碑铭〉中说"道不可废, 时然后行"。正如此句所言, 崔致远的时务策即便在当代无法实现, 给后世也造成了巨大的影响。他所憧憬的改革目标和方向在之后的高丽初期, 通过以庆州系为中心的后辈学者们开花结果, 再次于历史中绽放光彩。新罗灭亡之后, 高丽太祖王建对儒教政治颇具关心, 并为此实行了一系列政策, 造成了很大影响[68], 经过光宗时期的政治变革和科举制的引进, 实现儒教政治理念的基础开始形成。特别是成为了庆州系儒臣崔承老上呈时务二十八条的理念性背景[69], 并且发展为当时新的

---

67) 嵇康所说的'七不堪'中的第七件事, 是指世俗之事纠缠于心而不自由。参照《文选》卷43,〈与山巨源绝交书〉。

68) 参照李在云,〈高丽太祖的政治思想-与崔致远的思想相关〉,《白山学报》第52号, 1999。

69) 参照金福顺,〈崔致远与崔承老〉,《庆州史学》第11辑, 庆州史学会, 1992。

统治阶层的新势力们信奉儒教为政治理念，最终通过成宗一系列的儒教政策开始逐渐实施。在此可以寻找崔致远的时务策所具有的历史性意义。

时务策中所汇集的崔致远的政治改革思想虽然在当时没有获得成效，却在日后高丽建国过程中提供了理念性方向，通过引导知识分子的思想性变化，对高丽前期立足于儒教思想的中央集权性贵族政治的实现，作出了巨大贡献。在这点上，不能说崔致远是"失败的政治家"。

然而，关于崔致远的政治理念和改革思想，有人批判说"开启了新时代却没能展示出新理念和体制"[70]。特别是对他的现实感提出问题的批判形成了主流。这是因为崔致远的时务策没能展现未来性规划，安居于当时国际政治的舞台唐朝的秩序中，特别是对昭宗的"中兴之治"的构想有着过大的期待。与此同时，崔致远在隐居之后，在暮气沉沉的氛围中只潜心于宗教活动，这不仅是"时代之错"，也是他的现实意识和历史意识的一个局限性。

朝鲜后期北学派实学者楚亭朴齐家(1750~？)在说明北学的正当性时，指出接受中国的先进文化，在韩国进行革新的人物当数崔致远和重峰赵宪(1544~1592)两位，应该继承他们的北学思想和改革精神。[71]但崔致远这一人物与赵宪的情况不同，直到最近，崔致远也被贬斥为唐人化的、没有主体性的人物。与这样的事实相比，朴齐家将

---

70) 全基雄，〈新罗下代末的政治社会和景文王家〉，《釜山史学》第16辑，釜山史学会，1989, 37页。

71) 《楚亭全书》，亚细亚文化社，1992, 下卷，417页，〈北学议序〉"余幼时慕崔孤云赵重峰之为人，慷然有异世执鞭之愿。孤云为唐进士，东还本国，思有以革新罗之俗，而进乎中国。遭时不竞，隐居伽倻山，不知所终。……鸭水以东，千有余年之间，有以区区一隅，欲一变而至中国者，惟此两人而已。"

崔致远视为北学思想的先驱者这样的评价具有划时代的意义。

2. 华严、禅思想的政治社会性影射

1)华严思想与护国性的尊王精神

崔致远喜欢禅宗,到了晚年更是沉醉陷入了华严思想中。这点可从他作为儒者重视中央集权性专制王权的政治理念与华严思想两者间的相通之处上找到原因。特别是从当时的情况来看,华严思想的这样认定所有的存在,并引出相互间非对立而是融合和连带的特征,在他看来是非常具有魅力的。事实上,从当时自身的不遇处境来看,如果不能忍受作为最高知识人的苦恼与郁愤,像崔彦㧑或崔承祐一样背叛新罗,可以作王建或甄萱的幕下。或者可以投靠当时在地方割据的豪族集团、与豪族集团相关的形成相当大势力的禅宗寺院,弯身折腰。但是他忠心耿耿的忧国执念至始至终排斥这样的做法。特别是对当时大多数的禅宗势力与地方豪族们相勾结威风大振一事,不仅感到了很大的危机感,而且对新罗王室始终没有心怀二心。

从崔致远沉醉于华严思想后所撰述的华严相关著述来看,与《四山碑铭》的三个禅碑中所见到的不同,带有以王室和贵族为中心的佛教倾向。与〈新罗寿昌郡护国城八角灯楼记〉等文章中显现出强烈的"致君奉佛"[72]的护国佛教性性质。特别是〈海印寺妙吉祥塔记〉中

---

72)《译注崔致远全集(1)》79页,〈大朗慧和尚碑铭〉"献康大王居翼室,泣命王孙勋荣谕旨,曰:'孤幼遭闵凶,未能知政;致君奉佛,誧济海人,与独善其身,不同言也。幸大师无远适,所居惟所择。"

介绍了华严僧僧训的事迹，说'护国为先'，暗示了华严思想与护国佛教存在关系。还有，在某个结社愿文中说"夫以经为社者，乃聚人以善缘，报主以至诚之会也"[73]，华严结社的目标与"尊王思想"有着直接关联。这些与崔致远的晚年事迹，特别是学术、宗教活动和护国尊王思想相关，不可以忽略而过。

但是，当时华严宗不能团结一致，而是分为两个派别，相互间水火不容，恶劣对峙。当时海印寺中居住着代表华严宗的两位宗主观惠和希朗，华严宗在这两个人的推动下形成了两个不同的派别。这两个派别相互间不仅展开了激烈的论争，最后依附于各自当时的政治势力，最终背叛了新罗。观惠以智异山华严寺为据点，成为后百济甄萱的福田。希朗以太白山浮石寺为据点，成为高丽太祖王建的福田。观惠派别称作南岳派，希朗派别称作北岳派。[74]如此一来，华严宗的分裂和与政治势力的依附是加速新罗灭亡的原因之一。

在过去的时期里，华严思想成为三国统一的思想性、理念性支柱，"统三"的伟业得以完成。当时新罗日益衰败，后百济与后高句丽兴起，此时崔致远希望再一次通过华严理念实现统一。崔致远到了晚年沉醉于华严思想，也正因如此。

崔致远隐居于海印寺，并撰写了《浮石尊者传》、《法藏和尚传》(贤

---

73) 《译注崔致远全集(2)》223页，〈华严经社会愿文〉。

74) 《大华严首座圆通两重大师均如传并序》〈第四 立义定宗分者〉"师(均如)北岳法孙也。昔新罗之季，伽倻山海印寺，有而华严(寺)司宗，一曰观惠公，百济渠魁甄萱之福田，二曰希朗公，我太祖大王之福田也。二公受信心，请结香火愿，愿既别矣，心何一焉？降及门徒，浸成水火，况於法味。各禀酸醎，此弊难除，由来已久。时世之辈，号惠公法门为南岳，号朗公法门为北岳。师每叹南北宗趣，矛楯未分，庶塞多岐，指归一辙。"《《韩国佛教全书》第4册，512页)

首传)、《释顺应传》和《释利贞传》等华严高僧们的传记。[75] 将其认为是站在禅宗的立场上拥护对教宗的代表华严宗进行非议、攻击的意图中产生的这样的理解比较容易。[76] 但是，崔致远在《法藏和尚传》的结尾引用了胞兄贤俊的话，根据如下所引，可猜测出与华严宗内部相关。

且曰，古贤以取其言，而弃其身，心为盗也。今学则禀其训，而昧其述，颜实覥焉。况有效鸣之徒，或陈大嚼之说，玷污前哲，眩惑后生，虽复阎朝隐有碑，释光严有传，惰於披阅，勇在矫诬矣。至有识史学为魔宗，黜僧谱为废物，及谈疏主缘起，或作化人笑端。是谓'谦朋不无忝祖可掩而走'[77]

这里所谓的"大嚼之说"、"史学为魔宗"、"《十玄谈》里……"等等之语是针对那些分明从法藏和尚派系受到了巨大恩惠，却不知其恩德，或者认为法藏和尚为首的华严高僧们改变了分支派别，毫无根据地中伤陷害，贸然对其进行批判排斥的反对派华严派，进一步

---

75) 综合崔致远所撰写的与华严相关的文字，可推论出他认为新罗华严主流是由智俨→义湘→神琳→顺应→利贞→希朗们组成的体系。崔柄宪，〈新罗史中的崔致远〉，《第4辑 国际佛教学术会议论文集》，大韩传统佛教研究院，1981, 131页。

76) 崔致远佛教相关的著述中，代表作品就是《浮石尊者传》(1卷)和《法藏和尚传》(1卷)。前者是新罗华严宗的开山初祖义湘的传记。现如今已失传，无法进行论断，但《三国遗事》〈义解·义湘传教〉条中称其为"崔侯本传"，《均如传》中称作"湘师传"，由此可确认其存在。一然、均如即便是在当时，该书流传下来，对其进行了参考。后者是义湘的同窗，中国华严宗的第三祖法藏和尚贤首的传记。在韩国已经泯灭，保留在日本的《大正新修大藏经》卷50, 史传部(二)中。两者成双成对，崔致远的撰述意图是通过中国和韩国华严高峰的思想与发展史，间接认识华严的本质。高丽文宗时，赫连挺继承了崔致远这样的遗旨，作了华严高峰均如的传记，在〈大华严首座圆通两重大师均如传并序〉开头写到"……故瑞书院学士，夷喆澹清河公致远，作相师傅，独首座之行状阙焉，一乘行者惜之，予亦惜之"(《韩国佛教全书》第4册, 511页)。

77) 《译注崔致远全集(2)》356页,〈法藏和尚传〉。

连禅宗派系也包括在内。[78]他在为中国华严宗第二祖智俨和尚所作的结社愿文中说"纵欲观空,宁宜弃本"。[79]即,佛教中追求"空",连寻找自己的学问性、宗教性根底都被认为是毫无意义的,针对这点,强调了寻找自己根底的努力并不是来源于分辨彼此的毫无意义的分辨心。这句话可以说是对上述引用文中阐明的"黜僧谱为废物"的警告。从某些方面来看,崔致远对于佛教界内部的宗派性争论之事作出如此敏感的反应,证明了他重视和接受法藏和尚贤首派系的华严思想。

崔致远倾注心血撰述华严界名僧们,特别是在中国和韩国将华严灯火传递于后世、牢固建立宗派的双璧贤首和义湘的传记,这源自不仅想通过他们的思想和景行纠正对华严的误解和错误的认识,更希望消除末流的派别意识这样的意图。换句话说,是因为他认为在广泛传播华严的真面目,实现华严教坛的团结这个问题上,通过中国和韩国的代表性华严大德的传记是最容易的方法。在此可以推测出崔致远对华严的尊信程度。他在晚年拖着弱不禁风的身体,将完成《法藏和尚传》视为毕生最后任务[80],这便是为警戒"世衰道微"的教界的一种忧患意识中产生的。从这里可以看出撰述动机其自身带有作为儒者的使命意识。

---

78) 金相铉针对这样的情况说到"公元900年前后时期的新罗华严宗中,存在着强调法藏功劳的贤俊、崔致远等势力以及批判他们的势力,引发相互间的矛盾,这是值得瞩目的事实"。金相铉,〈新罗华严学僧的体系及其活动〉,《新罗文化》第1辑,东国大学新罗文化研究所, 1984, 78页。

79) 参照《译注崔致远全集(2)》257页,〈故终南山俨和尚报恩社会愿文〉。

80) 崔致远将完成《法藏和尚传》视为终生的任务,这可能也是为了与《浮石尊者传》凑成一对。这一推断妥当的话,在《法藏和尚传》之前便完成了《浮石尊者传》。然而,《浮石尊者传》是否是隐居在海印寺完成的,这点很难断定。

2) 禅思想与实践性的改革精神

所谓禅是指追求从世俗性的所有束缚和障碍中解脱出来、能自由自在行动的 "自我发现"。拒绝所有的世俗意识，在原始的田野上不断探求人间存在。若那个没有阻碍的"自我发现"方式称作"悟"的话，那么悟可以说是对历史浪潮或社会动向都不会有任何立场。因为选取特定的立场时肯定就会产生成见，若是这样就会阻挡在绝对自由的境界憧憬"更宽更广境界的悟"，把悟自身固定在了一定的框架中。[81]

在被称为自我发现的"禅"的修行中，一定要有精神上转换的动机。也就是说，将在外活跃的意识活动向内转，在向内的观点上进行自我发觉，专注于为自我变革的彻底实践，面前的阻碍契机必然随之而来更深的自我否定。那么，在"禅"的修行中伴随着尖锐的批判精神和爆发性的疑虑，必须应该这样。如果没有这样的推进力，只能安居于现实，不能获得新的归处。缺乏彻底的批判精神、坚持不断的疑心与自我否定的状态下，一味盲目地修行来觉证，是错误的实践。[82]

像这样，"禅"原来就具有强烈的批判精神、否定自己变革自己的野性及挑战性倾向。正因如此，波及到政治性、社会性的时候，批判否定现实社会，成为改革运动的先驱，甚至否定体制，这是不言而喻的道理。

实际上，新罗下代以后教宗与禅宗不仅在性质上有所不同，政治、社会性基础也不相同。教宗以中央的真骨贵族为基础，而禅宗与地方的豪族势力存在一定的联系。所谓教宗与禅宗的对

---

81) 西顺藏(外),《中国宗教史》,赵诚乙译, 天学术研究院, 1996, 119~120页。
82) 《佛教学概论》, 东国大学出版部, 1982, 180页。

立, 造成了就连中央的贵族势力与地方的豪族势力间也相互较量的局面。就如同通过〈四山碑铭〉可以推测出的一样, 崔致远在早期比较喜欢"禅", 这是因为禅师们基本上以六头品或地方豪族出身为主, 他们在出身背景相同这点上, 似乎在很多方面颇有共感。此外, 还因为"禅"中呼喊的"改革佛教"的旗帜与崔致远儒教观中的"批判性改革思想"正好相符。

崔致远想通过禅师们的事迹来具体发扬禅家所呼喊的强烈的批判精神、实践佛教的性向、普度众生的愿望等。他在归国之后对"禅"产生了浓厚的兴趣, 虽然这首先归结于撰写众多高僧塔碑文这个契机, 但比较直接的是从凭借"先难后获"[83]精神致力于求道的禅师们的强烈实践性中受到了极大的影响。崔致远借无染国师之语说到:

> 心雖是身主, 身要作心师。患不尔思, 道岂远而。设是天舍儿, 能摆脱尘羁。我驰则必驰矣, 道师教父宁有种乎?[84]

这里的"身要作心师"是在与实践相脱离的状态下, 将默坐证心作为第一义, 针对从高远之境寻找真理的人, 要求强烈的实践性。也就是说, 在自己率先躬行实践中真理才得以体现, 在这点上不需要格外的道师与教父。特别是"道师教父宁有种乎"这一反问句, 虽然在宗教上针对的是权威化的教宗, 但似乎也可以看作是在政治上有针对骨品制的意图。还有"道岂远而"这句话就是与行住坐卧的日常行为

---

83) 《论语・雍也》, "仁者, 先难而后获, 可谓仁矣。"

84) 《译注崔致远全集(1)》87页, 〈大朗慧和尚碑铭〉"论生徒则曰:'心雖是身主, 身要作心师。患不尔思, 道岂远而。设是天舍儿, 能摆脱尘羁。我驰则必驰矣, 道师教父宁有种乎?'"

与作用都是道这句话一样,很好地反映了说"平常心是道"的马祖(道一)之后的祖师禅的精神。[85]

崔致远撰写众禅师们的碑文,始终将突出他们的实践性、苦行状作为主要简介之一,这也说明了他最重视禅家所呼吁的实践问题。从〈大朗慧和尚碑文〉来看:

每言祖师尝踏泥,吾岂暂安栖。至撊水负薪,或躬亲。[86]

描写了无染国师自己带头给徒弟们做榜样。重视通过这样劳动的"禅",即追求修行与劳动如一的精神让我们联想到大智怀海(720~814)百丈清规中所说的"一日不作,一日不食"。崔致远还对无染国师的苦行状和普度众生行为有如下的叙述:

(A) 服勤无所择,人所难己必易,众目曰"禅门庾[87]异行"。[88]
(B) 凡所止舍远人烟,大要在安其危,甘其苦,役四体为奴虏,奉一心为君主。就是中,颛以视笃瘵恤孤独为己任,至祁寒酷暑,且烦暍或鞁瘵侵,曾无倦容,耳名者不觉遥礼。……其

....

85) 郑性本,《新罗禅宗的研究》,民族社,1995,277页。
86) 《译注崔致远全集(1)》88页,〈大朗慧和尚碑铭〉。
87) 庾黔娄,中国南朝时南齐与梁国的名士。字子贞,曾担任散骑常侍。以至孝而闻名。父亲患病后,听闻医生说"欲知差剧,但尝粪甜苦",于是就去尝父亲的粪便,发现味甜,内心十分忧虑,跪拜北斗七星,祈求代父去死,父亲去世后,居丧过礼,庐于冢侧。
88) 《译注崔致远全集(1)》69页,〈大朗慧和尚碑铭〉"……去谒麻谷宝彻和尚,服勤无所择,人所难己必易,众目曰,禅门庾异行。"

三十年行事业其如是。[89]

(C) 观光尧日下, 巨筏悉能舍, 先达皆叹云, 苦行无及者。[90]

还在〈真鉴禅师碑铭〉中说到：

义公前归故国, 禅师即入终南, 登万仞之峰, 饵松实而止观, 寂寂者三年。后出紫阁, 当四达之道, 织芒履而广施, 憧憧者又三年。於是苦行既已修, 他方亦已游。[91]

如上结合普度众生的行为和苦行状进行叙述的原因是：首先, 具备经受极大苦行锻炼的身体才能积极地进行普度众生的行为, 最终希望重视实践的新的信仰运动得以广泛开展。

崔致远还借用无染国师之语对"禅"是自得、自证作了如下叙述：

是道澹无味, 然须强饮食。他酊不吾醉, 他飧不吾饱。[92]

由此可以看出不想被已有的权威束缚的禅宗的自律性和强烈的实践性。

---

89)《译注崔致远全集(1)》70~71页,〈大朗慧和尚碑铭〉。
90)《译注崔致远全集(1)》92页,〈大朗慧和尚碑铭〉。
91)《译注崔致远全集(1)》158~159页,〈真鉴禅师碑铭〉。
92)《译注崔致远全集(1)》95页,〈大朗慧和尚碑铭〉。

3）新罗佛国土思想和佛教当地化的信念

佛国土思想扎根于新罗可以说大致始于慈藏大师。[93] 佛国土思想在新罗弘扬佛法的过程中起到了至关重要的作用。崔致远也立足于自己一定的论理，坚信佛国净土将逐渐在新罗实现。他在〈海印寺结界场记〉中说：

> 尝闻，大一山释氏，援金言而警沙界云："戒如大地，生成住持"，盖发心业之谓也。故大经曰："世及出世，诸善根，皆依最胜尸罗地"，然则地名相协，天语可寻。国号尸罗，实波罗提兴法之处，山称伽倻，同释迦文成道之所。[94]

他确信"名非虚设，理必有因"[95]。新罗的别称是"尸罗"[96]（Sila），并且还有山名叫"伽倻"，这都与佛教有着密切的关联，新罗实在是被选中的地方。连名字都相符合，佛教得以兴盛也是必然的。这也可以说是崔致远独特的东人意识乃至佛国土思想。这种认识也出现在〈智证大师碑铭〉的开头部分：

> 五常分位，配动方者曰仁心，三教立名，显净域者曰佛。仁心即佛，佛目能仁则也。道郁夷柔顺性源，达迦卫之慈悲教诲，寔犹石投水，雨聚沙然。……加姓参释种，遍头居寐锦之尊，语袭梵音，

---

93) 参照辛钟远，〈关于慈藏佛教思想的再检讨〉，《韩国史研究》，第39辑，1982。

94) 《译注崔致远全集(2)》306页，〈伽耶山海印寺结界场记〉。

95) 《译注崔致远全集(2)》296页，〈新罗寿昌郡护国城八角灯楼记〉。

96) "尸罗"，清凉或是戒律所译。六婆罗蜜之一。

弹舌足多罗之字。是乃天彰西顾，海引东流，宜君子之乡也，地王之道，日日深又日深矣。[97]

崔致远这样的新罗佛国土思想体现在很多篇章中，可谓是不胜枚举。并没有停留在像慈藏那样口传性的水平上，而是带有相当浓厚的学术性色彩，别有一番风味。

崔致远的新罗佛国土思想与他的东人意识直接相关。他在〈大崇福寺碑铭〉中说"迦卫慈王，嵎夷太阳。显于西土，出自东方"[98]。即佛教在西方以宗教式的形态得以综合、完成，但以自己的眼光来看，在我们东方的固有思想和意识中，佛教创始之前就已经具备了佛教性因素，所以若追溯佛教根源的话，可以说是源于东方。并且在〈智证大师碑铭〉中说：

昔当东表鼎峙之秋，有百济苏涂之仪，若甘泉金人之祀。[99]

把苏涂这个地方的意识看作是佛教意识，进一步说佛教的苗头就产生于韩国。这是与对韩国固有思想风流道的认识相结合的问题，认为佛教不是外来思想、外来宗教而是韩国的思想的主体性态度和对"佛教本土化"的信念连接在一起。仔细回味前文所说的"仁心即佛"和"义因仁发"的意思，可知其意思更加强烈。可见崔致远的东人意识并不是产生于文辞的修饰。

---

97)《译注崔致远全集(1)》，257~259页。
98)《译注崔致远全集(1)》，221页，〈大崇佛寺碑铭〉。
99)《译注崔致远全集(1)》，261页。

除此之外，崔致远认为新罗的"禅"水平高于中国的禅，这种见解体现在《四山碑铭》的很多地方。〈大朗慧和尚碑铭〉中说：

(A) 诸孙诜诜，厥众济济，实可谓马祖毓龙子，东海掩西河。[100]

(B) 澈公贤苦节，尝一日告知曰："昔吾师马和尚，诀我曰：……复云：'东流之说，盖出钩谶，则彼日出处善男子，根殆熟矣。若若得东人可目语者，畎道之！俾惠水丕冒于海隅，为德非浅'，师言在耳，吾喜若来。今印焉，俾冠禅侯于东土；往钦哉，则我当年作江西大儿，后世为海东大父，其无惭先师矣乎"[101]

(A)中东海指的是新罗，西河指的是中国。因为"河"是发源的意思，所以比喻由达摩最早传入禅宗之地—中国，"海"是所有水合流的地方，包含着禅在新罗得以汇集的意思。这与(B)中叙述的一样，无论是与当时广泛流传的"大法东流之说"[102]还是"钩谶思想"[103]都有着密切的关联，这也可以说是最终与崔致远的东人意识直接相关。

....

100)《译注崔致远全集(1)》，88~89页。

101)《译注崔致远全集(1)》69~70页，〈大朗慧和尚碑铭〉。

102) 这可以说是产生于《六祖坛经、付嘱品》中六祖慧能的预言。〈大朗慧和尚碑铭〉中引用的马祖道一所说的"……复云：东流之说，盖出钩谶，则彼日出处善男子，根殆熟矣。若若得东人可目语者，畎道之，俾惠水丕冒于海隅，为德非浅"(《译注崔致远全集》第1卷，69页)这句话中，可知"大法"即禅法。然而，从崔致远撰写的〈终南山俨和尚报恩社会愿文〉中棉鞋中国华严宗的第二祖智俨为"仰侧良缘，遐寻善诱，契彼东流之说，论其西学之徒"(《译注崔致远全集》第2卷，254页)来看，"东流之说"并不只是认为是禅的东流，而是佛法整体东流。

103) 关于钩谶思想和新罗禅宗的相关论文：郑性本，〈新罗禅宗与钩谶说〉《释山韩钟万博士华甲纪念韩国思想史》(圆光大学出版局，1991)。

第2章 作为民族自觉的东人意识

新罗下代重要的思想动向之一就是东人意识的觉醒。"东人意识"用一句话来说,就是韩国人的"主体意识"或"自我意识"。主体意识本来就是在认识自己与非自己的对象,即他人的差异中产生的。"东人"指"东方之人",崔致远在〈真鉴禅师碑序〉中以"东人"来代指"韩国人",东人意识由此而生。[1]

通过考察新罗下代金石文等资料可知,东人意识代表着当时知识阶层内部的意识世界,是一个时代的思潮,是一个时代的精神。[2] 将东人意识集大成的学者便是新罗末期的崔致远。即便这不是他自己所独创思想和精神,但崔致远将其集大成并升华为一个时代的思潮,因此,提起"东人意识"便会联想到崔致远。

在八十年代以前,崔致远的"东人意识"几乎无人关注,甚至被完全掩盖。学界的整体氛围就是"崔致远是事大慕华的代表,他能有什么主体意识?"下文某学者的评价,可谓是当时对崔致远提出否定评价的代表:

崔致远在唐期间,很快就丢掉了新罗的习俗而熟知唐朝习俗。在新罗知识人面前,总是显现出自己的优越感。从这点来看,他是

---

1) 《译注崔致远全集(1)》,151页,"……东人之子,为释为儒必也"。

2) 东人意识在新罗思想史中作为一个时代思潮发挥着重大作用。相关论证见于拙著,《韩国儒学通史》上卷,心山出版社,2006,157~167页。

被唐完全同化的人物。[3]

　　东人意识与"同文意识"可以说是孤云思想研究中的核心问题之一。崔致远哲学关注的焦点在于普遍性与特殊性，这点通过"东人意识"和"同文意识"将会得到证明，我们对崔致远的这种意识进行是非论辩，并没有太多意义。因为在追究"意识"或"哲学"是正确的还是错误的之前，这个人对某个问题是如何理解的，是如何进行思考的，先对其过程及意识世界进行考察会更有意义。并且，东人意识并不是崔致远个人独立的思想体系，而是当时思想界的主流之一。由此可见，考察出现这种时代精神的背景及意义更为重要。

　　此外，可能有人会提出质疑，认为"'东人'这一用语承载着孤云思想的主体性性质是不贴切的"。然而，崔致远自己也使用"东人"这样的用语，并且很自豪地称韩国为"东国"、"大东"或"海东"，从这点来看并没有问题。[4] 尤其是从历史上来看，"东人"的起源来自于在甲骨文等中出现的"东仁"一词，这点更是如此。

　　之前，偶有学者关注崔致远的民族主体意识，但却没有展开正式研究的。通过以下几种引用，考察提供研究线索的先学者们的谈及或主张。日本帝国主义统治末期，即1941年，沧海崔益翰(1897~？)以崔致远的〈鸾郎碑序〉为例，说到：

---

3) 许捲洙，〈对崔致远的在唐生平小考〉，《岭南中国语文学》第10辑，1985，262页。

4) 现如今为了排斥从前以中国为中心的世界观，有人认为以前称韩国为"东国"等是不好的。因为将韩国称为"东国"，本身就是以中国为标准的。然而，崔致远的想法却与之不同。他在事大文书中虽有不少地方称中国为"中原"或"中夏"，贬称新罗为东夷等，但基本上与韩国相对而言，称中国为"西国"。既然称韩国为东国，从韩国的观点来看，中国为西国也是恰当的。并且，从东方是万物始生之方这层意义上来说，很自豪"东国"这个称号，并广泛使用。这可以说也是别具一格的想法。

……后人们的"遣唐留学生彻底唐化,自国认识薄弱"这样的讥评是必然的,但这是那个时代的政治性罪过,也不是(孤云)先生一个人的责任,相反以上言句(鸾郎碑序-笔者注)其真意是展示了从唐化中蜕化、并吞三教、阐明自我世界的一大伟观。先生的道学本质便在于此。[5]

这里的"从唐化中蜕化"、"阐明自我世界"等表现在崔致远被批判为事大慕华主义的三大化身,受到排挤的当时学术氛围中是另类罕见的。并且从说其是"先生的道学(学问-笔者注)本质"来看,虽然不是直接提出崔致远的民族主体意识,但也应将其看作是相关论议的先驱。

在崔益翰提出这样的见解之后,大概过了四十年,崔致远的东人意识才开始直接被人谈论。1981年在大韩传统佛教研究院以"华严思想与禅门形成-以崔致远为中心"为主题而举办的国际学术会议上,发表了两篇与东人意识相关的论文。柳承国的〈崔致远东人意识的相关研究〉一文最早以"东人意识"为论题,具有一定的意义。金知见(1931~2001)的〈新罗崔致远撰四山碑考〉也在强调研究"东人意识"的必要性方面具有一定的意义。这两位先学者使用的"东人意识"这一用语不管是否合乎之后"东人意识"的概念,已经到了将其固定为一个学术上的用语的阶段上。虽是篇幅不长的文章中若隐若现透露出的语句,却在某种程度上感受到崔致远"东人意识"的历史重要性及内容。可以说柳承国、金知见两位学者的见解,通过"东人意识"这一研究主题,对改变学界对崔致远的偏见和评价,发挥了不少作用。但因为是会议发表文,文章简短,无法展开更有深度的论议,只停留在

---

[5] 崔益翰,〈崔孤云的文化上地位〉,《春秋》2-6,朝鲜春秋社,1941,149页。

提出问题的程度，留下了不少遗憾。

之后，笔者修撰了单行本《崔致远的思想研究》(亚细亚文化社，1990)，借助先前学者们提出的问题，在书中设置了"东人意识与韩国思想"这一章节，着重对崔致远的"东人意识"进行了叙述。有些感兴趣的研究者以笔者论议的内容为中心，又再次进行了补充说明或提出异议。虽不能说研究非常活跃，但也成为了学者们非常关心的一个命题。

时隔二十多年，现在重新翻看从前的旧稿，对整体的梗概与脉络，没有太多想要更改的想法。但细节上有欠妥之处，需要重新补充，或添加注释。本章便针对这些不足之处进行了重新完善，整体脉络与框架大致沿用了之前的形式，在此基础上进行了更系统、更精密的叙述。

1. 新罗下代文运的昌盛与民族自觉

一般说来，在统一新罗时期，从7世纪中叶开始仰慕憧憬盛唐文化的风潮兴起，并逐渐在知识人中蔓延为慕华思想。之后更是发展成为一个时代的风潮。然而，随着慕华思想的蔓延，尊华自卑的风气愈演愈烈，成为了宣扬民族主体意识的一大障碍。继而，进入9世纪后，渡唐留学生成为中心人物，民族自觉风气逐渐兴起，并渐渐达到了高潮。"高扬主体性"虽是作为新罗人理所当然的事情，但对于把渡唐留学生看作是事大慕华先驱者的后人们来说，不得不觉得他们非常特别。

东人意识从对中国的自卑感中摆脱出来，具有作为"东人"的自信心与自豪感,称其是弘扬民族主体意识的"思想运动"中的一个环节也不过分。从这里也能看出东人意识兴起的动机及背景。那么,东人意识是在怎样的基础上得以兴起的呢?

中国人有着明确的华夷意识。把自己国家称作"华夏",极其敬重,把周围的众多国家称作"蛮夷",视作野蛮一族,含有坚决贬低的意味。即便如此,从中国历史书中收录的关于周边诸国的论评来看,只认定东夷的民族特异性与优秀性,指出其他三方(西戎、南蛮、北狄)与东夷之间存在的差距。相对于诸多周边各国,具有巨大优越感和自尊心的汉民族对"东夷"的好评,是因为对东夷族柔顺而爱好和平的品性以及文化创造力量等进行了极大的肯定。慢慢地这种对东夷的肯定评价打下了一定的思想根基,即使是在慕华思想膨胀的时代氛围中,以部分先进知识分子为中心的学者对"东人"进行了重新认识,并因出生在东国而倍感自豪。尽管这是依据中国的历史书,未能摆脱从属于中国的倾向,但对于只有古代零散历史记录的韩国而言,不得不依照中国历史书,也是不可避免事实。

此外,东人意识得以兴起的背景中,当时较高的文化水平也发挥了极大作用。尤其是被视为文化发展原动力的文运的繁荣昌盛,在与中国相对比时,开始拥有强烈的自豪感。从崔致远的〈大崇佛寺碑文〉来看,景文王时派遣到新罗的唐使臣胡归厚在归国后欲复命时,对当时的宰相说:

> 自愚以往,出山西者,不宜使海东矣。何则,鸡林多佳山水,东王诗以印之而为赠,赖愚尝学,为缀韵语,强忍愧酬之,不尔,为海

外笑必矣。⁶⁾

  崔致远在这里还补充说到"是惟烈祖(元圣王),以四术开基,先王以六经化俗,岂非贻厥之力"⁷⁾,隐隐流露出对新罗文运得以极大提高的自豪感,认为新罗几乎达到了与唐朝旗鼓相当的水平。这也是推断8世纪到9世纪间新罗文运何其昌盛的一个线索。
  新罗昌盛的文运通过各种途径在中国广为人知。对此,中国也认同新罗文运的繁盛,并与中国古代历史书中记载的东夷族的特殊性与优秀性联系在一起。从《三国史记》记载的内容来看,圣德女王30年(731),唐玄宗降诏书给贺正使金志良说:

  三韩善邻,时称仁义之乡,世著勋贤之业。文章礼乐,阐君子之风,……,固潘维之镇卫,谅忠义之仪表,岂殊方憧俗,可同年而语耶?⁸⁾

  孝成王2年(738),唐玄宗派刑璹为使臣出使新罗,并嘱咐说:

  新罗号为君子之国,颇知书记,有类中国。以卿惇儒,故持节往,

---

6) 《译注崔致远全集(1)》218~219页,〈大崇佛寺碑铭〉"……抑又流闻,汉使胡公归厚之复命也,饱採风谣,白时相曰:'自愚以往,出山西者,不宜使海东矣。何则,鸡林多佳山水,东王诗以印之而为赠,赖愚尝学,为缀韵语,强忍愧酬之,不尔,为海外笑必矣'君子以为知言。"

7) 《译注崔致远全集(1)》,219页。

8) 《三国史记》,卷8"玄宗降诏书曰,卿二明庆祚,三韩善邻,时称仁义之乡,世著勋贤之业。文章礼乐,阐君子之风,……,固潘维之镇卫,谅忠义之仪表,岂殊方憧憬,可同年而语耶?"

宜演经义,使知大国儒教之盛。[9]

细细品味这段话,唐朝自认同新罗文运的繁荣昌盛,甚至还隐约透露出嫉妒之意。特别是派遣惇儒以彰显自己国家儒教的兴盛之举,这源自想要凸显两国之间的差别,彰显自己文化优越性的自尊想法。可见,唐朝朝廷也正式认同新罗的文化水平,礼遇新罗,[10]因此,在新罗上层知识人阶层出现了自我省查的氛围,更进一步产生恢复主体性之举,这并非是偶然的。

在当时知识人阶层中,以中国古籍中的历史史实为基础,称韩国为君子国、君子之乡、大人乡、何陋之乡、仁义之乡、太平胜地、仁域、仁方等。这些多次出现在当时的金石文资料中。这都证明了君臣上下间广泛地产生了共鸣,即作为"东人"的民族自信心的共鸣。依据〈大朗慧和尚碑文〉中的叙述:

乾符帝锡命之岁,令国内舌杪有可道者,贡与利除害策,别用蛮牋,书言:'荷天宠,有所自'因垂益国之问,大师引出何尚之献替宋文帝心声为对。[11]

---

9)《三国史记》,卷9"帝谓璹曰:新罗号为君子之国,颇知书记,有类中国。以卿惇儒,故持节往,宜演经义,使知大国儒教之盛。"
《唐书》卷220,〈东夷传,新罗〉"二十五年,(兴光)死,帝尤悼之,赠太子太保,命邢璹以鸿胪 少卿吊祭,子承庆袭王,诏璹曰:'新罗号君子国,知诗书。以卿惇儒,故持节往,宜演经谊,使知大国之盛'"

10) 中国学者刘伯骥对此评价说"唐朝对新罗通过以大事小的精神极力慰勉"。参照《唐代政教史》,台湾:中华书局,1973。

11)《译注崔致远全集(1)》,80页〈大朗慧和尚碑铭〉。

引文中，宪康王广征良策，并且特别使用因品质优良而受到好评、历代以来在中国也广为所知的韩国的"蛮纸"[12]，这点也象征性地展现出宪康王的主体意识。还有宪康王说的"荷天宠[13]，有所自"可以解释为正是因为唐朝对新罗拥有较高文化水平进行了积极肯定和评价。从这也可以看出东人意识的一面。

像这样，作为东人的普遍性认识在崔致远代替真圣女王撰写的〈让位表〉中也得到了很好地体现。

臣以當國，雖欝壘之蟠桃接境，不尙威臨，且夷齊之孤竹連疆，本資廉退。矧假九疇之餘范，早襲八條之敎源；言必畏天，行皆讓路，盖禀仁賢之化，得符君子之名。故籩豆饁田，鍬矛寄戶。俗雖崇於帶劍，武誠貴於止戈。爰從建國而來，罕致反城之衅。嚮化則南閭是絶，安仁則東戶何慙。[14]

....

12) 在中国，虽有说法称制纸法在前汉时期已经发明(参照宋代叶真的《坦斋笔衡》、《说郛三种》第1卷，327~328页所收)，但一般说法为后汉和帝时(A.D.105年)常侍蔡伦最早制造了纸张。然而，中国自后汉之后一直到唐朝，制纸法也没有太大的进步，未能广泛推广，重要的文书大部分使用布来记载。而韩国从中国学习了制纸法，但却有着不同的发展。曾经中国的书画家们都酷爱高句丽产的茧纸。王羲之的兰亭序便是写于茧纸之上。由此可见，在中国晋代已经认同高句丽产的纸张。(彭国栋，《中韩诗史》卷3)。此外，被推定为新罗景德王14年(755)制成的帐籍(1933年在日本奈良东大寺的正仓院中发现)也是证明当时所有文书是用纸记载的明确证据。如果8世纪时便已像这样广泛普及，那么最少在1个世纪之前，也就是7世纪中叶已经有了相当大的普及与发展。由此可见，在制纸术中，韩国领先于中国，已经达到了相当高的水平。当时在中国称韩国纸张质量好的纸为"茧纸"或"茧笺"。这句话在韩国造纸术的研究中起到了启示的作用。仅从高丽纸到"茧纸"，已经从三国时期开始这句话已经被普遍使用，这点值得我们留意。

13) 唐朝皇帝的恩宠。也可看作是上天的恩宠。

14) 《译注崔致远全集(2)》94~95页，〈让位表〉。

这段文字是以当时知识人阶层的普遍认识为基础的。事大文书表面上看来有贬低韩国的意思,但这也只不过是礼节性的。在这里,如同《山海经》中所说的那样,崔致远自豪地认为韩民族的本来气质是崇尚礼仪,不文弱,兼备文武。特别是"安仁则东户(《淮南子、缪称训》中的古代圣君)何慙"一句,暗自通过强调"安仁",指出与中国是处于对等的位置上的。

此外,孝恭王2年(898)推定是金颖代撰[15]的〈深源寺秀澈和尚塔碑〉中说"我根儒干释,镕夏铸夷。其方本仁,易以道御,于是乎矣"[16],将"东仁"与"易以道御"相结合。

金哲埈曾对当时学者、文人的这种意识,作了如下叙述:

> 这源自新罗下代文人们熟知中国人的东夷文化观,为了迎合中国人的这种意识,想要推崇新罗文化的传统。[17]

这段话可以说是概括叙述了新罗下代东人意识得以兴起的情况。然而,不同于这样多少带有消极性的认识,拥有比较确定的主体意识、能积极主动提倡东人意识的代表性学者就是崔致远。

我,在选择成为自己之前就已经被指定好了。我是谁的儿子或女儿,也不是自我意识、自我选择、如我所愿的。在自我认识之前,就

---

15) 相关论证就参照拙稿〈关于崔致远思想形成历程的考察〉,《东洋古典研究》第10辑,东洋古典学会,1998。

16) 《朝鲜金石总览(上)》,58页"……□□则我根儒干释,镕夏铸夷。其方本仁,易以道御,于是乎矣。"

17) 金哲埈,〈新罗下代汉文学的倾向与崔致远〉,《韩国史》第3卷,探求堂,1980,262页。

已经背负着民族的命运而活着。[18]那么,"我"是谁,"我"的根又在哪里呢?对"我"这一现实主体的深入思考与自我觉悟,产生于哲学的思考之中。崔致远在〈大朗慧和尚碑文〉中将无染国师的功德与太宗武烈王相比较,极力称赞说"舍我谁谓"。[19]而且他的文集中可以看到"乡人"、"乡史"、"乡乐"、"乡风(国风)"等字眼。这里的"乡"字便可以解释为"我们"或"我们的"。寻找"我们的"、"我们的意识"便形成了崔致远东人意识的基础,若说崔致远的思想便是以这种东人意识为核心的也不为过。

崔致远提倡东人意识的目的有很多,最重要的一点就是摆脱当时陷入自卑感的这种普遍意识,倡导民族主体意识。大概提起"民族",首先我们就不得不谈论血缘。通过对生的依恋,使彼此间一致。其次,由于地域的关系,生活环境不同,人与人的气质也不同,风俗也不相同。随着岁月的流逝,历史越悠久越呈现出差异。久而久之,形成文化类型,在很多方面彼此明显区分出来时,便产生了"民族"这种意识。[20]

崔致远明显流露出东人意识是在自唐归国后。但产生这种坚定的主体意识的动机,我们无法明确知晓。实际上,崔致远在12岁年幼之际开始入唐留学,当时很茫然地充满了对中国的羡慕,并没有对"我们的"和"我们的根底"这一问题进行思考。在唐朝留学之后,及第宾贡进士,开始官场生涯,在这些生活经历中,思考方式与价值观、意识世界等才开始得以形成,他在唐时期是否具有作为新

---

18) 朴钟鸿,《哲学概论》,博英社,1964,49页。

19) "舍我谁谓"出自《孟子·公孙丑》下的"夫天未欲平治天下也;如欲平治天下,当今之世,舍我其谁也",在此处其意思略有不同。

20) 金忠烈,《中国哲学散稿》第1卷,世界出版社,1990,375页。

罗人的鲜明自我意识，这点很难断言。但他在唐朝勤奋苦学、独自生活期间，阅读中国的大量史籍，才对东夷民族和文化的优秀性和特异性有所了解，产生了重新认识东夷的契机，从这时开始，具备了作为东人的自信心与自豪感，这种可能性很难否认。[21] 不管怎样，他开始强调东人意识，思想意识发生转变，并鲜明地展现出来是在归国之后，但也受到了之前韩国国内一直致力于普及东人意识主体性的先贤们的影响。

考察崔致远的东人意识，首先有必要对他从唐朝归国这点进行考虑。虽然有人提出反论，认为没有必要对新罗人崔致远回到自己的故国这点进行论议，但笔者认为这不是可以单纯视之、忽略而过的问题。

崔致远自己并没有直接谈及过对回国一事的基本看法，所以很难断言。然而，通过高僧大德的碑文、赞文、愿文中饱含寓意的表现，可以推测一二。通过这些文字可知，崔致远认为在外国修学结束后一定要回归自己的祖国。崔致远在〈智证大师碑文〉中称在唐留学的禅僧为"西化者"和"东归者"，并注意到在西土迁化（去世）乃至归化的人，即向化人与回归故国的人的区别的话，那么从〈真鉴禅师碑文〉"虽曰观空，岂能忘本"这句话中可以看出，其中夹杂并暗示了崔致远自己的想法。[22] 当时新罗的留学生中有很多像金可纪（？~859）一

---

21) 宋恒龙认为崔致远关注东方思想是从回国后开始的，并说"崔致远在下决心回国之前，连自己是新罗人都忘记了，被彻底唐化了。不管他是有意还是无意，他把新罗民族之魂都扔掉了。"宋恒龙，〈崔致远思想研究〉，338页。

22) 虽然有很多例子将崔致远归国的动机主要集中在政治性层面上进行论议，但关于下列的意见有必要进行重新考察。"如果没有晚唐末期大陆社会的混乱，或者崔致远在晚唐能获得施展自己经纶的参与政治的机会，他就不会回国。"（梁光錫，〈崔孤云的思想与文学〉，《韩国文学论》，日月书阁，1981，20页）

样,这些宿卫学生在唐归化或过了10年期限并没有回国,在唐滞留的人不在少数。依据这一事实来推断,崔致远的这种观点源于对祖国的热爱及对自我意识、主体意识的独到见解。

崔致远还在〈智证大师碑铭〉中说明了自己能够撰写碑文的情况,如:

> 至乙巳岁,有国民媒儒道,嫁帝乡,而名挂轮中,职攀柱下者,曰崔致远。捧汉后龙缄,赍淮王鹄弊;虽惭凤举,颇类鹤归。……臣也虽东箭非材,而南冠多幸。[23]

这里所说的"凤举"和"东箭"与东人意识相关,足以引起我们的充分重视。"凤举"这一典故引自《说文解字》。据《说文解字》记载,凤凰出自东方君子国,翱翔于四海之外。[24] 这一典故暗示着与同是君子国出身而西游的崔致远自身相媲美的意思。还有"鹤归"指的是《搜神后记》中"丁令威化鹤"的典故。讲述的是中国汉朝时期辽东人丁令威在灵虚山学习神仙术,化身为鹤后又回到辽东的内容。[25] 通过这些,崔致远把自己的"东归"和主体意识联系起来进行了突出强调。

还有"南冠"源自《春秋左氏传》中"南冠而絷者"的典故,是指中国南方楚国人所戴的冠。晋景公看到坚持佩戴自己国家冠帽的楚国囚

---

23)《译注崔致远全集(1)》,290~291页。

24)《说文解字》"凤出于东方君子之国,翱翔四海之外过昆仑,饮砥柱濯羽弱水,莫宿风穴,见则天下大安宁。"

25) 陶潜撰,《搜神后记》"丁令威,本辽东人。学道于灵虚山,后化鹤归辽集城门华表柱。时有少年,举弓欲射之,鹤乃飞,徘徊空中而言曰:'有鸟有鸟丁令威,去年千年今始归,城郭如故人民非,何不学仙冢垒垒'遂高上冲天。"

犯，十分赞赏他不改变自己国家的衣冠，便释放了他，接待后送回楚国，以求两国间的和平。[26]这个典故延伸为撰者崔致远即便在唐留学，最终未改变自己国家的衣冠而归国，并且十分庆幸继承了先祖的遗业。通过"南冠"这一典故，可以看出崔致远的主体意识和对祖国的信赖程度。

崔致远回到新罗后，被宪康王任命为翰林学士兼守兵部侍郎知瑞书监。归国后两年间，宪康王与定康王相继离世，崔致远的主要活动时期是真圣女王时期。在此期间，他受到君王的厚遇，从事文翰职。

然而，从景文王开始到真圣女王时期，新罗皇室在政治性、思想性层面上出现了重要的潮流。这一时期出现的最具特征的现象是从政治方面突出花郎活动、重视皇龙寺努力发扬国家意识、编纂《三代目》等，重视固有思想的因素增加，使皇室血统的神秘化，随着女王的即位更加强调宗教的神秘作用。这似乎可以联想到上一年代末期重视"复古"风气的现象，这些措施及举动都是将焦点集中于景文王的王权强化与维持上。[27]

崔致远在这样的政治思想氛围中确定王室的意志，进行积极协助，想要拓宽自己的政治及学问地位。归国后的主要作品〈四山碑铭〉便是在这一时期撰写的。〈四山碑铭〉如实反映了上述的潮流与氛围，可谓是孤云思想核心的东人意识及对固有思想的莫大关心，还有努力神圣化王室血统等都在文中有着如实反映。在这里介绍一段与王室血统神秘化相关的内容，以作参考。

---

26)《春秋左氏传》成公9年条"晋侯观于军府，见钟仪，问之曰：'南冠而絷者，谁也？'有司对曰：'郑人所献楚囚也'使税之，召而吊之。……"

27) 全基雄，〈新罗下代末的政治社会与景文王家〉，《釜山史学》第16辑，釜山史学会，1989，38页。

伏惟，大王殿下，琼萼联芳[28)]，璇源激爽；体英坤德[29)]，纘懿天伦。谅所谓'怀神珠，炼彩石'[30)]有亏皆补，无善不修。故得宝雨[31)]金言，焯然授记；大云[32)]玉偈，宛若合符。[33)]

此外，研究崔致远的思想中不可缺少的〈鸾郎碑序〉也反映了当时皇室的政治潮流，从政治上强调花郎活动，重新认识固有思想的这种意图。还有对新罗固有戏剧表演的关心，通过"乡乐杂詠"可以看得出来。虽然随着很多著述的泯灭，已无法如实知晓，但崔致远对新罗整个文化的莫大关心与肯定认识，还有无限的热爱之情等只言片语，多数还是可以看出。

上文论述的政治、思想潮流是崔致远鼓吹东人意识的直接契机与背景之一，在崔致远思想研究中是必须要考虑到的问题。

....

28) 比喻兄弟姐妹间逊位和继承王位。

29) 君王的圣德称作"乾德"，真圣王因是女子故称作"坤德"。

30) 把真圣女王比喻为以女子之身成佛的八岁龙女和因"五色补天"的故事而闻名的女娲氏。

31) 中国唐朝时期达摩流支翻译的伪经之一。10卷。据《宝雨经》记载，曾经佛祖授记于月光太子，说"不久支那国将出现女王"。后来将此解释为则天武后(623~705)成为女皇的预言。

32) 《旧唐书》卷6，据〈则天本记〉记载"载初元年(689)7月有沙门十人伪撰大云经，表上之，盛言神皇受命之事。制颁于天下，令诸州各置大云寺"。

33) 《译注崔致远全集(1)》220页，〈大崇福寺碑铭〉。

2. 东人意识与东方思想的展开

"东人"崔致远的自我意识与主体性结晶集中体现在〈海印寺善安住院壁记〉中。他在文章开头有着如下叙述:

王制,东方曰夷。范晔云:"夷者柢也,言仁也而好生,万物柢地而出。故天性柔顺,易以道御。"愚也谓夷训齐平易,言教济化之方。按尔雅云:"东至日所出,为太平,太平之人仁。"尚书曰:"命羲仲宅嵎夷,曰旸谷,平秩东作。"故我大王之国也。日昇月盛,水顺风和,岂惟幽蛰振苏?抑亦勾萌鬯懋,生化生化,出震为基。[34]

并且在〈智证大师碑文〉和〈大崇佛寺碑文〉中也提到:

(A) 东诸侯之外守者,莫我大,而地灵既好生为本,风俗亦交让为主,□□太平之春,隐隐上古之化。[35]
(B) 我太平胜地也,性滋柔顺,气合发生,山林多静默之徒,以仁会友,江海协朝宗之欲,从善如流。[36]

正如上所见,大部分引用了儒家的经书和中国的历史书。文中的

---

34)《译注崔致远全集(2)》,277页,〈海印寺善安住院壁记〉。
35)《译注崔致远全集(1)》,258页。
36)《译注崔致远全集(1)》,195页。

"仁而好生"(《风俗通》),"天性柔顺"、"好让不争"(《山海经》)等描述了东人本性的特殊性,特别是"地合发生"暗示了东方的伟大。由此可以推测,崔致远认为东方"太平"之国被称作君子国是理所当然的。此外,〈圆测和尚讳日文〉中称:

观夫,晓日出乎嵎尼,光融万象,春风生乎震位,气浃八涎。遂能破天下之冥,成地上之实,然后鸟飞迅影,回轮昧谷[37]之深,虎啸雄威,輟扇商郊[38]之远。是知义因仁发,西自东明,尝譬人材,何殊物性[39)40)]。

借用儒教中的两大重要概念—仁与义来说明"义因仁发",蕴含着重要的意义,给人很大的启发。"义因仁发"与崔致远在〈大崇佛寺碑铭〉中说的"迦卫慈王,嵎夷太阳。显于西土,出自东方"[41]有相通之处。东方用五常来讲相当于"仁"。这与东方之人"性善"相符。并且,"东人"的善良人性与物性相同,东方与东人不分人性与物性,都可以成为万事和万物的源泉。

从〈大朗慧和尚碑文〉来看,

光盛且实,而有晖八纮之质者,莫均乎晓日。气和且融,而孚万物

---

37) 西方日入之处。咸池。《书经》,虞书,〈尧典〉"分命和仲,宅西,曰昧谷。";同注"昧冥也。日入於谷而天下冥,故曰昧谷。"

38) 中国殷朝的郊外。《书经》,周书,〈牧誓〉"王朝至于商郊牧野,乃誓。"

39) 指前文中的晓日和春风。

40) 《译注崔致远全集(2)》,245页,〈圆测和尚諱日文〉。

41) 《译注崔致远全集(1)》,221页,〈大崇佛寺碑铭〉。

之功者, 莫溥乎春风, 惟俊风与旭日, 俱东方自出也。[42]

"东方"是具有生命的方位, 自然现象从东方最先开始, 万物才开始苏醒。"动方"这一说法也是因为这个原因。[43]"东"在韩语中是"新(새)"的意思。从带有"新(새)"的单词来看, "샛바람〔东风〕"、"새밝、새벽、샛별〔东明〕"、"새봄〔初春〕"、"날이 샌다〔启明〕"、"물이 샌다〔漏泄〕"、"새것〔新〕"等等, 都具有"最先"、"开始"、"崭新"、"明亮"等意思。还有, 像"湛蓝(새파랗다)"这样的情况, 具有"至极、极其"的意思。[44]上文中所说的晓日与春风全都是来自东方, 晓日给世间带来光明, 春风催促万物生长。上文中用"晓日"一词, 就像"光从东方来"(oriente lux)这一著名格言一样, 比喻的是文明意识的流露, 暗示东方君子国是天下万物、世界文化的中心之义。由此可见, 崔致远是韩国人中最先意识到"东"所象征包含的意义, 在意识到之后并付诸行动, 是历史上最早展开"东"的意识、文化及人间论的人物。[45]

此外, 正如上文所考察的那样, 通过崔致远身为东方君子国人的自豪感, 可以类推出选民意识的一面。然而, 崔致远的东人意识与东方思想并不是以鼓吹自己的优越感和排他的选民意识。[46]他的东人

---

42) 《译注崔致远全集(1)》, 63页, 〈大朗慧和尚碑铭〉。

43) 《说文解字》"东, 动也。"

44) 参考安浩相, 〈倍達民族的上古史与疆域研究〉, 《倍達文化》通卷14号, 民族史直接查找国民会议, 1994, 29页。

45) 金容九, 〈关于崔致远〉, 《庄峰金知见华甲纪念师友録—东与西的思惟世界》, 民族社, 1991, 965页。

46) 宋恒龙称崔致远归国后留下的诗文都是以选民意识为基础的, 他的东人意识可以从"选民意识"的角度进行理解。(参照〈崔致远思想研究〉337~339页)相反, 柳承国主张"如

意识是针对当时中国人的华夷观，也就是独尊的选民意识，为了强调爱好东人和平的品行和优秀的文化力量而产生的。这便是他提出的"道不远人，人无异国"的标语，这在孤云思想的研究中可以说是"八字打开处"。为了打破中国人的选民意识，提倡人间普遍性，提出鲜明的东人意识的崔致远，再次助长选民意识是不合情理的。崔致远自身不是因民族特殊性而冷眼旁观文化的普遍性的狭隘的国粹学者，而是强烈追求以"同文意识"来表现文化普遍性的学者。这点在下一章将要讨论的崔致远的"同文意识"中有着明显的体现。虽然存在这样的文章乍然一看让人感觉是选民意识的流露，但这与想要鼓吹选民意识之间存在着明显的差距。这可能是在强烈消除从前自卑、自屈的华夷意识的过程中，试图突出东人的优秀性与文化创造力量，相对来说，只能多多少少流露出这样的语气和语势。

崔致远东人意识的特征在于比之前时期的任何人都具有鲜明的见解和独特的逻辑。崔致远撰写了很多高僧（特别是禅僧）和有名气的寺庙的碑文，并讲述了佛教在韩国得以兴盛的原因。虽然是受王命所作的文章，这也是在延续东人意识的立场上进行叙述的。首先，在〈智证大师碑铭〉中说到：

> 五常分位，配动方者曰仁心；三教立名，显净域者曰佛，仁心即佛，佛目能仁则也。道郁夷柔顺性源，达迦卫慈悲教诲；实犹石投水，雨聚沙然。矧东诸侯之外守者，莫我大；而地灵既好生为本，风俗亦交让为主，□□太平之春，隐隐上古之化。……宜君子

同从弘益人间的理念上看到的那样，这并不是为了某一特定民族、国家或是阶级的选民思想，而是一一救济所有人的普遍性人间爱与和平精神，是韩民族的思想（《韩国思想的渊源与历史上展望》，193页），强调了韩国思想与选民意识存在一定的距离。

之乡也, 法王之道, 日日深又日深矣。⁴⁷⁾

　　将东方与五常中的"仁"相对应, 说"仁心即佛"。这可以看作是将韩国人的善良品性与佛教的"慈悲"相一致的表现。在此, 我们有必要留意"郁夷柔顺性源"、"迦卫慈悲教诲"这样的表现。"郁夷"是指韩国, "迦毗罗卫"是指释迦的诞生地。也就是说, 把东人的柔顺品性比喻为水的发源地, 佛祖的慈悲教诲比喻为大海, 水的发源地最终流入大海一样, 柔顺的东人们因品性柔顺, 不必费心引导, 也可皈依佛祖的慈悲教诲。还有接着提到的"石投水"、"雨聚沙"也具有这样的意思。"石投水"的意思是将石头投入水的话, 水不得不接受石头, 也就是说, 在新罗接受佛教一事也是无法抗拒的、必然的形势。"雨聚沙"就像雨水冲流堆积沙一样, 不费力气自然而然地形成。即在新罗佛教传入后, 传播快、效果显著的意思。

　　这样的主旨也体现在〈大崇佛寺碑铭〉中。

　　我太平胜地也, 性滋柔顺, 气合发生, 山林多静默之徒, 以仁会友, 江海协朝宗之欲, 从善如流。是故, 激扬君子之风, 薰渍梵王之道, 犹若泥从玺, 金在镕, 而得君臣镜志於三归, 士庶翘诚於六度, 至乃国城无惜, 能令塔庙相望, 虽在赡部洲海边, 宁惭都史多天上。众妙旨妙, 何名可名。⁴⁸⁾

　　这里的"犹若泥从玺"是指按照玉玺上所雕刻的印上印泥, 展现出

---

47) 《译注崔致远全集(1)》, 257~259页, 〈智证大师碑铭〉。
48) 《译注崔致远全集(1)》, 195页, 〈大崇佛寺碑铭〉。

形状。这可以解释为就像东方所对应的"仁"一样,东方人的品性必然只能是善良柔顺。还有"金在镕",就像在铸型中熔铁,按照铸型制造铸物一样,在韩国盛行佛教也是其框架中原来就具有的。

〈海印寺善安住院壁记〉中也有类似的内容。

> 加復姬诗举西顾之言,释祖始东行之步,宜乎九种,勉以三归,地之使然,天所假也。[49]

这里的"地之使然"一句比上文举过的例子"石投水"、"金之在镕"具有更进一层的强烈含义。也就是说,与前文所说的韩国人的品性善良柔顺,好善,必然会被佛教感化,皈依佛教相比,这不仅是因为人的品性,也是上天已经安排好,地运所指使的。精通堪舆术(风水学)的崔致远,不能将其看作是单纯的修辞之语。这与其新罗佛国土思想有一定的关联。[50]

上述与佛家相关联的文字中,把东方与"仁"相结合,将"仁"再次与"慈悲"等同视之来展开逻辑,所引用的资料大部分都是与儒教相关的。所以,从儒教观点可以解释理解与东方相结合的"仁",这是非常理所当然的。《山海经》中称韩民族是"君子国,其人好让不争",并且《后汉书》中说"东方曰夷,夷者柢也,言仁而好生,……有君子不死之国焉",仅从此来看,儒教在韩国得以受容之前,儒教中强调的德目便已普遍盛行。这与前文所说的"义发于仁"对比来看,有所

---

[49] 《译注崔致远全集(2)》,277页,〈海印寺善安住院壁记〉。

[50] 崔致远的新罗佛国土思想与东人意识有着密切的关联。第4部第1章中已经对此进行了考察。

启示。即可以解释为，就像光从东方开始变明亮一样，儒教思想也是与佛教一样，源于东方。正因如此，崔致远说"东人峻阶，义取窥豹"[51]。也就是说，崔致远自己说的"东人"与"东方思想"的伟大性就如同管中窥豹一样，只不过是极小的一部分，未尝不是展现出了东人意识的顶峰。

崔致远在〈真鉴禅师碑文〉开头说"道不远人，人无异国"。这句话可以说是鲜明地展现了其东人意识的一个宣言。与中国南朝宋时的颜延之(384~456)在〈庭诰〉中说的"天之赋道，非差胡华，人之秉灵，岂限内外？"[52]如出一辙。

对崔致远来说，人的本质与真理的普遍性问题同文化的特殊性、普遍性的问题一样，一直是十分关注的对象，这在他的"东人意识"中有着很好的体现。在文化上可能会存在华夷间的差异，在人的本质上，胡、华与内外不存在差异，这是崔致远宣言的不变真理，这对当时沉浸在狭隘的华夷意识，有着自卑态度的新罗知识分子阶层来说，敲响了警钟，具有很大的意义。

上述的"东人意识"是与崔致远的民族主体性相关联的意识世界的展现。这可谓是孤云思想的重中之重，也是可以把握其哲学思想的整体性构造与脉络的关键。东人意识坦率地说是从探究韩民族的精神性思想性根基中产生的。特别是他所说的具有"玄妙的风流道"的优秀文化民族的强烈自信心与自豪感，通过东人意识得以表露。对于结束渡唐留学回归新罗的崔致远来说，几乎在所有方面(特别是思想、宗教方面)以寻找"韩国的正体性"为焦点。在此也可以找到他的思

---

51) 《译注崔致远全集(2)》，279页，〈迦耶山海印寺善安住院壁记〉。

52) 《弘明集》卷13，〈庭诰〉(《大正新修大藏经》第52卷，89页，〈史传部四〉)

想的统一性与核心。

像这样的东人意识从之前相比于中国的自卑感中解脱出来，在自我感觉到韩民族主体力量的同时，确认了自己的根基，这是新罗后期思想史上不得不需要特别记载的事实。即便当时新罗知识层中事大慕华倾向几乎是普遍性的，但在这样的气氛中呼吁韩民族是文化民族，更进一步说是世界文化的基础，日后在高丽、朝鲜时代也代代流传，成为民族主体意识的一个原动力。哪怕是在事大、慕华意识逐渐成为一个时代的思潮，自卑倾向严重的时代，也为民族的自尊心与优越感的表现奠定了基础，延绵保持下来。特别是高丽中期，韩民族在元朝的压迫下残喘时，白云居士李奎报(1168~1241)作长篇叙事诗《东明王篇》使得民族主体性一下子高涨起来，这也与上述的思想脉络不无相关。

3. 通过固有思想的自我正体性的确认

1) "玄妙之道" 之风流道

谈起韩国的固有思想，一定会提到崔致远。据从事和研究民族宗教者所言：崔致远不仅是东方仙派的先祖，也是历史上最早对韩国固有思想风流道的正体进行探究的人，他还翻译了天帝桓因的口传之书，也就是韩民族最经典的《天符经》。本来《天符经》是用太古文字鹿图文[53]标记的，崔致远解读了篆古碑，翻译为韩文并作帖，使韩

---

53) 神市时神誌(官名)赫德奉桓雄之命创造的文字。可认为是太古文字的始原。

民族的真经得以重见光明,并被代代相传。[54]

像这样,崔致远被认定为韩国古代精神的继承者。虽然,笔者内容也认同这样的事实,但却没有能作为证据的有力根据或资料。没有确切的证据就妄下断言的话,难免有些牵强。再者,本节中没有必要、也没有篇幅对韩国固有思想的全盘进行详细探讨。因此,本节内容将以"崔致远认为的风流思想"为焦点,在一定篇幅内进行论述。

崔致远对民族的自信心与自豪感,在想要探究固有思想原型的过程中有着很好地体现,这源于他坚定的"东人意识"。众所周知,他对固有思想的研究结晶,集中概括在〈鸾郎碑序〉的开头中。

> 国有玄妙之道,曰风流。说教之源,备详仙史。实乃包含三教,接化群生。且如入则孝於家,出则忠於国,鲁司寇之旨也。处无为之事,行不言之教,周柱史之宗也,诸恶莫作,诸善奉行,竺乾太子之化也。[55]

通过这些简短的文字,我们可以发现崔致远按照自己的思维模式,对韩国的固有思想风流道进行了解释与定义。因此,将崔致远对风流道的理解认为是崔致远的思想也无可厚非。

在孤云思想的研究中,反复强调〈鸾郎碑序〉的重要性是有原因

---

[54] 参照申哲镐,〈檀君思想与大倧教〉,《韩国近代民众宗教思想》,学民社,1983,141页。

[55] 《三国史记》卷4,真兴王37年(576)条。
*参考:"处无为之事,行不言之教"见于《老子》第2章,"诸恶莫作,诸善奉行"见于《涅槃经》〈梵行品〉和《增一阿含经》〈序品〉中的"诸恶莫作,诸善奉行,自净其意,是诸佛教"。

的。〈鸾郎碑序〉的片段虽然简短,但富含着深层的意义。可谓是概括了崔致远长期以来苦心钻研的结晶。正如前文所述,从景文王到真圣女王时期,新罗皇室在政治、思想层面上出现了从政治角度突出花郎的活动、宣扬国家意识、重视韩国固有文化、神圣王室血统、强调女王即位的宗教性与神秘性作用等重要的趋势和极具特征的现象。

崔致远在这样的政治、思想氛围中,确定王室的意志,并给与一定的协助,想要拓宽自己的政治、学问地位。归国后编著的《四山碑铭》也如实反映了上述趋势和氛围。同时还表现出对可谓是其思想核心的"东人意识"及固有思想的极大关心,努力神圣化王室血统。其思想研究中不可缺少的〈鸾郎碑序〉也反映了当时王室的政治发展动向,从政治角度突出了花郎活动,这是出于重新认识固有思想这样的意图。[56]

若没有这仅76字的残章,在考察崔致远思想体系时,对儒释道三教思想的理解和"东人意识"及"同文意识"的关系将变得模糊不清。那么,对崔致远的认识仅将停留在对三教思想有着渊博的学识,是一名入唐留学的学者,为数不多的拥有鲜明东人意识的人。但是,通过〈鸾郎碑序〉的流传可知,崔致远对三家思想的渊博知识和理解成为了解释风流道的基础。此外,文中还流露出身为拥有"玄妙的风流之道"这样优秀文化民族中的一员,具有强烈的自豪感与自信心,这些都通过东人意识得以表现。更进一步说,我们可以通过这些推测出崔致远的思想倾向及其思想是如何展开的。

因为所引用的〈鸾郎碑序〉残篇十分简短,所以有学者认为其无

---

56) 对照这样的实情来看,将〈鸾郎碑文〉看作是奉王命所作是恰当的。

关紧要便忽视而过，亦或是不充分展示具有说服力的证据，仅仅凭靠研究者个人的主观见解进行解释，这样的情况不在少数。金哲埈对〈鸾郎碑序〉有着如下说明：

> 崔致远说花郎道具有儒释佛三教的传统，然而我们可以理解为这是在部族国家时代最基本的传统性质的基础上，受到了佛教的影响，在古代国家的发展过程中受到了掺杂在佛教中而传入的儒教思想的影响，之后到了罗末时期，从新罗中代末期或下代开始，随着对古代文化矛盾的普遍认识，受到了逐渐被理解的道教思想的影响。换言之，崔致远的这种评价可以说是以花郎为例，来回顾新罗文化自身的发展过程。[57]

也就是说，将作为风流内容的"包含三教"的意义与儒释道三教思想在韩国的受容、发展过程相联系进行了理解。然而，在笔者看来，这似乎极其单纯地分析了〈鸾郎碑序〉。这学界不重视崔致远这一人物，对其写作风格不甚关心的学术氛围存在一定的关系。

崔致远在花郎的碑文中论及韩国的固有思想风流道，首先是因为风流道作为花郎的实践理念，与花郎有着不可分割的关系。还因为崔致远留下的文章风格大部分都不是在某一主题下进行详细分析，是凭借撰写花郎碑文这一机会，对花郎的理念，也就是风流进行自己独到的解释，并对其进行定义而已。[58] 称其是简单的文字，不经过

---

57) 金哲埈,〈三国时代的隶属和儒教思想〉,《大东文化研究》第6、7合辑, 成均馆大学大东文化研究院, 1969~1970, 133页。

58) 通过《四山碑铭》可以直接确认新罗人的"灵肉双全"思想，这也是一大收获之一。〈大崇佛寺碑铭〉中说"献康大王, 德峻妙龄, 神清远体"(《译注崔致远全集》第1卷, 214

深入的思考和分析而得出结论，并轻易地接受结论，这样的做法有必要重新审视。崔致远的文章具有"文简义丰"的特征，这点已经在前文进行了论议。他虽然只是在花郎碑文的开头简单地谈到了风流思想，但这必然是他长久以来深思穷究后得到的结论。[59]

崔致远在〈鸾郎碑序〉中将风流思想作为花郎的实践伦理，以此为中心进行了把握，他坚持与花郎道相联系进行理解的态度，也有重新思考的必要。把风流道的内容进行了纲领性地说明，也只不过是为了强调花郎这个国家特殊集团的实践伦理乃至自己修身的传统的一种方法。实际上，他真正费尽心思想要强调的是越过儒释道三教的高度，处于更高境界的风流道的思想玄妙及伟大之处。

金凡父(1897~1966)曾说过：

风流道已经是儒释佛之前的固有精神，涵盖了儒释佛各方面的同时，还具有儒释佛所没有的、只有风流道才具有的特色。然而，这鸾碑简短数节中没有提到这点，果然是最大的遗憾。但是"鸾碑"已经不是全文，并且"鸾碑"的撰者崔孤云的思想与见识是否真的达到这个地步也是个疑问。[60]

这观点认为崔致远是把重点放在萃取风流道的三大主干与三教

页)提到了"神清远体"，〈大朗慧和尚碑铭〉中说"大师既退，且往应王孙判镒。共言数返，即叹曰：'昔人主有有远体而无远神者，而吾君备'"(《译注崔致远全集》第1卷，84~85页)，说到了"远神"和"远体"。这便是健康的肉体孕育健康的精神这一思想。

59) 他有名的著作《四山碑铭》中，除了〈真鉴禅师碑铭〉，其余之作均历经数年撰写的。特别是〈智证大师碑铭〉花费了8年的时间。足以推测出其用心与慎重。

60) 金凡父，〈风流精神与新罗文化〉，《韩国思想》，第1辑，韩国思想研究会，1959，109页。

思想核心的共同性及相似性上，所以实际上在真正探究风流道所独有的特色方面，怀疑他有些力不从心。这不仅忽略了〈鸾郎碑序〉全文遗失的局限性，也流露出不少贬低或过低评价崔致远的学识与思想深度的意味。风流道包含了三教思想的重要因素，风流道本身非儒、非佛、非道，这可以说是很好地体现出风流道独有的特征。崔致远以自己独特的见解对风流道进行了解释，试图接近其原型，是韩国历史上最早关心并定义[61]固有思想的人，从这点上来看，不得不说其具有珍贵的意义。

崔致远把作为韩国固有思想的花郎道理念—风流定义为"玄妙之道"。"玄妙"一词虽源自《老子》，[62] 但引自何处并不重要。但把风流思想理解为带有"老庄"色彩的思想，这是万不可行的。"玄妙"是用语言文字无法得知、无法表现的意思，是为了表达极其幽微深远的意思而进行了引用。表现"至极的境界"用"玄"一个字也未尽，所以表现为"玄之又玄"，从这点来看，连"玄之又玄"也只不过是通过语言来表达的一个暗示。

在此，有必要对"玄妙"一词进行再三斟酌。该词引自《老子》第1章"玄之又玄，众妙之门"。众所周知，在此句之前还有一句"无名天地之始，有名万物之母，此两者同出而异名，同谓之玄"。据王弼的注释，"同出者，同出于玄也。同名曰玄，……众妙皆从同而出，故曰众妙之门也"[63]。在这里，若用风流道代替"同出玄"，那么风流道就是众妙产生的根本，风流道的核心三要素都源自风流道，但因各自性质

---

61) 宋恒龙,〈崔致远思想研究〉, 339页。

62) 《老子》, 第1章"玄之又玄, 众妙之门。"

63) 《老子翼》"同出者, 同出于玄也。同名曰玄, ……众妙皆从同而出, 故曰众妙之门也"。

不同，所以与上文所说的"同出而异名"这句话的意思相吻合。不得不说风流道的性质便是老子所说的"同谓之玄"，"众妙之门"其自身。崔致远在〈大崇佛寺碑文〉开头部分说韩国人的品性柔顺，有好生之德，就像按照铸型在铸物上打下烙印一样，佛教得以繁盛是必然之势，后又再次发出"众妙之妙，何名可名"[64])的叹息。"众妙之妙"与作为玄妙之道的风流道相关，这点有必要再细细品味。

虽然〈鸾郎碑序〉连一字也不容忽视，但关于"风流"的解释，要格外留意。[65)]很多学者都曾对风流作出过定义，但形形色色，没有定论。但如果说崔致远将韩国固有思想命名为"风流"时，是有明确的文献根据，那么问题就不同了。

笔者曾偶然读过中国东晋时期高僧道安(312~385)的〈二教论〉，看到开头"风流倾坠"等章句，不禁击节叹赏。因为这里蕴藏着一个能够比较确切得知崔致远所谓的玄妙之道"风流"的概念。

有东都逸俊童子，问於西京通方先生，曰：僕闻风流倾坠，六经所以缉修，夸尚滋彰。二篇所以述作。故优柔弘润於物，必济曰儒，用之不匮於物，必通曰道。斯皆孔老之神功，可得而详矣。……[66)]

上述引用文通过逸俊童子和通方先生两个假设人物，对儒家和道家的性质进行了谈论。引用文划线部分是指从尧舜禹汤开始延续至

---

64)《译注崔致远全集(1)》，195页，〈大崇佛寺碑铭〉。

65) 以下篇章缩略，参阅〈崔致远的玄妙之道与儒、仙思想〉(《韩国古代史探究》第9辑，韩国古代史探究会，2011)。

66)《广宏明集》卷8，释道安，〈二教论〉，〈归宗显本第一〉。

文武周公的风流, 日渐倾坠, 孔子发奋勤学, 编修了六经, 使风流免于中断。在此, 值得注意的便是"风流"一词。笔者认为这肯定是"遗风余流"[67]的缩语。崔致远的〈智证大师碑铭〉中也说过"金仙花目, 所传风流, 固协于此"等等[68], 与其用法相类似。这里的"所传风流"正是"沾花示众的遗风余流"。重要的是崔致远在〈鸾郎碑序〉中所说的"风流"一词在他的其它作品中也以同样的意义出现。

众所周知, 崔致远的文章用典广博、丰富, 甚至达到了无一字不无出处的地步。道安在三教一致论等很多方面给崔致远带来了很大影响。崔致远没有理由忽略道安的〈二教论〉。他所说的风流这一名称引自〈二教论〉的可能性很大。笔者曾译注崔致远的文集与《四山碑铭》, 熟知其文章特征, 正是得益于这样的经验, 所以得出了这样的判断。

由此可见, 风流这一名称在当时并不是自然而然出现, 而是由崔致远才得以命名的。崔致远认为民族固有的道是先人们的"遗风余流", 缩略为"风流", 并以此命名。在这里, 把花郎道称作"风月道"这点也是经过了一番深思熟虑。风流, 原本是遗风余流的意思, 简称时, 为了与风月这一意义相通而花费了心思。这样来看, 有必要对诸派学者对风流作出的解释进行重新探讨。特别是像申采浩主张的"风流"是"夫娄"的音译, 还有把风流与花郎的别称"风月道"联系在一起, 主要从艺术情感层面对风流进行的解释等等, 这些对探究风流的实际没有任何帮助, 免不了受到指责。

---

67) 自古流传下来的风气与余韵。
68) 《译注崔致远全集(1)》, 282~283,〈智证大师碑铭〉"至憩足于禅院寺, 锡安信宿, 引问心于月池宫。……适睹金波之影, 端临玉沼之心。大师俯而觊, 仰而告曰, '是即是, 余无言！'上洗然 忻契曰, '金仙花目, 所传风流, 固协于此'。"

崔致远所谓的"风流"在他的其它作品也有补充说明。〈智证大师碑铭〉中说"鸡林地在鳌山侧,仙儒自古多奇特"便暗示了东方君子国仁思想的传统给中国儒教的形成带来了影响,还有青丘国的柔朴思想对老庄哲学的形成也产生了一定的影响。反复体会这句话,里面隐含着〈鸾郎碑序〉中所说的"包含三教"的意义。此外,真兴王巡狩碑中也有间接体现风流本质的篇章,这点值得注意。

纯风不扇,则世道乖真,玄化不敷,则邪为交竞。[69]

这里所说的"纯风"可以看作是指韩国固有的风流道。"纯"是没有与异质的东西相杂糅的意思。与"固有"相通。"风"是上文说的"遗风余流"的缩语。"玄化"中的"化"与〈鸾郎碑序〉中出现的"接化群生"的"化"一样。该"化"继承了檀君神话中出现7次的"化"的传统。崔致远在〈智证大师碑文〉开头说"隐隐上古之化",暗示了"化"的传统。"化"很好地体现了风流道的神秘性与情感,因其作用及活用十分巧妙所以称为"玄"。由此可见,不得不说崔致远所说的"风流"其本质是十分明确的。

此外,"包含三教"与"接化群生"八个字在解释上也需要多加注意。若将前者说成是风流道的"体"的话,那么后者可以说是"用"。之后,在东学中将教坛的基本组织称为"包"和"接",便是仿照这个而成的。可以说很好地领悟了〈鸾郎碑序〉的内容。

首先,"包含三教"这四个字稍不留神就会被错误地解释为风流道受容三教思想,并包含其核心性要素。那么,这就有可能出现这样的

---

69)《黄草岺碑》。

逻辑：韩国没有固有思想，只是受容外来思想，吸收并聚合。关于这点，金凡父的下列观点值得我们反复思考。

> 若不能正确理解"包含"二字的话，韩国文化史的整体将发生很大的偏斜。比方说，像三教调和，或是集成，或是折中，或是统一，或是统合这些情况，可能成为本来没有固有的渊源，集合三教而成的。但是，之所以这里被称为"包含"，应该解释为固有的精神本就包含三教的性质。[70]

"包含"与"包涵"的意思不同。[71]不能将两者混同。"包含三教"即便从文理上或是〈鸾郎碑序〉的本旨上看，应该理解解释为在韩国的固有思想风流道中本就包含着三教思想的重要因素。这从崔致远说了"且如"[72]这个前提后，将风流道的核心与三教思想相联系进行了举例说明可以得知。但却常常有不少忽视"且如"这个前提的情况。这是必须要注意的语句。这一句话为能正确解释"包含三教"提供了根据，还有崔致远所列举的①与忠孝相关的要素②与无为、不言相关的要素③为善去恶相关的要素可谓是风流道的核心纲领，可知它不是首先被规定为三教思想的核心性要素。

这三种举例是把风流思想的大纲与三教思想相对比，以纲领性

---

70) 金凡父，〈风流精神与新罗文化〉，《韩国思想》，第1辑，韩国思想研究会，1959，109页。

71) 根据李熙昇(编)，《国语大辞典》(修订版，民众书林，1982)，"包含"是"本就存在其中"的意思，"包涵"是"从外广泛全部包围"的意思。

72) 且如是"假设之辞"。可解释为"万一"、"假如"或"比方说"。《春秋公羊传》隐公元年"且如桓立，则恐诸大夫之不能相幼君也。"

要素进行了把握,而不是拿三教思想的核心进行定义的。[73]换句话说,举这三种例子与其说是以三教思想的核心性要素来解释风流思想的本质,不如理解为风流道的核心纲领与三教思想的重要要素相符合。由此可见,崔致远认为的风流思想与儒释道三教思想是相同的,并且其自身具有一个独特的性质。正因如此,崔致远规定为"玄妙之道"。

风流道从〈鸾郎碑序〉的叙述方法推断来看,在意义上具有两种观点。一种是作为体的"玄妙之道",一种是作为用的"接化群生"。用现代概念来讲,前者是逻各斯(logos),后者是普瑞西斯(praxis)和帕索斯(pathos)。[74]然而,"玄妙"一词与风流道的自然化性的、过化存神性[75]的神秘性相关。在这里"接化群生"中的"化"存在问题,这可以说是《周易》中所谓的"感而遂通"或是崔致远自己常说的"有感必通"的境界。

此时的"化"在韩民族的思想性、宗教性传统中是不容被忽视的问题。"接化"中的"化"与崔致远在〈智证大师碑铭〉开头部分说的"隐隐上古之化"的"化"是相同的意思,与檀君神话中出现的"在世理化"的"化"在意思上是相通的。[76]"接"意味着待人接物的关系性,"化"

---

73) 宋恒龙说"崔致远以儒教之忠孝、道教之无为不言、佛教之善恶对其宗旨进行了说明把握",可认为是崔致远定义的三教思想的核心。还附言说"这个定义是否正确的问题是我们关心之外的事情"(参照宋恒龙,同上文,323~324页)。金知见也表示了与之相同的见解(《为四山碑铭集注的研究》,韩国精神文化研究院,1994,53~54页)。然而,笔者认为这样的见解有再考的必要。

74) 金炯孝,《韩国思想散稿》,一志社,1976,137页。

75) 《孟子·尽心(上)》"夫君子,所过者化,所存者神。";赵氏注"君子通於圣人,圣人如天,过此世能化质,存在此国,其化如神。"

76) 柳承国,《儒教哲学与东方思想》,163页。

是"接"(见)的指向及目标。从小的方面"感化"、"变化"、"调和"开始，进一步到"教化"、"治化"、"同化"、"神化"，所包含的意义十分广泛。从这点来看，下列对"接化群生"的解释，有必要再进行回味。

"接化群生"与"弘益人间"相比是其意思更广泛的韩国固有的"仁慈"的表现，意思是风流道的泛生物性的生生慈惠。这是从草木群生到动物，施与德化，使生能够同乐同悦，便表现为"接化群生"的理由。[77]

这似乎可以说与《周易》中孚卦中说的"信及豚鱼"有相同的境界。

韩国思想的一大特征是与合理性相比，首先从情感性、神秘性中寻找。从"风流"这句话的自身含意中可见。虽然此后这片土地上随着儒教的盛行，韩国固有思想所具有的神秘性性质逐渐淡薄是既定的事实，但谈论韩国思想时，神秘性是不可缺少的重要因素。因为具有这样神秘性的风流道，崔致远可能称其为"玄妙之道"。

崔致远在〈鸾郎碑序〉中说"设教之源，备详仙史"。这里的"设教"特别是"教"不能平凡视之，忽略而过。这源自《周易》观卦中的"圣人以神道设教，而天下服矣"[78]。对于"神道设教"的境地，将引用程子的下列解说进行理解。

夫天道至神，……唯圣人默契，体其妙用，设为政教。故天下

---

77) 都珖淳，〈韩国的传统性教育价值观〉，《哲学与宗教》，现代宗教问题研究所，1981，101页。

78) 《周易》〈观卦〉。

之人,涵泳其德,而不知其功,鼓舞其化,而莫测其用,自然仰观而戴服。[79]

然而,崔致远没有照原样使用"圣人神道设教"这个表现。因为所谓的风流道并不是存在"圣人"这样的主体,而施与的宗教是自生的。此外,还因为追溯古代,与"圣人"相媲美的人物—"神人"一词,使用得更亲切。虽然,崔致远没有将风流道的性质说成是"神道",他认为的"玄妙之道"的风流道便是"神道",用除此之外的话无法进行说明。[80]在这里隐隐包含着强调风流道的"神道性设教"与很多的"人为性设教"在性质或层次上存在不同这点。在韩国先学者中,包括风流道在内的韩国固有思想与宗教通称,称作"古神道"的人也不少[81],可以说正是认准了这点。

2)风流道的理解与三教思想

崔致远的东人意识明确地体现在对韩国固有思想的关心和对其正体的解释中。他深入研究当时风靡一时的儒释道三教思想,在指出三教根本上是会通的同时,并在对三教思想的这样研究的基础上进行了反映,解释了"风流道"。著名的〈鸾郎碑序〉便很好地体现了这点。由此可知,崔致远对三教思想的渊博学识和理解成为了解释风流道的基础并集中得以体现。此外,文中还流露出身为拥有"玄妙

---

79) 《易传》。

80) 《周易注疏》卷3,〈观卦〉中关于"神道"说"神道者,微妙无方,理不可知,目不可见,不知所以然而然,谓之神道。"

81) 参照《六堂崔南善全集》,第3卷,玄岩社,1974,253~255页〈朝鲜常识〉。在这里广泛说明了"神道"的意义、用典、用例与风流道的关系等。

的风流之道"这样优秀文化民族中的一员,具有强烈的自豪感与自信心,这些都通过东人意识得以表现。

从崔致远留下的文章来看,将儒教与佛教相对比,以试图相互接近的例子非常多。这虽不是因为重视对偶的骈俪文体的影响,从根本上来看,他并不认为儒教思想与佛教思想是性质不同的,而是在相互一体的观点上进行把握。

崔致远曾对三教思想进行了一番集中研究,努力以求达到领悟真谛的境界。他在解释风流道时,将其风流道的核心内容与儒释道三教思想相比较进行说明,这与他之前的努力之间存在一定的有机关系。虽可能受到指责,认为崔致远未能摆脱眼光与学识的局限性,但不管怎样,对三教思想的综合性理解成为了解释风流思想的基础。对三教思想的集中性探究,在把握风流道实体的过程中发挥了"整地作业"的作用。这与崔致远精准的判断和极具洞察力的眼光密不可分。

通过这样的研究,崔致远最终得出了三教的根本思想是相互会通的这一结论,接着在此基础上,分析出风流道的思想核心分别与三教思想相符合的解释。换言之,三教思想在根本上是相通的这一研究结果,在崔致远对风流道的解释中有着很好地体现。并且把风流道的核心性价值要素理解为可以说是与三教思想重要要素的内容相符合的"理想性存在"。

此外,崔致远认为固有思想的确定与外来思想的受容就像函数关系一样,同时解决这些问题的话,自然而然就会找到答案。他研究当时风靡一时的儒释道三教思想,并花费精力寻找韩国固有思想与三教思想之间的共同性质,也是在韩国的传统思想体系中寻找三教思想。他所认为的三教并非只是外来思想,内心始终坚信属于"我们的"这样的信念。他最关心的事情之一便是"三教的土著化"。[82]

推测〈鸾郎碑序〉的内容来看, 韩国固有思想的原型用外来的儒释道三教中的任意一个都无法说明, 三教思想的重要因素巧妙地融合在其中。儒学者可站在儒教层面上可进行解释, 佛教和道教学者也都可以站在自教的观点上进行解释。然而, 由于风流道的这种圆融的性质, 后来地儒教或佛教学者站在自教的立场上粉饰其内容, 最终导致考察其本来的真面目都极为困难。

崔致远曾撰写佛教相关的愿文、赞文、碑文和记文, 把韩国固有思想与佛教相关联进行了解释, 关于佛教在韩国兴盛的理由, 以"金之在熔"、"地之使然"这样的表现进行了说明。然而, 崔致远的最终观点在于"包含三教"。就像〈鸾郎碑序〉中说的那样, 因为儒释道三教思想的要素本来就包含在风流道中, 所以儒教或道禅思想亦是会在韩国盛行的, 这是崔致远的基本观点。

首先从儒教观点来看,《山海经》中称韩民族"君子国, 其人好让不争",《后汉书》中说"君子不死之国", 由此可以推测, 韩国在儒教被传入、被受容之前, 儒教经典中被称为理想形象的君子之道就俨然存在, 并广为所知。

还有, 与道仙思想相关的是《山海经》中说的"青丘国, 有柔朴民", 这里的"柔朴"与道家一直强调的核心思想"朴实"是一样的, 这可以说是韩民族独有的品性。朝鲜英祖时代的学者李钟徽(1731~1786)也继承了这样的思想脉络, 认为:

---

82) 参照崔一凡,〈文昌侯孤云崔致远〉,《东国十八贤》上卷, 栗谷思想研究院, 1999。

尝观新罗为国，……其为国之道，非必有礼乐刑政之可言者，而与所谓因应变化[83]，自然而无所为者，盖有不谋而同者。……盖辰韩旧俗，自跻于畏垒华胥之域[84]，而不自知，以至于八九百年而不已。使老聃庄周为国而自治，故无以加於斯矣。……自三教行于中国，而儒固已自有於箕氏之时，而佛亦以魏晋之际，而入于东国，所不行者，惟老道耳。然无其为老之名，而实已行於为国，如新罗之得其精，盖不学而能之也。[85]

以上引用文可以联想到秦国时戎的使臣由余向秦穆公说的话：

秦穆公问曰："中国以诗书礼乐法度为政，然尚时乱，今戎夷无此，何以为治，不亦难乎？"由余笑曰："此乃中国所以乱也。……夫戎夷不然，上含淳德，以遇其下，下怀忠信，以事其上，一国之政，犹一身之治，不知所以治，此真圣人之治也。[86]

上文李钟徽所说的"因应变化"引自《史记》，[87]是指没有任何人为、顺应自然的变化。用一句话概括了老子所尊重的道便是"虚无"。"盖有不谋而同者"说的便是从老庄思想在韩国传入、受容之前，类似于

....

83) 随着自然的变化而应变。《史记》卷63，〈老子韩非列传〉"太史公曰，老子所贵道，虚无，因应变化於无为，故著书辞称微妙难识"。

84) 以上两国是《列子》中的理想国家。

85) 《修山集》卷6, 1b~2b, 〈新罗论(一)〉(文集总刊247)。

86) 《史记》卷5, 秦本纪。

87) 《史记》卷63，〈老子韩非列传〉中司马迁说"太史公曰，老子所贵道，虚无，因应变化于无为。故著书辞，称微妙难识"。

道家的无为自然思想扎根于新罗思想界的情况。由此可见,崔致远在〈鸾郎碑序〉中阐明的"包含三教说"在历史上也可以找到根据。

在这里,还有一点非常重要。那就是儒教与佛教的媒介点、相同点是"仁"。儒教中称"仁人"是最理想的人物形象,君子应立志于仁。佛教中也把慈悲称作"仁"。崔致远在〈智证大师碑文〉中说"佛目能仁则也"。崔致远在与佛教相关的文章中,虽说文章的目的上是从佛教层面上进行解释,但根据所处情况的不同,有时候也会从儒教或道教层面进行解释。三教说明教义的方法即便不同,但最终的归结点是一样的。

由此可知,韩国固有思想的原型为三教等外来思想相互融合,提供了一定的基础,发挥了扬弃教派相互间的对立与矛盾的作用。如果说〈鸾郎碑序〉是考察崔致远三教观的一个总论、一个结论的话,那么跟佛教相关的文章可以说是其中的分论之一。

崔致远通过与三教思想之间的对比,对风流道进行了说明,这可以说是在他自己知识范围内进行的一次大总结。那么,也会出现下文这样的评价:

> 崔致远在〈鸾郎碑序〉中提到过花郎道,并说花郎道已经融合了儒佛仙三教,这可以说是在用中国已经成熟的思考方式,也就以儒佛仙三教为价值标准的思考方式,对民族传统进行再发掘。[88]

然而,我们要考虑到一个事实,在当时,最容易理解韩国固有思想、最容易进行说明的方法论,事实上只有援用三教思想这一个方

---

88) 赵东一,《韩国文学思想史试论》,知识产业社,1995,54页。

法。因为，在当时只有三教才具备非常明确的思想性。对此，宋恒龙有以下更贴切的说法：

> 对三教思想意义的规定，虽然不晓得它究竟是不是韩国思想的主体，但通过这样的意义规定可以帮助我们理解韩国思想，只有这样才能理解韩国思想，从这点来讲，对三教思想意义的规定是一种方法论。并且，从理论最终成为被理解的内容这点来看，结果也只能说是韩国思想的内容。因此，我们可以接受韩国思想被视为三教思想这样的说明。对三教思想意义的规定进入到我们的理解范畴之内，被我们受容，所以用这样的方法论来解释韩国思想。[89]

最后有一点需要补充，崔致远通过三教思想来理解风流道，与他的同文意识相关。关于"同文意识"虽然将在最后单设一章节进行详细评论，但崔致远从与三教的关联性中来理解并说明风流道，这点是毫无疑问的。这不仅是用中国式的思想方式，也就是以儒释道三教为价值标准的思想方式，对韩国固有思想等民族传统进行再发掘，但他没有仅停留在这一层面，而是想更进一步在国际上宣扬韩国固有思想。由此，我们可以评价崔致远是"用中国式的价值与概念，对新罗固有思想进行解释说明的国际化人物"。

---

[89] 宋恒龙，《关于韩国道教思想的研究》，成均馆大学博士学位论文，1986，7页。

第3章 文明世界的主体性倾向—同文意识

1. 同文意识的形成及其性质

1）同文意识与孤云思想再照明的契机

细读韩国历史就会发现，后世学者对某些先贤的毁誉褒贬评价悬殊。而崔致远便是这些先贤中的代表。近代民族主义历史学者丹斋申采浩(1880~1936)曾指出，韩国最具代表性的事大慕华主义者是金春秋、崔致远、金富轼。[1] 还特别批判崔致远是"支那思想的奴隶"。直到现在，崔致远也无法完全摆脱事大、慕华主义者的烙印与束缚，其实说这都源自于以申采浩为代表的，具有一定影响力的史学家的犀利笔锋也不为过。[2] 八十年代末在某一学位论文中出现了这样的观点，可谓是代表了当时对崔致远的普遍性否定认识：

> 对崔致远的普遍性批判之一就是崔致远是彻底受事大思想渗透的人。这点在他的《桂苑笔耕集》等遗作中有着鲜明的体现。特别是他代替高骈所作的众多种类的文章及献诗，如实地反映出他受

---

1) 申采浩，《朝鲜上古史》上卷，三星文化文库，1980，73页。
2) 袋山洪起文(1903~1990)曾在论文〈申丹斋学说的批判〉中将申采浩的历史观定为"排他自尊的观念论性的历史观"，并且批判说"受排他自尊这种先入为主的成见压制，他的著作也与真正的朝鲜史有一定的差距"。还残酷地批判说"丹斋的文章畅达健快，文章偏重于感情抒发"，但"任意闯入各个领域，还妄下断论，实际上是不行的"。参照丁海廉编译，《洪起文朝鲜文化论选集》，现代实学社，1997，178~182页。

事大思想的渗透是多么彻底。而实际上,彻底的事大主义者崔致远在传承中却被美化为优秀的民族主义者……[3]

在二十多年后的今天,学界不仅关注崔致远的东人意识,还延伸到评价它的价值及意义。一直以来,被普遍谈论的崔致远事大慕华性倾向及民族主体意识,它们两者间的关系究竟如何仍是待解决的课题。但无论如何,今时不同往日,人们对崔致远的认识已经发生了变化,而且崔致远的思想正在被重新照明、重新评价,这点也是非常明确的。

正如在前一章所论述的,至少崔致远在归国后与先前被贬低为"事大主义"的化身、被唐化的人物这些评价不同,他具有强烈而坚定的民族主体意识,这亦是事实。所以崔致远的文章中经常出现的中国式的价值标准和事大外交层面上的修辞,若将其直接当作是与民族主体意识相对立的存在,这点有再考的必要。关于这方面虽然将单独另设章节重新进行考察,但我们应该从追求普遍真理、向往文明世界的"同文意识"的角度上进行理解。

进入朝鲜时代后,与先前时代的评价截然不同,崔致远在"佞佛之人"这样残酷地批判中,一直受到否定的评价。然而在这样的风气下,出现了重新认识崔致远的先驱性事例。那便是北学派的实学巨匠楚亭朴齐家(1750~1805)评价崔致远为北学思想的先驱者。朴齐家对崔致远的评价如下:

余幼时,慕崔孤云赵重峰之为人,慨然有异世执鞭之愿。孤云为唐进士,东还本国,思有以革新罗之俗,而进乎中国,遭时不

---

[3] 韩硕洙,《崔致远传承的研究》,启明文化社,1989,35~36页。

竟。隐居伽椰山，不知所终。重峰以质正官入燕，其东还封事，勤勤恳恳。因彼而悟己，见善而思齐，无非用夏变夷之苦心。鸭水以东，千有余年之间，有以区区一隅，欲一变而至中国者，惟此两人而已。[4]

这是《北学议》序文中的一小节，篇幅虽短，其意义不容小觑。这段文字为我们提供了一些重要线索，在考察崔致远意识世界的同时，从追求普遍性的层面上，将之前被认为是"事大慕华性的倾向"理解为"追求文明世界"的问题意识。"因彼悟己"、"见善思齐"等表现也为此提供了根据，更有"革新新罗之俗"等表现，通过这些我们可以评价崔致远并非盲目的事大慕华主义者。

朴齐家对崔致远的看法，用一句话概括就是"北学派的先驱"。通过这种意识的转变，可以看出在九百多年的历史长河中，向往同文世界的文明意识从崔致远开始，一直延续到以朴齐家为代表的朝鲜后期北学派实学者身上，从中也可以看出崔致远的思想对北学派产生的影响。[5]

朴齐家对北学寄予的厚望，"因彼悟己"的程度过于强烈，每当谈到当时朝鲜王朝停滞的根本原因时，他无一例外说是"不学中国之制故也"，谈到改革方法时，言必称"学中国而已"。[6]更是称汉语为文字

---

[4] 〈北学议自序〉,《楚亭全书》下卷, 亚细亚文化社, 1992, 417页。

[5] 撰写《桂苑笔耕集》序文的渊泉洪奭周(1774~1842)也称崔致远"北学于中国"，持有与之相同的立场。"吾东方之有文章，为能著书传后者，自孤云崔公始；吾东方之士，北学于中国，以文声天下者，亦自崔公始。"〈桂苑笔耕集序〉

[6] 关于朝鲜王朝停滞的原因为"不学中国之制故也"或"不学中国之过也"、改革的方法"不过曰学中国而已"或"莫先于学中国"之类的语句，见于《北学议》，达十几处之多。甚至在〈农蚕总论〉中云"我国既事事不及中国"。

的根本, 说:

> 我国地近中华, 音声略同, 举国人而尽弃本话, 无不可之理。夫然后夷之一字可免, 而环东土数千里, 自开一周汉唐宋之风气矣。岂非大快。[7]

连提出放弃自己的母语, 使用汉语这样的主张都毫不犹豫。[8]当然, 像这样的情况在实学者中只限于朴齐家一个特例, 这是严重的自我贬低性的想法, 是令人怀疑其主体性的妄举。无论是有意识的还是无意识的, 这样的主张都太过分了。若以现代的视角来看, 这是由于过于追求国际化、世界化, 而导致主体性精神的丢失。可以说这也是让人反思值得提倡的世界化究竟是何物的最好先例。

在以"同文意识"命名的崔致远的文明意识中, 笔者很难找到这种近于《庄子》里"邯郸之步"的无主体性精神。崔致远的同文意识强烈期望追求文明社会, 但同时并没有忘却自己的民族主体性, 在这点上与朝鲜后期史学派, 特别是北学派学者们的思想倾向相似, 实际上崔致远的思想在很多方面似乎可以说起到了北学思想的先驱性作用。从崔致远和北学思想中都也可以看出自谦、灵活向他人学习的"逊志愿学"[9]的姿态。

在孤云思想的研究中, 普遍性与特殊性问题是研究主题中的两大重要组成。可谓是孤云思想重心的主体意识和文明意识可以从普遍

---

7) 《北学议》内篇,〈汉语〉(《楚亭全书》下卷, 496页)。

8) 朴齐家还建议不必制造韩国钱币, 使用中国钱币进行流通。

9) 《书经》,〈说命(下)〉"惟学逊志, 务时敏。";同注"逊其志, 如有所不能, 敏于学。如有所不及, 虚以受人, 勉以励己, 则其所修, 如泉始达源源乎其来矣。"

性和主体性的角度上进行理解。如果说崔致远的主体性精神能从特殊性角度上进行论议的话,那么,文明世界的追求则可以从普遍性的角度进行论议。

2) 同文意识的意义及与东人意识之间的关系

崔致远思想的焦点集中在民族主体性和国际化、世界化的问题上,该问题曾在知识分子阶层中活跃展开,并且是被认真商榷过的谈论之一。仅凭这点,似乎也可以从崔致远的思想中找到一些现代性意义。在崔致远的思想中,普遍性与特殊性的问题始终占据着核心话题,所以可以从这两点着手进行说明。从崔致远把韩国的固有思想风流道,与作为当时普遍性学问、思想的儒、释、道三教相联系进行说明,也就是以普遍性标准试图解释特殊的宗教思想这一举动中可以清楚地看出。

像这样,普遍性与特殊性的问题似乎一直在崔致远的脑海里萦绕。如果崔致远只侧重于追求文化的普遍性,丝毫不关心韩国的固有文化,只是停留在成为国际人士阶段的话,我们只会记住他是奏响一个时代的文学家,是一个彻底的慕华主义者。但是,崔致远是名副其实的国际人士,同时也是最具备新罗人精神的思想家。

或许是因为笔者孤陋寡闻,在研究崔致远思想的学者中,李九义可能是最早提出应该把孤云思想中最重要的部分与国际主义乃至世界主义联系起来进行探索的学者。李九义曾说:

> 孤云的思想和意识世界是具有国际主义乃至世界主义性质的。国际主义乃至世界主义思想必然归结于普遍主义思想。……因为他

所向往的理想世界便是大同世界，乃至道德理想世界。[10]

然而，这只是为了加快正式研究步伐，仅停留在"提出问题"这一层面上。细致地考察也只能有待日后进行了。那么，笔者命名的崔致远的"同文意识"是怎样的一种概念，在文献上又是以什么为根据的呢？我们将先对这一问题进行考察。

车书欲庆於混同。[11]
车书纵贺其混同。[12]

从崔致远的文集来看，他经常使用这样的话语，还有不少与其旨意相同的语句。上引文中所说的"车书混同"其根据便是《中庸》中的：

今天下，车同轨，书同文，行同伦。[13]

三者皆同，即言天下统一，意味着礼乐制度中的"天下大一统"、"天下大同"。"车同轨，语同音，书同文"说的就是最理想的"大一统"世界。
特别是文字相同，是指字形、字体、字声、字义的统一。在国家治理中，语言和文字相统一的问题实际上比什么都重要。自古以来，

---

10) 参照李九义，《崔孤云的人生与文学》，国学资料院，1995，212~214页。
11) 《译注崔致远全集(2)》162页，〈奏请宿卫学生还蕃状〉。
12) 《译注崔致远全集(2)》175页，〈与礼部裴尚书瓒状〉。
13) 《中庸》第28章。

按照"书同文"的逻辑,"同文世界"一词也经常被使用。这就可以理解成"汉字文化圈"的意思。源于"行同伦"的"同伦世界"也可以解释为"儒教文化圈"。[14]

相传子思创作《中庸》的时期实际上是在秦始皇统一天下之后,上文中引自《中庸》第28章的"同轨同文"也为这种说法提供了有力的根据。在当今学者中,秦汉著书说几乎已成为定说,为世人所接受。[15] 因为秦始皇在建立了中国最早的统一帝国,即秦朝后,将之前七个强国,也就是战国七雄各自所使用的法律、文字、货币、度量衡等进行了统一,可见《中庸》第28章反映的正是这一史实。

这样一来,必然会出现这样的问题:"同文"这一概念能否从现在所使用的国际化、世界化的层面进行理解,还有若不对现在的"多元主义世界化"和"中国中心主义世界化"之间的差异进行区分,"同文"这一概念又能否继续使用呢?但是在这里,不得不先考虑以下几个问题。

首先,崔致远的同文意识从"同文"二字的出处及原意来看,大致是指向往"文化隆平世界"的文明意识。事实上,当今的多元主义世界化和以中国为中心的世界化明显是不同的。然而,当时强大的中国在可认知的世界里是唯一的"文明之地"。[16] 对除中国以外的其他文明世界没有选择的余地,只能成为以中国为中心的世界化。所以,肯定不同于现在的多元主义世界化。并且以当时的情况来讲,以唐朝为中心的国际秩序俨然存在,邻邦通过朝贡这种事大之礼来维持国际关系秩序。这作为当时的一种特殊现象,是必须应该考虑的问题。在

---

14) 林熒泽,〈关于韩国文化的历史性认识逻辑〉,《创作与批评》通卷101号,1998,225页。

15) 李东欢,《新译四书—中庸》,玄岩社,1975,259页。

16) 林熒泽,论文同上,229页。

崔致远文明意识的研究过程中，我们不应把它当作是应该从政治层面上理解的以中国为中心的国际普遍秩序，而应该看作是追求文化层面上"以中国为中心的普遍文化"。混淆两者是万不可行的。

不管怎样，"同轨同文"这句话自古便作为"天下大统一"的意思而使用，与当今广泛使用的国际化、世界化的意思相通。下文将列举几个可作为有力根据的历史事例。

(A) 元圣王2年(786)夏四月，遣金元全入唐，进奉方物。德宗下诏书曰："朕君临万方 作人父母，自中及外，合轨同文，期致大和，共跻仁寿。"[17]

(B) 伏睹诏旨，节文曰："必在秉心弥固，服义不忘，勉修正朔之仪，用契车书之美。冀使赫曦之绩，首冠於他方，霶霈之恩，常沾於尔土！"者。[18]

"车同轨，书同文"就是以中国为标准来规范全世界的所有文化制度，是指以中国为最高峰代表的国际化、世界化。如果前文中所考察的崔致远的东人意识，换句话来说是主体意识的话，那么同文意识便可以说是文化上向往世界化的文明意识。但是这不能说是崔致远的独有思想，而是与当时的时代思潮存在着密切的关联。若前者可以从民族层面上进行理解的话，后者则可以从人类的层面上进行理解。因此，笔者认为孤云思想中追求普遍的这种性质，不能作为"同文意识"这一概念下的学术名词使用。

---

17)《三国史记》卷10，元圣王2年条。
18)《译注崔致远全集(2)》，140页，〈谢恩诏书两函表〉。

那么，崔致远的东人意识与同文意识之间的关系又该如何设定呢？从现在的观点来看，学界虽然大致对崔致远的"东人意识"呈现出受容的态度，但却不能将主体意识与文明意识紧密联系起来进行把握，似乎只是在各自不同的层面上进行理解。某一研究者曾说：

崔致远的东人意识虽然是在事大主义的框架中展开的，但是可以看作是身为新罗人的自豪感以及对新罗历史的自我整理。[19]

这句话也没能理解崔致远的主体意识和文明意识是以一体两面的形式展开的。当然，对之前从不理睬的东人意识进行认可，本身就可以说是一种相当大的意识变化。但是，为了正确理解孤云思想，必须对文明意识进行更为详尽的考察。

崔致远重视文化的普遍性，并且还追求其中的特殊性。对他而言，主体意识和文明意识不是相互对立矛盾的。通过以人的内在本质为基础的人间主体意识，两者可以在顶峰融为一体，或处于可以会通的一次元关系之中。这点在前文中已经进行了详细的考察，在此不再多言。

协调民族主体性和世界普遍性，使两者保持平衡，一直是历史上各个时代的必要课题。[20]崔致远是一直追求普遍与特殊、追求中庸的学者。他不仅重视普遍性，同时认为特殊性也十分重要。对于普遍性和特殊性这种中庸之道，与佛教思想相比，崔致远受儒教思想的影

---

19) 金福顺，〈崔致远的经世观〉，《孤云崔致远与韩国思想》，成均馆儒教思想研究院，1996，21页。
20) 参照李相益，《西欧的冲击与近代韩国思想》，图书出版"天"，1997，396~405页。

响似乎更大。因为佛教强调一切法中没有差别性与分辨性,想要克服分辨性,所以不能只停留在佛教,最终不得不立足于重视理论与实际、重视普遍与特殊的儒教思想理论上。至少从主体性与文明意识层面上看,崔致远没有只安居于佛教世界中。[21]

2. 文明世界的希求与普遍向往的性质

崔致远在〈真鉴禅师碑文〉开头写到:

夫道不远人,人无异国。是以,东人之子,为释为儒必也。[22]

从真理的角度来看,不会存在中国人、印度人、新罗人的差别,不会因出身国家不同而与真理之间存在距离。这句话鲜明地体现了对超越国境的人的普遍性、真理普遍性的自觉意识,以及新罗人向往真理、向往中国及印度的求学心与进取心。

上文中"人无异国"这句话值得我们反复回味。因为这源于对真理的普遍性及人的本质的坚定信任之中。正因如此,崔致远用"人无异国"的逻辑,对当时独尊倾向尤为强烈的唐朝作了如下叙述:

---

21) 户川芳郎(外)著,《儒教史》"为了在现实中确立自己的主体性,儒学者们不得不超越佛教。"赵诚乙、李东哲共译, 理论与实践, 1990, 216页。

22)《译注崔致远全集(1)》, 151页。

至今国子监内，独有新罗马道[23]，在四门馆[24]北廊中，蠢彼诸蕃，阒其中绝。衹如渤海，无藉膠庠，唯令桃野诸生，得厕杏坛学侣。由是海人贱姓，泉客[25]微名，或高掛金牌，宁慙附赘，或荣昇玉案，宝赖余光。虽乖业擅专门，可证人无异国。[26]

崔致远接着描述了前去求道之人的求学热情以及艰苦学习的情形：

西浮大洋，重译从学，命寄刳木，心悬宝洲。虚往实归，先难后获，亦犹采玉者不惮昆丘之峻，探珠者不辞骊壑之深。[27]

还有，从〈大朗慧和尚碑文〉来看，无染大师想要入唐求学，遇到失败后，以坚定不移的意志再次挑战，并在第二次挑战中实现了目标，相关叙述如下：

遽出山并海，覗西泛之缘。会国使归瑞节[28]象魏下，侂足而西，

....

23) 已无法详知。或许可能是"笃道"的误写。笃道是指"笃道君子"。《唐书》卷176，〈韩愈传 赞〉"昌黎自比孟轲，……可谓笃道君子矣。"

24) 指四门学馆。四门学是中国后魏时期，为使庶民入学，在大学(国子学)的四方门前建立的学校，元朝后被废除。

25) 居于南海，织蛟布，产珠玉的无名之人。鲛人又称蛟人。《述异记》"南海中有鲛人，室水居如鱼，不废机织，其眼能泣则出珠。"；"扬州有蛇市，市人鬻珠玉，而杂货蛟布。蛇人即泉先也，又名泉客。"

26) 《译注崔致远全集(2)》，150~151页，〈遗宿衙学生首领等入朝状〉。

27) 《译注崔致远全集(1)》，151~152页，〈真鉴禅师碑铭〉。

28) 用玉做成的符节。天子册封诸侯时赐予的信物，诸侯直接朝会天子或通过使臣觐见时，要持有符节。

及大洋中，风涛欻颠怒，巨艑坏，人不可复振。大师与心友道亮，跨只板，恣业风。通星半月馀，飘至剑山岛。膝行之碕上，怅然甚久曰："鱼腹中幸得脱身，龙颔[29]下庶几搅手，我心匪石，其退转乎？"洎长庆[30]初，朝正王子昕，舣舟唐恩浦，请寓载，许焉。既达之罘山麓，顾先难[31]后易，土揖海若曰："珍重鲸波，好战风魔。"[32]

以上这些文字记述与崔致远自身的西游经验有着密切的关系。如果他没有去中国留学，很难写出既切合实际又富有感染力的文字。正因为求道之路是冒着生命危险的艰难之路，崔致远将留学目的地之一的唐朝比作佛教中喻指涅槃常乐境地的"彼岸"。

当时新罗的留学生中有不少僧侣。慧超（704~787）曾在万般艰难的恶劣条件下，由陆地前往印度各地的圣地进行巡礼，求佛法带回国。慧超在纪行文《往五天竺国传》中用一首诗反映了当时求法巡礼的艰难以及新罗知识分子毫不屈服的坚强意志。

君恨西蕃远，
余嗟东路长。
道荒宏雪岭，
险涧贼途倡。

---

29) 指龙下巴里的珠子。比喻求法。《庄子》，〈列御寇〉"千金之珠，必在九重之渊，而骊龙颔下，子能得珠者，必遭其睡也，使骊龙而寤之，子尚奚微之有哉。"

30) 唐朝穆宗的年号（821~824）。

31) 是指第一次试图渡唐留学，漂至剑山岛，以失败结束之事。

32)《译注崔致远全集(1)》，67~68页，〈大朗慧和尚碑铭〉。

鸟飞惊峭嶷，
人去难偏梁。
平生不扪泪，
今日洒千行。

这首诗是慧超在归国途中路经吐火罗国，遇到了前往西蕃的使臣时所作。句句都深切地表达了旅途的疲惫与痛苦。

而下文所引用的诗描述的是一位前往唐朝留学的求法僧在完成了自己所期望的目标后，返乡途中发病，客死异乡之事。诗人在听闻这个消息后，怀着悲痛欲绝的心情写下了这首诗。令读者感同身受，心如刀割。

故里灯无主，
他方宝树摧。
神灵去何处，
玉貌已成灰。
忆想哀情切，
悲君愿不随。
孰知还乡路，
空见白云归。

当时新罗的求法僧，无论是谁都经历了"攀縆拊杙"[33]的艰难求道

---

33) 指抓着粗绳打桩子。前往天竺国的求法僧们为了防止被吹进流沙之风中，打下桩子抓着绳子前进。此外，在路经葱岭的悬崖峭壁险路时，也需要打桩子以作攀登用。参照《译注崔致远全集(1)》，287页，〈智证大师寂照塔碑铭〉。

之路，他们的向学热可见一斑。当时新罗能在东亚文化圈中保持较高的文化水平，靠的就是新罗人标榜"四海为家"，向往文化上充满自信的唐朝开放文化政策，追求文明世界的进取心及积极的求学姿态。

此外，关于唐代的印度求法僧的活动及他们的基本精神，台湾国学者钱穆(1895~1990)有着如下的叙述：

> 中国僧人亲往印度求法的，由三国末年迄于唐代中叶，先后将五百年间，继续不断……这些冒着道路艰险，远往求法的人，几乎全都是私人自送前往，极少由国家政府资助奉派。他们远往印度的心理，也绝不能与基督教礼拜耶路撒冷，回教徒谒麦加，或蒙古喇嘛参礼西天相拟并视。虽则他们同样有一股宗教热忱，但更重要的还是由于他们对于探求人生真理的一种如饥似渴的精神所激发。他们几于纯粹为一种知识的追求，为一种指示人生最高真理的追求，而非仅仅为心灵之安慰与信仰之宣泄。他们的宗教热忱绝不损伤到他们理智的清明。[34]

实际上这与当时新罗求法僧的求道精神是一样的。上文中崔致远用"先难后获(《论语·雍也》)"和"先难后易(《周易》系辞传)"来表现极其艰险的苦学之旅。先难后获或是先难后易，这都属于克己范围之内。这与《论语》中颜渊向孔子询问"仁"，孔子曰"克己复礼为仁"是相同的立场。"克己"是指自己克服自己。像这样克服自己的过程便是修道的过程，也是试图挖掘潜在的自己的过程。不得不说这是为了

---

34) 钱穆，《中国文化史导论》，商务印书馆，1994，147~148页。

求道求法，彻底审视自己，是试图确定主体性而付出的努力。因此，正是因为前来学习佛法、学习儒学的求学人士，使整个国家入善兴仁。崔致远还对其效用作了如下叙述：

遂得慧炬则光融五乘，嘉肴则味饫六籍。 竞使千门入善，能令一国兴仁。[35]

另一方面，因留学僧们的求法活动而产生的效用，最终使韩国没有必要前往中国或印度留学，上升为独自维持、发展禅脉的阶段。下引文中，崔致远强调了智证大师受前往中国留学归来的众多前辈禅师们的影响，独自展开传道之事。

北山义与南岳陟，
垂鹄翅與展鹏翼。
海外时来道难抑，
远流禅河无雍塞。
蓬托麻中能自直，
珠探衣内休傍贷。
湛若贤溪善知识，
十二因缘非虚饰。
何用攀絚兼拊枈，
何用砥笔及含墨。[36]

----

[35] 《译注崔致远全集(1)》，152页，〈真鉴禅师碑铭〉。
[36] 言禅僧不假文字而得道。

彼[37)]或远学来匍匐[38)],
我能静坐降魔贼。[39)]

也就是说到了智证大师的时代,凭借前辈们已经创造好的成熟条件,不依靠中国的禅也能自己维持、发展新罗的禅脉。这亦可以从"文明世界的希求"的角度上进行理解。

崔致远当时的唐朝,不仅在政治上是国际秩序的主导国,社会、文化、学术、宗教、文学等各个方面也是国际舞台的中心地。历史宗教方面,渊源与历史深厚的儒释佛三教思想自不必说,唐诗也具有强烈的国际性质。当时新罗在唐朝主导的平和共存性的国际秩序和开放性的文化风气中,发展属于自己的独特文化。

本来,中国人的文化观念比民族观念更为深厚。考察中国的传统

---

37) 指道义或洪陟等。

38) 在这里,根据"匍匐"两字是如何解释的,含义也完全不同。"匍匐"二字在《诗经》和《庄子》中分别出现。首先,《诗经》〈邶风,谷风〉中说"凡民有丧,匍匐救之",郑笺中将匍匐解释为"尽全力"。如果说崔致远引用的是《诗经》中"匍匐"典故的话,则是比喻在中国留学的众禅师们为了普济故国新罗丧性(失去本性)的众生而艰辛归来。再者,《庄子》〈秋水〉篇"邯郸之步"故事中出现了"匍匐"一词。该故事揭示了忘记自己的本分而胡乱偏爱别人东西的世态。如果崔致远引用的是《庄子》中的"匍匐"的话,那么意思则是"虽然远赴留学者在归来时(忘记自己的本分)惟命是从,但智证大师在韩国静坐能击退魔贼"。如此一来,就可以有不同的解释,继而发生混淆。金知见批判说关于该部分的解释之前都是错误的,主张应该按照《庄子》邯郸之步这一典故进行解释。只有这样才能与崔致远显明通彻的东人意识相一致。(参照《为四山碑铭集注的研究》,29~30页)但是,联系该碑铭的前后内容来看,如果按照金知见的主张进行解释,似乎某些地方存在矛盾。崔致远在该文中还说"蓬托麻中能自直,珠探衣内休傍贷"。本句中,蓬草比喻智证大师,麻杆比喻道义、洪陟等禅门形成的先驱者们。智证大师借助前辈们创造的成熟条件,不必前往中国留学也能端正心的本体。由此可见,从批判当时无分别的留学风潮、事大主义风潮的意义上来说,使用"匍匐"这典故也并不过分。尤其是从崔致远的〈遣宿卫学生首领等入朝状〉中的"匍匐以投仁"这一句来看,似乎应该按照前者的意义进行解释。

39) 《译注崔致远全集(1)》,286~287页,〈真鉴禅师碑铭〉。

文化观就会发现，关于文化的观念极为宏阔，而且具有"世界性"，绝不局促于某一民族或国家之中。正因如此，民族界线或国家疆域妨碍或阻隔不住中国人传统文化观念一种宏通的世界意味。[40]

唐朝自太宗时期起势力大振，到了高宗时期达到顶峰。此时，已经具备了可以建立统一国家的大好契机，在以唐朝为中心的国际秩序的基础上，临近诸国成长为律令国家。并且东西交流活跃进行，形成了国际文化。因此，"东亚西亚文化圈"得以成立，在东亚西亚圈域内形成的文化圈立足于之前"书同文"的逻辑，称为汉字文化圈。赖尚尔(E.O.Reischauer)在他的《东洋文化史》中关于唐文化的国际性作了如下叙述：

> 唐代国际化所呈现出的另一面貌就是周边国家的百姓努力模仿初唐。像这样，占据着相当大比例的一群人，视唐朝为世界最高军事力量的拥有者，视唐朝为政治、文化上的鲜明标本，极其仰慕中国，这样的现象绝对是空前绝后的。中国周边的众多民族，与模仿汉朝相比，更有意识地模仿唐朝。这是因为部分地区的交涉增加，还有一个理由就是比起汉代，他们的文化水平已经提升到了自己能够模仿中国文化的程度。此外，还因为唐朝制度的完备及威望，以及令外国人深感魅力的唐文化的"世界主义"。[41]

"唐"与"汉"一起成为中国的代名词是大有来历的。

---

40) 钱穆，《中国文化史导论》，商务印书馆，1994，149页。
41) 赖尚尔、费正清(著)，《东洋文化史》上卷，全海宗、高柄翊共译，乙酉文化社，1964，223页。

唐朝使用的政策类似于《中庸》"九经"[42]中的"柔远人"、"怀诸侯"等。[43]唐朝为外国留学生而实行的宾贡进士科亦是在这种政策基础下产生的。据《中庸》所言,"柔远人则四方归之,怀诸侯则天下畏之"。换言之,怀柔远方之人,则天下远客都愿意欣然前来,四方归顺。这里的远方之人便是指外国人。

安抚诸侯可谓是直接关系到宗主国存亡的问题。因为以德化大范围安抚诸侯的话,用威严统制之处也会变得更加宽广,天下敬畏。[44]由此可以猜测出,以唐朝为顶峰形成的这种普遍的世界秩序一方面具有独尊的倾向,另一方面还可以作为和平共存的原理。

当时作为世界帝国的唐朝,经济上的发展与文化上的繁荣使周边诸国,特别是亚细亚众多民族向往文明的意识提高,最终促进了民族自觉性。《孟子》中所说的"舜何人也,余何人也"[45]便是这种意识。在新罗下代兴起的民族主体意识,也就是东人意识便是在这种背景下出现的。

曾经在高丽文宗时期,以书状官身份前往大金的陈澕作诗如下:

西华已萧索,
北寨尚昏蒙。
坐待文明旦,

---

42) 《中庸》第20章"凡为天下国家,有九经,曰修身也,尊贤也,亲亲也,敬大臣也,体群臣也,子庶民也,来百工也,柔远人也,怀诸侯也。……所以行之者一也。"

43) 《论语》,〈季氏〉"远人不服,则修文德以来之,既来之则安之。"

44) 《中庸章句》第20章,朱注"柔远人,则天下之旅,皆悦而愿出于其涂,故四方归。怀诸侯,则德之所施者博,而威之所制者广矣,故曰天下畏之。"

45) 《孟子》,〈滕文公(上)〉"颜渊曰,舜何人也,余何人也。"

天东日欲红。[46]

在这里,"西华"指的是南宋,"北寨"指的是女真与蒙古。该诗的注解者称"独公此诗,严于华夷之辨,深得春秋之义"。[47]诗中的"文明旦"与黑暗、未开化的状态形成对照。文明的意义是相对于野蛮的概念而使用的,这点值得我们注意。新罗人向往的文明世界的本来面貌,正是与野蛮、未开化相对的概念。

通过下列文字也可以看出新罗人向往文明世界、向往真理的坚定意志。

(A) 每遣陪臣执贽,即令胄子[48]观光,而能视鲸浪为夷途,乘鹢舟为安宅,锐于乡化[49],喜若登仙。

(B) 以此臣蕃鸿渐者,随阳是思;蚁术者,慕膻增切,竞携持而避乱,愿匍匐以投仁。[50]

引用文(B)中的"随阳是思"极具含蓄,指就像大雁追逐着太阳行走,春夏在北极度过一样,治学之人只专注于用礼乐文章在国家开展教化一事。当时新罗人向往的文明世界就是"挹彼注兹"[51]、"自近

---

46) 陈澕,《梅湖遗稿》卷1,〈奉使入金〉(《高丽名贤集》第2卷,成均馆大学校,大东文化研究院,1986,212页)。

47) 同上。

48) 指公卿大夫的子弟。

49) 趋向帝王(这里指唐帝)的德化。

50)《译注崔致远全集(2)》,152~153页,〈遣宿卫学生首领等入朝状〉。

51)《诗经》,大雅,生民之什,〈泂酌〉"泂酌彼行潦,挹彼注兹,可以餴饎。"

及远"。[52]《周易》谦卦中的"称物平施"便是指这个。

崔致远对当时新罗仰慕中国先进文明,虚心求学的情形作了如下叙述:

> 唯涣鲽水之灵,挺鸡林之秀者;不遂他山攻石,[53]徒劳陆海探珠。属文则高谢葳蕤,曾莫从心所欲,发语则犹多涩嚞,未免惟口起羞;赵步易违,郢歌难和,[54]然则梯航执礼,每愿勤修,……若虑[55]耗籑中之米,无因搜席上之珍[56]。[57]

此外,崔致远追求普遍性的思想倾向在现实中也有着如实地反映。正如前文所言,崔致远从世界史的层面上对当时的新罗进行了深邃的洞察与观照。新罗女王即位后,新罗混乱的局势与唐僖宗之后的唐朝有着极为相似的一面。崔致远意识到中国的混乱局面也会在新罗以同样的方式展开。〈海印寺妙吉祥塔记〉中提到当时的时局,说"唐十九帝,中兴之际,兵凶二灾,西歇东来"[58]。这样的现实认识在海印寺僧人僧训的〈五台山寺吉祥塔词〉"浊数西来及薩罗"[59]中

---

52) 《译注崔致远全集(2)》,149~150页,〈遣宿卫学生首领等入朝状〉。

53) 指无法前往外国(唐朝)修业。

54) 学习中国的文章,稍不留意就会犯错,并且随着水平的提高,学习起来也十分困难。

55) 惦记唐朝鸿胪寺为新罗宿卫学生提供的宿食费用。

56) 指尧舜之道。

57) 《译注崔致远全集(2)》,162~163页,〈奏请宿卫学生还蕃状〉。

58) 《译注崔致远全集(2)》,312页,〈海印寺妙吉祥塔记〉。

59) 许兴植(编),《韩国金石全文》高丽篇,236页。

也可看出。[60] 从《论语、子路》篇来看，"子曰，鲁卫之政，兄弟也"，鲁国的政治局势和卫国的政治局势都出现衰退现象，这种相互类似的混乱局势，用兄弟关系进行了比喻。实际上，从崔致远撰述的〈谢赐诏书两函表〉来看，"（玄宗皇帝）其诏旨则曰：'殆比卿於鲁卫，岂復同於蕃服？[61]'"[62]，唐帝用鲁卫关系来比作唐与新罗之间的关系。崔致远认为新罗与唐朝是"一衣带水"的密切关系，大概也是出于这种认识的作用。

这种论断的基础，正如前文论述的那样，虽然可能是因为"天下一家"、"四海一家"这种儒家基本精神的贯穿，但更直接的原因是崔致远作为当时首屈一指的国际通，具有从国际层面上对现实的认识和时代感。在谈论崔致远思想本质的局限性之前，不妨将其看作是崔致远参照世界史的发展进程，试图从普遍性中来认识韩国历史现实的这种历史意识的产物。

崔致远的文明意识与高丽末期郑梦周也有相似的一面。郑梦周高举"绝元归明"的旗帜，鲜明地提出亲明路线，这其中蕴含着试图从元朝的压迫中摆脱出来，确保自主权的民族意识以及尊重人道主义，严格区分文明与野蛮的历史意识。有些人从慕华的角度上对郑梦周的亲明路线进行了激烈的批判。即郑梦周立足于尊周、大一统思

---

60) 但僧训与崔致远的关系极为亲密，僧训受容了崔致远的现实认识，在塔词中进行了补充说明。

61) 中国周代的九服（九畿）之一。周代时以王畿位中心四方千里之外，每五百里按顺序定为侯服、甸服、男服、采服、卫服、蛮服、夷服、镇服、蕃服。蕃服距离王城的最远，相当于五千里。

62) 《译注崔致远全集(2)》，141页，〈谢赐诏书两函表〉，"至如开元御寓，……其诏旨则曰：'殆比卿於鲁卫，岂复同于蕃服？'又至大历年中，降天语曰：'在九州之外，可比诸侯，于万国之中，乃为君子'此皆爰忘誉过，小国之所不堪。"

想,认定明朝是继承中国文化传统的正统继承者,尊崇明朝才是所有的诸侯国排斥蛮夷、尊崇周室的义理,是符合尊周大义的,最终高举"绝元归明"的旗帜,这可以说是鼓吹慕华思想中的先驱运动。[63]

然而,通过郑梦周的〈冬夜读春秋〉这首诗,"绝元归明"的真谛就能一见分晓。

仲尼笔削意精微
雪夜青灯细玩时
早抱吾身进中国
旁人不识谓居夷[64]

在这首诗里,诗人抒发了自从读了孔子的《春秋》之后,从很早便开始憧憬文明世界的向往之情。对自己身边最亲近的人也不了解自己向往文明世界(具体指明朝)的坚定意志和行动,表示叹息。同时对当时的高丽人如同宿命般地坦然接受称自己为"夷狄",永远无法从中国文明的末流摆脱出来,表达了自己的不满。还有"进中国"一句委婉地流露出若从主体性观点出发,主动受容吸取先进文明,最终也可以到达先进文明境界的可能性。[65]

由此可见,郑梦周的慕华亲明路线是以春秋精神为基础的,并且还不是对中国的盲目憧憬与追随。即便强烈希望受容先进文明,偶尔还出现了过倾于慕华思想的一面,但从郑梦周在政治和文化史中

---

63) 玄相允,《朝鲜儒学史》,民众书馆,1977,24页。
64) 《圃隐集》卷2,26b,〈冬夜读春秋〉。
65) 韩愈,〈原道〉"孔子之作春秋,诸侯用夷礼则夷之,夷而进於中国,则中国之。"

所占据的比重和地位来看，我们可以把它理解为想要提高当时较低的政治、文化水平，实现巨大变化的坚定意志的产物。

3. 普遍性价值标准的适用与事大慕华问题

丹斋申采浩曾把崔致远选定为韩国最具代表性的事大慕华主义者。申采浩等人把以"事大慕华"为象征的依赖性视为韩民族特性的缺点之一，之所以把这点拿出来着重讨论，是在被异族侵占国土、饱受钳制的殖民地时期这样的背景下，是出于一扫民族性陋习，早日实现祖国光复的这种意图。

但是，任何历史事实都是时代性的产物，在没有考虑历史背景的前提下，将特定人物审判为事大慕华主义者，这必然有些牵强。这绝不是简单的、可以一笔带过的问题。极具权威、重望高名的历史学者，用一句话可以给先贤带来无法挽回的名誉损伤，也有可能会带来夸大其辞的赞誉。[66]所以在谈论特定人物的功过与臧否时，应充分考虑当时的历史背景，对围绕评价对象的众多观点、价值观、见解等要做到深思熟虑。

大致来讲，事大被视为政治上的问题，而慕华则是作为文化上的问题来进行区分的。换个角度来看，不能只是一味地以否定性的眼光来看待事大慕华。因为当时相对唐朝而言，新罗处于弱小国的地位，是文化上的落后国家，任何方面都存在"事大"的必然性，而"慕

---

[66] 《论语》〈卫灵公〉"子曰，吾之於人也，谁毁谁誉？如有所誉者，其有所试矣。"；朱注"毁者称人之恶而损其真，誉者扬人之善而过其实。"

华"问题也自然而然不可避免。只是其程度与实际情况究竟如何，这则是另一问题。

崔致远被指定为极具代表性的事大慕华主义者，最确切的证据只是因为在他代撰的文章中能找到事大慕华性表现，[67]除此之外，似乎也没有其它特别的证据。但韩国自三国时代开始就已经把跟中国的外交称为"事大外交"，把外交文书称为"事大文书"。使用事大、慕华性的表现已作为惯例延续下来。崔致远在代撰外交文书时，使用这种形式表现，是不是应该看作是崔致远单纯的想法，这点确实是个问题。关于这点，虽然今后有必要进行更充分的探讨，但在笔者看来，这些事大、慕华的表现大部分都只不过是事大文书中经常可见的惯用式的、表面上的修辞。虽然没有必要援用具体事例进行论证，但按照崔致远强烈的民族主体意识来看，这些事大、慕华的表现与他发自内心的表现之间存在一定的距离。

提到崔致远事大、慕华的倾向，几乎毫无遗漏一定要被提到的就是《帝王年代历》中放弃新罗固有的王的称号，而全部称作"某王"这点。在此，我们引用《三国史记》中收录的金富轼的谈论进行探讨。

> 罗末名儒崔致远作帝王年代历，皆称某王，不言居西干等，岂以其言鄙野不足称也。曰左汉中国史书也，犹存楚语穀于菟，匈奴语撑犁孤涂等。今记新罗事，其存方言亦宜矣。[68]

---

67) 崔致远的后人崔瀣在《东人之文四六》卷1中收集了崔致远的事大文字13篇，并将其形式称为"事大表状"。参照《高丽名贤集》第5卷(成均馆大学大东文化研究院)，2~12页。

68) 《三国史记》卷4，新罗本纪第四，〈智证麻立干纪论赞〉"论曰：新罗王称居西干者一，次次雄者一，尼师今者十六，麻立干者四，罗末名儒崔致远作帝王年代历，皆称某王，不言居西干等，岂以其言鄙野不足称也。曰左汉中国史书也，犹存楚语穀于崔致远的《帝王年代历》现已失传，其内容和性质都已无法准确把握。只是从书的名字来看，似乎很确定仅是年代记。[69]并且，从"帝王"一词推测，应该与李承秀的《帝王韵记》一样，收录的是中国与韩国的年代记。崔致远在《年代历》中没有使用居西干等新罗固有的王的称号，而全部称作某王。对此，金富轼猜测说"岂以其言鄙野不足称也"。

但是，后代的历史学家认为金富轼的推断大部分没有再考的必要，原封不动地进行了接受。就连顺庵安鼎福这样杰出的历史学家也毫无例外。

> 新罗之初，王号未定，称居西干、次次雄、尼师今、麻立干。崔志远年代历，嫌其夷语，变文书之。[70]

正是由于这些曲解，崔致远只能被错误地认定为是韩国最具代表性的慕华主义学者，为了纯粹的文辞抛弃自己国家的固有语言、固有思想，是一味追求汉文化的无主体主义者。

关于这些见解，虽然没有再谈的必要，但关于金富轼的猜测，笔者有着不同的见解。崔致远为什么不使用新罗固有的王号而全部称作"王"呢？笔者认为应从《帝王年代历》所具有的独特性中寻找缘由。前文推断过《帝王年代历》中的内容不仅仅只是韩国的，其中还包含着中国历史的年代记。该书不仅在韩国流传，甚至流传到了中

菟，匈奴语撑犁孤涂等。今记新罗事，其存方言亦宜矣。"

69) 参照拙稿，〈孤云崔致远的历史意识研究〉，《韩国思想史学》第11辑，1998，115~121页。

70) 《东史纲目》卷首，〈凡例，名号〉。

国, 其编撰的目的是为了让中国人也了解韩国的历史。

当时文人、学者们的一大夙愿之一就是把自己的文章或著述传至中国这一国际舞台上, 受到中国学者的肯定。在崔致远身上, 这种愿望就更加强烈地体现出来。崔致远在完成《法藏和尚传》后, 曾有"永徽元年"这样得意的自评。

> 传草既成, 又获思梦, 睹一缁叟, 执一卷书, 而晓愚曰: "永徽是永粲, 元年也!"划尔形开。试自解曰: "此或谓所撰録, 永振徽音, 长明事迹, 始于今日, 故举元年者耶?"[71]

崔致远确信《法藏和尚传》是法藏和尚贤首的传记著述中独一无二的最具独创性的作品, 开启了新纪元。正是出于这种意义, 他自豪地称其为"僧传的元年"。[72]崔致远还在后序中说:

> 罪知相半, 用舍在缘, 缅徽矢右之评, 觊续辽东之本, 后博瞻者, 幸删补焉。[73]

....

71) 《译注崔致远全集(2)》, 360~361页,〈法藏和尚传〉。

72) "永徽是永粲, 元年也", 这里的"徽"是美好、善良之意。"永徽"是永远美好、太平安康之意。金福顺断定〈崔致远的法藏和尚传检讨〉(《韩国史研究》第57辑, 1987, 23页)中的永徽是指唐高宗的年号, 并从事大的角度解释说"崔致远对自己的著作十分自豪, 甚至认为这与新罗第一次使用中国的年号, 即'永徽', 两者不相上下"。从《三国史记》卷5, 真德王4年(650)条的记录来看, 的确在该年有新罗在唐高宗即位时, 放弃了之前一直使用的本国年号, 而开始使用高宗永徽年号这一记事。但这一史实与《法藏和尚传》中的这段文字存在直接的关联吗? 这难免有些牵强附会。关于"永徽", 崔致远自己解释说是"永振徽音, 长明事迹", 很难理解为何金福顺会作出这样的断定。

73) 《译注崔致远全集(2)》, 358页,〈法藏和尚传〉。

"关右"又称"关西"，与"辽东"相对，指中国。"辽东"，辽海之东，即"海东"的意思，指的是韩国。这段引文表达了崔致远的一个心愿，希望《法藏和尚传》能传播到中国，获得中国学者的好评，能作为"海东本"的典范延绵流传。

此外，崔致远在〈大朗慧和尚碑铭〉中也说"或袖之，脱西人笑则幸甚"，在这里也隐含了希望自己所撰的碑文传到中国，获得具眼之士的好评这样的愿望。可见，像碑文、僧传之类的文章都渴望传到中国，作为非野史的历史书就更不必多说。

那么，如果想让《帝王年代历》在中国广为流传该怎么做呢？没有什么特别的办法，只能把当时被称作"方言"的新罗语翻译成为汉语或汉文。这种情况从崔致远在唐时上呈高骈的书信"译殊方之语言，学圣代之章句"[74]之语也能猜测一二。再者，从《法藏和尚传》的结尾来看，崔致远指出自己是奉胞兄贤俊之命撰写《法藏和尚传》的，并说到：

以致远尝宦玉京，滥名金牓，聊翻鴃语，或类象胥，遂命直书，难从曲让。[75]

这里的"鴃语"是指"鴃的声音"，指完全无法听懂的南蛮人的语言，是比喻新罗语。事实上，崔致远将自己比作"象胥"，该词本是中国周代接待周边野蛮民族(蛮闽、夷貉、戎狄)的国使，或负责传递、游

---

74) 《桂苑笔耕集》卷17，〈再献启〉。
75) 《译注崔致远全集(2)》，357页，〈法藏和尚传〉。

说帝王之言的官职。[76)]后通用为通辨夷狄之语的官职。

在这里,值得注意的是崔致远把自身比作"象胥"。"象胥",即担任翻译的官吏。崔致远回到新罗后,在相当长的时间里从事翰林院、瑞书院等文翰职,并多次代替新罗王撰写国书等,把韩国的实际情况翻译成为汉文,从这点来看,他的官职的确可以比作"象胥"。曾经中国唐代大荐福寺的高僧义净(635~713)精通西域之语,因译经而闻名,当时人们称其为"释门的象胥"[77)],那么,崔致远则可以比喻为"儒门的象胥"。

与此相关联的部分,将直接引用崔致远之语进行考察。

(A) 东人西学,惟礼與乐,至使攻文以余力,变语以正音；文则俾之修表章,陈海外之臣节,语则俾之达情礼,奉天上之使车,职曰翰林,终身从事。[78)]

(B) 车书欲庆于混同,笔舌或慭于差异。……以此敷奏天朝,祗迎星使,须凭西学之辨,方达东夷之情。[79)]

这是崔致远代替真圣女王所撰写的国书中之语。因为是事大文书,所以字里行间少不了恭维之语,但从这里可以推测出崔致远在《帝王年代历》中不使用新罗固有的王号,而全部称之以"王"的缘由。

崔致远在写文章上花费心思的缘由之一就是有益于外交文书的

---

76) 《周礼注疏》卷38,秋官,〈象胥〉"象胥,掌蛮闽夷貊戎狄之国使,掌传王之言而论说焉。"
77) 参照《宋高僧传》,卷1,〈义净传〉。
78) 《译注崔致远全集(2)》,151页,〈遣宿卫学生首领等入朝状〉。
79) 《译注崔致远全集(2)》,162页,〈奏请宿卫学生还蕃状〉。

创作，也就是"文章辅国"。在当时以唐朝为中心的国际秩序中，外交不仅是关系到国家利害，更是牵扯到安危与存亡等重大问题。在新罗完成三国统一的大业中，虽说如果没有武烈王、文武王等英明君主的领导是不可能实现的，但还得益于强首的文章在外交中立下的功劳。且不说与唐朝的外交，就连解释高句丽、百济等国发来的国书，撰写后再寄回等等，强首的文章可谓是独当一面。强首以圆熟的写作技巧获得了唐朝的援兵支援，为实现"三国统一大业"建立了汗马功劳，对此，文武王称赞强首之功丝毫不亚于战功。[80]

如此可见，负责外交文书之事可谓是责任重大，"文章辅国"也是当时文人学者十分关注的问题。特别是有着数十年西游经验的崔致远，切身感觉到"道译"与"通辨"的重要性，并将其当作自身的职责。这样的情形可与高丽时期均如大师将乡歌翻译为汉诗所作出的贡献相联系。

> 所恨者，我邦之才子名公，解吟唐什，彼土之鸿儒硕德，莫解乡谣。矧复唐文如帝网交罗，我邦易读，乡札似梵书连布，彼土难谙。使梁宋珠玑，数托东流之水，秦韩锦绣，希随西传之星，其在局通，亦堪嗟痛，庸讵非鲁文宣欲居于此地，未至鳌头，薛翰林强变于斯文，烦成鼠尾之所致者欤。[81]

还有，通过梅月堂金时习(1435~1493)的以下诗作亦可看出一二。

---

80) 《三国史记》卷46,〈强首传〉"文武王曰：强首文章自任，能以书翰致意于中国，及丽济三邦，故能结好成功。我先王请兵于唐，以平丽济，虽曰武功，亦由文章之助焉，则强首之功，岂可忽也。"

81) 《均如传》第八译歌现德分者,〈序〉。

我国自三韩

俗与中国异

薛聪致远辈

文章从此始

方言甚俚俗

不可语仁义[82]

上引文为推测崔致远为何致力于翻译提供了一定的线索。

前文介绍的状文中"免于结绳"是指韩国好不容易拥有了文字。在汉字传入之前,韩国是否存在固有文字,一直是学界所关注的问题,至今尚无定论。崔致远则认为韩国拥有固有文字:

> 伏以当蕃, 地号秦韩, 道钦邹鲁。然而殷父师之始教, 暂见躬亲, 孔司寇之欲居, 唯闻口惠,[83]郯子则徒矜远祖, 徐生则可愧顽仙,[84]是以车书欲庆于混同, 笔舌或慭于差异。何者?文体虽侔其虫迹, 土声难辨其鸟言, 字才免于结绳, 谭固乖于成绮。[85]

从崔致远把鹿图文版的《天符经》翻译成汉文来看, 上述证言具有

---

[82]《梅月堂诗集》卷12,〈病卧弥旬, 至深秋乃起, 感今思古, 作感于诗十一首〉第七首。

[83] 指孔子曾言"欲居九夷", 但实际上并没有来。

[84] 秦始皇时期, 方士徐市奉皇命寻找不老草, 率领五百名童男童女抵达韩半岛, 即现在的庆尚南道南海郡二东面良阿里, 并在岩石上刻下画像文字保留下来。被称为"徐市题名刻字"或是"海南岛刻字"。这属于传说之事, 存在不少异论, 在这里崔致远将徐市称为"顽仙"也是指留下原始水平的画像文字这件事。

[85]《译注崔致远全集(2)》, 161~162页,〈奏请宿卫学生还蕃状〉。

相当高的可信度。然而韩国的语言及文字与中国不同，如果不学习汉文，就无法在国际舞台上沟通。正因如此，崔致远在重视韩国的语言和文字的同时，也十分重视将其翻译成当时具备国际性的语言，也就是汉文。

此外，从《四山碑铭》来看，除〈智证大师碑文〉以外的三篇碑文，崔致远借用汉字音来对当时新罗的固有语进行标识，并添加注释阐明其意。他还对当时的制度也添加了注释，为方便理解还使用汉语或中国的制度进行说明。[86] 例如，对六头品的"得难"进行说明时，引用了陆机(261~303)〈文赋〉中的"或求易而得难"来帮助理解。"阿孩"解释为"方言称孩子，与华语相似"，"诶"解释为"方言中允许的意思"，"南北相"解释为"各自具有官职，与左、右相一样"等等。这些例子都表明崔致远是特意针对中国人，为了帮助中国人的理解而添加的。这也是崔致远的文章虽具有追求汉文化的倾向，但绝不疏忽固有语的有力证据。此外，很多韩国历史书在阐明史实的语源时，也援引崔致远的说法，可见像崔致远这样在中国留学过的学者，仍然对民族固有语言有着莫大关心和热情的人并不多见。

除此之外，像崔致远的〈乡乐杂詠〉等文中，将当时新罗盛行的乡乐演戏用诗进行了吟唱，并引用了中国有名的故事为背景，这也是出自于"唐诗具有国际性"这样的考虑，这点也可以用上文所讨论的逻辑思维进行理解。

综合以上史实来看，崔致远抛弃纯粹韩国式的王号而全部称作"王"这一事实，很难单纯地认为是源自慕华性的想法。相反，从较

---

86) 详细内容请参照赵仁成，〈关于崔致远撰述碑铭的注释一考〉，《加罗文化》第11辑，庆南大学，1994。

为肯定的意义来讲，居西干、次次雄、尼师今、麻立干等称号本就是从轻视新罗的中国人那里获得的蛮族酋长的称号，把这些称号全部用"王"来代替，是为了让堂堂正正的千乘之国的君主觉醒，进一步改正韩国历史，让更多的人广泛意识到这点，这些应该视为是崔致远的远大抱负，是崔致远有意识地选择运用东洋圈的普遍历史性概念与价值的结果。《帝王年代历》中"皆称某王"不过是因为崔致远对普遍价值标准与历史概念有着不同于他人的审慎与专注。先前学者认为崔致远的文章只是一味追求汉化而忽略了民族固有情绪，更进一步批判他的意识主体受中华的影响中毒太深，但通过上文分析来看，很难同意这些否定性的评价。

崔致远的文章大部分是实用文，其创作是以"国际化"为目标。崔致远意识到自己的文章在中国广泛流传，想要借助普遍价值标准与概念，让韩国的历史与文化在中国这一当时国际舞台上广为知晓。由此可见，崔致远起到了我们所追求的国际化、世界化的先导性作用。因此，笔者认为以下评价是非常恰当的。

> 对于崔致远来说，中国的历史概念便是世界历史概念的标准，是最具有客观性和合理性的。崔致远是历史上第一个运用世界史的观念和标准，对韩国的古代史乃至韩国的传统进行重新观照和确立的学者，这在韩国史学上历史认识的形成过程中具有相当重要的意义。[87]

崔致远不是"邯郸之步"一样的极端慕华主义者，也不是只强调民

---

[87] 李贤惠，〈崔致远的历史认识〉，《明知史学》第1辑，明知大学国史学科，1983，11页。

族主体性, 不顾文化孤立, 具有排他性的国粹主义者。他准确地把握彼此间的长处与短处, 希望能取长补短。然而, 从截至目前学界的大致倾向来看, 只是认为崔致远的学问与思想完全是带有中国倾向的二流水平, 很少对其真实情况和特质进行如实地探究。这种意识在研究风流精神的权威者金法傅的以下文章中亦可看出。

> 想要溯求风流道的真相, 我感觉我们有必要先考察鸾郎碑序的撰述者, 也就是崔致远的思想与修养, 哪怕是对其中的一小部分。因为, 按照所记录的明确文章来看, 风流道实际就是包含儒释佛三教的玄妙之道, 包含三教, 其范围比三教更为广大。在这有一个问题, 坦白地讲, 这样说国风是不是有些过分夸张了呢？如果崔致远是国粹论者, 排斥外来文化, 我们就没有必要怀疑, 把它看作是崔致远自己所持有的观点就可以……但先生在文化上宁可是慕华派, 也不可能是排他性的国粹论者。即便如此, 国仙中的一篇鸾郎碑序大书特笔曰"国有玄妙之道, 曰风流, 实乃包含三教"。由此可知, 新罗至少在崔致远生活的年代是存在包含三教的国教。[88]

以"崔致远是慕华主义者"这种普遍意识为基础, 展开相应的逻辑分析, 最后很荒唐地借助崔致远的慕华主义倾向来强调风流道的客观性存在。也就是说, 崔致远是彻底的慕华主义者, 自卑心也十分强烈, 因此对韩国风流道的实质没有夸大其辞, 只是如实进行叙述, 所以其客观性存在根本不值得怀疑。以这样的视角来看, 崔致远对韩国固

---

88) 金凡父,〈风流精神与新罗文化〉,《韩国思想》第1辑, 1959, 106~107页。

有的宗教思想风流道具有莫大的关心，对其进行叙述也着实令人意外，也可以视为是超乎寻常的事情。从这里也可以看出错误的普遍认识对某一先儒的学问及思想进行评价研究时带来了非常大的危害。

第5部
孤云思想的历史脉络和现代意义

第1章 孤云思想的影响与历史脉络

崔致远从三教会极的观点，用"三教"这一框架对韩国固有思想的实质进行了阐释。他用一生践行作为风流道实现者的使命，为缓和宗教间的对立与矛盾作出了巨大贡献。不仅如此，在民族主体意识、文明意识方面，也对后世产生了深远影响。[1]

崔致远的思想具有承前启后性，上承通晓三教的元晓等先贤，[2]下启后世主张三教会通乃至三教调和的学者及宗教者，如白云居士李奎报、梅月堂金时习、清虚堂休静、莲潭有一、惕斋李书九、水云崔济愚、一夫金恒等人，他们都直接或间接地受到了崔致远思想的影响。在北学思想中，崔致远的思想也发挥了先驱性作用，形成了独特的思想脉络。此外，在韩国道教史中，崔致远还被尊崇为韩国道脉的轴心人物。暂且不论材料的真实与否，但在思想史方面具有重大意义。

近代忠清道连山的哲学家一夫金恒（1826~1898）在《正易》一诗中写到：

---

[1] 高丽时期，三教共存，相互间不存在较大的对立矛盾关系。据估计，仅高丽时期，私淑崔致远或受崔致远思想影响的人便相当多。但因文献极度泯没，难以如实进行考察。而朝鲜时代又是儒教的鼎盛时期，尤其是性理学极为兴盛，所以崔致远涉猎佛教、道教这一史实成为被攻击、被指责的对象，并且贬低崔致远的儒学思想并非道学，没有什么考察价值。因此，进入朝鲜时代后，在思想、宗教方面，受崔致远影响的人并不多见。

[2] 关于元晓的三教观，参照柳承国，《韩国思想的渊源与历史上展望》，211~225页。

道乃分三理自然,

斯儒斯佛又斯仙。

谁识一夫真蹈此,

无人则守有人传。[3]

金一夫认为自己的宗教境界达到了三教合一的境地,由此可见,他亦可以归入崔致远"三教会通"这一思想脉络之中。

像这样,以崔致远为宗的学者和思想家们不断涌现,他们将这种独特的思想脉络延续下来,我们可以称其为"孤云学脉"或"崔致远学派"。

1. 白云、牧隐、梅月堂的三教会通思想

高丽中期的大文豪李奎报(1168~1241)精通儒释道三教,是崔致远之后屈指可数的通儒之一。李奎报的号"白云"二字也暗示了他与"孤云"在思想上存在关联。李奎报曾作〈唐书不立崔致远列传议〉,高度评价了崔致远的文学成就,还从民族自尊心的角度批判说"《唐书、文艺列传》不为致远特立其传,予未知其意也"。

> 按唐书艺文志。载崔致远四六一卷。又桂苑笔耕二十卷。自注云。高丽人宾贡及第。为高骈淮南从事。予读之。未尝不嘉。其中国之旷荡无外。不以外国人为之轻重。而既令文集行於世。

---

[3] 金恒,《正易》第20面,〈无位诗〉。

又载史如此者。然於文艺列传。不为致远特立其传。予未知其意也。……若以外国人则已见于志矣。又於藩鎭虎勇。则李正己,黑齿常之等皆高丽人也。各列其传。书其事备矣。奈何於文艺。独不为孤云立其传耶。予以私意揣之。古之人於文章。不得不相嫌忌。况致远以外国孤生。入中朝。躪蹂时之名辈。是近於中国之嫌者也。若立传直其笔。恐涉其嫌。故略之歟。是予所未知者也。[4]

此外, 李奎报还作了以下与崔致远有关的诗篇。

仁范笙簧雅
弘儒黼黻披
……
孤云金马客
东海玉林枝
射策鸣中国
驰声振四陲
高芬繁肸蠁
遗韵远委蛇[5]

诗中的"高芬"、"遗韵"指崔致远的文章和思想。李奎报在自己的著述中强调古神道(风流道等韩国本土宗教),并且希望通过古神道以

---

4) 参照《东国李相国全集》卷22, 7a~8a,〈唐书不立崔致远列传议〉。
5) 《东国李相国全集》卷5, 6a~6b,〈次韵吴东阁世文呈诰院诸学士三百韵诗〉。

求三教融合。由此可见，李奎报很好地继承了崔致远的思想遗绪。[6]

李奎报是高丽中期名副其实的大文豪、诗豪。他的学问本质在于儒学，但却不是一位教条主义学者。除儒学外，还通晓老、佛及诸子百家等。不仅对佛教和道教有着与众不同的素养，而且沉醉于宗教的倾向也颇深。特别是佛教，李奎报很早便开始接触佛教，并且终生进出佛门。然而，最终他是一名儒学者，并没有涉猎佛教的全部思想，只是大致受容了佛教思想中与儒学思想相和谐、相融合的部分。从这点上看，他对道教亦是如此。李奎报是站在儒教的观点上接受佛教与道教的。

这种思想内涵的形成，很大一方面原因是由于三教一源说的作用。李奎报曾在寄给朴还古的诗中说：

师傅甘蔗[7]氏
我继仙李君
释老本一鸿
凫乙何须分[8]

在李奎报72岁时，有一天前来拜访的高官诘责正在诵读佛经的李奎报，李奎报便在诗中对此事进行了回答："……况复儒与释，理极同一源，谁驳又谁纯，咄哉渠所论"[9]。前一首诗的论旨是道佛

---

6) 详见于鲁平奎,〈李奎报哲学思想研究〉,成均馆大学博士学位论文, 1990, 121~133页。
7) 佛姓名。释迦牟尼的祖中有甘蔗王，故后世以甘蔗为佛姓。
8)《东国李相国全集》卷8, 13a,〈明日朴还古有诗走笔和之〉。
9)《东国李相国全集》后集卷6, 5b,〈南轩答客〉。

一源，后一首诗的论旨是儒佛一源。这样的观点可以说是源自《弘明集》、《广弘明集》中常见的三教一源说，以及北宋苏轼的三教调和论。特别是从凫、鸿之类的比喻意象可以看出，李奎报是受到了中国南北朝时期南齐人张融学说的影响。[10] 然而，这种三教调和乃至三教一源的思想内涵是以韩国古神道思想为基础的。这些思想的特征与崔致远的观点相吻合。[11]

李奎报的儒学思想源自九经、《论语》、《孝经》、《孟子》等。这些经传大多是以《五经正义》(旧注)为基础的。通过《周易》与《春秋》来分别强调神秘性与民族主体性，可谓是李奎报理解经传的一大特色。对于《周易》，他认为"周易为神明之书，天地之用，五经莫智莫神于羲易"。[12] 这样的见解与〈东明王篇〉中古神道的神秘性如出一辙。他在〈东明王篇〉中认为自己的国家是具有神秘性的、有神迹的国家，其创立神妙，被称为"圣人之都"。他对不语怪力乱神，强调合理性、伦理性、实践性的儒教思想表示一定的怀疑，并暗自强调韩国自古以来传承下来的具有神秘性因素的古神道，这一点正与以玄妙之道的观点解释并定义风流道实质的崔致远的思想一脉相通。

此外，关于《春秋》所述的如下内容也值得我们注意：

夫外国(指高句丽)之不宾中国久矣。太宗将臣伏(服)万国，混一

---

10) 《弘明集》，张融撰〈门律〉"吾门世恭佛，舅氏奉道，道也与佛，逗极无二。寂然不动，致本则同，感而遂通，逢迹成异。……吾见道士与道人战，儒墨道人与道士狱是非。昔有鸿飞天首，积远难亮，越人以为凫，楚人以为乙。人自楚越耳，鸿常一鸿乎？"(《大正新修大藏经》史传部四，38页)

11) 参照鲁平奎，〈李奎报的古神道思想与三教融和〉，《东方哲学思想研究》(柳承国博士古稀纪念论文集)，1992。

12) 参照《东国李相国全集》后集卷12，〈秦始皇不焚周易论〉。

文轨……侵轶我高丽,……且外国不宾常理也, 文皇帝犹愤然怒作, 使劳师远役, 洒至自将而经略。[13]

这段文字对国家与国家之间原则上应该要相互平等的关系进行了议论, 认为唐太宗侵犯高句丽是徒劳的野心, 是不法的侵略。像这样, 从主体性的角度上对《春秋》的根本精神进行理解, 这与朝鲜时代按照华夷观来理解《春秋》的儒学者们"大一统思想"的观点截然不同, 这点可以与崔致远的民族主体意识联系到一起。

众所周知,〈东明王篇〉饱含了李奎报强烈的民族意识。他曾在26岁时(1193)得到了《旧三国史》一书, 读过后感慨万分, 写下了几乎称得上是韩国叙事诗雄篇的〈东明王篇〉[14]。该作品可谓是韩国文学史上独一无二的民族叙事诗。他在诗中热情地赞扬了高句丽始祖东明圣王的英雄事迹, 并对该长篇叙事诗的创作动机作了如下说明:

得旧三国史, 见东明王本纪, 其神异之迹, 踰世之所说者。然亦初不能信之, 义以为鬼幻。及三复耽味, 渐涉其源, 非幻也, 乃圣也, 非鬼也, 乃神也。……东明王之事, 非以变化神异, 眩惑众目, 乃实创国之神迹, 则此而不述, 后将何观。是用作诗以记之, 欲使天下知我国本圣人之都耳。[15]

在饱受蒙古侵略压迫、苦不堪言的民族危亡之际, 李奎报写下了

---

13)《东国李相国全集》卷38, 10b,〈祭苏挺方将军文〉。

14) 该作品有本诗280句, 近1400字, 注430句, 近2200字, 共近四千字。

15)《东国李相国全集》卷3, 1b~2a,〈东明王篇序〉。

〈东明王篇〉,强调韩国是圣神之国,极力鼓吹民族意识。

但对李奎报鼓吹民族意识这一举动,也存在不少批判性的看法。有人认为,李奎报等人提出的民族意识与一些依附权门、尽享个人荣华富贵的知识分子,为维护自己的权利而使用的手段之间存在一定的关系。然而,在当时绝大多数学者、知识分子陷入亲元的事大主义时,李奎报却这样极力鼓吹民族主体意识,这与呼吁"道不远人,人无异国"的崔致远的东人意识有着相通的一面。

牧隐李穑(1328~1396)是高丽末期的大学者。虽以性理学者的身份而闻名,但也被公认为是精通儒·释·道三教的学者。李穑继承了始于檀君的韩民族固有思想脉络,并将其传至后学。他的人生及精神世界与新罗末期孤云崔致远有相似的一面。通过李穑的文集中可知,他从崔致远身上获得了巨大影响。李穑对由檀君—箕子延续下来的韩国上古史进行了主观性认识,强调檀君朝鲜和箕子朝鲜的文化优越性,极力宣扬韩民族固有思想和精神的伟大。在牧隐思想中,民族主体意识与文明意识巧妙结合在一起。

众所周知,《天符经》蕴含了韩国民族思想的精髓。本书将通过李穑的文集来证明李穑学习《天符经》的情况。李穑平时非常重视韩民族的天孙意识,这种思想渊源似乎可以追溯至《天符经》。李穑重视天·地·人三极思想,尤为重视人极。李穑曾云:"一心具天地。"这与《天符经》所说的"人中天地"的内容相一致。强调"以人为主体"的李穑的思想,上可追溯至韩国的固有思想,还在儒教性理学中开花。《天符经》中所谓的"从我的内心中寻找天的萌芽"[16],不仅

---

16) 参照崔英成,〈牧隐李穑的历史意识与民族思想〉,《国学研究》37,韩国国学振兴院,2018。

是韩国固有思想的核心，也是儒教一性理学的核心。

梅月堂金时习(1435~1493)也与崔致远一样，是以儒教为体，通晓三教，站在儒教的观点上来理解佛教的华严与禅，以及道仙思想。他也被尊崇为韩国道脉的轴心人物，这点也与崔致远相同。两个人的生活轨迹也存在相似之处。事实上，历代以来很多人不管崔致远与金时习在思想脉络上如何，却一直认为二人是前后相应的关系，这点是十分重要的。

金时习的思想与人生轨迹，乍然一看似乎是儒佛掺杂在一起，令人捉摸不透。然而正如栗谷李珥(1536~1584)所说的"心儒迹佛"那样，金时习的学问本质是儒学思想。李珥对金时习的学问倾向及境界作了如下评论：

> 于道理虽少玩索存养之功，以才智之卓，有所领解，横谈竖论，多不失儒家宗旨。至如禅道二家，亦见大义，深究病源。而喜作禅语，发阐玄微，颖脱无滞碍，虽老释名髡，深于其学者，莫敢抗其锋，其天资拔萃，以此可验。[17]

这段文字看起来仿佛是崔致远的行状，可见两位贤人在学问境地和人生轨迹上都存在相似的一面。

综合很多方面可以推断金时习继承了崔致远的思想脉络。他在学问上、宗教上所向往的理想境界象征性地体现在《南炎浮州志》的部分片段中。

---

[17]《栗谷全书》卷14, 24b,〈金时习传〉。

成化初, 庆州有朴生者, 以儒业自勉, 常补大学馆。……而以淳厚, 故与浮屠交, 如韩之颠, 柳之巽者, 不过二三人。浮屠亦以文士交, 如远之宗雷, 遁之王谢, 为莫逆友。[18]

2. 清虚、铁面、莲潭的佛家学脉

西山大师休静(1520~1604)是一位僧人, 他精通三教, 编著了《禅家龟鉴》等三教的"龟鉴"。他在〈智异山双溪寺重创记〉中颂扬孤云思想已达到了最高境界。

古之洞精儒释, 博达内外者, 脱履功名, 一瓢忘贫; 与天地并立, 与神明同往, 或与无位真人为之游, 或与无始终者为之友。不得已而后应之, 则育万物和天下, 以只手能致君于尧舜之上, 视之犹如反掌焉; 自忧其忧, 自乐其乐, 奚暇非儒非佛, 非佛非儒, 相仇而相非乎？我国崔孤云与真鉴, 是其人也。孤云儒也, 真鉴释也。真鉴建刹, 始凿人天之眼目; 孤云立碑, 广出儒释之骨髓, 吁！二人之心, 一种没弦琴也。其曲也, 若春风之燕舞, 其调也, 若绿柳之莺歌, 一经一纬, 一表一里而相资耳。自汉唐宋以来, 碎儒释之虚名, 乐天地之大全, 芒乎芴乎, 超然独不顾者, 其唯此二大人欤。[19]

---

18)《金鳌新话》卷下,〈南炎浮州志〉(东京 梅月堂板, 明治17年, 第一面)。
19)《清虚集》卷5,〈智异山双溪寺重创记〉(《韩国佛教全书》第7册, 705页)。

这段话与崔致远〈真鉴禅师碑铭〉的开头部分有着相同的文字气息，流露出休静大师内心对崇儒抑佛政策而导致朝鲜佛教极度衰退的深深遗憾。在当时不谈论"理气性命"就不是儒学者的学术风气中，休静对受到强烈批判、被苛评为"佞佛之人"的崔致远表达了深深的尊敬仰慕之情，并且还对崔致远持辩护的态度。这也是含蓄地批判当时固步自封的学风。

事实上，休静通晓三教，比任何人都能准确理解崔致远的思想精髓及学问价值。即使他踏入桑门，走上了与崔致远不同的僧俗之路，但却能透彻了解崔致远思维世界及意识的根本。在这点上，以下引文值得我们反复琢磨。

> 使学佛者，得如真鉴然后，知儒之所以为儒，使学儒者，得如孤云然后，知佛之所以为佛，故曰知真鉴者，莫如孤云，知孤云者，莫如真鉴也。……虽然名者实之宾，非孤云真鉴之所取也。善言儒者非也，善言释者非也，善言儒与释非也者，亦非也，何也？求其实而已夫。[20]

切断一切机心，摆脱对所有对象的成见与执拗，在这样的状态下，才能跟任何人进行坦诚交流。崔致远在〈真鉴禅师碑铭〉中说"触境无阂，息机是证。无思无虑，匪斫匪雕"[21]，该句阐明了真鉴之所以是真鉴的缘由。休静以上的点评似乎也是指这点。

休静对崔致远的格外关注及尊慕之情也由其门人继承，崔致

---

20)《清虚集》卷5,〈智异山双溪寺重创记〉(《韩国佛教全书》第7册, 706页)。
21)《译注崔致远全集(1)》, 168页。

远的著述在佛家受到了极大重视,作为佛经以外的课外读本广泛传开。休静的弟子,主要驻锡于湖南地区的中观子(铁面老人)海眼(1567~?)高度评价了《四山碑铭》的价值,将其单独制成书册,添加注释,让佛教学徒们诵读。自此,已有四百多年历史的《四山碑铭》开始出现了注释本。虽然只局限于佛家,但却具有重大意义,掀起了注释研究《四山碑铭》之风,对关注孤云思想起到了催化作用。如果不是自铁面老人中观子开始对《四山碑铭》添加注释,现如今也无法取得崔致远思想研究的众多硕果。

实际上,主要在韩国湖南地区掀起的崔致远重新评价之风,也是受铁面老人中观子的影响。[22]在这种风气中,又孕育出一位对崔致远有着格外关注的名僧,他便是莲潭有一(1720~1799)。有一在〈四山碑铭序〉中称赞了崔致远三教会极的学问倾向,并从儒者们的批判开始为崔致远进行极力辩护。

> 昔者,三圣人并作于姬周之世,虽设教各异,而同归乎大道则一也。三教后学类,皆各安所习,阿其所好,指马之争,玄黄之战,穷尘不已。余未尝不仰屋而叹,泊乎读孤云先生所为文,稽首飏言曰:"天生我先生,统贯三教,大哉!蔑以加矣。已传有之,'金铎振武,木铎振文',先生其三教之木铎与"。
>
> ……东文选余亦曾见,其所载先生之文,不过赞佛事与浮屠也。

---

22) 诸家对崔致远《四山碑铭》的注释本多达数十种,很难正确把握其数量。其中被评为最基本的是铁面老人(中观)的注,蒙庵箕颖的《海云碑铭注》,居士洪景谟的注,梵海觉岸的《四山碑铭注》等全部都与湖南地区相关。并且无论是《华严寺志》、《竹迷记》等中收录了崔致远的佛教关系资料并流传至今,还是茶山丁若镛能够编撰《大东禅教考》都是因为湖南地区佛教教坛的上述风气的作用很大。

退陶夫子,执此一段而刺之也。

以明敏之才,超诣之见,一览便知天下无二道,圣人无两心,不滞方隅,不袒左右,故各隨其教而弘赞也。昔王子安撰益州夫子庙碑,尽圣人之十条,述如来成道记,穷释迦之八相。先生之文,亦类是矣。[23]

并且在末尾强调了"但退陶公弹驳之后,无一人扶起者,余故特敷演而申明之。使千载之下,知先生之志之所在也,其庶几乎所谓朝暮之者欤"[24]。莲潭有一所说的"先生之志"究竟是什么值得反思。出生于崔致远千年之后的莲潭有一充分领悟了崔致远的遗训,这正如《庄子》中所言"万世之后,而一遇大圣人,知其解者,是旦暮遇之也"[25]。

---

23)《潭蓮大師林下錄》卷3,〈四山碑铭序〉(《韩国佛教全书》第10册, 260页)。
24) 同上。
25)《庄子》,〈齐物论〉。

3. 主体性仙道与民族意识

崔致远的家族后人很好地继承了崔致远的民族主体意识,[26]并进一步在后学的发展形成脉络,延绵不断,得以传承。高丽末期著名的文人拙翁崔瀣(1287~1340)非常自豪自己是崔致远后孙一事。他曾经编写了《东人之文四六》25卷,并在自序中说:

又尝语之曰:言出乎口,而成其文。华人之学,因其固有而进之,不至多费精神,而其高世之才,可坐数也。若吾东人,言语既有华夷之别,天资苟非明锐而致力千百,其于学也,胡得有成乎?尚赖一心之妙,通乎天地四方,无毫末之差,至其得意,尚何自屈而多让乎彼哉?观此书者,先知其如是而已。[27]

也就是说,因为中国人学习使用的是自己固有的汉文,所以不必花费太多精力学习也可以,但韩国人因为语言及发音都与中国不同,如果没有"人百己千"的觉悟,不付出努力,是根本不行的。重要的是"或生而知之,或学而知之,或困而知之,及其知之,一也"。[28]

崔瀣在上述文字中强调了"一心之妙",认为在人的心性本源上不存在华夷差别。这实际上就是崔致远平生所关注的"人间主体"的问

---

[26] 李九义将崔瀣的"东人意识"特征概括为以下三点。第一,视韩民族与中国相对等,甚至更优越。第二,摆脱过分地一边倒向中国,确立韩国的主体性。第三,其主体性并不是停留在对个体的尊重上,而是追求普遍性。参照〈拙翁崔瀣的人生与民族意识〉,《民族文化论丛》第18、19合辑,岭南大学民族文化研究所,1998,15页。

[27]《拙藁千百》卷2,〈东人之文序〉(《高丽名贤集》第2卷,414页上端)。

[28]《中庸》,第20章。

题。像这样,崔瀣将韩国学者、文人的学问及文章,从与中国相对等的观点上进行了主体性评价,不仅振奋了文化民族的自尊心,也展现出不屈于中国的姿态。

崔瀣在迟暮之年, 丝毫不改姜桂之性,对要求高丽彻底臣服于自己的元朝,表现出顽强抵抗的姿态,并且在很多文章中强调了民族主体意识。在当时这样的民族危难之际,鲜明地提倡民族意识,在这点值得我们关注。[29]

崔瀣意识到"东人",并从民族主体性的观点上,收集韩国历代名文,编著了巨作《东人之文四六》。该书堪称现存的所有标榜民族主体意识书籍中的始祖。[30]之后,金宗直的《东文粹》或是徐居正等人编著的《东文选》都在开头使用了"东"字,这样的书一直出现实际上也是受了崔瀣《东人之文》的巨大影响,由此可见,孤云思想的遗香经历数百年后依旧延绵流传。[31]

崔致远的民族主体精神给自称是主体性的仙道一派也带来了巨大的思想影响。历代以来,在道仙家们的思想意识中,崔致远是伟大的仙人,是具有民族主体性的思想家。直到近代,崔致远被具有民族主体性倾向的后学推崇为宣扬韩国固有精神的主体性人物。或许是因为笔者的孤陋寡闻,在日治时期丹斋申采浩将崔致远指定为韩国历史上的事大慕华三大化身之前,很难找到关于崔致远事大慕华或是被评为反主体性人物的评价。

崔致远给历代仙道派系带来的影响,不胜枚举。仙道派系的共同

---

29) 参照千惠凤,〈东人之文四六解题〉,《高丽名贤集》第5卷,成均馆大学大东文化研究院, 1987, 19页。

30)《东人之文四六》之前曾有金台铉的《东国文鉴》,现已亡佚。

31) 参照李九义,同上论文,15页。

特征是尚武、重视民族主体性精神。他们不仅对韩国固有精神和文化，具有强烈的自信心，还尖锐地批判文弱的儒者们及他们的事大主义。在韩国历史上，仙道派系产生的影响在高丽时代自不必说，进入朝鲜时代后也产生了不少影响。特别是壬辰倭乱和丙子胡乱后，其真正价值才得以发挥。在经历壬丙两乱民族受难期后，出现了很多历史书和小说，鼓吹爱国心及主体意识的思想背景开始形成。在排斥异民族的风气逐渐成熟的过程中，排斥强大民族思想的风气达到高潮，为高扬被蹂躏的民族自尊心和主体意识，出现了很多军谈小说和仙道小说。其中，关于崔致远的仙道小说及历史书，要数《崔孤云传》和《揆园史话》。在本章节中，将以这两本文献为中心，谈论崔致远带给仙道派系的思想、精神影响。

关于《崔孤云传》，先前学者们分别从完全不同的角度出发进行了各自分析，也存在不少争议。可称得上是《崔孤云传》研究先驱的郑炳昱(1922~1982)对该小说的创作动机和作者意识作了如下叙述。

> 贯穿该作品全篇的民族意识形态究竟是什么？用一句话来表现，就是斥汉思想。……出生于韩半岛的韩国先民们经常受到西北以汉族为首的强悍民族的不断威胁，难有宁日，东南方受到倭寇的频繁侵犯不能安枕，如此经历了数千年的历史。……对强大民族的恐惧及仇恨，正如史前时期人类受到爬虫类生物的不断威胁，最终人类的血脉中留下了看到蛇就会毛骨悚然的习性一样，韩国人具有这样的民族潜在意识，传统性地继承下来。这也正是不把历史上最亲唐的崔致远虚构成最反唐的人物就无法忍受郁

愤的民族要求，或是他们强烈精神性胜利的热切期盼。[32]

上文是按照先前普遍认为崔致远是事大主义者的这种观点出发，对《崔孤云传》进行的分析。这样的说法也作为绝大多数人的观点被学界所接受。从八十年代发表的论文中也可以找到此类观点。

……现实中彻底的事大主义者崔致远在传承中被扭曲为伟大的民族主义者，从中可以推测出与传承变异相关联的民族意识。[33]

此外，长期研究《崔孤云传》的崔三龙先生提出了与此相反的观点。

如果说壬辰倭乱时，对明军横暴凶残的复仇意识，作为经历壬辰倭乱的民众历史意识而反映在《崔孤云传》的话，该作品可能是借助于民众意识的、具有道仙历史意识的知识分子阶层的作品。因为作者认为崔致远是具有主体意识的韩国固有的道仙家，在见到当时明军的横暴和傲慢无礼之后，悲愤不已，让崔致远通过道术一雪耻辱。[34]

这反映了学界对崔致远民族主体意识，也就是所谓的"东人意识"的研究成果。这与之前郑炳昱为代表的见解相比，可以说有了一定

---

32) 郑炳昱，《国文学散稿》，新丘文化社，1959，179~180页。
33) 韩硕洙，《崔致远传承的研究》，启明文化社，1989，36页。
34) 崔三龙，〈崔孤云传的主体与民族意识〉，《国语国文学》第25辑，全北大学国语国文学会，1985，24页。

的提高。

追究《崔孤云传》里的内容究竟是历史事实,还是虚构的,是没有任何意义的。重要的是探索贯穿小说全篇的精神。贯穿该小说全篇的精神,很好地体现了崔致远的主体性精神。在韩民族经历苦难期的时候,出现了突显崔致远主体意识的小说,并以各种形态的异本传承了相当长的时间,这点不容忽视。

朝鲜肃宗2年(1675)北崖子所作的《揆园史话》是出于为了确立激昂国史的迫切动机。这也是现存道家派系的历史书中时间最悠久的。从严格意义上来讲,与其说是历史书,不如说是自足于道禅思想的一种宗教史话。[35] 该书中北崖子彻底批判了之前儒学者们的尊华事大思想。对"尊华事大思想"的彻底批判是该书显著特征之一。北崖子曾经直接介绍了一部分自己与儒者间的对话,通过以下内容,可以确认民族主体性观点的精华。

……君等皆云华夷,焉知我非华,而中原之为夷耶?……若使孔子,生于我邦,则宁不指中土,而谓戎狄之地乎?[36]

这恰似北学派实学者谭献洪大容的"域外春秋论",可以说是完全推翻了之前的华夷思想。

北崖子多次自豪地说东人是值得骄傲的民族。之所以以小中华自称并不是具有自豪感。而是因为是具有与中华不同的自己固有的优

---

35) 关于这个说法见于韩永愚的〈17世纪的反尊华的道教史学的成长—关于北崖的揆园史话〉(《韩国学报》第1辑,一志社,1975;《韩国的历史认识》上卷,创作与批评社,1983所收)。本章节中主要参照了韩永愚的论文。

36) 《揆园史话》,〈太始记〉。

秀精神文化的民族，认为是非常自豪的。他在书中表达了自己对韩民族的固有精神与文化的强烈自豪感，并从很多史书中引用了自古以来中国人称韩国为君子国，认为韩民族是非常优秀的民族这一史实进行了证明。这点与崔致远的观点非常相似。

北崖子立足于道仙思想展开了历史意识。他所说的"道家"并不是单纯地指老庄思想或道教。而是指檀君以来，被作为韩民族固有思想乃至信仰继承下来的神教。他认为东夷文化是神教中心的文化。认为道教的思想性源流起源于檀君的神教，继承者认定为是道教的正统。不仅将中国的道家或道教认为是其亚流或末弊，有时候还表现出不少蔑视的态度。他所说的神教与崔致远所说的"玄妙之道的风流道"或是申采浩在〈朝鲜历史上一千年来的第一大事件〉中说的郎家思想，有相通之处。他认为该神教才是东夷文化的精髓，并强调了将以神教为中心使韩国文化保持本性，以此来革新沉浸于尊化事大精神的文化，这比什么都重要。

北崖子在〈檀君记〉中引用了崔致远〈鸾郎碑序〉的内容后，说"其言可谓善采先圣垂训之精华矣"[37]，并高度评价崔致远是充分领悟自上古以来传承而来的风流思想精髓之人。崔致远在〈智证大师碑铭〉中说的"隐隐上古之化"可谓是北崖子所说的神教。北崖子的反尊华历史意识源于历代以来道仙家门所具有的主体意识，以檀君的实存与东夷文化的优越性、民族史的悠久为根干。对韩国固有的传统文化感到自豪并予以尊重，批判尊华事大思想的历史意识说其是道家史学的特征也不为过。

---

[37] 《揆园史话》，〈檀君记〉"孤云精敏文学，卓越诸人，博通古今，文风飘动，其言可谓善采先圣垂训之精华矣。"

道仙性历史意识形成了韩国文化的底流, 而《揆园史话》作为道仙性历史意识的典范, 具有重大意义。并且在朝鲜时代的思想史潮流中, 不仅与儒教历史意识相对抗、相互刺激, 还对自韩末开始日治初期的民族主义史学产生了很大影响, 这在思想上、精神上具有双重意义。[38]

4. 北学与东学的思想渊源

同时追求民族主体性和真理普遍性的崔致远的思想, 在朝鲜后期成为北学派实学者的"北学"思想的先驱, 产生了巨大影响。楚亭朴齐家评价崔致远为"北学思想的先驱", 并说：

> 余幼时, 慕崔孤云赵重峰之为人, 慨然有异世执鞭之愿, 孤云为唐进土, 东还本国, 思有以革新新罗之俗, 而进乎中国, 遭时不竞, 隐居伽倻山, 不知所终。重峰以质正官入燕, 其东还封事, 勤勤恳恳, 因彼而悟己, 见善而思齐, 无非用夏变夷之苦心。鸭水以东, 千有余年之间, 有以区区一隅, 欲一变而至中国者, 惟此两人而已。[39]

朴齐家果真称崔致远为"千年之后的扬子云"吗？不管怎样, 对想要大力提倡民族主体意识与自尊意识, 跟上国际社会的步伐, 实现文

---

38) 参照韩永愚, 同上文,《韩国的历史意识(上)》, 300~302页。
39) 〈北学议自序〉(《楚亭全书》下卷, 417页)。

明世界的北学派学者们来说, 这种进取的思想倾向及文明意识与崔致远存在相似的一面。这一点与展开北学论, 通过〈域外春秋论〉等宣扬民族主体意识的湛轩洪大容(1731~1783)的论理也并无不同。

此外, 崔致远的三教观与东人意识给东学创始人崔济愚(1824~1864)也产生了巨大影响。崔济愚与崔致远一样均是庆州人士, 也是崔致远的后人。他们二人的思想脉络, 首先通过他们二人的号猜测一二。漂浮在天空的"孤云"与倒影在水中的"水云"上下、前后形成呼应。崔济愚创始的东学以传统固有的民间信仰为基础, 将儒释道三教思想的精髓集大成, 融为一体, 创立新的民族宗教。崔济愚将教名称为"东学"而非"西学", 呈现出与西洋的异质性宗教及文明相对抗的强烈的主体意识, 这与崔致远的三教观及东人意识的思想体系中体现出的基本旨意是相似的。

东学教坛的基本组织"包"与"接", 也是源于崔致远〈鸾郎碑序〉中的"包含三教"、"接化群生"。以"至气今至, 愿为大将"开始的降灵咒文中的"至气"作为给宇宙万物及人类接灵接气的神, 使人联想到"接化群生"的玄妙之道的神灵之气。据近来学者的研究, 崔济愚的思想中最受重视的"至气一元论", 与崔致远〈中元斋词〉中的"一气存思"的修养方法相通之处甚多, 并且东学中"侍天主"方法的"守其心, 正其气"的心法也是以崔致远〈檄黄巢书〉中的"守正修常"的逻辑为思想根据的。[40] 还有, 崔济愚在教训歌中说"我什么也不相信, 只相信上帝, 上帝供奉于我的身体之中, 难道还要舍近求远吗"。正因为上帝存在于我的身体之中, 信仰的对象没有必要从我之外的地方寻找, 无论何时, 都应该"向我设位(在我的心中供奉神位)"。这便是将上帝

---

40) 参照赵镛一,〈从孤云中寻找的水云思想流派〉,《韩国思想》第9辑, 1968。

理解为内在性的存在, 而非超越性对象, 这种思考显而易见最终是归结于"人间主体"的问题。东学中主张的"人乃天"、"天人合一"、"事人如天"三大命题便是东洋思想中共同存在的, 也可以说是产生于以孤云思想的基础的人间主体的问题。这样看来, 崔致远给崔济愚的东学思想带来的影响是肯定的, 并不是从可能性的层面上来谈论的。东学思想的起源可以从崔致远的思想中寻找[41]也不是不无道理的。

---

41) 参照安晋吾,〈东学思想的渊源〉,《韩国近代民众宗教思想》, 学民社, 1983。

第2章 孤云思想的现代意义

本章将对孤云思想所具有的"现代意义"展开探究,这也是衡量本文研究价值和研究意义的标尺。孤云思想可从多层面、多角度进行考察,由此可总结出的孤云思想的现代意义也十分多样。但是,本章中笔者将以在普遍性与特殊性框架下可以连贯把握崔致远的思想为焦点,从三大层面总结孤云思想的现代意义。

1. 确立人的主体性层面

20世纪创造的高科技文明开启了一个崭新的世界。若以20世纪为分界点,那么,20世纪之前的时期可称为先天世界,20世纪之后的时期则可称为后天世界,可见上世纪的发展其实是非常巨大的。

然而,科学和技术再怎么发达进步,也不能超越科学的范畴。当今,我们还是有很多重要的、无法用科学解决的问题。这个"重要的问题"是什么呢?那就是作为"人类存在根源本质"的、既不能作为对象又不能客观化视之的人的主体,也就是能认识、能思考、能决断、能行动的人格主体性。

人的主体性问题属于无法客观地作为对象,用科学方法进行研究的领域。是不能当做对象进行解决的,无论何时,都只能靠人这一主体自己主观地解决自身所面临的问题。最终,所有的人生问题被归结为人类自己应该解决的主体性问题。[1]

科学文明的发达给现代社会带来了一个致命的问题,那就是"丧失人性"。科学文明践踏人的主体性,吞噬人的创造活动,使人类沦落为机器部件中的一个附属品。最终,科学文明摆脱了作为工具或手段的价值,上升到主体地位。由此也导致了"人际疏离"现象的出现。现代被称为"丧失人性时代"的原因也在于此。为了保全人的尊严和价值,为了人生的幸福,就要确立人的主体性,恢复丧失的人性。这是当今人类面临的最紧要而迫切的课题。我们不能否定或回避高度发达的现代物质文明和科学技术,而是要积极地吸收、活用,同时要意识到如何才能"人性化",如何才能恢复人类失去的地位,这是现代知识分子面临的根本课题。

朝鲜自1970年以来,一直强调"主体",之后以"主体思想"这一名称来进行思想体系化。据最近研究表明,北韩所说的主体哲学是在原有唯物论基础上,加入了"以人为中心的世界观"。把唯物论改造为"以人为中心的观念哲学",以及从以物质中心的价值观转变为以人为中心的价值观,从表面来看,似乎存在与"人的主体"存在相吻合的一面。但是,对首领个人的忠诚被当作主体思想的结论,由此可见,这其实是在以个人独裁为思想基础下提出来的。再加上北韩所呼吁的主体思想是在拒绝继承韩民族主体思想遗产的前提下,如此一来便陷入了民族虚无主义和过去虚无主义之中,在这点上具有致命的弱点,存在历史上的罪过。[2] 可见,朝鲜所说的主体与韩国所说的意味着普遍性人的主体的"自主",在概念上是不同的。

---

1) 参照《佛教学概论》,东国大学出版部,1982,210~211页。
2) 参照申一澈,〈主体思想〉,《韩国史市民讲座》,第25辑,一潮阁,1999,220~240页。

崔致远的思想是呼吁人的主体重要性，认为"道不远人"、"人乃实践真理之主体"、"真理得以实现的话人自然而然变得尊贵"。在迫切需要确立人主体性的现在，对现代人而言，"恢复人性"比任何问题都显得急迫，而崔致远的思想对恢复人的尊严和人的价值具有重要的启示意义。此外，崔致远宣传民族文化和固有思想，提高民族主体意识，这些都会充分给生活在世界化浪潮的现代人作出榜样。

2. 思想、宗教层面

现代是一个多元文化时代。各种各样的宗教、价值观、文化共存。之前那种封闭的、以自我为中心的生活方式已经行不通了，现在是一个只能靠相互依赖而生存的时代。即便如此，世界上还是存在民族间大大小小的纷争、宗教之间的对立与矛盾、人种差别等这些历史性遗留问题。虽然从西洋哲学末流滋生出的帝国主义、独裁主义等落后的思想体系已经宣告结束或是苟延残喘，但是非此即彼、二元对立性的思考方式，以及将其发展为哲学性辩证法的逻辑，仍然在把人类社会带入到一个充满对立矛盾、弥漫着无限硝烟的战场。

文明学者们已经向我们发出了忠告，这种思考方式及价值观俨然存在。在这样的情况下，未来社会里别说是宗教冲突，就连文明冲突也是在预料之中的。要想防患这种极端状况于未然，世界各个国家和民族就应该齐心协力相互理解、相互尊重相互异质的思想和多样化的宗教，为自国的发展和世界的和平发挥应有的作用。虽然这是现代知识分子必须应该解决的课题，但毋庸置疑这是一个非常棘手的问题。

我们稍不留意就会陷入自我合理化的陷阱,或者将自己的理念视为绝对正确,容易染上独断专横、轻视别人的弊病。排斥跟自己拥有不同思想、不同宗教的人,或是采取敌对的态度,这种情况屡见不鲜。甚至即使宗教相同,因宗派不同而导致彼此间矛盾和对立的情况也不在少数。最近越来越多的人认为,近年来社会中邻里间的对立和反目深化,更进一步引发国民间的矛盾与分裂,导致这种现象的原因之一就是宗教间的对立和矛盾。不得不说这是一个非常严峻的问题。

在宗教产生之前,真理和人就已经存在了。宗教或思想是为了追求一个终极真理而诞生的。宗教是为了人而产生的,人不是为了宗教而存在的。若因彼此信仰不同就排斥对方,引发相互间的矛盾与纷争,那这就是宗教人背弃自己所信奉的教理的行为。宗教本来的目的就是超越世俗价值,忠于追求博爱、和谐、平和,不能因不必要的是非或论争而导致彼此反目、对立或矛盾。尤其是忽视宗教的本质,只执着于宗教的外在形式,这是非常愚昧的行为。即便我选择的思想和宗教与别人不同,与其固守自我的宗教,不如用心考察宗教间的相异点,完善自己所信仰的宗教,更进一步努力寻找能够和谐相处的共同点,这样做才是有意义的。宗教在面向世界呼吁相互友爱之前,首先应该有一个尊重其他宗教文化价值、像爱护自我宗教一样珍惜和爱护其他宗教的姿态。

宗教学者郑镇弘(1937~)回顾20世纪宗教的意义,断言"20世纪是宗教的没落和宗教的扩散"这一主张成立的时期。他认为所有的宗教都必须创造一个可以自我省察的契机,并强调:

就连在两次世界大战残暴杀戮的现场,宗教也只是为"自方"的胜利而祈祷,既不斥责事态,也不主动承担责任。卷入革命漩涡时亦是如此。有时候宗教反而为发动革命提供了原因。在科学发展中也不例外。即便是在超越被随意诛伐、神秘原理的面纱也被揭开的情况下,宗教也只是主张自己语言的真理性,对语言的合理性被怀疑的这一事实,持淡然麻木的态度。[3]

不得不说,这段文字是对20世纪宗教现实的深刻透彻反思。

现如今,虽然全世界人民都在热切盼望和平,但矛盾与纷争接连不断,距离真正的和平还很遥远。在矛盾与纷争中,不仅有可视性因素,还有宗教和文化等非可视性因素。如今宗教间的矛盾以及异质文化的对立,给社会的综合和发展带来了负面影响,还引发了社会的不安与混乱。宗教间的不和与对立虽然是一场无形的硝烟,但有时候这场无形的战争所带来的后果,甚至会比因物质利益关系而造成的后果更加严峻和残忍。[4]

所有的宗教原本都是在人的主体性本质的基础上形成的。是为人类服务的行为,从这点上看,所有宗教之间是可以交流、可以对话的。真正的宗教人不会受自己宗教传统和信条的束缚,持教条态度。我们有必要正视一个平凡的事实,并不是宗教产生了人类的生活,而是人类的生活需要宗教。真正地用一颗敞开的心怀去理解其他宗教时,我信奉的"一个宗教",就不会与其他"各种宗教"发生矛盾。若带着谨慎的思考、怀着纯净的心灵,人与人回归到本性,那

---

[3] 郑镇弘,〈失败的宗教〉,《中央日报》,1999, 11.5。

[4] 柳承国,《韩国思想的渊源与历史上展望》,595页。

么, 无论何时都会形成一个可以对话的空间。韩国历代以来的高僧和通儒绝没有呈现出教条主义和排他倾向。他们虽然把相异的教理体系集于一身, 但这不是适当的折中主义或混合主义。这是在人内在的心性深处, 通过体会本质上的同一性, 才得以实现的境界。[5]

在此, 我们有必要反复思索一下由崔致远确认的、在历史上真实存在过的"风流道"的含义。崔致远认为风流道的魅力所在是"圆融性"。众多思想性、宗教性的因素错综复杂地融合在一起, 但却没有引发相互间的对立和矛盾, 这才是真正地具有魅力, 是一个理想的境界。被崔致远称为"玄妙之道"的"风流", 在崔致远看来, 它比任何思想和宗教都具备理想性典范。

当然, 我们也可以认为崔致远对三教的理解, 以及对风流道作出的解释, 反映着当时的学问和思想倾向, 或者可以说是代表着当时的普遍意识。但是, 最终这源自于韩国的传统思想和以传统思想为根基的崔致远的强烈愿望和理想。韩国的传统思想扬弃因独善和独尊而导致的各宗教间的对立、分裂、矛盾, 追求相互间对话与和谐。崔致远被后人评为"真正的风流道构现者"的缘由也在于此。

相信在宗教多样化的今天, 崔致远以"和"为基础的圆融会通思想, 将对该如何缓解宗教与思想形态之间的对立与矛盾、如何走向和谐融洽, 作出不少贡献。还有崔致远主张"道不远人", 强调在人内在的本质寻找真理, 而不是在超越性的彼岸等等, 都是值得当今所有宗教反复思考的问题。对此, 柳承国的观点也具有十分重要的启发意义:

---

[5] 柳承国, 同上, 139页。

(A) 基督教的宗教立场是以神为中心, 而儒教的立场则是以人为中心的伦理道德。正因为两个宗教展开对话的立场不同, 所以争久未果。但问题是：儒教真的就不能上升到伦理道德层面之上吗？基督教以"神"为中心的思想就不能人间化乃至世俗化吗？

(B) 今后的宗教观应该从超越性的神观转变为存在于人内在心性中的神观。我们应该从自己内心深处寻找那个高高在上的神。虽然在外的表现都会不同, 但回归到内在本性, 心即是佛, 圣神已经在我的内心以天命的形式被赋予。

(C) 截止现在, 虽然都在讲存在于彼岸世界的超越性的神, 但从现在开始, 我们应该知道内心中存在一个真理。虽然过去, 提高神的地位而贬低人的地位, 但是今后, 因为神存在于人的内心, 所以人将变得高贵。[6]

柳承国在很多研究中主张这样的论旨。被评价为为解决宗教间的对立和矛盾, 提供了一定方向。这是建立在崔致远呼吁的"人的主体性问题"基础上的, 从这里也可以找出该主张所具有的历史性和传统性。

黄弼昊在〈宗教与宗教之间真的能对话吗？〉一文中, 对真理主张不同的宗教之间需要进行对话的理由, 作出了以下五点说明：

第一, 从政治角度来看, 由于交通设施、通信手段的发达, 当今

---

[6] 柳承国,《韩国思想的渊源与历史上展望》, 593, 597, 603页。

世界已经发展为"一个世界"。现在世界所有人类担心人类的共同命运,已经到了不得不用共同体意识生存的境地。

第二,从人类学角度来看,宗教间的对话不仅是这个时代的责任,也是人类学的义务。

第三,从社会学角度来看,宗教是多样化的社会文化功能之一,应该帮助人类,为社会作出贡献。

第四,从宗教学角度来看,为了让所有的宗教人对自己的宗教产生优越感,就必须让他们了解别人的宗教。不和其他宗教进行比较,优越感和劣势感是不可能存在的。

第五,从神学的角度来看,宗教之间的对话也是为了个人信仰,为了自身所信奉的宗教的发展所必须做的事情。宗教信仰不是固定的,不是停滞不前的,所有的宗教无论何时都要有随着时间的改变而重生的经验。[7]

不得不说,以上五点是非常切实的。正如黄弼昊的观点,现在宗教间的对话是时代的命令,是人类的使命,是社会的要求,是宗教的必然性,也是宗教发展的唯一之路。笔者认为所有宗教应该深刻意识到这点,并进行反省。

---

7) 黄弼昊,《宗教哲学概论》,钟路书籍,1980,209~213页。

3. 文化、文明层面

崔致远以人的本性为基础,在追求文化普遍性的同时,还追求文化的独特性。可以说这种态度源自于他憧憬人主体性和会通性的哲学思想性质。《论语》中孔子云:" 性相近也,习相远也".[8] 从人的本质层面来看,古往今来,人的本性是没有什么不同的;但从文化层面来看,因为人的气质、生活环境、习俗等后天条件不同,所以文化的发展和所呈现出来的面貌自然不同。然而,正如水自高处流向低处一样,文化亦是如此,所以不能对文化持抵制的态度。此外,我们不能因为人的本质相同就认为文化发展的能力也相同。优秀的文化和思想中存在着文化的普遍性,因此,最重要的我们要努力受容先进文化,并将其变为自己的文化。[9]

《尔雅翼》中有云:"江南为橘,江北为枳"。在不同的民族和社会环境(土壤)下,文化的本质(种子)所呈现出的文化面貌也必然不同。即使是相同的种子,孕育种子的土壤不同,种子发芽长出的模样也不同。同样的一种外来思想,在不同的土壤中成长,就会被再造为具有该国家的特性和个性。[10] 崔致远认为韩国的固有思想风流道包含三教,并暗示韩民族具备吸收外来思想,继而将其再造为属于自己思想的潜能。不得不说,这很好地体现出崔致远既重视文化普遍性又重视文化特殊性的思想。

由于20世纪人类所创造的科学技术,特别是交通、通信、信息化的

---

[8] 《论语》〈阳货〉。

[9] 柳承国,《儒家哲学与东方思想》,327页。

[10] 柳承国, 同上, 254~255页。

高度发达,现在全世界通过互联网形成了一个"地球村"。时代要求我们展现出"积极进取的精神面貌",具备能积极主动适应世界巨变的知识和能力。随着世界化、信息化的趋势日益加强,21世纪将成为一个新的文化竞争时代。在这样严峻的情形下,想要生存,就需要对国际社会和世界文化有一个充分的了解,拥有敏锐的洞察力,持有积极进取的心态。还有,我们必须要认同不同民族不同文化之间的差异。只有这样,才能解决国际社会中不同国家、不同民族之间的对立与矛盾。此外,我们还需要对其他国家的文化有一个充分的了解,用一颗敞开的心胸去接受,同时还要洞察本国文化的正体性和特殊性,积极将自己国家的文化推广为"世界文化"。

21世纪的韩国人必须要确立文化方面的民族主体性。为了成为文化强国,每一位民族成员都必须要有主体意识。在这个必须要同世界诸国和谐生存的世界化、信息化时代,倘若我们忘记自己民族文化的重要性,不坚定地树立民族文化的主体性,没有任何目的地追随世界化浪潮随波逐流,那么,我们的传统文化最终也会被先进文化吸收、同化,最终消亡。不分彼此的国际化、世界化是没有任何意义的。

在这里,有必要对"文化帝国主义"进行一番思考。现在世界著名学者中有不少人认为,由世界强国所推动的"世界化"其实是假借世界化的名字,复辟19世纪末期的帝国主义,并批判世界化是"彻底实现帝国主义利益的陷阱"。回想来看,帝国主义已经拥有很长的历史。如今,传统意义上的帝国主义经历两次世界大战,被阶段性地瓦解,已经消亡了。但依然存在这样的文化残留。并且文化帝国主义披着各式各样的外衣,依旧持续存在,甚至在有些方面变得更加变本加厉。今天呼吁不分彼此的世界化,究竟是空洞的模仿,还是文化帝国主义的附属品，着实有考察的必要。

仔细考察东西方的历史，不难发现：没有丧失主体性的民族或文化，无论处于何种困境、遭受何种考验，该民族和文化也会坚持到最后，不会被同化，拥有鲜活的生命力，令后人感到自尊和骄傲。相反，还存在不少最终从历史的轨道消失，只剩下记录过去历史的"死去的文化"。韩国数千年以来一直处于中国文化圈的光环下，但却没有被中国文化同化，能够一直存活下来，其根本原因究竟是什么呢，我们应该对此有一个正确的把握。现在已经没有必要去追究是文化先进国还是落后国，务必要有"文化只有个性，不分优劣"这样的主体性思考。并且为了创造更优秀的文化，需要不断的努力。从崔致远一方面强调固有文化的独特性，一方面为了创造出优秀的文化，"随阳是思"追求先进文明的事迹可以看出，文化的普遍性和特殊性是不相互排斥的。

崔致远追求文明世界的同文意识，与"盲目、无主见"的世界化层次不同。崔致远的同文意识不是将民族文化连根抹杀，导致价值观动摇，并让整个社会陷入混乱之中。而是确切意识到文化的民族之根，在此基础上，追求国际化和世界化。对崔致远而言，成为"有根的国际人"是他的毕生所愿。他所追求的文明世界，用古老的表现是"用夏变夷"，而不是完全抛弃自己文化、只追求别人文化的"邯郸之步"。崔致远把自己国家低水平的文化提升到更高一层，试图达到文化平等的境界。从这种思想的内在本质中可以看出隆平精神。

崔致远通过自己的思想，给后人带来了这样的启示：一个国家的文化只有确定其正体性后，才能实现所期望的国际化、世界化。获得最深刻洞察崔致远思想核心这样评价的北崖子，对崔致远的思想作出了如下评价，其意义耐人寻味：

保其长而兼人之长者霸, 弃其长而用人之长者弱, 弃其长而用人之弊者亡。[11]

现在不能再有过去"吃扬州饭, 当高阳地方官"[12]似的四大慕华思想的残影。闭关锁国、文化孤立的封闭主义及"国粹"主义也应该作为历史之鉴。

----

11)《揆園史話》,〈漫说〉。

12) 参照权德奎,〈假明人头上的一棒〉,《东亚日报》, 1920, 5. 8~5. 9。

结 论

结 论

新罗末期的博学大家崔致远是生活于乱世更迭时期的学者、思想家。作为当时最高层知识分子的代表，崔致远为了挽救国家于危亡，实现儒教的理想政治，在各个方面费尽心血。他不曾想过要置身事外，也不可能成为置身事外。但受骨品制这条枷锁的束缚，他无法施展毕生积累的才华抱负，在感慨社会矛盾、生不逢时的同时，却也只能隐居山林。由此可见，崔致远的确是生活在不幸时代里的人物。[1]

崔致远生长在六头品家庭，家中学风开放，可以自由地探索学问，同时又注重自律。在这样的家庭背景下，崔致远埋头钻研，潜心苦读，不仅成为一名卓有成就的学者，在韩国文学史、思想史、宗教史、政治史等各个领域也名垂青史，成就非凡。他是"丽末鲜初"这一历史转换期政治、思想变化的代言人，是该时代精神的见证人。崔致远的思想是为了从精神上克服古代社会的弊端而提出的思想理念，因此，他被评为完成时代使命的当世知识人。[2] 从前，孔子鞭策其子伯鱼学问时有言："其先祖不足称，其族姓不足道。然而大以流声后裔者，岂非学之所致乎？"[3] 这句话也可以充分用在崔致远身上。

从崔致远的思想倾向、宗教倾向来看，他基本上是立足于儒教思

---

[1] 崔瀣在谈到崔致远时，说"论其平生，可谓劳勤，而其荣无足多者"，《拙藁千百》卷2，5b，〈送奉使李仲父还朝序〉。

[2] 申澄植，《新罗史》，梨花女子大学出版部，1985，224~225页。

[3]《孔子家语》，〈致思〉。

想,以儒者自处,同时又兼涉佛教和道仙思想,除此之外,还有其它各种思想纵横交错,集于一身。作为一名实实在在的"天才思想家",崔致远在韩国思想史上占据着不可或缺的重要地位。但是,到了后代,特别是朝鲜时代,在对当时的社会环境、时代背景、学问风气及崔致远的求学欲望、嗜好等均未考察的情况下,将崔致远的学术性质定为"半佛半儒"乃至"乍佛乍儒",而且批判他学问不纯正之事也不少。尤其是象征着朝鲜时代精神的退溪李滉认为崔致远沉浸于佛教之中,严厉斥责他为"佞佛之人",甚至认为将崔致远这样的人供奉在文庙之中也是非常不妥的。

这样的评价在客观性、公正性上都存在问题,因为这种评价或批判本身就已经局限在某一特定的学问风气之中,无法摆脱这种限制。崔致远一生都对宗教、思想的教条主义非常警惕,而后代学者们却对崔致远的这种教条主义进行批判、攻击,这真是十分矛盾的现象。就如同"斯文乱贼"这句话所象征的,生活在形势严峻、思想专制炽烈时代的学者们,用他们狭隘的目光,很难如实地对崔致远及崔致远生活时代的学术思想进行论议。

无论后人如何毁誉褒贬,也无法动摇崔致远作为韩国汉文学开山鼻祖及被载入韩国哲学思想史序章中的巨人地位。尤其是在先前只是将儒教思想视为世俗伦理规范的时代氛围下,崔致远能够摆脱这种氛围的影响,或是努力提高儒教地位,并试图从与老、佛相等的地位去阐明儒教;或是通过这些努力,寻找"三教会通"的可能性根据。总之,崔致远在儒教思想的阐明方面所作出的贡献是巨大的。崔致远能够被供奉在文庙的真正含义也在于此。

崔致远学术思想的特点是兼收并蓄而非独尊一元。从儒教的观点来看,崔致远分明是儒学者;从佛教或者道教的观点来看,他亦是佛教徒或道仙家。然而，他以儒教思想为体，以佛教、道教和其它思想为用，是一名集三教于一身的通儒。当时的三教思想在各个时代存在盛衰变化，但作为带有国际性的普遍价值标准，占据着重要的地位。崔致远的三教观以儒教为根本，积极受容、汲取佛教和道教思想，最终寻找的目标是三教会通的境界。在这里也可以说受中国魏晋(特别是东晋)以来，三教调和论甚至三教一致论的影响很大。像这样，以儒教为根本，同时追求与佛教和道教之间的调和、融合，这是贯穿于崔致远整个思想和学问世界的显著特征，同时也渗透在他的价值观、学问观、人生观的形成之中。事实上，崔致远在讴歌佛教、道教兴盛的唐末时期入唐开始留学生涯，处在重视道教、佛教的思想大潮中，他也不是完全的自由。

但崔致远并没有在这样的思想氛围中随波逐流。他立足于自己的观点，维护自己的思想体系。崔致远对众多思想和宗教间的异同进行区分，充分肯定了它们各自观点及特征，但无论何时都试图用儒教的观点去理解三教思想。他文集中出现的"以儒譬释"或"援儒譬释"等也象征性地证明了这点。崔致远结合当时社会的实际情况，从经世层面来接近理解儒教，从改革和护国的层面上接近理解佛教，从济世层面上接近理解道仙思想。由此可见，在崔致远的思想形成和展开过程中，虽然存在不少变化，但他思想的根基依旧是儒教，因此，他也只能是一名儒学者。

崔致远从大同、大乘的观念出发，洞察三教思想的本质。他认为三教思想在根本上是相通的，主张"所归一揆"，提倡三教之间的会通融合。在考察崔致远三教观时，最明显的特征之一就是他并没有局限于某一种思想或宗教中，没有呈现出排他性的倾向。他所谓的"喜三教之并行"[4]亦可证明这点。这与《中庸》中所说的"道并行而不相悖,万物并育而不相害"一脉相通。崔致远认为三教虽然各自具有独特性,但若上升到更高层面的话,三教间是融通自在,存在会通之处的。从中我们可以看出崔致远的宗教观,即真理的普遍性和各种思想的独特性并不相悖,是可以融为一体的。崔致远把所有思想和宗教无对立、无矛盾地共存,相互和解、融合视为理想境界。也就是说三教的思想最终是"异路同归"的。著名的"虎溪三笑图"可以说是符合崔致远"异路同归"这种理想象征的。

乍看崔致远的思想,似乎不成体系,实际上并非如此。不仅具有一定的体系,还具有一致性。他的思想以"人间主体"的问题为大前提,而"人间主体"的问题可以用"道不远人,人无异国"八个字来概括。真理的普遍性离开了人间就不复存在这一宣言虽然是引自《中庸》,事实上也很好地反映出贯穿整个东洋思想的共同性质。由此可以得出这样一个结论:当以人间主体为基础时,相异的思想和宗教最终是可以融合在一起的。

崔致远是站在相关性的角度上来认识固有思想的确立与继承,及与外来思想受容的。并且想要同时处理这些问题,自然而然地解决。通过〈鸾郎碑序〉证明了韩国存在玄妙之道,这是将相互异质的思想融合到一起的基础。崔致远重新寻找被当时儒教合理主义光环所遮盖的韩国固有思想的神秘性,并将其重新发扬光大,在这方面他功不可没。他在探究韩国固有思想的原型时,认为风流道的核心要素与三教思想相符,这句话的背后也隐藏着更深的一层含义,那就是确认受容外来思想的可能性。这与日后我们受容、吸收外来思

---

4) 参照《桂苑笔耕集》卷4,〈谢许弘鼎充僧正状〉。

想时，一直以风流道作为精神基础的这一事实联系来看，崔致远对风流道的包容性、圆融性的解释，实际上发挥了很大的影响。

崔致远一直致力于寻找韩国固有思想与三教思想间的共性。我们也可以理解为崔致远最关注的问题之一便是"三教的本土化"。崔致远认为的三教绝不仅仅只是外来思想。属于"我们的"这种想法似乎总是在他的心中占据了一定的位置。他在对三教思想进行一系列研究的基础上，不仅主张"三教会极"，还以三教思想为框架对韩国固有思想风流道进行了解释。崔致远是韩国历史上第一位想要对固有思想进行解释的人，这一解释也是韩国历史上首次对固有思想进行的定义，从这点来看，这是非常珍贵的。

崔致远认为风流道的这种各种思想因素和谐共处、没有对立和矛盾根源的"圆融性"是非常具有魅力的。被他解释为"玄妙之道"的风流道是他自己所见过的思想中最理想的模型。因此，在〈大崇福寺碑铭〉中发出了"众妙之妙，何名可名"的感叹。

从崔致远对三教的理解和把握，以及用"三教"的框架来解释风流道等，均反映着当时的学问风气和思想倾向。但是，最终通过减少所有的思想和宗教之间的对立和矛盾，克服异质性，从而达到相互调合和谐的境界，这源自于崔致远强烈的愿望和坚定的信念。

另外，新罗下代重要的思想动向之一便是东人意识的兴起。东人意识与民族主体性相关，代表着当时知识阶层内部的意识世界。不仅是当时的时代思潮，也是当时的时代精神。彰显东人意识并广泛传播的学者正是崔致远。虽然东人意识不是崔致远独创的思想和精神，但是他将其集成，并广泛宣传"民族意识的自觉"，提到"东人意识"自然便会联想到崔致远。虽然目前学界从王建的"训要十条"中找到韩国历史上民族主体意识的开端，但不能忽略的是，在王建之前的新罗下代是东人意识的开端这一事实。

"东人意识"作为孤云思想的结晶之一，也是窥探崔致远哲学思想整体构造和脉络的关键。明确地说，东人意识是在挖掘韩国民族精神思想根基的过程中出现的。特别是可以看出作为拥有"玄妙风流道"的优秀文化民族的自信心和自豪感，也是通过东人意识流露出来的。结束中国的留学生涯，归国后的崔致远，他几乎在所有方面(特别是思想宗教面)，都以寻找"民族的正体性"为重心。孤云思想的核心和统一性从这里可以找到。

孤云思想在现实中的体现便是"东人意识"与"同文意识"。以此来追求的最终理想就是克服当时充满分裂、矛盾、对立的混乱现实，突显能够统一社会、聚集民心的原动力，也就是民族主体意识。并且"同文意识"与"同文意识"也是为了弘扬作为隆平思想一种体现的文明意识。所谓的隆平思想就是极大发挥韩国的文化自豪感和文化创造的力量，并将其提升至世界水平的行列。

崔致远是以普遍性的价值标准和概念来对包括风流道在内的韩国民族的传统进行解释说明的，甚至将其宣扬到当时世界的大舞台—唐朝。把韩国的历史和文化用与世界史相接轨的方式去理解，用普遍性的价值标准和概念去定位，从这点来评价的话，崔致远在文化层面的国际化、世界化上作出了巨大贡献。但是，我们不能忽视的是他并没有只沉浸在文化的普遍性中而忘记或无视民族文化的特殊性。

在当今以高速化、信息化、世界化为特征的时代，现代人面临着追求东西方文明的普遍性、走向世界的时代性课题，而崔致远的"主体意识"和"文明意识"值得我们反复思索国际化、世界化与主体意识之间的关系，我们所憧憬的世界化、国际化究竟是什么，可以从这里找到答案。以开阔的胸怀，复苏韩国文化和传统的"民族性"、"原型性"，并在世界上大力弘扬，这便是所憧憬的世界化。"做一名有根的国际人"是留给我们的当前课题。

　　崔致远强调、追求的"人间主体"的问题和哲学、思想、宗教的普遍性和独特性问题，在几千年后的今天，也是一个值得探讨的话题。建立在"和"而非"争"基础上，具有互补性、可以融为一体的崔致远的三教观和人间主体性，对生活在多文化、异质化时代的现代人来说，为各宗教间、民族间以对话的形式进行交涉和和解，提倡"共同体意识"等提供了借鉴。特别是为韩民族的和睦和恢复同质性提供了鲜明的方向。进一步说，为克服或解决全世界由于民族、宗教、文化、人种、政治等差异而引发的各种矛盾和对立，追求人类幸福提供了一定的借鉴。崔致远哲学思想所具有的现代意义便在于此。崔致远并不是存在于过去的历史人物，而是一名在当今仍与我们一同苦恼时代问题的知识分子。他的哲学思想也不能单纯地视为历史上的精神遗产，在今天仍具有鲜活的生命力。

附 录

日文提要

崔致遠の哲学思想とその現代的意義
― 三教観と人間主体を中心に ―

Ⅰ.

　孤雲崔致遠(857～?)はわが国の文学史・哲学思想史・宗教史・政治史などの様々な分野で抜きん出た巨峰として位している。特に、文章でその名が知られ、国際的にも有名になり「東国文宗」あるいは「東方文学の開山祖」などと呼ばれているのも周知のとおりである。彼がこのように文章で有名になっただけに、現在崔致遠の文学に対する研究はわりと著しい成果を見せている。

　しかし、崔致遠は決して文学方面の研究にとどまらない、レベルが高く深みのある哲学思想の持ち主であり、歴史学においても伝統史学と儒教史学をつなげる役割をするなど、幅広い活動を見せた学者であった。実際、わが国の思想史において、彼ほど学問の範囲が膨大な学者も数少ない。にもかかわらず、1980年代になるまで崔致遠に対する全体的で総合的な研究はもちろん、最も基本となる哲学思想についての研究までもほとんど疎外または放置されてきたのである。李陸史が自分の詩である「曠野」で「はるか昔どこに鶏の鳴き声聞こえたろう」と言ったとおりである。これはその間韓国哲学思想史の中で崔致遠の占める位置や比重を重要視してない人が少なくなかったこととか、また基本的な研究資料の乏しさとその活用の問題点を克服することができなかったことに、最大の原因があると言えよう。崔致遠に対する研究成果がこのように貧弱であるのは、我々の学会がわが国の古代思想と文化を研究するのに、その基盤がどれだけ弱いかをよく見せてくれる事実である。

　このように研究の乏しい中一部の研究者達は、崔致遠は自分の思想を意識的で論理的に展開した学者ではなく、ただ文章の対偶をあわせ文字の重さをはかり、他人にお願いされ文を書くことを光栄に考えたつまらない文学者に過ぎないと主張することもあったのである。これは当時までの崔致遠に対する一般的な認識を代辯しているものと言っても過言ではない。しかし、このような雰囲気とは違って、崔致遠の高い学問的境地や哲学思想について積極的に評価した学者も少なからずいた。柳承国教授がまさにそのような方である。彼は1981年に発表した「崔致遠の東人意識についての考察」という論考の中で、

> 崔致遠の思想と学術は理解しがたいほど多様であり、大変レベルが高いので、説明する人によってその評価が違ってくる。彼が詩文と書道に優れて神業の境地に到達しているのは周知のとおりであるが、これよりも思想家・哲学者として独歩の境地を開拓したと言えよう。儒教・仏教・道教など当時の思想全般に通暁しているだけではなく、各宗派の異質的な教理と論理を一つに総合し縦横無尽に融合した。一般的に仏教学者は仏教の立場で諸般思想を評価しやすいし、儒家学派は儒教の立場で諸

思想を評価しやすいが、崔致遠は第三の次元ですべての思想と学術を分析、総合していることが分かる。

と述べた。ここで「思想家・哲学者として独歩の境地を開拓した」という評価は、これまでになかった評価であり、以後崔致遠の思想を研究するのに一定の方向性を提供し、羅針盤としての役割をしたと言える。特に、当時は崔致遠と言うと、「事大慕華主義者」を連想するほど否定的な印象が支配的な時期であっただけに、崔致遠の思想体系の中で核心の一つとなる「東人意識」の存在を確認し、これを強調することによって崔致遠に対する認識を変化させる重要なきっかけを作ったのは、崔致遠研究史において特記すべきことと言えよう。

Ⅱ.
崔致遠の学問傾向を見ると、彼は理屈を考え理論を立てることに力を注いだり、自分の思想を確立することに徹底した学者ではなかったことは確かである。しかし、彼は当時現実と関連して、自分なりの確固たる問題意識と思想家的な気質を豊富に持っている人であった。彼の哲学思想はひと事で言えば、その幅が広くて深みがあり、駢儷文で表現されているのでその手がかりをつかむのは大変複雑で難しいことである。それはすなわち、彼が儒・仏・道の三教思想をはじめとする様々な思想を吸収し、理解しているところに重要な原因があるわけであり、また彼の文章がほとんど短編的であるということをあわせて考えなければならない。
こういうわけで、彼が残した文章をざっと見て、このような事実を把握するのは大変難しいことである。しかし、興味を持って精読すれば、相当精密な思惟の片鱗と痕跡を少なからず発見できるのも事実である。崔致遠を研究するにいたって、ただ資料を提示しそれを並べることだけにとどまらず、彼の思想を生命力のあるものとして把握しようとする努力が何より必要であると言えよう。

　崔致遠の思想に関する研究は、実際哲学的思惟の入った片言隻字を集め、聯珠の功を成し遂げなければならない難題の連続である。このような作業には相当な危険が伴う。ここで何より切実に要求されるのは崔致遠の残した文章を熟読し、その文章の全体内容と主旨をよく把握し、理解した後でこそ片言隻字でも述べられるという点である。しかし、たまに見ると、数多い研究者達が残したのは文章の全体脈絡とは関係なしに自分の意思に無理やりあわせて断章取捨をしたのも多く、恣意的に論旨を展開したものさえある。その結果、全然違う方向に結論を導きだして、眼識のある人々の物笑いになることも少なくなかったのである。

　現在韓国史を研究する傾向をみると、歴史上の人間を新しく発見したり再認識し、わが国の歴史を「人間の歴史」で生命力のあるものとして把握しようとする意識的な努力が活発に進んでいる。崔致遠に対する研究は、その個人一人に対する研究の次元にとどまるものでは決してないのである。新羅時代末になるまでの間に、学者達が残した文集で現在唯一伝わるのは『桂苑筆耕集』と『孤雲文集』であるため、彼の文章はその限界を論ずる前にわが国の古代文化史とか哲学思想・歴史学・漢文学など様々な方面を研究するにあたって、重要な研究資料として多くの示唆と方向性を提供すると言える。従って、彼の文章一つ一つが大変重要なわけであるが、彼に対する研究はすなわち新羅後期の文化史研究全般につながるものと言っても過言ではないのであろう。

Ⅲ.

筆者はわが国の哲学思想史を専攻としている研究者として、元暁・義湘などといっしょにわが国の思想史の筆頭を飾る崔致遠について多大な興味を持ち続けてきた。そして、その興味の焦点は「思想家としての崔致遠」にあった。本稿ではこれを論議の手がかりとし、韓国思想史の中で彼の思想が占める位置や後代に及ぼした影響などについて論究し、さらに彼の思想史的位置を確実なものに定立させることによって、崔致遠をわが国の歴史上偉大な思想家の隊列に向上させることにその目的をおいている。そして、その目的のために、孤雲思想の主脳と言える東人意識と同文意識、すなわち普遍性と特殊性の問題を重点的に考察した。

本稿では研究範囲を崔致遠の思想ないし哲学に限定した。ただし「思想」という概念においては、いわゆる「論理的整合性をもった判断体系」という意味ばかりではなく、「社会や人生に対して原理的に統一された見解や観点または態度」という意味にまで、範囲を広げて論究しようとした。その接近方法は『桂苑筆耕集』と『孤雲文集』などの第一次資料を中心に、検討、分析して説話とか伝承などを排除させることによって徹底的に著述に重点をおいた。特に「孤雲文の精髄」と呼ばれる『四山碑銘』と唐国から帰国した後書いた文章を中心にして、彼の哲学思想の一貫性を抽出することに重点をおいた。崔致遠の哲学思想と宗教観などを探るのに大事な資料としては、古くから『四山碑銘』があげられてきた。唐国に留学する当時の代表的な著述が『桂苑筆耕集』だとしたら、この『四山碑銘』は帰国後残した著述の中の白眉と言えるものである。もちろん、文章の形式上この四つの碑文が撰者の哲学思想とか宗教観を体系的に述べる性質のものではないことは確かである。だが、他の碑文と違って著者の思想的、宗教的片鱗を多く含んでおり、儒教・仏教・道教の三教が互い渾融無碍に融合されているので、これを基に一貫した流れを抽出していくと、ついに撰者の哲学思想・宗教観などの本質に接近できると思う。

敍述においては、まず「思想研究」の序説的意味から、彼の哲学思想のもつ基本的立場をより明確にさせるために、その生涯を中心に思想形成の背景と経緯を考察した。特に、今まで変わったり間違って伝わってきた事実、つまり今まで「神話的人物」として間違って知られてきたことや、「反新羅的知性人」「事大慕華の表象的存在」などと間違って認識されてきたことなどについて、彼の東人意識や東方思想を中心にその真否を明確にすることに一部分を当てている。

次に基本資料を活用することにおける問題点を考察しようとしたが、崔致遠の駢儷文と思想表現の関連性を中心に考察し、資料として価値についての問題点を診断した。と同時に、当時思想界を風靡した中国的思惟方式を重要な問題として考察することによって、彼の哲学する方法論について悩んだ痕跡が見えないという批判に対して一定の異議を展開し、崔致遠の思想を哲学的に理解するための踏み石にしようとした。

次は、「孤雲三教観の展開と応用」という主題のもと、まず崔致遠の三教観が成り立った背景とその特質について総論的に考察し、引き続き孤雲思想の基盤である儒・仏・道の三教思想について崔致遠がどう理解し、また現実問題にどう応用したのかについてそれぞれ考察した。それに加えて、道仏的真理観と言語・文字観、儒家的価値観と人生観という小題目のもと、崔致遠が「道(真理)」をどう見ており、道を論じ思想をもる器としての言語・文字をどう考えてたか、また価値観と人生観はどうであったかについて考察してみることによって、彼の思想を研究することにおいての特性と限界性を論じてみようと思う。

　その次は、「崔致遠思想において骨髄であり結晶とも言える東人意識と主体性の確立」、そして「同文意識と文明世界の志向」について論じたが、「真理の普遍性が人間の本源にある」という点に焦点をあわせて、主体性と世界化の問題について考察しようと試みた。それとともに、これまで「崔致遠は事大・慕華主義者である」という烙印のため、学者達の興味外にあった「東人意識」や「同文意識」について体系的に論じ、彼の思想が大変体系的で整合性のあるということを明らかにし、これを重点的に照明しようとした。特に崔致遠がわが国の思想家の中では珍しく、普遍性と特殊性の問題について至大な興味を持ってこの問題の解決に絶えず力を注いできたことを強調しようとしたし、これとあわせて「東人意識」や「同文意識」、すなわち普遍と特殊が互い対立されたのではなく、同一線上で緊密に連結しあい、一つになって産まれるものであることを明らかにしようとした。そして、普遍性と特殊性の問題が世界化・国際化を志向する地球村時代の現在において、なおさらその重要性を発揮していることを強調し、歴史的・現代的にその意義の大きい孤雲思想を現在の視点で新しく探求する必要性があることを提示した。

Ⅳ.

崔致遠は開放的学問風土と自律性を重視する六頭品の家柄の家庭的な雰囲気に恵まれ、儒・仏・道の三教思想に精通した。そのため彼は儒教の立場で見ると確かに儒教家であったし、仏教や道教の立場で見ると仏教家であり道教家であったのである。三教思想は当時国際性を帯びた普遍的価値基準として支配的な位置を占めていたが、彼は中国の魏晋時代以來の三教一致論ないし三教調和論に影響され、儒教を基本としながら仏教や道教などとの調和、融合を図った。彼の三教観は大概が中国の魏晋時代(特に東晋代)の気風を受容したものと言える。

ところで、彼は自分が儒者であることを常に強調しており、儒術で一世を経綸しようとする強い意志を持っていた。と同時に、儒教思想は体にして仏教や道教および様々な思想を用として兼修することによって通儒的な面を見せてくれた。彼は様々な思想や宗教の立場および特性を十分に認め、一定の限界をおいて明確に区分しながらも、あくまでも儒教的立場で三教思想を理解していた。これは彼の文集に出てくる「以儒譬釈」または「援儒譬釈」という言葉が象徴的に見せているし、彼は儒教の特性を経世の側面で、仏教は改革と護国の側面で、道仙思想は済世の側面で理解しようとした。このような点から見ると、彼の思想歴程に変化が少なくなかったわけであるが、彼の思想的本領はあくまでも儒教であったし、彼もやはり儒者でしかなかったのである。結論的に崔致遠の三教観は儒教を基にしながら、仏教・道教の思想を積極的に受容・摂取し、究極的に三教会通の境地を探し出すことだったのであり、これは彼の思想と学問全般に通用する際立つ特徴で、価値観・学問観・人生観などの形成に一つに貫流するものと言える。

　崔致遠は三教思想各々の主体性と領域を認めながらも、大同的・大乗的立場で三教相互の関係性を基に、それを全体的な見地で洞察しようとした。その結果ついに三教思想が根本的に通じているという「所帰一揆」を主張し、相互調和と融合を唱えた。彼の三教観を考察する時最も大きい特徴の一つは、彼が決して排他的性向を見せなかったという点である。彼のいわゆる「喜三教之并行」という表現がそれを代弁している。三教がそれぞれ独自性を持ちながらも、一段階高い次元でお互いスムーズに会通するという点で、我々は崔致遠の追求する真理の普遍性と各思想の独自性が互いに背馳されずに一つになれる可能性を覗くことができるのである。崔致遠は三教の思想が究竟には「異路同帰」であると主張し、すべての思想や宗教が互いに対立と葛藤のない状態で共存しながら和解、融合するのを理想とした。あの有名な「虎渓三笑図」は、まさに崔致遠のそのような理想によく符合する象徴的なものと言えよう。

　崔致遠は宗教が求福的な所に堕落するのを大変警戒し、意識より内面的誠実性や敬虔性を唱えた。仏教や道教の様々な斎詞では、自分一人の福だけを求めるのではなく、より大衆的で大同的な次元で万物に恩恵が等しく施すことを望んでいる。このように大乗的・大同的立場は儒教に関わりのある文章でも例外ではなかった。従って、ここでも儒・仏・道の三教が混融する形を取っているのが特徴である。

　崔致遠は固有思想の定立と外來思想の受容を函数関係のように考え、この問題を一緒に扱って自然に解いて解決しようとした。彼は当時を風靡した儒・仏・道の三教思想を研究しながら、わが国の固有思想と三教思想の間の共通的性格を探索するのに力を注いだ。これは彼の至大な関心事の一つが、その「三教の土着化」にあったことを見せてくれるものでもある。彼にとっては三教がただの外來思想に過ぎないものではなかったのである。「わが国のもの」という考え方が、心の片隅に固く占めていたのである。

　崔致遠は三教が異質的ではなく、一つに通じるものである可能性を追求しながらも、儒教に比べて道教と仏教の理論が相対的に哲学的な深みのあるものであると密かに示している。特に儒教に比べて仏教に宗教性が強いと主張している。そのため彼は儒教だけに満足できなかったわけだったし、その上隠遁した後は自分の不遇な立場を神秘的で予測できない力に頼って慰めてみようと、仏教を中心とした宗教活動を積極的に展開したりもしたのであり、またこれを昇華し護国の意志を燃やしたのである。ここで宗教に対する彼の関心の程度が分かるはずであろう。

　崔致遠は実際隠居後には仏教、特に華厳思想に没頭することになる。彼の仏教関係の著述を年代順に検討してみると、儒者である彼にとって仏教の教宗・禅宗についての関心と理解の様相が、儒教と関連しかなり違って表われるのが分かる。つまり、彼の帰国後矛盾した現実政治に対する改革意志が高まった時には、儒教的政治理念の実現のために体制批判的で改革的性格の強い禅宗思想に深い興味を示した。そのうち真聖王8年(894)に時務策施行の挫折をきっかけに失意、隠居後には現実政治から宗教の側面に目をそむけるようになり、滅びていく新羅を起こすために儒教的護国・尊王思想で身を固め、保守的・体制維持的で和合と統一を唱える基となった華厳思想に関心を集中させた。彼のもつ政治改革の裏面には、新羅の専制王権を最後まで固守しようとする立場が前提となっていたのである。これもやはり儒教と仏教の思想的交流の次元で理解されてもいいと思われる。

V.

新羅下代において重要な思想的動向の一つが、すなわち東人意識の擡頭と言える。東人意識は民族主体性と関連し、当時の知識人の階層内部の意識世界を代辯したもので、一つの時代思潮であると同時に時代精神だったのである。この東人意識を集大成した学者が、崔致遠である。たとえ自分の独創的な思想や精神ではなかったとしても、崔致遠がこれを集成し独歩的な位置を占めているという点で、「東人意識」と言えばすぐ崔致遠を連想することになるのである。学会ではよく我が歴史上民族主体意識の嚆矢を王建の「訓要十条」に求めるが、その前に新羅下代の東人意識がそのはじめとなっていることを看過してはいけないのである。

「東人意識」は崔致遠の民族主体性に関連した思想をひと事で表現したものである。これは崔致遠思想において、中核であり結晶であると言えるもので、哲学思想の全体的な構造と脈絡を把握できるようにする鍵である。彼は『四山碑銘』で、東人意識と関連して相当な分量の内容を述べているが、「海印寺善安住院壁記」では「東人の高いレベルの段階は、その意義をごく一部だけ取っただけである(東人峻階、義取窺豹)」とまで述べている。つまり、自分の言ったことは小さな穴から豹を覗いてみたのに過ぎなかったということである。これは東人意識の極致を見せてくれるものである。「東人意識」は端的に言うと、わが国の思想的根元を探ろうとした試みからうまれたものと言える。特に、彼のいわゆる「玄妙な風流道」をもった優秀な文化民族としての強い自負心とプライドが「東人意識」として表われてきたことが分かる。中国留学を終えて新羅に帰国後、彼にとってはほとんどすべての面(特に思想・宗教面)で「我々の正体性」を見つけ出すのに焦点をあわせているし、このようなところから彼の思想的統一性と核心を探ることができるのである。

　このような東人意識は従來の中国に対する劣等感から抜け出し、我が民族の主体力量を自覚すると同時に根元を確認しようとしたものであったのは、まことに新羅後期の思想史で特記すべき事実であると言えよう。当時一般的に事大・慕華の傾向が強かったのにもかかわらず、そのような雰囲気の中で我々は文化民族でありさらに世界文化の基になると唱えたのは、後ほど高麗・朝鮮時代に下りながら民族主体意識の一つの原動力になったし、特に事大・慕華の思想が一つの時代思潮として固まり自卑の傾向が深刻だった時も、民族の自尊心と優越感を表す「小中華意識」が形成される基になって連綿につながってきたのである。このような意味で、今崔致遠を「事大・慕華主義の標本的な人物」と決めつけた從來の評価は、必ず再検討しなければならないのである。

Ⅵ.

　崔致遠は当時を風靡した儒・仏・道の三教思想を研究し、三教が根本的に通じていることを明らかにする一方、三教思想に対するこのような研究基盤の上でこれを反映して、我が固有思想である「風流」を解釈した。あの有名な「鸞郎碑序」がそれである。彼が「鸞郎碑序」で強いて強調しようとしたのは儒・仏・道の三教の次元を越えた、より高い境地の風流道に対する思想的玄妙さと偉大性だった。彼が風流道について自分なりに解釈をしながらその原型的実体に接近しようとしたのは、我が固有思想に対する歴史上はじめての関心であり定義であったという点で、大変重要な意味を持つものであると言える。

　崔致遠の見る風流道で最も魅力なのは、様々な要素が複合的に融合されていながらも葛藤や対立のない「思想的円融性」であったと思われる。そのため、彼が「玄妙之道」と言った「風流」はどんな思想・宗教の中でも彼の思う最も理想的なモデルとして把握されたらしい。もちろん三教についての彼の理解、把握と風流道の説明には当時の学問的風土や一般的認識がよく反映されていると見ることもできる。しかし、究極的には分裂と葛藤、そして対立を止揚し、和合と和解を求める彼の理想と強い念願から起因するものと言えよう。そして、彼が三教思想を通じて風流道を理解しようとしたのは、究極的に彼の同文意識とつながっていることを見過ごすことはできない。彼が風流道を三教とのつながりの中で理解し説明しようとしたのは他でもなく、当時思想的に儒・仏・道の三教が普遍的価値基準となっていた一般的思考方式で我が固有思想と同じ民族的伝統を再発見しようとしたものであり、それにとどまらずこれを国際的に宣揚しようとする意図から起因するものと言える。従って、我々は崔致遠について、我が固有思想を普遍的価値と概念で解釈、説明し国際舞台に広く知らせようとした人物であると評価できよう。

また、風流思想の核心的要素が三教思想と符合するので、我々が外來思想を受容・摂取するにあたって、この風流がまさにその基になっていると言える。そのため、風流道についての解釈での焦点は我が固有思想の原型を明らかにさせるのと同時に、外來思想の受容可能な素地を開いてくれたという点にあると言えよう。ここで崔致遠の強調する哲学・思想・宗教の普遍性と独自性をあわせて覗き見ることができるのである。

Ⅶ.

崔致遠は「真鑒禅師碑文」のはじめに「道不遠人、人無異国」と言って、思想と真理の普遍・妥当性を人間そのものから探り出そうとした。これは現在においても論理的に普遍の事実であると言えるもので、このような意識は我が固有思想の正体性を明確にし人間本質の普遍性を探求して、現代の状況と課題を察することによって、国際的に思想と宗教を交流するのに大いに役立っているだけではなく、新しい文化の創造にも貢献できるものと思われる。

現在我々は迅速化・情報化・世界化で特徴づけられる時代を生きている。まさに国際化・世界化はこの時代の普遍的な話頭でもある。大きく開いた心を持って、我が国の文化の伝統を最も「民族的」で「原型的」に生かし、世界に広く知らせるのが正しい世界化であり、「骨のある国際人」というものは現代の我々に与えられた当面課題と言えよう。崔致遠の強調する哲学・思想・宗教の普遍性と独自性は我が固有思想の正体と人間本質の普遍性を探求して、現代の状況と課題を洞察するための精神的基底となり、歴代に大きい影響を及ぼしてきており、国際化・世界化が逆らえない時代の大勢である現在においてより大きい価値を見いだせるものと言える。このような意味で、文化の普遍性の中で特殊性を追求し、我が歴史と文化を当時の世界舞台である中国にまで広く知らせようとした崔致遠の努力を、この時点で肯定的に評価する必要があると思われる。

　崔致遠が「東人意識」と一緒に「同文意識」を鼓吹しようとした究極的な目標は他でもなかった。分裂と葛藤と対立がからんでいた当時の混亂状態の現実を克服するために、社会統合と民心を一つに集める原動力になれそうな要素として東人意識を目立たせることであったし、それと同時にわが国の文化的プライドと文化創造の力量を発揮させ、国際的なレベルにまで持ち上げようとした隆平思想の一つの発露であったと言える。彼の「東人意識」と「同文意識」は新しい千年を向かえて、東西文明の普遍性を追求し世界化を目指す現代の我々に国際化・世界化と主体意識との関わりをもう一回深くよみがえらせるものであり、どれが正しい世界化で国際化であるかをよくうかがわせてくれたと言えよう。

　「和」にその基盤がある崔致遠の哲学思想、宗教観は前代の元曉のような先学からおおきく影響され、彼自身は後代に白雲居士李奎報、梅月堂金時習、清虚堂休静、蓮潭有一、水雲崔済愚など三教会通ないし調和を主張する学者、宗教人達に直接・間接的に多大な影響を及ぼし、さらに北学思想にもその先駆的役割をすることによって「崔致遠ライン」と言える独特な思想的脈絡をなしたのである。

現在の立場から見た崔致遠の三教観は思想的・宗教的葛藤と対立はもちろん、イデオロギーの差で同族間の激しい葛藤と異質感まで産み出している現在の我々に、各宗教間の対話を通じた交渉と融和はもちろん、民族の和合と同質性回復のために明確な方向性を提示している。このような理念を全世界的に拡大する時、政治・経済・人種・民族・宗教の差による葛藤と対立を克服、解消するのにも少なからず示唆を与えていると言える。また、わが国の固有思想をはじめ文化伝統について再発見し、それなりの意義と価値を与えることによって我々のプライドを高め、主体力量を発揮させるように努力した崔致遠の東人意識は、彼の開放的で相互融会的な宗教観、そして文明意識とともに世界化時代に生きる現代の我々に民族主体性と世界化が決して両立するだけではないことを悟らせてくれると言える。

このような意味で崔致遠はただの過去完了型の人物ではなく、今でも我々のそばで時代をともに悩む知性人として生きており、彼の思想もやはり連綿に生動していると言えよう。

作者简介

☐ **崔英成**

雅号白史。出生于全罗北道淳昌郡淳昌邑。1985年毕业于成均馆大学儒学院韩国哲学系。后继续在该校深造，攻读硕博课程，研究方向为韩国古代思想与韩国儒学史，获哲学博士学位。先前担任灵山大学国际学部讲师，现为国立韩国传统文化大学无形文化遗产系教授(2000~)。主要从事通过韩国古代思想探究韩国思想原型的研究工作。后展开了崔致远哲学思想及现代意义的重新关照研究，译注了崔致远文集及〈四山碑铭〉等，并出版了《译注崔致远全集》(1997~98)。三十岁初，编著了《韩国儒学思想史》5卷(1994~1997)，后经重新整理补充，于2006年出版了《韩国儒学通史》3卷(2370页)。2015年再次修订的最终本《韩国儒学通史》作为研究韩国学的基础资料，不仅是韩国图书馆的馆藏之书，还被美国哈弗大学图书馆等国外图书馆收藏，是韩国学科的必备书籍之一。除此之外，重要著作及翻译著作有《韩国的学术研究：东洋哲学篇》(合著,2001)，《译注梅竹轩文集》(2002)，《韩国哲学思想史》(合著,2003)，《孤云思想的脉络》(2008)，《译注寒斋集》(2012)，《孤云崔致远的哲学思想》(2012)，《韩国的金石学研究》(2014)，《韩国思想史回顾》(2015)，《通过思想来了解传统文化》(2016)。此外，在学界发表论文120余篇。

譯者简介

□ 许宁

全北大学校 中语中文学科 博士生
BK21PLUS韩・中文化「和而不同」研究创新人才培养事业团 研究生
翻译著作:《庆基殿・御真博物馆旅游指南》

□ 金英

全北大學校 中语中文学科 博士毕业
韩国古典翻译院 翻译委员
翻译著作:
《承政院日记》122册,156册,171册
《颐斋遗稿》等数篇

孤云崔致远的哲学思想

第一版 印刷 2019年 12月 20日
第一版 發行 2019年 12月 26日

作　　者	崔英成
出 版 人	金焕起
出 版 社	도서출판 이른아침
住　　址	京畿道 坡州市 回东街 445-1 景仁B/D B-2楼
电话号码	+82-031-908-7995
传 真 机	+82-070-4758-0887
登　　记	2003年 9月 30日 第313-2003-00324号
电邮地址	booksorie@naver.com

ISBN 978-89-6745-092-2 93910